中央财政支持地方高校发展创新团队
"国家中心城市发展与管理"建设项目

大都市治理书系
Metropolitan Governance

METROPOLITAN

大都市治理的荔湾实践

主　编　陈剑玲　　副主编　杨祖定

DADUSHI ZHILI DE LIWAN SHIJIAN

中国社会科学出版社

图书在版编目（CIP）数据

大都市治理的荔湾实践 / 陈剑玲主编. —北京：中国社会科学出版社，2016.7
（大都市治理书系）
ISBN 978-7-5161-8376-2

Ⅰ.①大… Ⅱ.①陈… Ⅲ.①城市管理－研究－广州市 Ⅳ.①F299.276.51

中国版本图书馆CIP数据核字（2016）第133331号

出 版 人	赵剑英
责任编辑	李　森
责任校对	侯惠兰
责任印制	李寡寡

出　　版	中国社会科学出版社
社　　址	北京鼓楼西大街甲158号
邮　　编	100720
网　　址	http://www.csspw.cn
发 行 部	010-84083685
门 市 部	010-84029450
经　　销	新华书店及其他书店
印刷装订	北京君升印刷有限公司
版　　次	2016年7月第1版
印　　次	2016年7月第1次印刷
开　　本	710×1000　1/16
印　　张	25
字　　数	425千字
定　　价	60.00元

凡购买中国社会科学出版社图书，如有质量问题请与本社营销中心联系调换
电话：010-84083683
版权所有　侵权必究

《大都市治理书系》学术委员会

顾问：

夏书章（中山大学）　　　　　　　　　李步云（中国社会科学院）

委员（按音序排列）：

Alan Walker（英国谢菲尔德大学）　　　Carmen Mendes（葡萄牙科英布拉大学）

D. A. C. Suranga Silva（斯里兰卡科伦坡大学）　Giovanni Silvano（意大利帕多瓦大学）

Judy Polumbaum（美国爱荷华大学）　　Soma Hewa（加拿大女王大学）

鲍　静（中国行政管理学会）　　　　　曹景钧（香港中文大学）

陈社英（美国佩斯大学）　　　　　　　陈　潭（广州大学）

董江爱（山西大学）　　　　　　　　　韩志明（天津师范大学）

贺雪峰（华中科技大学）　　　　　　　何艳玲（中山大学）

洪永泰（台湾大学）　　　　　　　　　金太军（苏州大学）

金允权（韩国行政研究院）　　　　　　孔繁斌（南京大学）

李程骅（南京市社会科学院）　　　　　李春成（复旦大学）

李和中（武汉大学）　　　　　　　　　刘士林（上海交通大学）

娄胜华（澳门理工学院）　　　　　　　孟庆国（清华大学）

米加宁（哈尔滨工业大学）　　　　　　彭　勃（上海交通大学）

孙柏瑛（中国人民大学）　　　　　　　王枫云（广州大学）

文　军（华东师范大学）　　　　　　　唐任伍（北京师范大学）

唐亚林（复旦大学）　　　　　　　　　谢志岿（深圳市社会科学院）

徐晓林（华中科技大学）　　　　　　　郁建兴（浙江大学）

于　水（南京农业大学）　　　　　　　郑方辉（华南理工大学）

周向红（同济大学）　　　　　　　　　朱迪俭（深圳市委党校）

朱仁显（厦门大学）　　　　　　　　　朱正威（西安交通大学）

《大都市治理书系》编辑委员会

主　编：陈　潭
副主编：王枫云
编　委（按音序排列）：

陈剑玲	丁魁礼	蒋红军	李海峰	李小军	李　智	刘建义	刘晓洋	刘雪明
刘　波	彭铭刚	沈本秋	汤秀娟	王　亮	王　琳	王　霞	肖生福	谢建社
谢俊贵	熊美娟	徐　凌	杨祖定	杨　芳	姚佑銮	曾小军	钟育三	周利敏

《大都市治理的荔湾实践》编辑委员会

主　编：陈剑玲
副主编：杨祖定
编　委：（按音序排列）
　　　蔡　靖　陈　潭　蔡文芬　李海峰　刘建义
　　　王智敏　谢小娜　姚佑銮
编　务：李海峰

总　序

作为国家外国专家局高端外国专家项目"大都市治理国际合作研究项目"的首席客座教授，受主编之嘱为中央财政支持地方高校发展创新团队"国家中心城市发展与管理"建设项目资助的《大都市治理书系》写一个总序义不容辞。毫无疑问，这套大都市治理理论探究与实证研究丛书的出版将为中国特大城市治理创新增添宝贵的智力资源，为高等院校城市科学、城乡规划、城市管理学科的人才培养提供强大的智慧支持。

一　城市化和大都市增长

根据联合国经济和社会事务部人口司最近发表的世界人口状况简报[①]，自 1994 年在开罗举行的国际人口与发展会议通过《行动纲领》以来的 20 年里，世界城市人口已从 23 亿激增到 2014 年的 39 亿。相比之下，世界农村人口的规模在 1994—2014 年期间基本上没有变化，而 2008 年世界城市居民人数首次在历史上超过了农村居民。预计到 2050 年，世界城市人口将增加到 63 亿，而农村居民的数量将减少 3 亿人。虽然亚洲（以及更落后的非洲）的城市化程度比欧美（这里包括拉美）仍低得多，但预计从现在到 2050 年间将进一步加快城市化的速度。

世界城市化的一个特征是特大城市（此处指拥有 1000 万或以上居民的大型城市群）人口的增长，并造成此类城市数量的增多，规模也更加庞

[①] ST/ESA/SER.A/354，纽约，2014。

大。2014年，全世界72亿人口中，已有10%的人口居住在这种特大城市，而到2025年，这一比例预计将增至近14%。虽然世界城市化的主体仍然是人口不到50万的中小城市，但其占世界总人口的比例预计将由2014年的51%下降到2025年的43%。尽管亚洲目前的城市化程度仍较低，但其特大城市的发展却引人瞩目，如位居世界第一位的日本东京（2014年有3720万居民）及第二位的印度新德里（2270万）。而中国上海（2020万）则直追美国纽约和墨西哥首都墨西哥城（均为2040万）。①

中国的城市化进程自1978年后才开始逐步加速，与发达国家相比起步甚晚，同时还有户籍制度等的制约。改革开放初期的政策重点是积极发展小城镇，而"离土不离乡"的工业化方式，既为星罗棋布的小城镇的发展创造了条件，又可看作是当时回避更大规模城市化都市化的一种倾向或其体现。1996年开始的"九五"计划有了一个突破，即明确提出要向非农产业转移4000万农业劳动力。②据2010年第六次全国人口普查资料统计，中国城市人口当年已达到6.65亿人，占总人口比重为49.68%，与2000年第五次人口普查相比，攀升了13.46个百分点。国家统计局2012年1月17日公布的数据则显示，2011年末中国大陆的总人口（不包括港澳台以及海外华侨人数）为134735万人。其中城镇人口69079万人，比上年末增加2100万人；乡村人口65656万人，减少1456万人；城镇人口占总人口比重达到51.27%，比上年末提高1.32个百分点。这是中国历史上城镇人口数量首次超过农村人口，比全世界总人口的相应转折点2008年晚了3年。虽然在比较研究时还有统计口径、城乡划分等问题值得深入探究，但可以说，这时中国的城市化大约相当于英国1851年的水平、美国1920年的水平、日本1950年的水平和韩国1970年的水平。③而且中国的城市化发展不平衡，受各种不同的社会经济自然条件影响而存在明显的地域差异，东部的增长速度远高于中部和西部。

---

① ST/ESA/SER.A/354，纽约，2014。
② 李国平、谭玉刚：《中国城市化特征、区域差异及其影响因素分析》，《社会科学辑刊》2011年第2期。
③ 童玉芬、武玉：《中国城市化进程中的人口特点与问题》，《人口与发展》2013年第4期。

从现代史上看，中国城市化的起点特别低。新中国成立初期城市人口的比重只有10.6%，仅0.58亿人生活在城市。这样一个落后的农业国，加上不断升温的政治折腾，使得发展求变的空间极为有限。以"文化大革命"结束为标志的总体公共政策向以经济建设为中心的转变①，以及随之而来的改革开放，大大加速了中国的工业现代化进程，也随着掀起了一波又一波城镇化的浪潮。就人口构成而言，1980年中国城市化率首次突破20%；之后上升到30%，用时16年；到2003年达到40%，用时8年；再到2010年城市化水平超过49%，仅用了6年的时间。②总的来说，从1978年到2011年，中国城市化率实现了从18%到51%的飞跃。而自1996年起，农村人口首次出现连续的负增长。进入21世纪以来，进一步城市化得到迅速发展，城市人口每年以约3%—4%的速度递增，远远超过同期1%的总人口年增长速度。所有这些表明，当前中国城市化已进入最快的发展阶段（或相当于城市化水平介于30%—70%之间的Northam S型曲线第二或加速阶段）。③

中国的城市规模在进一步城市化的过程中也普遍得到提升。改革开放初期"控制大城市规模、合理发展中等城市、积极发展小城市"的城市发展方针，并不利于大都市发展。这一状况自1996年"九五"计划开始有了战略性改变，不再提及控制大城市规模。2001年开始的"十五"计划则进一步明确提出"实施城市化战略"，极大地推进了自20世纪90年代中期以来的城市化进程，尤其是城市规模的扩展，以至于不断突破原有的城市概念框架，甚至导致了最近的一项重大政策调整。2014年国务院关于调整城市规模划分标准的通知指出："改革开放以来，伴随着工业化进程加速，我国城镇化取得了巨大成就，城市数量和规模都有了明显增长，原有的城市规模划分标准已难以适应城镇化发展等新形势要求。"通知进一步

---

① 陈社英：《总体公共政策与发展战略——国际视野下中国案例透视》，《改革与战略》2008年第6期。

② 童玉芬、武玉：《中国城市化进程中的人口特点与问题》，《人口与发展》2013年第4期。

③ 童玉芬、武玉：《中国城市化进程中的人口特点与问题》，《人口与发展》2013年第4期；李国平、谭玉刚：《中国城市化特征、区域差异及其影响因素分析》，《社会科学辑刊》2011年第2期。

指出，当前中国城镇化正处于深入发展的关键时期。为更好地实施人口和城市分类管理，满足经济社会发展需要，国务院决定将城市规模划分标准加以调整。即"以城区常住人口为统计口径，将城市划分为五类七档。城区常住人口50万以下的城市为小城市，其中20万以上50万以下的城市为Ⅰ型小城市，20万以下的城市为Ⅱ型小城市；城区常住人口50万以上100万以下的城市为中等城市；城区常住人口100万以上500万以下的城市为大城市，其中300万以上500万以下的城市为Ⅰ型大城市，100万以上300万以下的城市为Ⅱ型大城市；城区常住人口500万以上1000万以下的城市为特大城市；城区常住人口1000万以上的城市为超大城市"①。这一重大调整，反映了中国城市化规模发展到现在，大都市化已经成为一个引领潮流的普遍社会经济现象。中国城市化的现状，即以大城市的快速增加和（Ⅱ型）小城市减少的趋势并存，以及大都市圈（包括著名的珠江三角洲、长江三角洲和京津冀三大都市圈以及十多个地方性的大都市圈）的高速发展为重要特征。

二 大都市对城市管理的挑战

国务院颁发的新划分标准将中国的特大城市减少至16个（含6个"超大城市"，相当于联合国定义的1000万以上居民的特大城市）。但据2010年第六次全国人口普查资料，100万人口以上的大城市或都市却多达140个（到目前为止估计已有150个以上）。这里不仅仅是一个数量或城市本身增长的问题。按汉字的约定俗成用法，"都"被用来指"城"时，具有"大"、"首"、"主要"和"繁华"等含义。大都市研究的重要性在于，以巨型工商城市为中心的城市群已成为国家经济增长的引擎。②例如上述三大都市圈，2006年，其土地面积仅占全国的3.38%，人口占15.54%，

---

① http://www.gov.cn/zhengce/content/2014-11/20/content_9225.htm。
② 徐匡迪：《城市群在新型城镇化中的作用》，中国城市群发展高层论坛，北京，2014年12月。

GDP却占全国的36.76%，人均国内生产总值达41576元，是全国平均水平的2.37倍。①故有学者认为，亚洲的城市化将会是以特大城市来引领城市化，这样才可以高效利用资源，特别是高效利用城市土地；而以为发展中小城镇才是正确方向，则是一个非常大的误解。②至于经济学家们津津乐道的大都市的好处相对于人们所关切的各种各样"城市病"，则是一个持续争论的话题。但无论如何，改革开放经济起飞初期如火如荼的小城镇研究，尽管成果累累且帮助奠定了国家进一步城市化的基础，却再也无法满足21世纪中国大都市蓬勃发展新时期的需要了。

城市化与都市化是人类生产方式和生活方式（包括居住方式）的一个重大变迁。自1994年开罗会议以来，世界已经跨越了一个重要的里程碑，目前已有超过一半以上的人口生活在城市地区。预计到21世纪中叶，70%的世界人口将可能是城市居民，其中发展中国家城市人口比例将增至67%，而发达国家则可能增至86%。③由此可见，无论是发达国家还是发展中国家，城市化迅速扩张已成为当今世界发展空间形态的主流格局。然而，不同的国家在经济发展水平上的巨大悬殊，以及社会政治与文化等各方面的种种差异，决定了它们在城市化的道路上有着各种各样的具体差异。最早实现工业化的国家如英国，如今城市人口比例已占其总人口的90%以上。伴随工业化在世界范围内的进一步延伸扩展，未来人口增长将主要集中在发展中世界的城市地区。世界各国在现代化的进程中，普遍发生相应的社会经济结构与空间布局演变，其共同表现包括农业人口向非农产业转移并向城市集中、城市数量增多且人口规模扩大、城市生活方式向农村扩散、人口老龄化及家庭"空巢化"等等。联合国预测，今后人口将比今天年龄更大，更为城市化。在全球范围内60岁或以上的人口将增加几乎两倍，到2050年达到20亿。在这一过程中，如何以人为本合理规划妥善管理，既提高经济生产效率又创造可持续发展的生态环境，并尽可能地维护和改善

---

① 李国平、谭玉刚：《中国城市化特征、区域差异及其影响因素分析》，《社会科学辑刊》2011年第2期。
② 陆铭：《大国更要发展大城市》，《东方早报》2016年1月6日。
③ 联合国经济及社会理事会人口与发展委员会第四十二届会议秘书长报告：《世界人口趋势》，E/CN.9/2009/6，2009年。

人们包括老人的生活消费、住房、交通、医疗保健、教育和其他服务的机会与条件，则成为公共管理与政策研究重大课题。而在大都市地区，城市规划与管理的挑战范围会进一步扩大且更加复杂。"城市病"特别是"大城市病"，从全球范围来看似乎是人类社会发展必经阶段。大城市群的数量在增加，城市管理任务的范围和复杂性都在增加，这一任务已成为21世纪最重要的挑战之一。当地方上还没有做好适当准备时，尤其是在一些经济落后的国家和地区，大都市的过快增长将会给可持续的城市规划和善治造成极大困扰。

国际上对中国城市化所面临的问题多有关注，如经合组织最近发表长达两百多页的关于中国城市政策的专题评估报告（OECD Urban Policy Reviews: China 2015），列举出中国城市化的核心挑战。纽约时报则于2015年4月22日发表《速度与阵痛：中国城市化调查》。国内很多学者也提出了自己的看法[①]。有研究者通过分析人口普查资料得出结论，认为中国城市化的人口变动面临如下主要问题：城市化带来人口过度向东南部大城市集中，造成城市资源超载和环境问题加剧；人口空间分布不均导致西部人口较少，影响国家安全与稳定；家庭规模小型化和人口老龄化加剧，给养老事业带来严峻挑战；城市化发展同时加剧农村转移劳动力的社会融合问题；等等。虽然这些问题是伴随着中国城市化进程出现的，但本质上都与社会经济发展滞后、相关制度建设落后以及盲目的城市规划等有着密切联系。[②]重数量轻质量，导致"虚高的城市化"现象；此外，流动人口与社会治安管理难、交通拥堵、房价飞涨等"大城市病"也是中国的快速城市化发展带来的主要问题。针对诸如此类的都市发展与民生问题，有学者主张未来将进入一个新的发展阶段，即"质量提升"阶段，而现阶段应在顺应规模快速扩张的同时，走出一条具有中国特色的城市化道路，着重强调中国城市化进程的战略转型，集中力量解决中国城市化发展中面临的三大政策课题，即缩小各类差异的政策课题、提升城市化质量的课题、解决

---

① 如鲍宗豪《中国可持续城市化面临八大挑战》，《红旗文稿》2011年第2期。
② 童玉芬、武玉：《中国城市化进程中的人口特点与问题》，《人口与发展》2013年第4期。

"大城市病"的政策课题①。

三　大都市治理研究

　　大都市研究的契机,不仅仅在于大城市、大城市群及其问题的大量涌现,而且在于公共与城市管理理论与方法的革新。其中最突出的,是从传统的(政府)"管理"到当今(社会)"治理"理念的转变。"治理"(governance)并非一个新造词汇,以往在英文中与"管理"、"管辖"或"政府统治"(government)一词并无太大差别。但自20世纪90年代以来,governance一词在西方学界被赋予新的含义,形成了一股对传统或狭隘government"离经叛道"的新管理理念,甚至被称之为"没有政府统治的治理"(governance without government)。这一新理念出炉便得到迅速传播,从政治学、公共事务到各个社会经济研究领域,从英语世界到欧洲其他语言国家,并在各种语境中大行其道,甚至成了一种"时尚",包括联合国机构的官方文件都不厌其烦频繁使用。联合国还成立了一个"全球治理委员会"(Commission on Global Governance),并出版了一份名为《全球治理》(Global Governance)的杂志,在20世纪90年代对治理理念的形成完善和在国际上的传播(尤其在公共管理的各个领域)起了重要的推动作用。

　　治理理论主要创始人之一詹姆斯·罗西瑙(James N. Rosenau)是一位美国学者。作为世界政治与国际关系学家,他是全球化研究的先驱者之一,并在全球治理的研究中对治理(governance)的概念作了重新界定,将其与传统的政府统治、管辖或管理(government)区别开来。这两者都是由规则系统(rule systems)和操纵机制(steering mechanisms)所构成,由此行使权威并实现想要达到的目标,而任何权威都是能得到服从的一种能力。其区别在于,政府统治性管理(government)的规则系统可

---

① 李国平、谭玉刚:《中国城市化特征、区域差异及其影响因素分析》,《社会科学辑刊》2011年第2期。

被认为是一套结构（structures）；而社会性治理（governance）的规则系统是一些社会功能或过程（social functions or processes），可由很多不同组织在不同的时间与地点（甚至同时）以各种方式来实现或执行。这一区别的关键在于权威有各种范围（spheres of authority）而非政府独享这一理念，即可以有正式的和非正式的形式，因此治理是一个可分为两部分的系统（bifurcated system）。例如，国际体系与各国政府长期主宰着公共事务；但伴随而来且越来越明显的是另一多中心系统（multicentric system），由多种多样的其他集体（other collectivities）获得许多新的不同范围的权威，既有合作又有竞争而持续不断地与以政府为中心的系统（state-centric system）互动。就全球治理（global governance）这一主题来说，罗西瑙认定有许多不同的参与者，包括：（1）基于宪法所建立的有正式科层结构的各级政府；（2）基于公司规章所建立的有正式科层结构的盈利性跨国公司；（3）基于正式条约与宪章的国际政府组织（IGOs）；（4）由正式法律或非正式不成文安排所维系的各级非牟利、非政府组织（NGOs）；（5）国际或跨国非牟利NGOs，可为正式构成的组织或非正式联结成为协会或社会运动（associations or social movements）；（6）具有正式和非正式结构的市场，促成买卖双方、生产者与消费者之间的平等交换（horizontal exchanges）。除此之外，还有正式组织以外的精英群体或公众人物，也可非正式地就某些重要问题组织活动但随后即解散。以上各种不同的参与者聚集并且与日俱增地分享权威，而可形成六种不同的治理形态。罗西瑙做分类时是基于几个变项，即：过程，可以是单一或多方向的，以及垂直的或水平的；结构，可以是正式或非正式的，或二者的混合。最为人熟知的治理模式是政府自上而下（top down）的管辖活动。而最有新意且与自上而下模式最不同的是被称之为"莫比乌斯网"式（mobius-web）治理。这一模式以政府正式组织和非正式群体结构相结合为基础，可包含多方向的垂直与水平参与过程。该模式构成一个混合式结构（hybrid structure），其中治理的动力学机制（dynamics of governance）错综复杂层次交叠，而形成一个独特的网状过程（weblike process），如同著名的莫比乌斯环一样，既无起点又不在任何层面或时刻形成最高峰。罗西瑙认为围绕着环境和气候变化所发生的复杂政治现象特别适合用莫比乌斯治理模式来解释。

国内学界关注大都市发展并应用治理理论进行研究由来已久①，亦有专著被翻译出版②。特别受到重视的是"大都市区"治理，这方面国外包括美国的经验受到很大关注。③中国大都市区治理的研究，既有一般性论述④，也有城市社区治理个案研究⑤。国际比较研究也有许多成果。⑥在功能或问题导向的大都市治理研究方面，覆盖面也已经相当广泛。⑦这种百花齐放的局面，也反映在有关学术会议的丰富议题中。⑧

研究城市化、都市化将有助于深入了解中国的发展历史及其现代化进程。但是，以"大都市治理"作为主题出版丛书系列，这在国内还是首次。在国际上，城市与全球治理都有大批学术成果，包括经合组织推出的《大都市世纪》与《城市治理》，以及由诺亚·托利（Noah J. Toly）主编并由 Taylor & Francis 出版的 Cities and Global Governance 图书系列。而专注于大都市治理（Metropolitan Governance）的丛书却还没有问世，目前只有各种专著单行本。作为一个 20 世纪 80 年代中期就开始在国内外大都

---

① 如彭兴业《加强经济全球化时代国际大都市治理研究》，《中国行政管理》，2001 年第 9 期。
② 如理查德·C.菲沃克等编著《大都市治理——冲突竞争与合作》，重庆大学出版社 2012 年版。
③ 如易承志《国外大都市区治理研究的演进》，《城市问题》2010 年第 1 期；冯邦彦、尹来盛《美国大都市区治理研究述评》，《经济学动态》2011 年第 4 期；刘彩虹《区域委员会：美国大都市区治理体制研究》，《中国行政管理》2005 年第 5 期。
④ 如易承志《中国大都市区治理研究的视域分析及其启示》，《行政论坛》2014 年第 6 期；丛昕宇《我国大都市区治理模式研究》，上海师范大学 2006 年硕士学位论文。
⑤ 如吴志华、翟桂萍《大都市社区治理研究——以上海为例》，复旦大学出版社 2008 年版。
⑥ 如张衔春、赵勇健、单卓然、陈轶、洪世键《比较视野下的大都市区治理：概念辨析、理论演进与研究进展》，《经济地理》2015 年第 7 期；尹来盛、冯邦彦《中美大都市区治理的比较研究》，《城市发展研究》2014 年第 1 期。
⑦ 如蔡立辉《信息化时代的大都市政府及其治理能力现代化研究》，人民出版社 2014 年版；范纯增《大都市低碳化治理机制研究——以上海为例》，收入朱宪辰主编《自主治理与扩展秩序：对话奥斯特罗姆》，浙江大学出版社 2012 年版；范凌云、雷诚《广州大都市外围地区二元发展的矛盾及治理》，《人文地理》2010 年第 1 期；刘治彦、岳晓燕、赵睿《我国城市交通拥堵成因与治理对策》，《城市发展研究》2012 年第 11 期。
⑧ 如 2013 年 9 月在复旦大学召开的"大都市治理模式的创新研究：理论与实践"学术研讨会。

市从事老龄化与总体公共政策等研究并探索中国社会工作、社会政策、社区服务学科重建的中美学人,我对《大都市治理书系》有着特别的期待。相信它在全球化时代立足中国,扎根广东这个改革开放前沿地带,一定能作出独有的学术贡献。

陈社英

佩斯大学终身教授

广州大学客席教授

2015 年 12 月 8 日初稿于广州

2016 年 2 月 4 日定稿于纽约

序

众所周知,城市是"城"与"市"的组合词。《管子·度地》有云:"内为之城,内为之阔","城"在古时候主要是用来防卫,用城墙围堵起来的地域。《易·系辞下》有云:"日中为市,致天下之民,聚天下之货,交易而退,各得其所",故知"市"是商品交易场所、商业活动空间,古代物物交换的集市方式。从现代意义上来看,城市是相对于乡村而言的,是以非农业产业和非农业人口集聚形成的居民部落,是人口密集、工商业发达的群居区域,是拥有住宅区、工业区和商业区并且具备行政管辖功能的聚集单元。城市的出现,是人类群居生活的高级形式,是人类走向成熟和文明的标志。城市集中了人类社会发展最有活力的因素,是先进生产力的集中反映,城市的发展更是现代化发展的主要动能和显著标识。

城市是人类文明的结晶。美国现代哲学家路易斯·芒福德说过:"城市是一种特殊的构造,这种构造致密而紧凑,专门用来流传人类文明的成果。"可见,城市是一个洁净美丽平安有序而充满魅力的公共空间,是人类活动集体成就的最终体现。城市文化交融、兼收并蓄、包罗万象、不断更新,不断促进着人类社会秩序的完善。美好城市是一个干净整洁、平安有序、环境宜居、生活安逸、交通便利、就业充分的地方。城市的美也在于古建筑,在于公共空间,在于集体记忆,在于过往历史,在于那些文人墨客们的足迹与渲染。

在城市飞速发展的今天,城市越来越集中展示了现代化的最新成就,也同时集中体现了现代化的矛盾,人们的城市生活也越来越面临一系列挑战:高密度的城市生活模式和高速的城市化进程引发了空间冲突、资源短缺、环境污染、人际紧张、文化摩擦和治安压力。城市的无序扩展会加剧这些问题，最终侵蚀城市的活力、影响城市生活的质量，人与自然、人与人、精神与物质之间各种关系的失谐，城市生活质量的倒退乃至文明的倒退。日益严峻的"城市病"现象，让越来越多的人关注聚焦大都市。

显然，交通堵塞、空气污染、饮用水质量下降、住房紧张、治安失序、伦理失范这些生存环境不断恶化状况下的"城市病"不是文明社会所追求的。虽然在城市化的早期阶段，几乎所有工业化的国家几乎都出现过发展过程中的"先天不足，后天失调"的现象，但是抱着城市化早期那种"先污染再治理"的思路应该坚决制止。倘若等到污染完了之后再治理，城市也许早已"病入膏肓"了。倒是"边发展边治理"、"边污染边治理"，还可以在一定程度上缓解"城市病"的发生。

当人类文明进入 21 世纪的时候，城市发展进入了"智慧城市"新阶段。通过城市大数据的广泛应用，智慧城市能够充分运用信息和通信技术手段感测、分析、整合城市运行核心系统的各项关键信息，能够对于包括民生、环保、公共安全、城市服务、工商业活动在内的各种需求做出智能响应，能够针对突出的"城市病"问题开展"精准治疗"，从而为人类创造更加美好的城市生活。毫无疑问，大都市需要大数据，大都市需要大智慧，大都市需要大治理。

大都市治理必须依照符合事物规律、时代精神、人民利益、社会理想的法律来治理。依法治理是市场经济的客观要求、民主政治的重要条件、人类文明的重要标志、国家长治久安的根本保障。宪法和法律是一种明确、具体的行为准则，它们怎么制定、怎么执行、怎么遵守、怎么适用，都有自己的规矩。加快建设法治都市、法治乡村和法治中国，是实现中华民族伟大复兴的坚强保障。"无规矩不成方圆"，依法办事，依法治市，城市发展和治理的各项工作决不可离开法治的轨道运行。

大都市治理必须依赖政府、公民、社会多方参与进行共同治理。政府是大都市公共治理的最重要主体，但绝非唯一主体。各种非政府组织、志愿性社团乃至每个市民都是责无旁贷的主体。政府只有大力拓展并充分利用各种沟通渠道，才能将涉及都市共同体生活的公共事务公之于众，在赢得市民理解、信任的同时争取支持。同时，多方共同治理过程中唤醒其他治理主体的危机意识、参与意识和责任意识。

大都市治理必须是建立在共同价值基础上展示城市个性的治理。大都市治理的目标既要致力于建设一个舒适、健康、安全、文明的城市，又要致力于建设一个经济富强、政治民主、文化繁荣、社会和谐的城市。大都市治理既要致力于建设一个开放性和包容性的城市，又要形成和凸显城市自己的个性和气质。岭南明珠广州就是一个开放性和包容性兼具、南国气质十足的大都市，荔湾则是"老广州"的典型标本。

　　荔湾，因拥有"一湾溪水绿，两岸荔枝红"美誉的"荔枝湾"而闻名。作为闻名中外的千年贸易之都，荔湾被誉为广州海上丝绸之路的始发地、岭南文化的中心地、近代中国革命的策源地和中国改革开放的前沿地的缩影和窗口。荔湾区自古以来商贸云集，商业气氛异常浓厚，酒楼食肆林立，商铺的商品琳琅满目。华林寺、十三行遗址、陈家祠、仁威祖庙、八和会馆、沙面、西关大屋……诉说着荔湾繁华的历史，南方大厦、荔湾湖、文化公园、上下九步行街、白天鹅宾馆、广州圆、粤剧艺术博物馆……见证荔湾发展的步伐。今天的荔湾区，仍然是广州市商业、饮食服务业、娱乐业、金融业以及教育、医疗、文化、政务等公共服务最为集中的繁华市区，是广州市独具岭南特色的中心老城区、广佛肇一体化的产业聚焦区、广州西联战略的重点区、珠江前后航道商业与生态功能的交汇区。在荔湾区委、区政府的领导下，在荔湾区人民的奋发图强下，荔湾区各项事业生机盎然、蓬勃发展，城区协调推进"全面建成小康社会、全面深化改革、全面依法治国、全面从严治党"的区（县）域样本初见成效。

　　欣闻《大都市治理的荔湾实践》要付梓出版了，作为广州大学的一员，作为广州的一员，老夫感到由衷的高兴。真诚希望荔湾城区治理的实践和经验能够为大都市治理提供有益的参考和借鉴，真诚希望荔湾样本能够为都市治理现代化贡献可能的资源和智慧，真诚希望大都市治理学术团队和基层党校的研究团队能够产出越好越多的研究成果！

　　是为序！

李步云

中国社会科学院荣誉学部委员

广州大学人权研究院院长

目　录

导　论 ·· 1
　一　印象治理 ·· 3
　二　城区治理 ·· 7
　三　荔湾治理 ·· 10
　四　表述逻辑 ·· 15

第一章　迈向城区治理现代化的荔湾样本 ·· 19
　一　荔湾城区治理现代化的自我认识 ·· 21
　　（一）强兼容性 ·· 23
　　（二）浓商业性 ·· 24
　　（三）富文化性 ·· 25
　　（四）高复杂性 ·· 25
　二　荔湾城区治理现代化的探索实践 ·· 26
　　（一）治理市场 ·· 26
　　（二）深化改革 ·· 29
　　（三）改善民生 ·· 31

　　　　（四）擦亮文化 ……………………………………………… 32
　　　　（五）更新城市 ……………………………………………… 34
　　　　（六）从严治党 ……………………………………………… 35
　　三　迈向城区治理现代化的荔湾经验 ………………………………… 36
　　　　（一）顶层设计，明确治理目标定位 …………………………… 36
　　　　（二）先行先试，提高政府治理效能 …………………………… 37
　　　　（三）创新驱动，推动城区转型升级 …………………………… 37
　　　　（四）文化引领，提升文化治理辐射力 ………………………… 39
　　　　（五）重点突破，提升民生治理成效 …………………………… 40
　　　　（六）制度创新，促进治理规范化 ……………………………… 41
　　　　（七）党建护航，促使区域治理优化 …………………………… 42

第二章　先行先试的荔湾政务服务改革 ……………………………………… 45
　　一　政务服务改革的荔湾情境 ……………………………………………… 47
　　　　（一）改革是项政治任务 ………………………………………… 47
　　　　（二）改革是股竞争资本 ………………………………………… 48
　　　　（三）改革是次管理转型 ………………………………………… 49
　　　　（四）改革是种实践创新 ………………………………………… 50
　　二　政务服务改革的荔湾实践 ……………………………………………… 51
　　　　（一）推行清单式受理 …………………………………………… 51
　　　　（二）实施"一窗式"服务 ……………………………………… 52
　　　　（三）开发"两网一平台"系统 ………………………………… 54
　　　　（四）实行联合勘查验收及立审管分离监督 …………………… 55
　　　　（五）纳入"三位一体"改革 …………………………………… 55
　　三　政务服务改革的荔湾经验 ……………………………………………… 56
　　　　（一）凸显创新科技的应用 ……………………………………… 57
　　　　（二）注重需求导向的服务 ……………………………………… 60
　　　　（三）加强政府部门协同运作 …………………………………… 60
　　四　政务服务改革的荔湾综述 ……………………………………………… 61

第三章 前行中的城市管理综合行政执法改革 …… 63

一 综合行政执法改革"地图" …… 65
（一）整合执法机构 …… 65
（二）理顺层级关系 …… 66
（三）集中行政处罚权 …… 69

二 综合行政执法改革"路线" …… 69
（一）从碎片化执法向整体性执法转变 …… 69
（二）从专业执法向综合执法转变 …… 71
（三）从"以条为主"执法向"条块结合、以块为主"执法转变 …… 71
（四）实施区街两级共管共治模式 …… 72

三 综合行政执法改革"短板" …… 73
（一）集中度难以把握 …… 74
（二）职责边界模糊不清 …… 75
（三）配套改革滞后 …… 77
（四）执法环境恶化 …… 78

四 综合行政执法改革展望 …… 78
（一）法制建设：制定全国统一的城市执法法或法规 …… 79
（二）组织建设：理顺城市行政管理和行政执法体制 …… 80
（三）资源保障：合理配置资源，实现信息共享 …… 82
（四）考核机制：建立以整体目标为导向的考核制度 …… 83

五 综合行政执法改革评述 …… 85
（一）契合中央改革精神 …… 85
（二）改革探索值得肯定 …… 85
（三）要继续推动改革 …… 86

第四章 基层社区治理优化下的民情议事会 …… 89
一 转型时代的老城区治理难题 …… 91
二 社区党员民情议事会观察 …… 92

（一）构建三级议事主体、整合社会力量 ………………… 93
　　　（二）议一议身边事情、分层处理落实 …………………… 95
　　　（三）建章立制、网格化管理与信息公开 ………………… 99
　三　社区治理优化：荔湾经验 ……………………………………… 102
　　　（一）创新基层党建机制，形成有效供给服务体系 ……… 103
　　　（二）搭建资源整合平台，促使多元主体协力共治 ……… 104
　　　（三）构建公众参与平台，增强基层党组织亲和力 ……… 105

第五章　阳光治理下的"三资"监管交易平台建设 …………… 107
　一　缘起与契机 …………………………………………………… 109
　二　实践与探索 …………………………………………………… 110
　　　（一）构建"三资"数据系统，搭建电子平台 …………… 110
　　　（二）凝聚监督力量，整合实体平台 ……………………… 115
　　　（三）完善配套措施，创新监管理念 ……………………… 116
　三　收获与展望 …………………………………………………… 122
　　　（一）"三资"交易监管成绩斐然 ………………………… 122
　　　（二）经济联社集体"三资"交易监管的未来之路 ……… 124

第六章　"互联网+"时代的荔湾电子商务 ……………………… 127
　一　发展电子商务的荔湾设计 …………………………………… 129
　　　（一）顺应经济发展趋势，及时转变发展观念 …………… 129
　　　（二）着眼本区发展实际，编制科学战略规划 …………… 130
　　　（三）依托现有产业结构，拓展集群发展空间 …………… 131
　　　（四）打破传统经济桎梏，创新商业贸易形式 …………… 133
　二　推进"互联网+"的荔湾经验 ……………………………… 136
　　　（一）转变政府职能，加强宏观引导 ……………………… 136
　　　（二）实施创新驱动，加强平台建设 ……………………… 138
　　　（三）重视信息安全，加强制度保障 ……………………… 139
　　　（四）鼓励社会参与，加强多方合作 ……………………… 140

三 "互联网+"时代的荔湾未来 …………………………………… 142
 （一）力促中小企业转变经营模式 ………………………………… 143
 （二）强化示范带动，增强电子商务集聚区规模效应 …………… 144
 （三）强化电子商务发展的支撑体系 ……………………………… 146
 （四）加强专业人才队伍建设 ……………………………………… 148
 （五）完善电子商务宣传体系 ……………………………………… 149

第七章 凸显浓郁岭南风情的文化荔湾 ………………………………… 151
 一 走进荔湾：底蕴深厚的岭南文化 ……………………………… 153
  （一）现代商贸文化 ………………………………………………… 153
  （二）旧城风貌与古建筑文化 ……………………………………… 154
  （三）饮食文化 ……………………………………………………… 155
  （四）中医药文化 …………………………………………………… 155
  （五）非物质文化遗产 ……………………………………………… 155
  （六）玉文化 ………………………………………………………… 156
  （七）民俗风情 ……………………………………………………… 157
  （八）宗教文化 ……………………………………………………… 157
  （九）茶文化 ………………………………………………………… 157
  （十）花文化 ………………………………………………………… 158
 二 审思荔湾：文化发展的荔湾困境 ……………………………… 159
  （一）"旧城改造"造成古建筑破坏严重，新旧城风貌不协调……… 159
  （二）保护和改造体制不完善，改造手段单一、改造成本
    居高不下 ……………………………………………………… 160
  （三）产业转型升级滞后，旅游业仍没有摆脱观光旅游的
    低端业态 ……………………………………………………… 160
 三 走出荔湾：文化发展的地域"突围" ………………………… 161
  （一）做强"西关文化"——"人无我有"的文化 ……………… 161
  （二）做大"产业文化"——"人有我优"的文化 ……………… 165
  （三）做好"生态文化"——"人优我创"的文化 ……………… 166

第八章　传统、现代、自然有机融合的城市更新 … 169

一　荔湾旧城更新改造溯源 … 171
　（一）荔湾旧城现貌 … 171
　（二）荔湾旧城改造轨迹 … 172

二　荔湾旧城更新改造的特点 … 174
　（一）专业设置的改造机构 … 175
　（二）"两圈"格局的动力机制 … 176
　（三）"多方共赢"的创新模式 … 178
　（四）"以民为本"的改造理念 … 180
　（五）传统现代兼容的改造设计 … 182
　（六）特色有序的产业格局 … 184
　（七）新旧协调的融合改造 … 184

三　荔湾旧城更新改造镜鉴 … 187
　（一）完善城市更新法律法规 … 187
　（二）创新本土化改造模式 … 188
　（三）引导公众积极参与 … 191

第九章　无声变革下的垃圾分类治理 … 195

一　即将开启的帷幕：西村垃圾分类背景 … 197
　（一）"垃圾围城"的生态危机 … 197
　（二）广州市"垃圾分类"的艰难探索 … 198

二　挖掘城市矿产：西村垃圾分类实践 … 199
　（一）建立数据库，让数字说话 … 200
　（二）在宣传中行动，在行动中宣传 … 201
　（三）建立有害垃圾回收体系，减少环境危害 … 203
　（四）抓住灰色地带，通过低值资源回收实现减量 … 204
　（五）由易到难，开展餐厨垃圾分类试点 … 206

三　早立的"蜻蜓"：西村垃圾分类的启示 … 207
　（一）因地制宜，坚持本土化探索 … 207

（二）公私合作，走市场化之路 ………………………………… 209
　　　（三）服务引领，在"专业化"中追求"精细化" …………… 212

第十章　左右"逢源"的城市社区养老 ……………………………… 217
　一　逢源社区养老服务图景 …………………………………………… 219
　　　（一）1998—2007年，初创探索阶段 ………………………… 219
　　　（二）2008年至今：转型提升阶段 …………………………… 221
　二　逢源社区养老服务逻辑 …………………………………………… 224
　　　（一）"助人自助"的服务理念 ………………………………… 224
　　　（二）现代化的服务运作方式和完善的组织制度建设 ………… 226
　　　（三）"四位一体"的无缝隙服务体系 ………………………… 228
　　　（四）无偿、低偿、有偿服务相结合的服务付费方式 ………… 230
　　　（五）专业化和现代化的服务手段 ……………………………… 231
　三　逢源社区养老服务的未来 ………………………………………… 232
　　　（一）建立多元化的社区养老服务供给体系 …………………… 232
　　　（二）以"用户自我管理"为中心，提供整合服务 …………… 235
　　　（三）培育专业化稳定的养老社会工作人员队伍 ……………… 236

第十一章　整合性治理下的基层医疗改革 ………………………… 239
　一　医疗改革的国内外生态 …………………………………………… 241
　二　城市医疗改革的荔湾样本 ………………………………………… 242
　　　（一）医疗机构改革和保障机制的确立 ………………………… 243
　　　（二）荔湾"医疗联合体"的组建与资源整合的探索 ………… 245
　　　（三）医疗服务与管理的创新探索 ……………………………… 248
　　　（四）医患调处与风险转移机制的创新 ………………………… 250
　三　城市基层医疗改革的荔湾选择 …………………………………… 251
　　　（一）完善"双向转诊"制度，改变就医习惯 ………………… 252
　　　（二）推动技术合作和信息化建设，简化服务流程 …………… 252
　　　（三）完善医疗保险制度，引导患者分流 ……………………… 253

（四）建立激励制度，增强"造血"能力……254
（五）完善考核机制，改善医联体服务……254
（六）大力推行全科医生制度……254
（七）试行企业化"管办分离"……255

第十二章　顾客导向下的公共部门绩效管理……257

一　荔湾公共部门绩效管理溯源……259
　（一）"自上而下"政府绩效管理试点的"试验田"……259
　（二）建设"幸福荔湾"和"效能荔湾"的内在需求……260
二　荔湾公共部门绩效管理观察……261
　（一）绩效管理制度体系……261
　（二）绩效管理组织体制……262
　（三）绩效管理实施方案……263
　（四）绩效管理评估系统……268
　（五）绩效察访核验机制……269
三　荔湾公共部门绩效管理借鉴……270
　（一）"制度+评估"，制度化推进绩效管理试点……272
　（二）"组织+评估"，强化绩效评估的组织体制……273
　（三）"科学+评估"，科学地设计绩效指标体系……274
　（四）"技术+评估"，以信息技术的利用来推进评估……277

第十三章　全面从严治党下的经济联社党组织建设调查……279

一　全面从严治党下的基层党组织建设背景……281
二　全面从严治党下的荔湾区经济联社党组织概况……282
　（一）经济联社党组织建设关乎稳定和发展大局……282
　（二）荔湾区经济联社党组织的基本情况……283
三　荔湾区经济联社党组织建设现状问卷调查分析与解读……285
　（一）受访者基本情况……286

（二）党组织建设的正面映象 289
　　（三）党组织建设瓶颈 298
四　从严治理与创新优化经济联社党组织建设 306
　　（一）理论武装：问题意识与学习完善 306
　　（二）组织发展：职能清晰与资源整合 307
　　（三）制度完善：查漏补缺与严格执行 308
　　（四）服务创新：传统渠道与微渠道结合 309
　　（五）监督体系：利益约束与民主管理 310
　　（六）协同效应：优势互补与协同发展 312

第十四章　凝聚力强化下的地方党委领导方式创新 313

一　荔湾区党委创新领导方式的基本原则 315
　　（一）坚持正确指导思想 315
　　（二）坚持民主集中制 315
　　（三）坚持依法治理 315
　　（四）坚持提高效能 315
　　（五）坚持循序渐进 316
二　荔湾区党委创新领导方式的实践探索 316
　　（一）夯实党委领导核心作用的组织基础 316
　　（二）提高党委领导工作的制度化、规范化水平 323
　　（三）健全和完善党委的整合统领机制 324
　　（四）建立科学的党委议事决策机制 325
　　（五）规范和健全地方党委与其他力量的良性互动机制 327
　　（六）强化对党委权力运行的监督 331
三　进一步改革和完善基层党委领导方式的思考 332
　　（一）进一步加强理论学习，积极开展"三严三实"教育实践 333
　　（二）进一步规范地方党委与人大、政府、政协、检察机关、
　　　　审判机关以及人民团体的关系 333

（三）进一步加强和改进党的基层组织建设，健全基层选举、议事、开会、述职、问责等机制，充分发挥基层党组织的战斗堡垒作用 …… 333

（四）进一步加强人才队伍建设，发挥党组织的领导和把关作用 …… 334

（五）进一步推进地方党委工作的科学化、民主化、制度化和程序化 …… 334

第十五章　走向未来的大都市荔湾治理 …… 335

一　治理现代化：站在历史拐点上的荔湾 …… 337

（一）治理理念亟待丰富 …… 338

（二）治理体系亟待完善 …… 340

（三）治理方式亟待更新 …… 342

（四）治理环境亟待优化 …… 344

二　未来城区：大都市治理的荔湾抉择 …… 346

（一）推动创新开放，建设活力小康城区 …… 347

（二）推动协调发展，建设和谐小康城区 …… 351

（三）推动生态治理，建设绿色小康城区 …… 355

（四）推动幸福善治，建设共享小康城区 …… 359

三　结语 …… 362

附　录 …… 363

后　记 …… 365

导 论

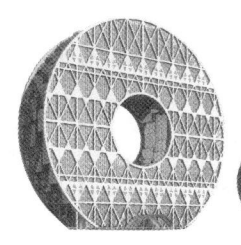

自1989年世界银行首次提出"治理危机"(crisis in governance)概念以来,"治理"迅速成为当今学界最流行的理论之一,并被多个学科引入和吸纳,进而被不断丰富,从理论层面到实践层面、从国际层面到国家层面、从政治层面到文化层面、从时代价值到溯源历史,人们的关注曲线就不曾断裂。尤其在国内,伴随着研究方法的创新、研究理论的译介以及研究框架的移植、复制,中国治理问题的讨论正在超越有关治理议题的国外聚焦和纯粹的理论辨析,其在马克思主义发展观的指引之下,试图找寻一条不同于发达国家治国理政的道路,建构一种契合本土话语体系和思维逻辑的治理模式。

党的十八届三中全会审议通过的《中共中央关于全面深化改革若干重大问题的决定》,就明确提出,"全面深化改革的总目标是完善和发展中国特色社会主义制度,推进国家治理体系和治理能力现代化",引领了当代中国治理研究的新进程、新突破。推进国家治理体系和治理能力现代化,落实到城市,就是要实现"城市管理"向"城市治理"的伟大跨越。

一　印象治理

追根溯源，治理概念抑或理论的建构，既有现实的社会归因，也有理论的逻辑演进。鲍勃·杰索普说："治理兴起的部分原因在于政治经济状况发生了深远的变化，使得自组织在进行经济、政治和社会的协调方面发挥的作用超过市场或等级制。"① 徐勇认为："现代社会发展迅速，公共事务大量增多，只有通过公共权力的合理配置和有效运作，改善公共权力使用方式，才能妥善处理公共事务，适应环境的挑战。"② 俞可平指出："（20世纪）90年代以来善治的理论与实践之所以能够得以产生和发展，其现实原因之一就是公民社会或民间社会的日益壮大。"③ 不论是政治经济状况的发展、公共事务的量增，还是民间社会的日益壮大，都强调了环境之于开放性组织变迁的因果关联。按照自然进化论的观点，"物竞天择，适者生存"，环境才是选择并引发生物进化的根本机制。基于此，环境的变化、对象的换代、观念的更迭、工具的更新等等，都破坏了传统统治体制的生存土壤，要求从统治走向治理。

"治理"兴起也是理论自我生长的结果。一种观点认为，政治生活系统就是一个"加工厂"，内外部环境就是"输入""原材料"，政治生活系统通过把这些"原材料"进行加工、"输出"，做出公共决策、制定政策并"公布天下"。④ 但这个系统却是"黑箱"，从来没有被打开过，从而呼唤一种公开、透明的理政方式，以应对公共权力滥用可能带来的乱政、腐败

---

① ［英］鲍勃·杰索普：《治理的兴起及其失败的风险：以经济发展为例的论述》，漆燕译，《国际社会科学杂志》1999年第1期。
② 徐勇：《GOVERNANCE：治理的阐释》，《政治学研究》1997年第1期。
③ 俞可平：《治理和善治引论》，《马克思主义与现实》1999年第5期。
④ ［美］戴维·伊斯顿：《政治生活的系统分析》，王浦劬等译，华夏出版社1989年版。

问题，登哈特夫妇将其解释为"服务型政府"①。另一种观点则将其理解为公共权力的社会回归。在俞可平看来，公民自愿参与是善治实现的前提基础。现在伴随着经济全球化和政治民主化、社会力量壮大、公民权利意识觉醒、志愿服务等社会组织力量谋求公共参与，在逻辑上倒逼着政府不得不还权于民、回归社会，即在公共事务等管理方面寻求公民社会的支持与合作，这导致了"治理"理念的萌芽。②吉登斯的"第三条道路"则无疑把这种论争推到了顶点，妥协、协商、合作，既不过分推崇纯粹的市场自由主义，也不完全复制纯粹的政府社会主义，而是希望政府与市场能够联合起来共同应对，"西方的政治学家和管理学家之所以提出治理概念，主张用治理替代统治，是他们在社会资源的配置中既看到了市场的失效，又看到了国家的失效"③。

解决了"出身"问题后，人们有关治理问题的探讨就聚焦到了概念界定。自 20 世纪 90 年代首见于北欧诸国以来"治理"的含义模化，足以包容多种用法。④英语中的 governance 源于拉丁文和古希腊语，原意是控制、引导和操纵。之后，诸多治理理论的研究专家基于不同的考量，都提出了自己关于这个问题的看法。如罗西瑙认为："治理指的是一种由共同的目标支持的活动，这些管理活动的主体未必是政府，也无须靠国家的强制力量来实现。"⑤库伊曼和范·弗利艾特认为："治理的概念是，它所要创造的结构或秩序不能由外部强加；它之发挥作用，是要依靠多种进行统治的以及互相发生影响的行为者的互动。"⑥罗茨则把既有的有关"治理"的界定，归结为六种类型：

---

① [美] 罗伯特·B. 登哈特、珍妮特·V. 登哈特：《新公共服务：服务而非掌舵》，刘俊生译，张庆东校，《中国行政管理》2002 年第 10 期。
② 俞可平：《治理和善治引论》，《马克思主义与现实》1999 年第 5 期。
③ 俞可平：《治理和善治引论》，《马克思主义与现实》1999 年第 5 期。
④ [法] 让-彼埃尔·戈丹：《现代的治理，昨天和今天：借重法国政府政策得以明确的几点认识》，陈思译，《国际社会科学》1999 年第 2 期。
⑤ [美] 詹姆斯·N. 罗西瑙：《没有政府统治的治理》，剑桥大学出版社 1995 年版，第 5 页。
⑥ [英] 库伊曼、范·弗利艾特：《治理与公共管理》，载库伊曼等编《管理公共组织》，萨吉出版公司 1993 年版，第 64 页。

(1) 作为最小国家的管理活动的治理，它指的是国家削减公共开支，以最小的成本取得最大的效益。(2) 作为公司管理的治理，它指的是指导、控制和监督企业运行的组织体制。(3) 作为新公共管理的治理，它指的是将市场的激励机制和私人部门的管理手段引入政府的公共服务。(4) 作为善治的治理，它指的是强调效率、法治、责任的公共服务体系。(5) 作为社会—控制体系的治理，它指的是政府与民间、公共部门与私人部门之间的合作与互动。(6) 作为自组织网络的治理，它指的是建立在信任与互利基础上的社会协调网络。①

而在所有这些观点构成的概念谱系中，全球治理委员会的界定无疑最具权威性。1995年，全球治理委员会发表了题为"我们的全球伙伴关系"的研究报告，对治理作出了如下界定：治理是各种公共的或私人的个人和机构管理其共同事务的诸多方式的总和。它是使相互冲突的或不同的利益得以调和并且采取联合行动的持续的过程。这既包括有权迫使人们服从的正式制度和规则，也包括各种人们同意或以为符合其利益的非正式的制度安排。它有四个特征：治理不是一整套规则，也不是一种活动，而是一个过程；治理过程的基础不是控制，而是协调；治理既涉及公共部门，也包括私人部门；治理不是一种正式的制度，而是持续的互动。②

因此，借用俞可平有关治理议题的观察，所谓治理，就是"在一个既定的范围内运用权威维持秩序，满足公众的需要。治理的目的是在各种不同的制度关系中运用权力去引导、控制和规范公民的各种活动，以最大限度地增进公共利益"③。其主要特征是"不再是监督，而是合同包工；不再是中央集权，而是权力分散；不再是由国家进行再分配，而是国家只负责管理；不再是行政部门的管理，而是根据市场原则的管理；不再是由国家

---

① [英] 罗伯特·罗茨：《新的治理》，《政治研究》1996年第154期。
② 联合国全球治理委员会：《我们的全球伙伴关系》，牛津大学出版社1995年版，第23页。
③ 俞可平：《治理和善治引论》，《马克思主义与现实》1999年第5期。

'指导',而是由国家和私营部门合作"①。

基于类型学的考量,根据不同的衡量标准,可以划分为全球治理、国家治理、城市治理、乡村治理,也可以归类为公司治理、社会治理、小组治理,还能够表现为经济治理、文化治理、生态治理、环境治理等专门治理,等等。而从所有这些治理类型的划分中,我们可以发现都基于技术层面的考量,而在更深层次的立场,又都与公共服务密不可分。当奥斯特罗姆在谈论"公共事物的治理之道"时,其根本上所要解释的就是如何把公共产品/服务如公共用水社区警察的提供与多中心治理结合起来。于是,当公共物品的配备与消费涉及全世界公民时,是全球治理;当涉及某一国家或地区的公民时,是国家治理;当这种涉猎压缩到国内的某一具体行政区划时,又可以描述为城市治理、乡村治理等。

城区治理其实就是对治理概念的一次类型学观察,是城市治理体系的重要组成部分。城区是城市的组成部分,是城市地理上的划分也是行政区域的划分。所以,城区治理可以借鉴有关城市治理的定义②,广义上是指一种城区地域空间治理的概念,为了谋求城区中经济、社会、生态等方面的可持续发展,对城区中的资本、土地、劳动力、技术、信息、知识等生产要素进行整合,实现整体地域的协调发展。狭义上是指城区范围内政府、私营部门、非营利组织作为三种主要的组织形态组成相互依赖的多主体治理网络,在平等的基础上按照参与、沟通、协商、合作的治理机制,在解决城区公共问题、提供城区公共服务、增进城区公共利益的过程中相互合作的利益整合过程。在这里,我们倾向于站在广义上来理解城区治理,主要涉及城区定位、城区规划、城区可持续发展等问题,主要是处理城区发展的政治、经济、社会、文化、生态等各种要素,当然也囊括了城区公共服务的提供。

---

① [法]弗朗索瓦-格扎维尔·梅理安:《治理问题与现代福利国家》,肖孝毛译,《国际社会科学》1999年第2期。

② 王佃利:《城市管理转型与城市治理分析框架》,《中国行政管理》2006年第12期。

二 城区治理

2015年11月,清华大学公共管理学院薛澜教授通过建立起"问题—主体—机制"的分析框架,观察了全球治理旧范式与新范式之间的异同,以及为何旧范式会向新范式转型的逻辑。其中,薛澜提及了当前中国学术界一个非常普遍又非常棘手的问题,就是在有关全球治理话题的讨论中,"重理论轻实际"的趋势非常明显,"中国学者尤其是政治学领域和国际关系学领域的学者在过去二十多年中大量引入了西方全球治理研究的理论,但较少有学者意识到如果全球治理研究仅仅停留在宏观政治理论的探讨层面,就无法深刻理解全球治理的现实需求"①。从而,在笔者看来,有关全球治理话题的探讨,应该从宏观走向微观,即找到一个能够有助于解剖的具象或者说载体,如气候问题、环境问题、难民问题、毒品问题等。事实上,不仅仅在全球治理这样的宏观讨论中,学术界倾向于规范推理;在国家治理层面,学者们也喜欢停留于规范层面的文字游戏,这往往就与学术研究的初衷相背离了,即学术与现实之间的距离越来越远,我们所提及的范式将不再能够解释我们遇到的问题、看到的现象以及提供需要的解释。因此,我们需要在一个更加具体的、摸得着的地方来观察和讨论我们感兴趣的话题。

事实上,人们对治理的实践一直不曾中断,从远古时期的氏族自治到现代社会的民主参与,从古希腊的广场会议到美国大选的网络投票,从传统中国的乡绅治乡到当代中国的村民自治,从奥斯特罗姆笔下的社区警察到华中学派的乡土中国。比较典型的如传统中国的乡民"自治",当面对"皇权不下县"的政治铁律时,乡绅、族老等乡村精英也就接管了乡村地区的治权,他们既是皇权的触角,又是乡邻的代表,实现的是政府与社

---

① 薛澜、俞晗之:《迈向公共管理范式的全球治理——基于"问题—主体—机制"框架的分析》,《中国社会科学》2015年第11期。

会、国家与农村在乡村场域的合作、谈判，是传统中国公共治理的典型写照。及至现在，村庄事务中的"一事一议"、社区管理中的业主委员会、社会组织参与的社区养老服务等等，治理作为一种"复兴"的公共事务处置模式，始终渗透到政治、经济、文化、社会、生态的方方面面。这是现代化发展的必然选择，也是民主政治践行的内生要求。

为了使治理实践更加繁荣，党的十八届三中全会把治理实践上升为国家战略，并进行了顶层设计。而至于如何实现国家治理体系和治理能力现代化，则"仁者见仁，智者见智"。对于"三农"专家们来说，乡村治理是国家治理的基石，只有把乡村治理好了，国家治理的目标才能实现；而就城市问题专家而言，城市治理又是关键的一环，城市治理没做好，国家治理自然也就是"跛子走路"。

其实，对于当代中国而言，乡村治理和城市治理是两条腿，缺一不可。21世纪初，哈佛大学经济学教授爱德华·格莱泽（Edward Glaeser）撰写并出版了《城市的胜利》（Triumph of The City）一书，认为"城市是人类最伟大的发明与最美好的希望"，至少在经济发展领域，"城市是摆脱贫困的途径，阻止城市的发展会让发展中国家陷入人为的贫困状态"[①]。因此，作为人类未来生产、生活的主战场，优化城市治理将是不可避免的战略选择，且我们在谈论这个话题时，不仅仅是停留在"城市"这个单元，而是要把这种观察具化到某个载体即下一层级的治理单位。邓大才研究发现，产权与治理存在很强的关联性，主要体现为对称性，对称性强，产权、治理的绩效相对较好；对称性弱，产权、治理的绩效就相对较差，表现为结构的均衡性、层级的对等性、规模的适宜性、边界的完整性、职能—权利的对应性等。[②] 换句话说，治理对象决定了治理体系、治理内容、治理目标、治理手段等，从而需要把城区治理单独拿出来讨论。之所以如此：

---

① ［美］爱德华·格莱泽：《城市的胜利》，刘润泉译，上海社会科学院出版社2012年版，第243页。

② 邓大才：《产权单位与治理单位的关联性研究——基于中国农村治理的逻辑》，《中国社会科学》2015年第7期。

首先，城区治理是国家治理体系和治理能力现代化的基础。城市治理是国家治理的基础与重要组成部分，如果把城市治理比作一座金字塔，城区就是塔基，决定了金字塔的高度和牢固度。对于一幢摩天大楼而言，地基打得深不深、牢不牢固，决定了楼层的数量和高度，决定了大楼的使用寿命，也决定了大楼抵抗各种灾害的能力。因此，对于国家治理而言，一旦城区治理出了问题，自然也就会影响到它的效率和运行绩效。一方面，其本身就是多层级、子系统的集合体，城区治理体系虽只是这个体系中的一个环节，但确是非常重要和关键的一个环节，如果这个环节出现了问题，就会发生连环反应，最终导致治理体系的崩塌；另一方面，国家治理体系的现代化进程，不论是自上而下的政府推动，还是自下而上的社会倒逼，城区治理都是站在最前线的"员工"，既可以是操作者、承载者，也可以是创新理念的始发者和合作者。

其次，城区是当代中国政治行政体系中的关键一环，是沟通基层民众与政府决策者的"桥梁"。根据《中华人民共和国宪法》第三十条，当代中国实行的是"中央—省（自治区、直辖市）—县（县级市）—镇（乡）"四级行政区划，除"中央"外，其余三者皆为地方政府序列。相较于省一级政府的"高高在上"，县（或城市辖区）一级政府则更接地气；相较于乡镇一级政府的"有责无权"，县（或城市辖区）一级政府则更有自主权。因此，县或城市辖区才是观察国家治理体系和治理能力的最佳窗口。不仅仅因为自古以来，县就是中国行政触角的末梢，还因为县具备了政治、行政方面的决策自主权，能够最大限度地决定区域内的事情，也就能够及时作出回应。

再次，治理本身就是一个重视实践的过程。正如前面所述，在当前的全球治理研究谱系中，理论研究重于实证研究，忽视了学术研究的问题导向，也就脱离了研究的初衷。现在，我们把研究的视角聚焦于城区，一方面，不会因为研究对象过于庞大而无法有效开展数据采集工作，打个比方，当我们倾向于研究全球性问题时，所要进行的资料搜集工作往往难上加难，就算阿尔蒙德等人在讨论政治文化的类型学问题时，都仅仅拿到了几个国家的数据,而不可能穷尽所有的国家或地区,从而在样本的选择上,招致了后来者的诟病与质疑。另一方面,也不会因为研究对象过于细微而缺乏代表性和典型性,也使研究结果缺乏适用性,比如说我们以某个社区的网格化治理为研究对象,也许能够把这个社区的治理实践全部研究通透,但依然无法弥补单个案例分析所带来的不足。因此,当我们以城区为研究对象时,其实就是在这两者之间找寻了一个平衡点,既能兼顾研究样本的代表性,又能考虑研究结果的适用性和系统性。

最后,对人类社会而言,城市才是最终的归宿。从城市发展的历史和未来出发,我们会发现,城市化或者城镇化的最终结果,都会走向"逆城市化"。当农村人大量进入城市之后,城里人又开始搬离城市、搬到"乡下"和卫星城,从而促使乡村城市化和城乡协调趋同发展,进而促使乡村的公共设施、社会治理、生活方式等趋向城市特征,并兼有乡村生态。也就是说,在某种意义上,城市和乡村的位置在可预期的未来将会调转过来,城市变成了未来的"乡村",但这并没有削弱城市在讨论治理问题中的关键性,因为其中所发生的一系列问题,要想最终得到有效解决,都只能在城市当中来寻找答案,而这关乎整个人类命运的终极发展。

因此,不论是出于学术研究的学理考量,还是出于现实管理的绩效考察,我们都提倡把研究的视线转移到城市尤其是城区"身上",以尽可能地实现对治理理论的本土化、个性化升华与创新。

三 荔湾治理

视线落到城区治理,就需要选择一个研究方向,比如是治理的理论研究还是案例研究?本书选择的是研究案例——大都市治理的荔湾实践。大都市或者说大都市区是城市化发展到较高级阶段时的一种城市地域形式,是一个区域经济、政治、文化、交通、信息中心和人口集散地,是"一个可识别的人口核心和具有核心的高度一体化的毗邻地域的地区"①。大都市（大都市区）可以是一个城市圈，也可以是一个城市。从行政区划上看，大都市（大都市区）是由管理相对独立的行政辖区组成；城市中相对独立的行政辖区中，如果从城区历史或者是发展的现代化程度看，又有老城区、新城区和兼有老城区和新城区特点的城区之分。由于每一个城市都有老城区，所以大都市治理离不开也绕不开老城区的治理；城市要发展，城市管理要跨越到城市治理，需要也必须实现老城区治理的现代化。

老城区②，"是指在一个城市中存在时间较长、历史相对悠久，一般居于城市中心区域，在城市的经济、政治、文化以及交通、信息、物流、人流等方面发挥中心或次中心作用的区域"。老城区是城市发展的根和魂。离开老城区的发展，现代城市发展就会成为无源之水、无根之木、无魂之脑。老城区具有以下几个基本特点：历史沧桑厚重，文化遗存丰富，人文风情浓重，个性特色鲜明，老化衰退严重，开发复杂艰难，发展潜力巨大。从发展优势来看，老城区有特殊的区位优势：业态结构多元，产业基础雄厚，商业文化浓重；交通便利、通讯快捷、信息快速；资源优势明显，文化旅游资源多，供水供电、学校、医院、公园、购物、文体等公共配套设施相对集中。政治、经济、文化等综合优势明显。但老城区人口密度高、建筑密度高、交通密度高等"三高"现象也很明显，且很多老城区的物流、信息流、人口流、产品流、资金流的集散优势并未凸显。所以，老城区发展存在很多瓶颈：地域空间有限，资源匮乏，承载力弱，发展空间不足，与经济发展对空间的新要求不相适应；传统产业多、现代产业少、高科技产业少，与工业4.0、知识经济、"互联网+"经济的发展要求不相适应；人文历史资源占有丰富，但开发复杂艰难、成本过高，城市历史文化保护与发展的矛盾突出，老城区拆迁和改造带来的社会问题凸显，

---

① U.S.Office of Management and Budget.Standards for Defining Metropolitcn and Micropolitan Statistical Areas; Notice. http://www.whitehouse.gov/omb/fedreg/metroareas122700.pdf.
② 有关老城区的定义及相关内涵的表述参考刘文俭为课题组长编写的《老城区发展研究》（中共中央党校出版社2009年版）。

与以文化经营发展城市的现代城市治理理念不相适应；人民群众对城市的生活幸福指数、职业生涯发展等宜居环境有了更多、更高、更多样化的要求，而无法得到相应的满足。老城区的发展应该凸显自身特色，围绕创新驱动，充分发挥自身资源优势，保护城区历史文化建筑，提升城区集聚辐射功能，优化环境改善基础设施，优化提升城区产业结构，优化城区空间结构，全面深化改革提升公共部门绩效，实现内涵式、保护式、集约式的可持续发展。

单就老城区从管理到治理跨越的过程来说[1]，"就是实现党和政府从善政向善治的历史性转变，从发展型政府向服务型政府的历史性转变，从大政府向大社会的历史性转变，从传统管理型向现代治理型的历史性转变。善治作为一种现代化的治理模式，它的基本要素包括合法性、法治性、透明性、责任性、回应性五大要素；基本元素包括参与、有效、稳定、廉洁、改正五大元素。这五大要素和五大元素决定了政府治理城市的基本方向是，由'精简、统一、效能'的城市管理向'着力转变职能、理顺关系、优化结构、提高效能'的治理方向转变，更加注重建立决策、执行、监督三者为一体的治理互补关系体系。"

荔湾区，是广州拥有两千多年悠久历史的老城区，又兼有芳村这样改革开放以后才开发起来的新城区，但主要以老城区为主要特征。荔湾区2015年GDP已突破1000亿元，虽然跟广州市的天河、越秀等区相比有差距（见图0-1、图0-2），但荔湾区人口密度超过20000人/平方公里，平均经济密度超过16.9亿元/平方公里；在关于经济密度的相关研究中[2]，处于第一等级城市的经济密度范围在1000人/平方公里以上的平均经济密度约为2亿元/平方公里，只有荔湾区的1/8。

---

[1] 参考郭先登《实现"城市管理"向"城市治理"伟大跨越》，《青岛日报》2014年3月16日。

[2] 张进洁：《中国经济密度分布与政策研究》，《国家经济地理杂志》2012年第5期。

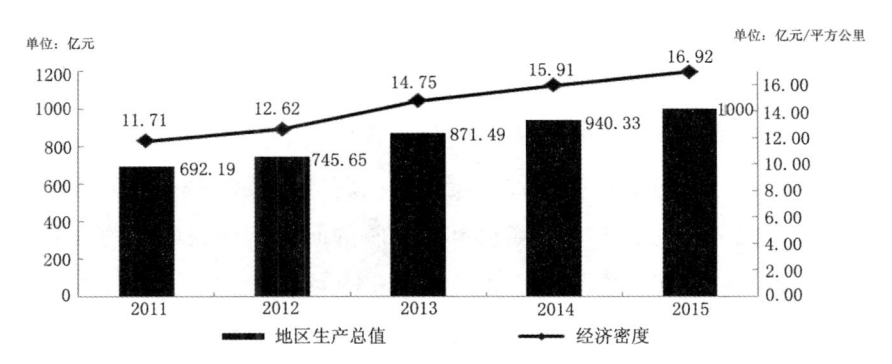

图0-1 荔湾区"十二五"期间地区生产总值及经济密度

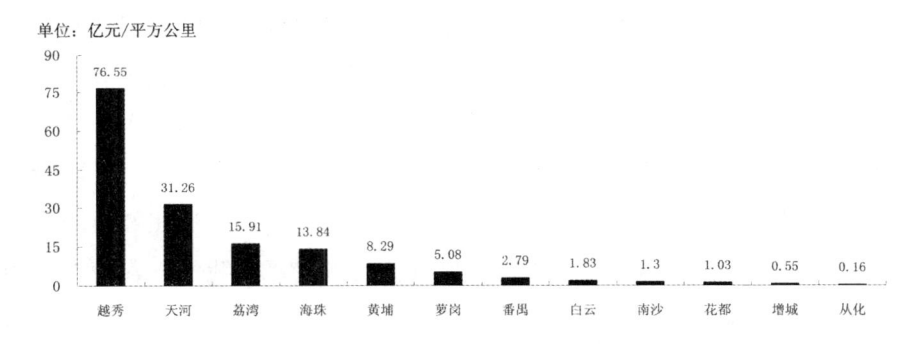

图0-2 2014年广州市各区县级(市)经济密度

作为特大都市的城市中心、现代化城市的老城区——荔湾区，面对老城区为主要特征的治理，在新一轮城市变革、社会融合、改革创新和经济发展中，针对遇到的问题和挑战，探索了什么样的改革、实施了什么样的举措、积累了什么样的经验，就是本书要分享的内容。之所以选择广州市荔湾区作为研究对象。

首先，荔湾区具有代表性。现代化是一个追逐目标、从不发展到发展、从不先进到先进、从不民主到民主、从不文明到文明的直线或曲线进程，即便当前我们所谓的现代化国家美国、英国、德国、法国、日本等也依然走在现代化的道路上。因此，荔湾正在迈向现代化，这是几乎所有中国的县、市辖区都正在经历的客观事实，从而通过观察荔湾、解剖荔湾、发掘荔湾，发现大都市的老城区政府正在面临的各种问题、各种环境以及各种机遇与挑战。更加值得关注的是,荔湾作为一个兼有都市和城中村特征的老城区,处在城市扩张的"一线",代表着当前中国城市化建设进程中老城区的基本现状,代表的是城镇化进程中被老城区"吞没"乡村的生存事实。从而,通过对这样一种发展形态的解剖,某种意义上可以认为是未来中国大部分农村、大部分城市都将面临的问题,如老城区的改造、城中村改造以及村改居、农改居、居民福利和待遇、社区安全等。

其次,荔湾区位于我国改革开放的桥头堡地带,对它的解剖具有借鉴意义。荔湾区地处广东省广州市,是我国改革开放的前沿阵地,其现在所面临的、接触的东西,都是沿海其他城市和内陆地区都将可能遭遇的。自1979年邓小平视察南方后,广东省尤其是广州、深圳就成为我国改革开放的桥头堡,从发展市场经济、私营经济到社会组织培育、志愿服务等,历史证明,他们都走在了全国绝大多数省市、区县的前列,引领着一股股改革新风和潮流。从某种意义上可以说,广州、深圳等城市现在经历的"阵痛",也是全国其他省市、区县将要经历的"苦难"。当我们把荔湾在这种转型阵痛中所经历的、所做到的、所努力的记录下来,并进行分析、传播时,某种意义上就是在帮助其他城市跳过这一段而走上快车道,减少深化改革所要付出的代价和成本。

再次,荔湾进行治理的探索和经验值得借鉴。近年来,荔湾区确实在城区治理体系和治理能力现代化建设方面进行了一些先行先试,并取得了一些各方认可的成效。荔湾的政务服务改革始终走在全国的前列,其政府服务中心的建设、服务体制的改革和服务流程的再造等,都实现了理念与实际、科技与管理的高度融合,可以说是现代智慧政务的典范。荔湾的"三资"交易尽管起步晚但追赶快,很快超越其他区县而占领了领头羊的位置,通过政府购买、政企合作、科技创新等方式方法,实现了村社集体资产、资源、资金管理与基层党风廉政建设的有机契合,对其他省市、区县具有重要的借鉴意义。又如综合行政执法改革方面,变传统的分散执法为整体执法,是"大部门制度"改革在基层政府的具体运用,其体制建构、部门改革、职能转变等,不仅仅遵循了中央所提及的顶层设计,更是契合了荔湾区的文化语境和本土化需求,是实事求是的典范。因此,可以这么说,荔湾区在推进城区治理体系和治理能力现代化的探索过程中,确实做出了扎扎实实的成果,某些成果的经验能够成为其他城区的镜鉴。

最后,荔湾区的城区治理体系和治理能力现代化建设正处在行进过程中,方便了我们参与到并观察这种变化和进步,使得研究更具真实性、可操作性和复制性。毋庸置疑,治理现代化显然不是一个一蹴而就的过程,而是一个需要实时观察的动态演进过程。换句话说,我们不仅仅是去观察并分析、研究荔湾区的治理现代化探索实验,而且我们在参与到这样一种探索实践中来,从而使得研究更有针对性和现实性,我们能够获得第一手资料。

四 表述逻辑

表述逻辑,是有关文本结构的安排。本书除导论外,共计十五章,除第一章和第十五章外,按照"政治—经济—文化—生态—社会—党建"的逻辑谋篇布局,以案例分析为视角,描画荔湾区建设现代化的城区治理体系和治理能力的积极探索,总结经验,以资镜鉴。具体内容包括:

第一章为总论,从荔湾迈向城区治理现代化的"自我认知"、"探索实践"和"治理经验"三个维度,以介绍基本情况为背景,高度抽象并概括了荔湾的城区治理实践与举措,试图说明:荔湾的城区治理建设是一种全局性的实践,从政治、经济、文化、社会、生态、党建等方面出发,多手齐下,相互配合,相互促进,取得了不错的成绩,交出了不错的答卷。

第二、三、四章主要讨论政治与行政改革问题。政治与行政是讨论治理体系和治理能力现代化的核心维度,主要涉及行政体制改革、政府职能转变、政府信息公开、权力清单建设等议题。因此,这一部分我们将以政务服务改革、综合行政执法改革、基层社区治理现代化建设为分析对象,讨论荔湾区在城区治理现代化方面的具体做法。通过调研、分析和比较，我们认为：作为对传统政务服务体系的突破和超越，现代政务体系应该是开放的、透明的、主动的、服务的、便利的和"互联网+"的，现代的城市综合行政执法体系应该是高效率的、高"智慧"的、高度统一与整合的，现代的基层社区治理体系也应该是多元主体共同参与的，并能够坚持党和政府在其中的主导作用。

第五、六章观察经济治理创新问题。经济问题是治理理论和分析框架的主要适用场域，对于城区治理体系和治理能力现代化建设而言，经济依然是基础。就两者关系而言，现代化的城区治理体系和治理能力提供了经济发展的保障，繁荣的经济则为城区治理体系的完善、治理能力的提升创造了条件，奠定了基础。因此，荔湾区一方面强调村社资产、资源、资金管理和交易的重要性，另一方面更重视大数据、"互联网+"时代的产业结构转型，试图通过转变经济发展方式、提升经济发展质量，来实现全区经济的跨越式发展，进一步夯实城区治理体系和治理能力现代化建设的经济基础。

第七章是治理在城区文化方面的应用。之于城市公共管理而言，文化建设是非常重要的一种刺激手段，阿尔蒙德等人在讨论政治文化与民主政治之间的关系时，就证明了两者之间的匹配关系，认为只有参与的文化才能有助于民主政治的发展。对于荔湾而言，"西关文化"既是一种资源，又是一种理念，如何把这种资源利用起来、把这种理念融入城区建设当中去，是实现现代化治理的当务之急，是推进现代化发展的软实力、软约束力和软动力。对此，走进荔湾、审思荔湾、走出荔湾，可以把"西关文化"作为荔湾文化的核心擦亮和打造出来，以提升荔湾文化品牌的影响力和辐射力。

第八、九章是对城区生态治理问题的关注。生态尤其是环境保护问题是近年来各级政府、各个部门普遍关注的一个议题，从而实现了从"GDP"到"绿色GDP"的观念变迁。作为一个发展中的城区，很多县区都会面临"发展"与"环保"的矛盾，如何化解或协调这一矛盾，荔湾区有着自己的见解，并提出了自己的解答之策。在城市更新过程中，荔湾区重视科学的城市规划、公民的充分参与、宜居宜业的结合，注重传统、现代、自然的融合，促使"保护、发展、创新、特色"的有机更新；在生活垃圾处理中，荔湾区重视科学的城市规划，常态的垃圾分类意识培养，以及市民的积极参与和监督。通过两者的研究、对比、分祈，我们发现，"发展"和"绿色"是可以同时实现的。

第十、十一、十二章讨论了荔湾社会治理方面的探索。社会治理是治理体系的重要组成部分，俞可平口中的"善治"是"使公共利益最大化的社会管理过程。善治的本质特征就在于它是政府与公民对公共生活的合作管理，是政治国家与公民社会的一种新型关系，是两者的最佳状态"，从而"善治有赖于公民自愿的合作和对权威的自觉认同，没有公民的积极参与和合作，至多只有善政，而不会有善治"。[①]因此，荔湾区把治理的理念完全融入到了社区居民的日常生活当中，如医疗、养老、绩效管理等等。通过对三个方面的宏观梳理和案例分析我们发现，要走向治理体系和治理能力的现代化，就不能忽略社会层面的治理变革，尤其是要坚持公共利益导向，注重公民参与，尤其是重视社会力量的参与和政府效能的改善。

第十三、十四章则是党建问题在治理现代化建设中的作用探讨。关于治理，有国家中心主义和社会中心主义的分野，后者强调在治理体系建构和公共事务治理实践中，要凸显公民社会的主导地位和关键角色。而前者则始终坚持政府在公共治理体系中的主导地位，当然这种主导地位是有限的。因此，就中国而言，中国的事情，关键在党。我们要始终坚持党的领导，把握党在公共治理当中的主导和核心地位。荔湾始终坚持党的领导，加强地方党委的领导力和基层党组织的领导核心作用，实现了区域的优化提升。

第十五章为总结和展望。作为对城区治理未来的展望，由"治理现代化：站在历史拐点上的荔湾"、"未来城区：大都市治理的荔湾抉择"两

---

① 俞可平：《治理和善治引论》，《马克思主义与现实》1999年第5期。

部分构成。其中第一部分强调了城区治理要根据党的十八大以来新的总体部署，深入贯彻习近平总书记系列重要讲话精神，围绕"创新、协调、绿色、开放、共享"五大理念，按照中央城市工作会议精神要求，讨论了当前荔湾治理理念、体系、方式、环境方面的挑战和机遇。第二部分，则结合荔湾区的"十三五规划建议和规划纲要"以及近年来荔湾区委全会、区政府工作报告的相关内容，融合政治、经济、社会、生态、文化等层面，总结、梳理和回应了荔湾区计划或期望未来要建构一个怎样的现代化治理体系，包括"推动创新开放，建设活力小康城区"、"推动协调发展，建设和谐小康城区"、"推动生态治理，建设绿色小康城区"和"推动幸福善治，建设小康共享城区"。同时，强调必须全面从严治党，改善党对经济社会发展的领导，为城区治理的优化提升提供坚强保证。

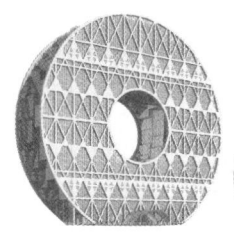

第一章
迈向城区治理现代化的荔湾样本

治理是中国现代化谱系的重要一员，其对生产力发展的回应，有效满足了政治、经济、文化、社会、生态等活动对体制机制改革的战略构想。作为先进生产关系的具体表达，治理现代化是历史的规律演进，也是时代的理性选择。党的十八届三中全会顺应规律和时代，提出"国家治理体系与治理能力的现代化"，其中，城市治理是国家治理体系的重要组成部分。由于历史发展、行政区划、发展规律、自然生态等原因，城市一般由多个城区组成；换而言之，城区治理是城市治理能力的重要载体，城区治理体系和治理能力的好坏，将在一定程度上影响到城市治理体系和治理能力的完善。

对于城区映象，无论从纵向（如城区历史）还是横向（如发展的现代化程度）看，城区都有老城区和新城区之分。荔湾区位于特大都市广州市的西部，是一个拥有悠久历史和现代商贸传统的老城区。荔湾区在"十二五"时期，特别是党的十八大以来，为认识、适应、引领新常态，在新一轮城区治理中采取了一系列改革创新举措，为老城区治理现代化和革新大都市治理积累了丰富的经验。

一 荔湾城区治理现代化的自我认识

相传公元前 206 年，汉高祖刘邦派遣陆贾来广州向赵佗劝降，当时陆贾以今天的西村为驻地，他在驻地附近，沿着溪湾经营种植荔枝，开辟莲塘，这便是荔枝湾的由来。荔枝湾盛产荔枝，晋代已有记载，唐代建有"荔园"，五代十国时代，统治南粤的南汉在荔枝湾处建"昌华苑"，明代将"荔湾渔唱"列入羊城八景，清代以"海山仙馆"而扬名。明朝时，荔湾已是中国对外通商与文化交流的重要口岸；清朝时这里曾是存续一百多年的中国唯一的对外贸易窗口，著名的外贸商埠——"十三行"所在地。1685 年清政府设立粤海关。1757 年清政府实施"闭关锁国"，但特许"十三行"为经营对外贸易的广州商行。1757—1842 年，"十三行"成为清政府唯一合法对外通商口。新中国成立后，1952 年设西区，1960 年 8 月改称荔湾区至今。2002 年广州市政府实施行政区划调整，将大坦沙岛划入荔湾区。2005 年经国务院批准，将原芳村区的行政区域划归荔湾区管辖，从而形成现在的荔湾区行政区划。（见图 1-1）两千多年来，荔枝湾经历了深刻的变化。悠久的历史渊源，灿烂的岭南文化，厚重的商贸传统，醇厚的人文风情以及丰富的旅游资源赋予了荔湾令人神往的独特神韵。

历史是最好的教科书，深刻揭示出一个国家、一个民族、一个区域的进步发展之道。荔湾"千年商都"的发展轨迹，揭示了荔湾一直是改革的先行者，"不少改革走在全国前列"[①]。可以说，荔湾人思想解放，敢闯敢试，从来就不缺改革创新的勇气和精神，从来就不乏"第一个吃螃蟹"和"驶入深海"的豪情和壮志。荔湾人创造的"荔湾经验"让"解放思想、改革开放"成为荔湾最鲜明的时代特征和最突出的地域特点。回顾历史，

---

① 关于荔湾区改革工作的内容可参考唐航浩《抢抓改革新机遇 促进荔湾优化提升——在区委十一届五次全会第一次全体会议上关于全面深化改革专题讲话》（2014 年 1 月 28 日）。

图1-1 荔湾区行政区划图

总结经验,是为了尊重历史和认识自身。要认识荔湾,还要立足当下,分析当前荔湾的特点。

在荔湾区,能看到商业模式创新发展的变革路径:从清末时期"十三行"一口通商,到新中国成立初期文化公园连续两届举办"华南物资交流会"成为广交会前身;从民国初年全国最早最大的百货商店南方大厦,到新中国第一家中外合作的五星级酒店白天鹅宾馆;从广州市第一条商业步行街上下九,到集聚了两百多个专业市场,再到如今蓬勃发展的花地河电子商务集聚区，荔湾商业模式创新之路始终没有中断。

在荔湾区，有历史文脉传承发展的清晰脉络：从陆贾泥城，到西门瓮城，反映了荔湾在广州城建历史的区域定位；从竹筒屋，到西关大屋、商业骑楼和西洋建筑，体现了西关民居建筑风格的变化和居民生活品质的改变；从曾经的皇家园林昌华苑，到现今的岭南会客厅荔枝湾、陈家祠，传统艺术文化展现的方式和载体不断创新呈现。

在荔湾区，创新社区治理模式的尝试一直领先：从金花蟠虬社区作为第一批全国爱国卫生运动模范单位获得毛主席亲笔题词，到1983年龙津街在全国率先实施"门前三包"（包卫生、包秩序、包绿化）责任制，再到1998年该街率先推行有偿代管新模式；从逢源耀华社区在全市率先创立穗港两地合办社区福利事业，到昌华社区探索实施"大喇叭小哨子"群防群治模式，再到冲口杏花社区民情议事会模式，与民共建共享的幸福港湾已经得到群众的普遍认同。

在荔湾区，人民群众对旧城更新改造热切期望促使荔湾大胆探索旧城改造的各种模式：从荔湾区在全市最先建立城市更新改造专设机构，到首个践行"阳光拆迁"并成功实施更新的宝盛沙地二期项目；首个征收大型中心城区工业用地，与原业主合作建设的西湾路安置房项目；首个实现统一规划、统一土地收储、统一公共配套建设、统一城市管理的大坦沙岛连片改造项目；首个采用"整治模式"综合提升改造的西塱村裕安围项目，一个个各具特点、模式不同的成功改造案例，已经成为我区城市更新改造的宝贵经验。

——《抢抓改革新机遇　促进荔湾优化提升》（中共广州市荔湾区委书记唐航浩在区委十一届五次全会第一次全体会议上关于全面深化改革的专题讲话，2014年1月28日）

（一）强兼容性

2005年，广州市进行了近50年来最大的一次行政区划调整。荔湾作为广州市的老城区，调整后合并了原来的芳村区，使荔湾兼有老城区和新城区、城市和农村的特点，并成为广州"西联"的龙头、广佛都市圈的核心区。由此，荔湾区既有需要保护和改造的老城区，又有发展城区边缘的"城中村"和农村地区，从而拓宽了荔湾的产业、土地、文化、历史、人流等发展空间，提升了经济社会发展适应复杂变量的兼容性。作为广州市原"东进、西联、南拓、北优"重要战略的组成部分，在迎"亚运"时期，荔湾大力发扬"敢想、会干、为人民"的精神，创造条件、争取资源，积极主动推进完成了荔枝湾生态治理、陈家祠广场改造、西郊沙滩泳场升级改造、沙面欧陆风情区建设等一批重点项目，"花地生态城"被确定为广州市重大战略发展平台，白鹅潭商业中心、粤剧艺术博物馆、泮溪美食博物馆、西关泮塘改造、广佛数字创意园、岭南V谷科技产业区、3D打印等一系列重大项目也陆续列入广州市的一揽子发展计划中，为荔湾包容发展打下了坚实的硬件基础。

（二）浓商业性

两千多年来，荔湾在广州城市发展中扮演着十分重要的角色。宋元时期，随着海上丝绸之路的发展，荔湾西村窑烧制的"广瓷"成为大宗出口商品；明清时期，荔湾更成为中国海上丝绸之路的商贸中心，是十三行行商所在地（现广州文化公园周边）。从1686年至1842年，广州十三行运行了156年，其中十三行"一口通商"垄断中国对外贸易85年。民国时期至20世纪90年代，荔湾仍一直是广州的中心城区，商贸繁荣，经济发达，有国内开发最早、享誉海内外、拥有"先师"地位的商业配套和专业市场。目前，荔湾以商业贸易著称，除了众所周知的新中国大厦服装批发市场、华林街玉器城、站西鞋城、芳村茶叶市场、清平中医药市场、广州花博园等两百多家专业批发市场外，还拥有"一街、二路"——即上下九商业步行街，康王路和中山七、八路三个重要的商业地带；拥有改革开放后第一家中外合作的五星级酒店白天鹅宾馆，以及广钢、广船、广东中烟等巨无霸传统工业制造企业和立白、哎呀呀等新兴企业。随着"互联网+"

时代的开启，唯品会等企业带动了荔湾电子商务产业的高品质崛起。

（三）富文化性

正所谓"岭南文化聚荔湾，西关风情最广州"，荔湾有着深厚的历史文化积淀和丰富的岭南文化资源，是岭南文化的一条重要根脉所在。其北片约10平方公里区域板块中，传统的广州西关，旧城脉络清晰，历史古迹众多。自古以来风物荟萃、名胜云集，是广州海上丝绸之路的起始地、岭南文化的中心地、近代中国革命的策源地和中国改革开放的前沿地的缩影和窗口。历经两千年的沉淀、积累，荔湾拥有商埠名店、古刹祠堂、老街旧居、美食曲艺、国医保健、掌故传说、花香茶浓等丰富人文资源，达摩的"西来初地"、"岭南建筑艺术宝库"陈家祠等享誉中外。

（四）高复杂性

一是区域间竞争压力大。简而言之，就是在同质化发展压力下，要走"人无我有、人有我优、人优我创"的差异化发展之路。荔湾作为广州中心城区之一，在区域GDP总量、工业总产值、社会消费品零售总额等方面，相比其他中心城区，仍有差距。面对越秀、海珠、白云、天河等区有重大固投项目、金融项目的竞争局面，荔湾迫切需要加快转型升级，实现拐点提速。面对民间金融街、国际金融城、琶洲国际会展商务区等高能级产业平台，不仅对荔湾总部经济、新兴产业等发展形成了强力竞争，也给规划打造白鹅潭经济圈造成了巨大的竞争压力。与荔湾相邻的南海区，随着广佛地铁的开通，千灯湖商圈功能日趋完善，商务吸引力与日俱增，与芳村花地生态城接壤的南海、顺德则继续保持"县域强区"本色，由此形成了"弱中心"对接"强周边"格局，从而对荔湾吸引高端资源、提升产业能级形成了巨大挑战。

二是区域内发展不均衡。荔湾区兼有老城区及新城区的共同特点，北片（原荔湾区）是广州的主城区和老城区，公共设施较完善，文化底蕴深厚；南片（原芳村区）是城乡接合部，城区功能欠缺、环境面貌较为落后。北片集中了大部分的优质教育资源,人均医疗技术人员数超过南片的两倍;南、北片人口分布倒置,南片面积是北片面积的近三倍,但南片人口密度为 8770 人 / 平方公里,北片人口密度为 32278 人 / 平方公里,南北人口密度比接近 1∶4。如何通过空间腾挪,优化资源配置,提升发展后劲,促进区域均衡发展,是摆在当下的一个重大课题。

三是区域民生压力较大。[①]荔湾区常住人口老少比(老龄人口与少年儿童人口比较)为 103.32%,比全市平均水平 58.20% 高近一倍,在各区(县级市)中排第二位,区 65 岁以上人口比重(10.48%)已经超过 7% 的国际标准,人口老龄化问题比较明显;低保人数多,区低保人数约占全市的 1/5,低收入人数约占全市的 1/4,民生压力已较大;流动人员管理压力大,区现有户籍人口中空挂户就有 25.5 万,约占户籍人口的 1/3,登记流动人员共有 30.1 万人,而且多在城中村、旧城中居住,这些地方产业低端、消费不高、生活成本低,导致收入不高的人群聚集,造成城市管理难度大、公共服务要求高。

二 荔湾城区治理现代化的探索实践

(一)治理市场[②]

谈到荔湾的经济发展和产业转型,必须分析荔湾的市场治理。荔湾区地处广州城区的中心地带,是广州的商业重地,自古以来商贸云集,商业气氛非常浓厚。由于传承了"十三行"物流和商贸传统,过多依靠传统商贸业和传统工业发展,集聚了大量专业批发市场(图 1-2),当然也是

[①] 参考唐航浩:《争做城市转型的标兵——在 2013 年党校春季班开学典礼上的专题辅导报告》,荔湾学刊,2013 年 7 月。

[②] 综合荔湾信息(调研专刊)中《老树发新芽》(区委办)、《传统专业市场转型路径分析》(邓寿生、刘特健、陈东亮)、《从工商部门视角探析荔湾传统专业市场转型路径》(王福洲、何艳巧、古福新)等文章资料。

广州要打造物流中心、商贸中心的重要支撑。从数量上看，荔湾区商品交易市场有230家左右，专业市场的数量居广州市第二位，全区专业批发市场从业人员约10万人，占地面积超400万平方米，建筑面积约361万平方米，固定档口约6万个。其中，服装市场62家，电子器材市场36家，日用品和家具市场35家，茶叶市场17家，玉器古玩市场16家，鞋类市场15家，文具市场14家，五金建材市场11家，农副产品市场10家，花鸟鱼虫市场9家，水产冻品市场6家，药材医疗市场2家。从商品种类上看，荔湾区专业市场包括水产类、中药材类、服饰鞋类、茶叶类、珠宝玉石类、家居建材类、文体精品类、通信电子类、花卉观赏鱼类等专业市场。目前，荔湾区年成交额超过亿元的专业市场有31个，年成交额超过10亿元的有4个，其中珠宝玉石、中药材、水产、鞋类、茶叶、花卉等批发市场在全省、全国同类市场中有较大影响力，起到价格标杆作用。然而在生产要素成本大幅上涨和追求低碳城市发展的今天，传统发展路径在荔湾已难以为继。不到60平方公里的荔湾却有着1000亿元左右的经济总量，这对于全国绝大多数区县来说，成绩相当优秀，但在广州各区县中却相对偏低。虽然近年致力于推进产业转型升级、转变经济发展方式，经济发展在加快，规模在扩大，但长期以来荔湾过度依赖房地产及基础设施投资，生产性项目投资少，经济增长乏力。而占有大量土地、人力、资金、资产的专业市场，对经济和财税的直接贡献却不大，且存在空间布局不合理、硬件配套差、交易方式落后、市场功能单一、开发投资落后、诚信建设差等不足。

为此，荔湾区专业市场的转型升级坚持"两条腿"走路，"一条腿"坚持走改造道路，结合旧城更新改造和城市规划路、广场建设，淘汰一批依托临建、违建存在的专业市场；科学规划建设行业贸易总部大楼，吸引各地行业领军企业总部入驻，提高中心城区土地利用率和财税贡献力，通过极化效应和扩散效应，以总部楼群为载体，形成集办公、交易、科研、信息化等为一体的总部集聚地。另"一条腿"坚持走升级道路，一方面推动"个体经营户—法人公司—贸易总部—产业集聚群"转型升级发展，积

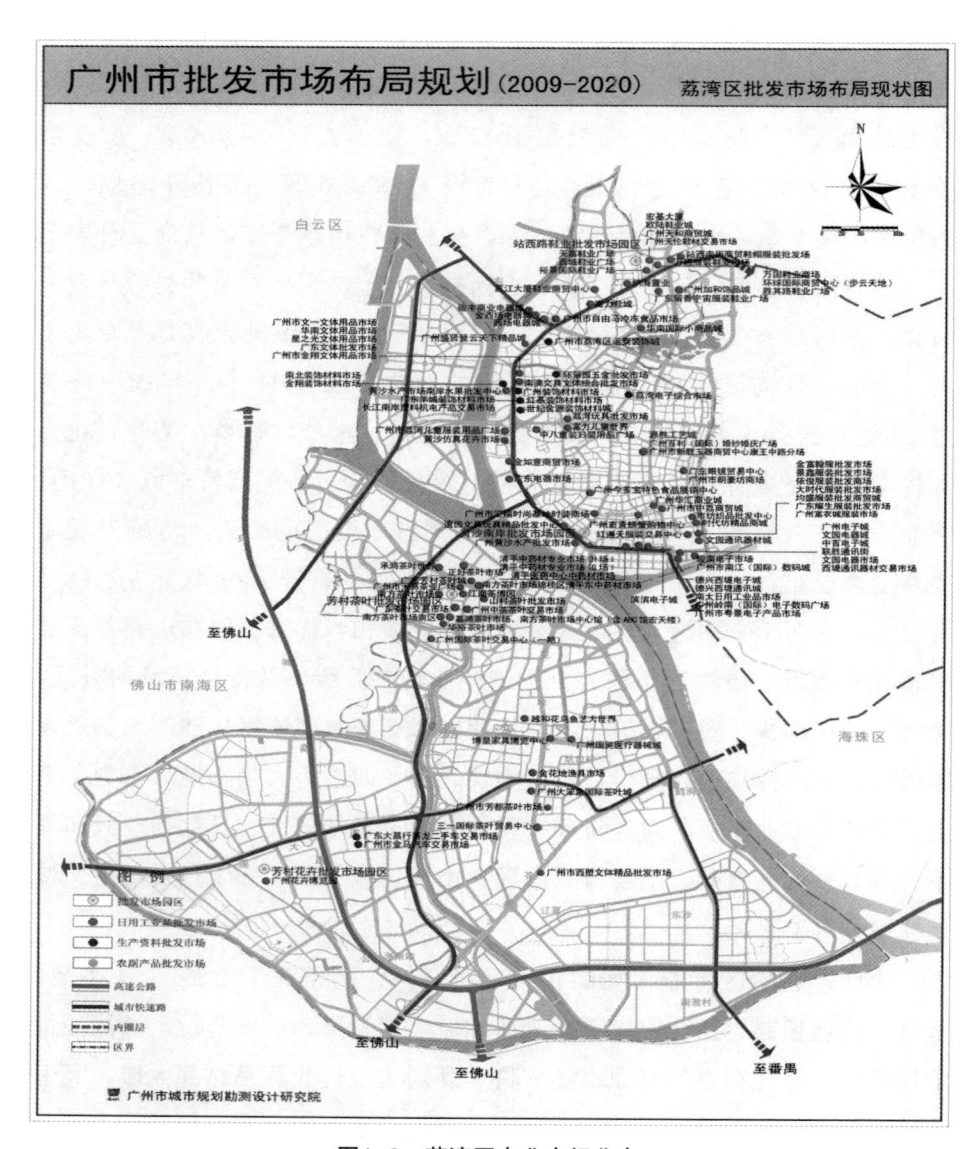

图1-2 荔湾区专业市场分布

极引导个体经营户向企业法人转变，通过法人注册的公司培育行业贸易总部，大力扶持贸易总部发展成为具有国内外市场影响力的行业，从而拉动行业上下游产业链的延伸拓展，逐步形成区域具有集聚效应和辐射力的产业集聚群。另一方面通过关停并转，加快传统专业市场转型发展。结合消防安全整治，淘汰一批占道经营、消防未达标的专业市场；结合"三打两建"工作，淘汰一批管理混乱、销售伪劣商品的专业市场，其中最主要的就是推动专业市场向电子商务发展。

（二）深化改革

为建设服务政府、责任政府、法治政府和廉洁政府，荔湾区着力进行政务服务改革、综合行政执法改革与政府绩效管理创新，以此推进"荔湾城区治理现代化"的要素营建。

"中国改革的历史实践证明，行政审批制度改革已成为推动中国行政管理体制改革、转变政府管理职能、构建服务型政府、从源头预防腐败的一个重要突破口。"李克强总理提出，本届政府任期内要把原有审批事项削减 1/3 以上。围绕这一命题，荔湾区委、区政府积极探索政务审批服务改革创新。[①]1998 年，首创"一条龙"办证中心，为企业提供集中办证服务；2009 年成立政务服务中心，为企业全力推行"保姆式"服务；2011 年启动重点企业、重点项目 VIP"一站式"服务；2012 年推行工商执照、国税地税证、法人代码证、公安核准刻章"一表制"；2013 年率先推行行政审批政府服务"三集中、三到位"，即部门行政审批职能向一个科室相对集中、承担审批职能的科室向政务服务中心集中、行政审批事项向电子政务平台集中，行政审批事项进驻大厅到位、审批授权窗口到位、电子监察到位；2014 年首创"综合受理、分类审批、统一出件"的政务集成服务模式，逐渐形成了政务受理、投资服务、政务信息和政府监察的"一站式"服务平台，让群众"进一扇门、办所有事"。通过多年的改革探索，

---

① 唐航浩：《积极探索政务审批服务改革创新》，中国党政干部论坛，2015 年 12 月。

荔湾的政务服务改革取得了诸多突破：除了首创"一站式"综合受理审批模式外，还率先推行了公益一类事业编制人员坐窗服务制；率先实现行政审批受理、审批、现场勘查验收相互分离与制约；首创便民易懂的图表版办事指南、开通办事大厅与审批部门远程视频业务咨询受理服务方式；首创实现广佛同城通办审批业务的跨行政区域的智能自助 ATM 终端；率先开通政务服务微信平台，实现了微信、网上办事大厅与实体大厅的一体化；创新推行电子政务综合受理系统，打破"信息孤岛"，实现行政审批流程信息可查可控。荔湾区政务服务改革提高了行政效率，提升了服务质量，改善了政府形象。

综合行政执法改革方面，荔湾区作为广州市行政执法体制改革的唯一试点区，2011 年开始启动综合执法改革试点工作，2012 年成立综合行政执法局，2013 年省政府公告授权荔湾区综合行政执法局有关执法事项后，荔湾区综合行政执法局开始以新的模式开展相关行政执法工作。作为直属荔湾区人民政府管理的正处级单位，荔湾区综合行政执法局的内部机构设办公室、综合业务科、法制培训科、装备财务科、纪检督察科，5 个直属队（直属机构），23 个综合行政执法队（派出机构，22 条街和女子特勤中队）。新成立的荔湾区综合行政执法局成为广州市职能涉及领域最广的区局，对外执法职能范围广泛，将城管、卫生、环保、食药、安监等 12 个部门的 18 大项行政处罚职责"合为一体"，承担行政处罚事项 2300 多项，减少 8 个行政执法机构，提高了行政效能，解决了执法队伍膨胀、多头执法的问题，也解决了部分执法项目力量单薄等问题。

公共部门绩效管理创新方面，荔湾区作为广东省政府绩效管理试点单位和广州市唯一的政府绩效管理工作试点地区，从 2012 年起，先后制定了《荔湾区政府绩效管理试点工作方案》（荔府办 [2012] 9 号）、《荔湾区绩效考评实施办法》和《荔湾区绩效考评实施细则》（荔字 [2013] 4 号），明确了荔湾区政府绩效管理工作的指导思想、工作目标、基本原则和工作对象、内容、方法、要求等；成立了区党委领导下的政府绩效管理工作领导小组，确保绩效评估落实到位；成立了绩效管理专家咨询委员会或第三方评估机构,构建了兼具导向性和可测性的绩效评估指标体系,聘请厦门大学卓越教授指导绩效评估,确保绩效评估的专业性与科学性;打造政府绩效管理信息平台,实现网上输入、网上评分、网上监督、网上评估和网上反馈一体化,确保绩效评估的便利与快捷。经过三年摸索,荔湾区政府绩效管理创新实现党委、人大、政府、政协、群众、国企等体制内单位全覆盖,取得了绩效意识明显增强、工作作风明显好转、工作业绩提质增效、群众满意度显著提升等成效。

(三)改善民生

荔湾区以民生问题为基点,着力提高社会治理能力的现代化水平,教育、医疗、城市管理等民生社会事业取得了长足的进步。

深化教育改革。全面完成义务教育阶段公办学校规范化、标准化建设,成功创建全省首批"全国义务教育发展基本均衡区"和"广东省推进教育现代化先进区",通过广州市"学前教育三年行动计划"督导验收,全区78%的幼儿园达到广东省规范化幼儿园标准,通过"广东省社区教育实验区"复评。全面提升中小学教育质量,区属学校专科以上上线率稳定保持全市前列。构建现代职业教育体系和终身学习体系,推动民办教育规范发展,推进特殊教育向学前教育和中职教育延伸。

医疗卫生体系更趋完善。圆满完成基层医改并形成"荔湾经验",顺利通过"全国社区中医药工作先进单位"评估,逐步形成信息化、网格化、中医药、医联体服务四大特色,社区卫生服务市级绩效考评排名全市第一。一是积极探索医疗体制改革路径。将社区卫生服务机构综合改革与事业单位分类改革、人事制度改革和社会服务管理创新结合起来,形成了以"信息化、网格化、中医药、医联体"为服务特色的医改模式。二是推行公共卫生服务均等化。严格绩效考评、落实政府购买服务,落实社区卫生服务中心免费提供11大项37小项基本公共卫生服务项目,确保居民享有均等的基本公共卫生服务和健康权益。三是推进居民健康档案建档工作。截至2013年底,全区共建立居民健康档案73.7万份,常住居民建档率为82.05%。四是建立与完善突发公共卫生事件报告预警系统。实现传染病疫情和突发公共卫生事件网络直报，直报覆盖率达到100%。五是大力推进中医药强区工作。完成《荔湾区中医药文化专业街区建设工作方案》，推进岭南中医堂建设工作，着力突出中医药医院专科特色，扎实推进中医药特色示范社区卫生服务中心建设，荔湾区被国家中医药管理局评为全国社区中医药工作先进单位，全区中医特色医院5间，其中区属中医特色医院2间（区中医院、区骨伤科医院），占全市区级中医特色医院14.29%。

城市管理水平逐步提升。打造干净整洁平安有序城市环境，重点抓好上下九步行街商圈、专业市场和地铁口综合治理，集中整治"五类车"和"六乱"，严格管理违法建设。荔湾北片环卫保洁机械化水平达到7辆车/平方公里（道路面积）。全面推进"两建"工作，依托大数据监管，营造现代化营商环境，打造"信用荔湾"新模式。推进"食得放心"城市建设和质量强区战略、标准化战略，持续开展打击假冒伪劣专项行动。生活垃圾分类稳步推进，55个社区启动生活垃圾"定时定点"分类投放，完成12座垃圾压缩站的升级改造。积极落实管道燃气"三年发展计划"，新增用户7.1万户，覆盖率达91.4%。围绕提升环境品质，有序推进旧城社区"微改造"试点，全面清理"城中村"安全隐患。将全区划分为1363个网格，建成区级社区网格化服务管理综合信息平台，配齐网格员手持信息终端设备，启动市12345平台与区网格化管理跨平台对接，初步实现网格化事件的统一采集、动态管理、统一指挥、统一调度。

（四）擦亮文化

荔湾是岭南文化的中心地，是岭南建筑文化根据地和旧城风貌保留区，也是非物质文化遗产集中地和文化名人荟萃之所。

作为较早发展文化创意产业的区域，荔湾发展形成了广州设计港、信义会馆、1850创意园、922宏信创意园、广佛数字创意园等珠江黄金西岸滨水创意产业带；信义会馆和广州设计港被授予广东省文化（创意）产业园区，信义会馆和1850创意园被推荐为广东省"粤港澳两岸四地文化创意示范基地"，1850创意园和欧划动漫公司被评为"广东省版权兴业示范基地"。

全面推广西关文化旅游品牌，组织开展广州水上花市、西关美食节等文化旅游系列节庆活动，荔湾区获得"广东十大传统美食之乡"美誉。积极实施"文化体育惠民"工程，社区体育设施进一步完善，公共文化基础设施实现全覆盖，基本建成"10分钟文化圈"。粤曲作品《情醉珠江》、《西关食通天》、《南音新唱十三行》获中国艺术节"群星奖"，《缘梦·荔枝湾》获广东省第八届群众戏剧曲艺花会金奖；舞蹈作品《西关风情·囍》获广东省第六届群众音乐舞蹈花会金奖；广彩、粤曲、醒狮、书画、龙舟等五个非遗项目获"广东省民间艺术之乡"称号；2014年被文化部评为"全国文化先进区"，"文化荔湾"形象凸显。创新体教结合模式，夺得市第十五届运动会团体总分奖第一名，第十六届广州市青少年运动会学校体育组总分第一名、金牌数第一名；承办全国沙滩排球巡回赛总决赛；荣获"广东省第十四届运动会突出贡献单位奖"；荣获"国家高水平体育后备人才基地"、连续九届获得"全国游泳之乡"称号。荔湾区先后被评为中国曲艺之乡、广东省实施"南粤锦绣工程"文化先进区，沙面街被评为中国历史文化名街。

基于丰厚的文化资源，荔湾区致力于文化荔湾建设，采取多种手段进行文化治理，建设文化强区。如将文化建设纳入经济社会发展全局，纳入城区建设整体规划，通过荔枝湾、西关泮塘、粤剧艺术博物馆等一批历史文化精品工程，打造"十里荔枝湾，千年西关情"文化品牌；建设"西关文化大观园"，以华林寺、粤剧艺术博物馆、西关大屋、荔枝湾涌、荔湾湖公园、西关泮塘为依托，恢复城市记忆；重视区非物质文化遗产保护；提升公共文化服务能力，近年来，区财政投入2000多万元用于荔湾文化艺术中心升级改造和文化广场、文化站、文化室及"农家书屋"建设和管理。

（五）更新城市

荔湾区尊重城区发展的历史肌理，以建设"传统、现代、自然"三大板块城区有机融合的幸福生态荔湾为目标，分别采取整理型、开发型、保护型三种发展模式，致力于打造新型生态城区。

在老西关传统经典板块，以危房更新、文化保育、老房活化等措施，着力形成若干专业特色街区，通过整理型方式实现旧城的保护式发展；在白鹅潭现代时尚板块，以大厂房、大仓库以及旧村连片更新改造为重点，注重营商环境的优化，着力强化区域经济社会服务功能，通过开发型方式实现产业的高端化发展；在芳村花地自然生态板块，以"三规合一"、农用土地化零为整等政策机遇，着力发展现代花卉产业，强化生态核心区功能，通过保护型方式实现生态的控制式发展。

荔湾区着力实施旧城改造、河涌改造，重构城市布局，完善基础设施，打造水秀花香的人居环境。以荔枝湾一期至三期揭盖复涌为脉络，荔湾区在加强治水、控制水浸街的同时，带动沿线街区旧建筑整治，适度抽疏人口，集中安置居民，改善人居环境；河涌串联的恩宁路、泮溪等改造地块，有效联结粤剧艺术博物馆、西关美食文化博物馆等旅游景点；启动西关泮塘改造，挖掘展现清代岭南古村落风貌，整体打造岭南建筑风情区。通过荔枝湾综合整治工程，荔湾区有效解决1.72平方公里社区水浸街问题，促进沿线10片街区市政设施更新，改造减少12.7万平方米危破旧房，在保护历史风情的基础上，使传统建筑与传统街区重放光彩，实现了历史景观环境保护与现代景观环境创造的有机结合。荔湾区还以珠江沿岸（含大坦沙环岛）综合治理、驷马涌综合治理、花地河综合治理、大沙河综合治理为主线，初步构建起珠江沿岸商务休闲亲水娱乐带、驷马涌防洪景观带、花地河健身休闲绿色生态带、大沙河水秀花香田园风光带等四条绿色生态带，河涌沿岸生态环境日益优化，成为广大市民休闲娱乐好去处。

随着广佛都市圈经济发展的进一步融合，白鹅潭以建设"广佛之心、国际商业中心、水秀花香宜居城区"为目标，已进入规划实施阶段，将成为荔湾区乃至广州建设新型生态城市的新引擎。荔湾区还依托"百里河涌、千年花乡、万亩花地"资源优势,将花地生态城打造为"时尚创意中心,花卉总部基地,岭南风情水城,广佛生态绿岛,宜居幸福家园",结合城市更新改造,促进城市建筑与生态环境相融合,建设独具岭南特色的生态城区。

(六)从严治党

"五好(精神状态好、能力素质好、团结协作好、服务群众好、廉洁自律好)"班子建设进一步推进。区几套班子严格落实民主集中制、重大事项民主协商制度、党委集体领导下的分工负责制。荔湾区将机关党建、社区党建、经济联社党建、"两新"组织党建作为主要着力点,扎实推进党的群众路线教育实践活动、"三严三实"专题教育。几套班子成员亲自作部署、抓动员、讲党课、谈体会,带头查摆"不严不实"问题。系统开展专题学习培训,切实推进作风整改,全区党员干部政治意识、大局意识和责任意识进一步增强。基层服务型党组织建设得到加强。全面落实基层党建工作责任制,强化基层党组织培训教育,培育基层党建创新亮点,结合区委党校主体班培训扎实开展机关党建、社区党建、经济联社党建、"两新"组织党建研究工作。扎实抓好21个软弱涣散党组织的治理整顿,基层党组织的领导力得到进一步加强。党管人才工作创新推进,建立区党政领导班子成员联系服务高层次人才制度,推动招才引智和人才项目开发工作,开展"智汇荔湾"活动,高端人才集聚效应进一步增强。纪律作风建设常抓不懈。发挥"机关作风建设曝光台"作用,2015年曝光典型作风问题84个,问责相关责任人440名,"四风"问题整改落实率100%。严格落实中央"八项规定"精神,扎实推进公务用车制度改革工作。严查严办严管,筑起反腐高墙。坚决查处违纪违法行为,减少腐败存量,遏制腐败增量。强化派驻机构监督职能,全面实行纪委书记走访谈话制度,廉洁荔湾建设取得新成效。运用法治思维和法治方式推动发展。落实司法体制改革,成立区法学会,整合法律服务资源,推进全区法治建设上新台阶。

出台"谁执法谁普法"责任制，获评"全国法治县（市、区）创建活动先进单位"。

三 迈向城区治理现代化的荔湾经验

（一）顶层设计，明确治理目标定位

作为广州市的老城区，如何在愈演愈烈的城区竞争中突出重围，是摆在所有荔湾人面前一个深刻的问题。"十二五"时期，荔湾区首先制定发展蓝图，全面实施"文化引领、商旅带动、产业转型、创新驱动、环境优化"战略，并逐步完善战略构想和实施举措，在国内外经济形势复杂动荡、社会治理结构深刻调整背景下，攻坚克难，砥砺前行，顺利完成了"十二五"规划确定的各项目标任务，推动了"文化荔湾、低碳荔湾、智慧荔湾、幸福荔湾"持续健康发展。"十二五"时期之初，荔湾区充分发挥独有的"一江三岸"的地理环境优势，努力形成白鹅潭经济圈和十三行商圈"两圈"带动，珠江黄金西岸滨水创意产业带和花地河新经济带"两带"凸显，大坦沙片区、东沙片区、海龙围片区"三片"集聚的发展新格局。

2012年以来，荔湾区根据市委、市政府的工作部署，提出了"城市转型的标兵、岭南特色的窗口、民生幸福的典范"的目标定位。为了应对新常态，荔湾经过"万人大讨论"活动的集思广益，以前所未有的力度、深度和广度，突出"问题、目标、对策"，围绕提升思想"天花板"，找准发展"坐标系"的要求，对阻碍荔湾发展的困难和问题进行再剖析，对荔湾发展目标和路径的认识进行再深化，在全区上下形成"传统、现代、自然"三大板块有机融合发展的普遍共识。2014年以来，荔湾区紧紧围绕"四个全面"战略布局，营造市场化国际化法治化营商环境和干净整洁平安有序城市环境，促进投资贸易便利化和生活服务便利化，建设"三大板块"有机融合的生态幸福荔湾。

（二）先行先试，提高政府治理效能

作为城区治理的重要引擎与主导力量，荔湾区大力发扬"敢想、会干、为人民"的精神，坚持先行先试，在许可的审批层面、执行的执法层面、监督的绩效层面推动行政三分相互分离相互监督改革，努力打造政府治理新特色，提高了公共部门效能。

荔湾政务服务改革率先在全国成功开创了"统一受理、分类审批、统一出件"的政务集成服务受理模式，逐步推进部门审批权向一个科室相对集中、审批科室向政务大厅集中、审批事项网上办理集中，实现了事项进驻大厅到位、审批授权窗口到位、电子监察到位的"三个到位"效果，让群众"进一扇门、办所有事"。荔湾区作为广东省政府绩效管理试点单位和广州市唯一的政府绩效管理工作试点地区，率先进行政府绩效管理改革，通过明确绩效管理制度体系、绩效管理组织体制、绩效管理实施方案、绩效管理评估系统和绩效察访核验机制，取得了不错的成效，提升了部门行政效率与群众满意度。作为广州市行政执法体制改革的唯一试点区，荔湾区先行先试推进行政执法体制改革，成立了综合行政执法局，以城管执法为基础，将交通、商务、安监、国土房管、文化市场、环保监察、劳保监察、水政监察9个领域行政执法机构及其职责进行整合，并将食药、卫生、动物防疫等部门承担的行政处罚职责整合划入，实行了更大范围的相对集中处罚权，提高了行政效率与执行力。

（三）创新驱动，推动城区转型升级

知识经济、信息社会的时代背景下，科技创新成为提高城市治理能力的战略支撑。荔湾区围绕电子商务、旧城改造、政务服务、社会管理等方面，大力实施创新驱动战略，推动城区转型升级。

在电子商务方面，加快推进专业市场转型升级试验区工作，通过加大政策和资金的扶持力度，促进专业市场从线下营销向线上营销升级；从单一交易平台向多交易平台升级；从专业批发商向城市产业园升级；从"提货地"向展贸区升级。目前，荔湾区正在全力打造花地河电子商务集聚区，重点发展专一整合型和垂直电子商务，引导辖区内行业龙头积极依托电子商务发挥集聚效应，形成全区产业发展的"向心力"，目前已集聚电商企业130多家，先后培育引进唯品会、广东塑交所、七乐康等一批全国电商领军企业，2015年网络零售额（B2C）超过200亿元。推动传统专业批发市场和重点商圈升级改造，改造提升14个品牌市场，注销了36个低端市场。站西鞋城获评"广东省鞋业国际采购中心"，酷有拿货网、品众批发网等实现与专业市场对接，成功搭建万商台等电商平台，先后编制发布广塑指数、黄沙水产市场价格指数。建成全市首个3D打印产业园，入驻了12家3D打印企业，形成一定的集聚效应；西安交大教育部快速成型工程研究中心、西安铂力特公司将分别在荔湾设立民用3D研发中心、高端3D打印中心，已签订战略合作协议。

在旧城改造方面，大力实施有机更新的三旧改造理念，将岭南特色贯穿于城区建设的每一个细节之中；在旧城改造中保护历史旧城原有肌理，延续旧城历史风貌和格局；在城中村改造中凸显水文化和花文化，通过建设美丽乡村提升转制社区居民生活幸福指数；在旧厂房改造中保留工业文明特征，以旧厂房为载体，注入新的产业业态，打造新的经济增长极。

在政务服务方面，依托全区电子政务外网、电子政务云服务平台、数据交换平台，开发建设全区统一的网格化服务管理应用系统，促进了信息共享与沟通，提高了政务效能。荔湾区打造的政府绩效管理系统，实现了网上输入、网上评分、网上监督、网上评估和网上反馈一体化，不仅有效确保绩效管理客观、公正，还倒逼着政府改善管理，提高政务服务质量，推动政务治理能力现代化。

在社会管理方面，荔湾区通过垃圾分类管理数据库建设，厘清各单位各类型垃圾实际产出和流向，提高了垃圾分类管理的科学性和针对性；通过试点"政府出资购买、社会组织承办、全程跟踪评估"的社区服务运作新模式，推动社区养老服务从传统向现代转型；以网格化、信息化等为手段，融汇医疗卫生、教育资源、社会治安等社区基础元素，加大幸福社区建设，整体提升了幸福社区的含金量。

（四）文化引领，提升文化治理辐射力

荔湾区文化资源丰富，区内商贸文化、旅游文化、建筑文化、宗教文化、饮食文化、民俗文化等种类繁多，异彩纷呈，是岭南文化的中心地。荔湾区深刻认识到了文化是城市的灵魂和缩影，用文化驱动城区全面发展，通过"文化荔湾"、"文化引领"、"岭南特色的窗口"等发展战略，着力建设文化强区，提升文化治理的辐射力。

首先，以文化引领经济治理优化。荔湾区面对现有的历史文化资源，加快了城市更新改造的步伐，继续做精做优荔枝湾沿线文化项目和更新改造项目，稳步推进粤剧艺术博物馆、十三行博物馆等项目工作；大力推进花地河电子商务集聚区建设，紧密结合荔湾独特的区位优势和文化资源，发挥辖内园区和楼宇效应，加快集聚文化艺术服务、文化创意和设计服务、文化休闲娱乐服务、文化创意街区等文化创意产业总部，推动商贸旅游文化有机结合，促进旅游与其他产业融合发展，建设岭南文化旅游目的地和都市旅游集散中心。其次，以文化引领政府治理优化。荔湾人有着"敢想会干为人民"的文化精神，促使荔湾全面探索各项改革。荔湾区积极推进政府职能转变和机构改革，以政府职能转变为核心，与上级政府机构改革和职能转变相衔接，优化机构设置，理顺职责关系。创新体制机制，建立跨部门信息共享机制，提高了政府综合治理的效能。再次，以文化引领社会治理优化。荔湾文化内核中强调和谐共存，求同存异，这需要良好的社会治理环境和治理体制，引领着社会治理创新。荔湾区重视社区基础网格建设，通过加强网格信息化建设，建立跨区域、跨部门、跨层级的互联互通、融合共享的基础信息数据库，实现社区管理和服务数据统一采集、动态管理、统一指挥、统一调度，优化了街道和社区的基层管理力量；荔湾区还非常重视挖掘传统文化内涵，开展系列民俗文化活动，利用泮塘路、龙津路、恩宁路、第十甫路、上下九步行街的饮食文化购物资源，擦亮西关文化金字招牌；加强非物质文化遗产的挖掘和传承，推进文

化遗产普查工作；落实文化惠民工程，开展了以主题文化、节日文化、特色文化为主要形式的群众文化活动；加强城区对外宣传，讲好荔湾故事，唱响荔湾文化，荔枝湾元宵灯会和水上花市多次被中央电视台报道；通过系列文化活动，荔湾区构建了现代公共文化服务体系，提升了荔湾文化的知名度与影响力。

（五）重点突破，提升民生治理成效

习近平总书记强调指出："民生连着民心，民心关系国运"；"解决民生是最大的政治，改善民生是最大政绩"；"要始终把解决好人民群众最关心最直接最现实的利益问题放在各项工作首位"。

荔湾区非常重视民生工作，区财政支出大多用于民生治理，力图通过重点突破实现人民生活水平稳步提升。"十二五"时期，区财政投入民生社会事业59.99亿元，是"十一五"时期的1.46倍。2015年，全区城市居民人均可支配收入49969元，年均增长10.6%，与经济发展保持同步增长。财政支出坚持民生为本，五年来全区财政投入公共服务建设资金与地区生产总值实现同步增长，用于民生和各项公共事业经费占公共财政预算支出比例基本保持在85%以上。着眼于解决民生热点难点问题，区政府已连续五年将办好十件民生实事列入《政府工作报告》，让群众共建共享改革发展成果，公共服务逐步向常住人口覆盖。就业保持良好态势，"十二五"期间，全区年均新增就业岗位19500个，超过计划目标，城镇登记失业人数控制在市下达指标以内。社会保障水平稳步提高，社会保障覆盖面达98.5%，五大险种参保达151.79万人次，社会福利养老机构达30家，养老床位总数为6487张。

在城市管理方面，通过巩固和发挥城市管理联席会议作用，不断推进数字化城管建设，重点推进垃圾分类等专项行动，强化辅助执法类人员管理等举措，提升了城市管理水平。在平安建设方面，突出强化"一把手"责任制，强调街道、经济联社"一把手"作为属地的维稳第一责任人；突出抓好打防管控，加强对城中村、中小旅馆、娱乐场所等重点部位、

行业场所的清查整治；突出主动源头治理，坚持重点时期"拉网排查"、重点部位"反复排查"、重点事件"专项排查"、重点人员"逐个排查"等"四个排查"制度。通过以上举措，荔湾区在平安建设方面强化了多元主体责任和群防群治，提高了社会的稳定与安全水平，"平安荔湾"逐渐彰显。

（六）制度创新，促进治理规范化

法治中国时代背景下，荔湾区非常注重从治理的微观层面积极进行制度创新，充分发挥制度的激励与约束作用，提高治理的规范化水平。为促进政府绩效管理创新，荔湾区制定了《荔湾区政府绩效管理试点工作方案》、《关于加强政府绩效管理工作的意见》、《荔湾区绩效考评实施办法》和《荔湾区绩效考评实施细则》等绩效管理评估制度，明确了绩效评估的操作流程，确保绩效管理工作按步骤、依程序推进；同时，荔湾率先在地方基层政府层面制定了《荔湾区绩效管理察访核验暂行办法》，加强对落实绩效管理与考评工作不到位或存在弄虚作假行为而影响绩效考评结果的调查处理，这种以制度来约束被评估主体的部门理性行为具有创新性，确保了绩效考评结果客观、公正和公平。

为促进电子商务快速发展，荔湾区政府委托电子商务专家制订了《花地河电子商务集聚区规划方案》，科学指导、规划花地河电子商务集聚区发展的目标和方向，致力于打造"一带双核十园"的电子商务产业发展载体；还制订了《荔湾区电子商务产业发展资金补贴办法》、《广州市荔湾区扶持重点企业发展办法》、《广州市荔湾区招商选资奖励办法》、《荔湾区促进楼宇经济发展试行办法》等招商引资优惠政策，进一步明确了荔湾区对电子商务企业的资金扶持，提振了电商企业的信心。

为规范"三资"交易行为，提高农业现代化水平，荔湾区以区政府名义在全市率先制定《荔湾区经济联社"三资"交易管理办法（试行）》，使经济联社"三资"交易有法可依、有章可循；制定了《荔湾区经济联社社务监督委员会（监事会）管理办法（试行）》，明确了社员的利益表达、社会监督权利,为社员参与提供了法律依据与方法指南,有助于基层民主政治的践行与推广;区水务与农业局、"三资"交易服务中心还联合制定了《荔湾区经济联社建设用地使用权租赁合同》、《荔湾区经济联社农用地租赁合同》、《荔湾区经济联社滩涂租赁合同》、《荔湾区经济联社鱼塘租赁合同》、《荔湾区经济联社办公场地租赁合同》等九个合同示范文本,统一了合同格式,避免了合同陷阱的出现,进一步规范了联社的"三资"交易活动。

为建设文化强区,荔湾区委、区政府将文化治理纳入经济社会发展全局、纳入城区建设整体规划,通过制定《荔湾区文化发展"十二五"规划》、《荔湾区关于培育世界文化名城核心区的实施意见》、《荔湾区关于加强博物馆群建设的实施方案》等措施,提高了文化治理的成效,文化品牌知名度与美誉度逐年提升。

为提高基层医疗管理与服务能力,荔湾区综治委制定了《荔湾区诉前联调机制》,区社工委制定了《建立医疗纠纷联合调解工作联动机制》;区卫计局重订《荔湾区处理医患纠纷工作方案》,提高了解决医疗纠纷的联动能力;荔湾区制定的《社区卫生服务工作人员培训计划》,通过按需培训和计划培训的有机结合,提高医务管理人员的能力;荔湾区卫生局还与达安健康产业集团签订了《基层全覆盖远程医疗服务应用示范》合同,弥补了基层社区服务中心检验设备和技术的不足,加强了医疗检验检测技术的多主体规范化合作。

(七)党建护航,促使区域治理优化

荔湾区坚持全面从严治党,加强和改善党的领导,充分发挥党总揽全局、协调各方的领导核心作用,建设学习型、服务型与创新型党组织,推动全面深化改革和全面依法治国,促使区域治理优化,确保向建成全面小康社会迈进。

一是加强领导班子建设,夯实党委领导核心作用的组织基础。荔湾区党委全面推进以理想信念为重点的思想建设、以提高执政能力为重点的组织建设、以保持党同人民群众血肉联系为重点的作风建设、以贯彻民主集中制为重点的制度建设、以完善惩治和预防腐败体系为重点的反腐倡廉建设，努力把区各级领导班子建设成为"五好"领导集体。二是加强制度建设，提高党委领导工作的制度化、规范化水平。荔湾区党委完善和优化了党委领导方式的一系列基本制度，形成了一套完整的优化和完善党委领导方式的制度体系，促使党委决策程序、议事决策程序等得以建立和健全，如制定了《中国共产党广州市荔湾区委员会全体会议议事与决策规则（试行）》等基本制度，主要包括议事决策、分工负责、工作协调、监督约束、自身建设五大类，基本构建起比较完整的内部工作制度体系。三是加强常委会建设，健全和完善党委的整合统领机制。规范常委会职责分工，理顺常委会和全委会权力职能关系。优化党委决策程序，建立科学的党委议事决策机制，制定施行《中共广州市荔湾区委关于"三重一大"事项集体决策制度的意见》，完善党委决策执行情况的监督、检查与反馈渠道。四是调动各方积极性，规范和健全地方党委与人大、政府、政协、检察和审判机关的良性互动机制。荔湾区建立和完善"一个核心"、"五个党组"的组织结构。"一个核心"，即荔湾区党委在同级党组织中处于领导核心的地位。"五个党组"，即在人大、政府、政协、检察院和法院中分别建立健全党组，受同级党委领导，对党委负责。健全党委与区人大、政协的良性互动机制，充分发挥人大、政协及其常委会的作用。密切联系基层群众，健全党委与基层党组织的沟通协调机制。五是完善权力制衡机制，强化对党委权力运行的监督，强化人大、政协的监督。六是加强基层党建，打牢城区善治和科学发展的基石。荔湾坚持党建重心下移，狠抓"书记项目"，"构建党员议事会联动机制"列入省、市项目库。以党建重心下移为主线，"民情日记"、"进村夜访"、"民情议事会"、"民情BRT"以及"积极引，共同管，结对帮"流动党员服务直通车等成功做法固定化，形成长效机制。建立网格和楼宇党组织，形成了街道—社区—网格—楼宇四级党组织网络。实行"领导挂点、机关包片、干部帮户"的联系服务群众机制，建立领导干部驻点普遍直接联系群众制度。

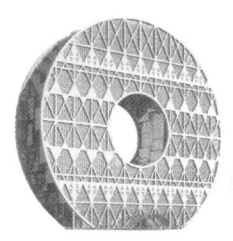

第二章
先行先试的荔湾政务服务改革

荔湾区一直以来高度重视行政审批政务服务改革。1998年，在全市首建"一条龙"办证中心，整合职能部门窗口，为企业开通审批"高速公路"。2009年，成立区人民政府政务管理办公室，加强宏观调控，提升服务企业的能力。2010年，区政务服务中心正式对外开放（以下简称中心），首批入驻大厅的部门和单位22个，对外办事窗口59个，设有审批受理区、办事流程宣传区、法律顾问室等[①]。2011年，启动重点企业、重点项目VIP"一站式"服务。2013年，在全市率先推行行政审批政务服务"三集中、三到位"改革[②]，全面实行"综合受理、集中审批"。2014年，荔湾区启动了最新一轮政务服务改革，将行政审批政务改革定为区委、区政府"1号改革工程"，首创"统一受理、分类审批、统一出件"的受理、审批、监管相分离行政审批管理模式；通过流程优化再造、窗口集成统一、区街居三级联动，实现"工程类、经营类和公民类"三大板块政务服务从"传统摆摊式"向"现代综合银行一窗式"转变，审批效率大幅提高，企业和群众满意度大幅提升。

[①] 《荔湾区政务服务中心挂牌》，《信息时报》2010年11月8日。
[②] 即：部门行政审批职能向一个科室相对集中、承担审批职能的科室向政务服务中心集中、行政审批事项向电子政务平台集中，做到行政审批事项进驻大厅到位、审批授权窗口到位、电子监察到位，实现受理、审批、监管相分离，"进一个门、办所有事"。

一　政务服务改革的荔湾情境

（一）改革是项政治任务

行政审批制度改革是我国行政体制改革的重要内容，是地方各级政府的一项重要政治任务。我国行政审批制度形成于 20 世纪 50 年代，是计划经济体制的产物，有效满足了当时的政府管理需要。现在，受限于时代变迁，这种制度愈发难以满足社会治理的要求，审批手续烦琐、审批标准不规范、审批时间过长等弊端凸显，亟待改善与优化。政务服务中心是我国在进行行政审批制度改革和建设服务型政府进程中出现的一种新型政府行政运作体系和政务服务机构[①]，是实施政务公开、提供行政审批服务的综合平台。1999 年，全国第一家政务服务中心在浙江省金华市成立，拉开了政务服务便捷化重塑的序幕，也掀起了筹建政务服务中心的浪潮。数据显示，截至 2011 年，我国 31 个省（区、市）共设立政务（行政）服务中心 2912 个（含各级各类开发区设立的服务中心），其中省级中心 10 个，市（地）级 368 个，县（市）级 2534 个，30377 个乡镇（街道）建立了便民服务中心。[②]

随着政务服务中心的建立，各级政府加快了行政审批改革的步伐。2003 年 7 月 31 日，广州市人民政府印发了《广州市人民政府决定取消和改变管理方式的第一批行政审批项目目录的通知》（穗府［2003］43 号），率先取消 273 项行政审批项目。2008 年 8 月，国务院行政审批制度改革工作部际联席会议第一次全体会议在北京召开，审议通过了《关于深入推进行政审批制度改革工作的意见》，要求"加强行政审批服务中心管理，完善'一门受理、统筹协调、规范审批、限时办结'的运作方式"，将"行

---

① 王澜明：《我国政务服务中心的建设和运行》，《中国行政管理》2012 年第 9 期。
② 中国行政管理学会课题组：《政务服务中心建设与管理研究报告》，《中国行政管理》2012 年第 12 期。

政审批制度改革"作为一项政治任务，在各级政府部门、机构之间大力推行。2012 年 7 月，广东省人民政府颁布了《广东省人民政府 2012 年行政审批制度改革事项目录（第一批）》（粤府令第 169 号），共取消 179 项行政审批事务。

党的十八大及十八届二中、三中全会都把"深化行政审批制度改革、建设服务型政府"作为重要突破，以理性应对政务服务效率不高、官僚作风严重、"四难"（门难进、脸难看、话难听、事难办）现象较普遍等问题。2015 年 8 月 31 日，广东省人民政府颁布《广东省人民政府关于取消非行政许可审批事项的决定》（粤府〔2015〕86 号），在大幅度减少省直部门非行政许可审批事项改革的基础上，取消 37 项非行政许可审批事项，将 38 项非行政许可审批事项调整为政府内部审批，不再保留"非行政许可审批"。

（二）改革是股竞争资本

信息时代的来临、知识经济的发展、社会主义市场经济体制的日趋完善、市场自治能力的逐步提高，要求改革行政审批制度，包括逐渐减少政府干预、逐步规范行政审批手续和流程、逐步提高市场在资源配置中的决定性作用、营造廉洁社会环境等等。因为，规范的程序、统一的标准、科学的安排、有序的秩序，能够降低管理成本，提升综合竞争力。在传统的行政审批制度环境下，对市场干预过多导致市场机制发展不健全，出现大量的非公平竞争行为，为以公谋私创造了条件，是滋生腐败的温床，必须对其进行市场化改革。反腐败是推进经济社会发展的强大正能量，2015 年 3 月，习近平总书记在全国"两会"期间参加江西代表团审议时指出：反腐并不会影响经济发展，反而有利于经济发展持续健康。反腐败与推动经济发展是相统一的，经济发展需要反腐败来营造良好的政治生态和市场环境，决不能让腐败成为阻碍我们发展进程的"拦路虎"。[1]因此，行政审批

---

[1] 中央党校中国特色社会主义理论体系研究中心：《反腐败是推动经济发展的强大正能量》，《求是》2015 年第 14 期。

制度改革特别是政务服务改革,不仅有利于进一步推动市场经济的发展,而且有助于从根本上反腐。

近十年,荔湾区的地区生产总值总体呈现上升的趋势,而自 2009 年全国开始行政审批制度改革之后,上升幅度尤为明显(见图 2-1);2015 年 GDP 更突破 1000 亿元。

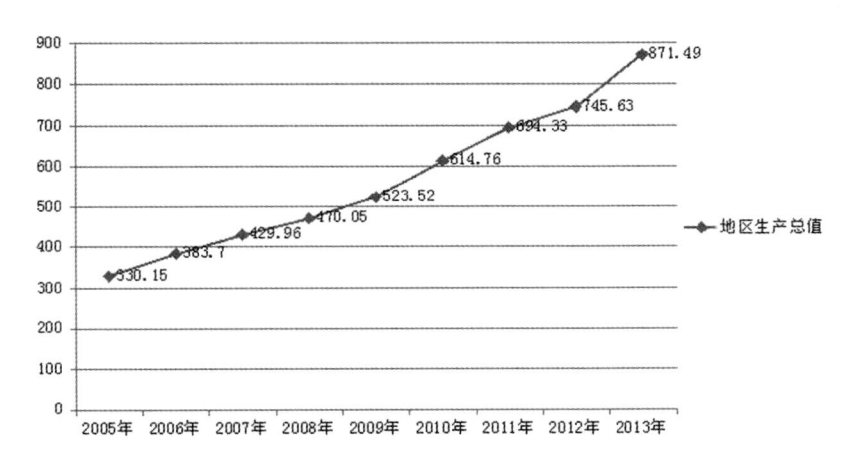

图2-1　广州市荔湾区2005—2013年地区生产总值(单位:亿元)

数据来源:广东省情数据库。

(三)改革是次管理转型

政务服务中心设立的目标,是转变政府职能、创新管理方式、建设服务型政府的重要载体和有效形式。政务服务中心应以公众为导向设置服务,大力改善工作作风,完善制度规范,健全人员管理,有效解决"门难进、脸难看、事难办"等情况的发生,实现管理向治理的转变。

第一,作风有待改善。过去,"门难进、脸难看、事难办"是困扰政务服务的顽症。"门难进",主要表现为大门易进,小门难进。在传统受理模式下,前后台工作人员均由入驻单位派驻管理,随意性比较大,政务中心除了提供场地窗口外,无法从机制上对入驻部门及其窗口审批人员进行实质的有效监管,存在事实上的权力真空。如入驻单位以专业名义自设受理审批条件和门槛,将很多事项阻挡在政务中心派驻窗口申办之外,部门随意设限,群众普遍进了政务中心的实体大门,而进不了受理审批的小门。"脸难看"和"事难办",主要表现为窗口人员对办事群众左右为难。改革前,窗口人员由入驻部门安排,各部门之间没有一个统一的服务规范、本部门内部没有统一的操作流程,办同一件事,每个工作人员要求的材料不一致,所以群众经常会出现同一个事项不同的工作人员要求不同的准备材料,群众往往要多次反复准备材料,无所适从。而政务中心虽然接到群众的投诉,却没有实质的监管权力。

第二,制度有待规范。主要表现为窗口人员自由裁量权过大、办事过于随意。改革前,各入驻部门虽然在政务服务中心设立窗口,但权责不明,窗口受理、审批都是由各个部门甚至是受理审批人员自己私下说了算。同时,受理审批人员又担当现场勘查人员,随意性比较大,因此存在大量规避从入驻窗口进行受理而从后门进行受理审批的情形,出现把不该获得通过的申办事项给予审批通过、正常从窗口申办的事项难以获得审批的现象,从而导致权力寻租,产生权钱交易,滋生腐败。

第三,管理有待健全。改革前,入驻中心的各部门派驻人员有公务员、事业单位编制和合同制聘用人员三大类。人员素质、编制参差不齐,难以管理,容易出现服务不周,经常遇到群众投诉。而一旦出现投诉,则归咎于"临时工"、"临聘人员",所以解聘"临时工"成了"对群众的交代"。然而,频繁地解雇临聘人员,则进一步造成窗口人员流动大、培训成本高、业务流程不熟悉等问题。另一方面,由于办理事项的专业限制,入驻部门派驻的人员并不熟悉该部门的全部事项,在群众咨询过程中,出现窗口人员不能回答群众的咨询问题,或者群众需要咨询的问题,非常驻部门没有相应的派驻人员,导致群众无法顺利办结业务。

(四)改革是种实践创新

互联网的普及,大数据分析、云计算和移动互联技术在公共治理领域的使用,要求政府逐步改进实体办事大厅的传统窗口式办公,推动电子政务的发展，进一步改善政务服务方式。近年来，各部门各系统都在推行电子政务服务和信息数据库建设，但普遍存在"重新建轻整合"的倾向，自成体系，没有有效整合。政务服务改革前，各入驻部门业务单一、各自为政。各部门之间信息不畅通，倘若群众办理的业务需要涉及多个部门，往往要在不同的窗口多次重复录入信息，而办理业务的部门无法同步审核群众递交的材料是否符合要求、无法确认上一业务部门是否已经完成，在审批过程中极易出现错误，造成群众多次往返跑程序的问题，增加办事时间。随着时代的发展以及"大数据X"、"互联网+"等信息时代和网络社会的冲击，传统的政务服务形式受到挑战。分享和互动是互联网的基本特征，行政审批的数据信息是行政管理的基础数据信息，这些数据信息只有与需要并使用它的组织机构有机联系，才有真正的意义和价值。政务服务中心链接着服务提供者和服务接受者，具有一定的组织优势，建立业务整合信息系统，为在复杂的网络环境下实现"互联互通、信息共享、协同办理、全程管理"创造了现实可能。①

二 政务服务改革的荔湾实践

（一）推行清单式受理

荔湾区政务服务中心推行清单式受理，按单验货收件，实现了作业的标准化操作。各入驻部门将受理审批事项及其所需要的材料以详细清单形式列明，交由中心的综合受理窗口，由窗口工作人员按照清单标准列明内容进行收件。上交的材料清单不得随意更改，更改需要向中心提出申请，说明理由，批准后才能更改。后台审批人员接收到前台窗口工作人员推送的收件材料后，不能再随意要求增减清单所列内容而退回材料，必须直接

---

① 艾琳、王刚、张卫清：《由集中审批到集成服务——行政审批制度改革的路径选择与政务服务中心的发展趋势》，《中国行政管理》2013年第4期。

进入受理审批程序，在规定期限内完成审批。如此一来，既杜绝了人为因素的影响，把好入口关，起到预防审批人员不作为、乱作为的现象，避免腐败，又大幅降低了非专业审批的窗口工作人员的收件难度，工作人员通过简单的系统操作培训，即可上岗服务。清单式受理改革推行以后，清单详细列明群众办理业务所需材料，受理流程也严格按照清单标准管理，规范清单，统一流程，节省办事时间，减少办事手续，有效解决了"事难办"的问题，群众满意度达100%。

（二）实施"一窗式"服务

荔湾区政务服务中心实行"统一收件、分类审批、统一出件"的"一窗式"政务服务模式，首创按照"公民类、工程类、经营类"三大类设置综合受理窗口，将原来的30个窗口压减为4个统一收件窗口和1个统一出件窗口。其中，区属经贸（交通）、环保、建设园林、水务农业、文化广电、卫生、城市管理、食品药品监管、安监、公安、民防、档案、工商联、发改、民政、人社、财政、教育、体育等19个部门共264项业务全部纳入"一窗式"综合受理模式，设立4个统一受理窗口、1个出件窗口。市驻区的工商、国税、地税、质监、规划、标准化研究院、供电、供水、市民卡中心、刻章等10个行政审批（许可）部门和相关单位进驻，共分设有30个窗口。①

在流程再造上"抓两头放中间"，将受理、审批分离，由政务服务中心综合窗口统一受理，后台各职能部门分类审批，政务服务中心出件窗口统一出件，提高了窗口统筹利用效率，避免忙闲不均。

案例1：不再是"人在证途"

在广州一家财务信息咨询服务公司工作的小张，每月都要到荔湾政务服务中心帮企业办理组织机构代码证、地税证和国税证。荔湾政

---

① 荔湾政务网：http://www.lw.gov.cn/lwzw/zwzxjs/singlePage2.shtml。

务服务改革前,这三个证起码要三天才能办好。"以前有的部门在一楼、有的在四楼,上上下下、来来回回跑几趟都办不了,年轻人还好,年纪大的人怎么办呀?"

荔湾政务服务改革之后,给了小张一个很大的惊喜。"以前要几个窗口才能办理,现在一个窗口就可以办理了,再也不用来回跑了!"同时让小张感到意外的是,"交完材料的当天下午就收到取件的短信了,以前交了组织机构代码证的材料,还要等两天,还要分别去国税窗口和地税窗口办证,现在办证好快,省了好多时间"。

"一窗式"政务服务模式实现了政务服务便捷化,大大提高了服务效率。改革前2014年4月份业务受理量为422项。实施综合受理模式后,2014年5—12月每月受理业务量分别为955项、851项、1090项、1163项、1053项、1312项、1320项、1316项,业务量形成了倍增态势(见图2-2)。2015年每月平均受理1000项,1—12月实有登记各类商事主体12715个,注册资本308.21亿元。其中,5月政务改革以来为9697个,从外区、外地转来新办企业3445个,月转来新办企业量为改革前的8.5倍。经营类的新办企业推行企业信息"一表制",实行营业执照、国税、地税、法人代码"联办"1306个,同比增长35.54%,重点企业和重点项目落地注册享受"四证一章联办"一窗式服务,实现营业执照、国地税证、法人代码及刻章一天办结同发,办事效率提升了两倍,群众满意度每月达到100%。

窗口服务形式由原来的多窗口办理,改革为现在的一窗式服务,清单式收件,降低了对窗口工作人员的要求。改革后的窗口工作人员统一由政务办下属的公益类事业编制工作人员担任,杜绝"临时工"现象,打破原有的窗口工作人员之间、不同的职能部门之间的博弈关系,打造阳光透明政府。

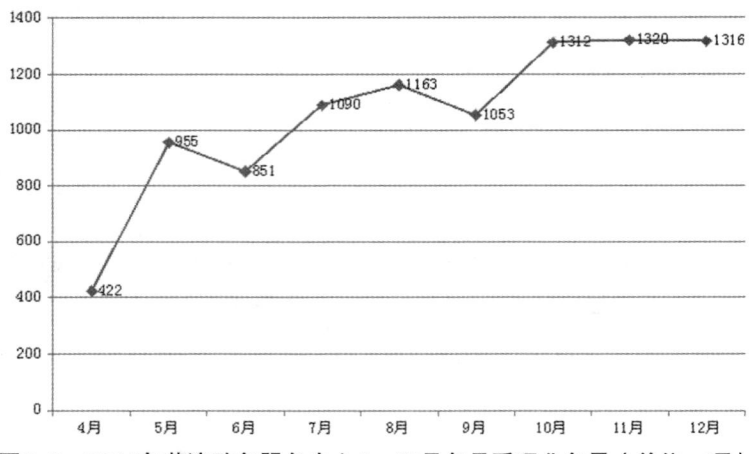

图2-2 2014年荔湾政务服务中心4—12月各月受理业务量（单位：项）

（三）开发"两网一平台"系统

荔湾区统一开发建设"荔湾区一站式行政审批系统"公共平台，全流程实现"公众外网咨询、查询、预约，区一站式行政审批系统平台综合受理，内部专业网分类审批"，在目前各部门业务审批系统无法统一的情况下，要求各部门将相关审批基本数据同步推送到该公共平台。（见图2—3）该平台在收件受理、审核审批、批件完成、批件取件等每个环节均主动推送短信到办事群众手机上，实现全流程贴心告知。同时，该平台还与区公众外网、荔湾政务微信平台和区效能监察网联通，从而保证中心的所有审批事项的流程信息在平台系统内可查可管。这样既解决了目前市区各审批部门各自独立，业务审批信息系统难以对接的协调障碍，又以最小的组织成本实现信息共享，同时大力开发便民应用系统，完善并推广政务微信平台，将政务服务延伸到办事群众的手机客户端，主动推送政务动态、办事信息等。

荔湾区政务服务中心主任刘允强介绍"两网一平台"的功能时说："群众递交完材料之后，会有短信专门推送到他们的手机上，让他们全程跟踪自己要办理的事务去到哪个流程。如果出现工作人员违规办理，或者超时不办理的情况，平台马上推送短信到监察局以及分管部门的领导手机上，马上就有人来了解情况了。"

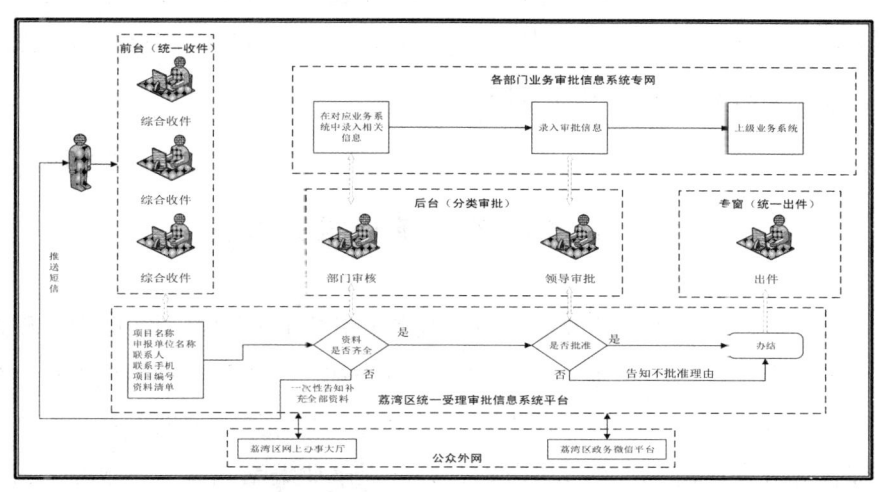

图2-3　荔湾区政务服务综合受理"两网一平台"信息系统处理流程图

资料来源：荔湾区政务办。

（四）实行联合勘查验收及立审管分离监督

在政务审批一站式办理基础上，推进项目审批后的验收工作改革，变以前的多头、分头验收为多个部门一起综合整体验收，推进审批部门的协同运作。由区政务办组织职能部门，统一验收时间，实行联合勘查验收模式。此外，通过综合受理模式的改革，建立审管分离的模式，即前台收件和出件窗口均由政务服务中心的工作人员进行受理和出件，各职能部门派驻中心的工作人员除了必要的咨询以外，在后台全职审批，同时需要勘查的事项将不再由审批人员进行勘查，而是由派驻部门的其他科室人员在区政务办的统一组织下进行联合勘查。推行受理与审批分离、审批与勘查分离，实现部门负责决策和执行，中心负责监督和管理，既相互分离又相互制约，统一提升窗口服务质量。

（五）纳入"三位一体"改革

"三位一体"改革，即"一窗式"政务服务改革、"一网络"事中事后监管及"一队伍"综合执法改革。通过三项改革配套建立起行政审批为龙头的便民服务体系，行政审批的事中事后无缝隙监管体系及对监管发现问题的执法处理保障体系，从而整合行政和各类社会资源，倒逼政府职能转变，达到提质增效优化便民的目的。

三 政务服务改革的荔湾经验

一直以来，荔湾区的政务改革及政务服务中心建设都走在前列，创造了多个"率先"：率先按照"工程类、经营类和公民类"三大板块推行"统一受理、分类审批、统一出件"的"一窗式"综合受理审批模式；率先推行综合受理窗口由中心直接管理的公益一类事业编制人员坐窗服务，实行清单式受理；率先实现行政审批受理、审批、现场勘查验收相互分离、相互制约；率先使用便民易懂的图表版办事指南、开通办事大厅与审批部门远程视频业务咨询受理服务方式；率先实现广佛同城通办审批业务的跨行政区域的智能自助 ATM 终端；率先开通政务服务微信平台，实现了微信、网上办事大厅与实体大厅的一体化，创新推行"两网一平台"电子政务综合受理系统，打破"信息孤岛"，实现了行政审批全流程信息可查可控。荔湾区先行先试，大胆尝试综合受理模式的开发与运用，变原来的"传统批发市场"为现在的"综合银行"，在业务审批信息网上共享信息，真正做到"进一扇门，办所有事"，"实现了政务服务大转型"。① 中山大学政治与公共事务管理学院院长肖滨和暨南大学公共管理学院、应急管理学院院长蔡立辉对荔湾政务改革予以肯定。广州大学公共管理学院陈潭对荔湾区政务改革给予了高度评价，"荔湾政务改革流程设计体现了科学化、精细化、便利化、集成化、职业化等 5 个特点，具有可操作性、可复制性的开创意义，特别通过充分发挥和利用信息化的手段，实现了信息共享、互联互通、提效增速，树立了新的政务服务标杆"。

---

① 罗艾桦：《广州市荔湾区政务服务改革扫描：进一扇门办所有事》，《人民日报》2015 年 2 月 26 日。

（一）凸显创新科技的应用

社会治理的重点在于转变治理方式，而在科技创新逐步凸显的21世纪，科技创新成为衡量一个国家综合实力的重要指标，结合科技创新改变社会治理方式，融科技创新于社会治理的过程，变得尤为重要。在经济发展较为迅猛的广州，如何转变社会治理方式，将科技创新融入政务服务改革，成为改革的重要突破口。

1.开展远程视频咨询业务，提供点对点咨询服务

通过视频系统直接连通相应的职能部门，突破职能部门人员不足的约束、突破时空限制、突破专业技术难题，远程咨询、远程服务，打造政务服务新形式，更方便地解决了群众在政务服务大厅对非常驻部门的业务咨询和办理（见图2-4）。当办事群众对涉及非常驻部门业务需要咨询时，无

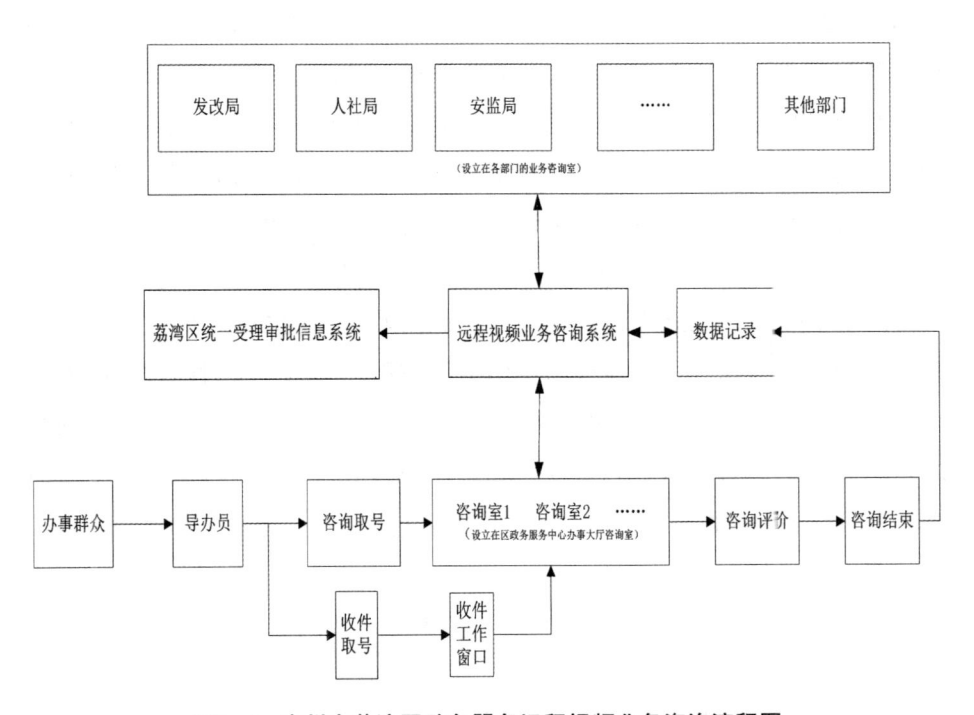

图2-4　广州市荔湾区政务服务远程视频业务咨询流程图

资料来源：荔湾区政务办。

须等到非常驻部门人员值班时间来咨询，只要在工作日来到荔湾政务服务中心办事大厅，就可以通过设在大厅的视频系统直接连通所要咨询的部门，实现面对面的文件资料传输、问题咨询与解答。群众无须等到非常驻部门的工作人员到现场也可以办理业务，也无须找到专业的技术人员也可以解答专业问题。如此一来，既打破了值班人员无法解答所有业务问题的专业限制，也破除了非常驻部门人手不足的问题。

2. 推出"市民之窗"24小时自助服务终端，突破时空限制

荔湾区政务服务中心推出了"市民之窗"自主服务终端系统，突破时间限制，逐步实现8小时服务办公时间向全天候24小时服务转变。受理事项范围覆盖网上办事大厅所有事项，还对接其他便民业务系统。自助服务事项范围扩大到机动车车票缴纳和查询、社保参保证明打印和查询、医保划拨清单打印、车船税缴纳、交通罚款缴纳打印、无住房证打印、个人所得税缴纳清单、个人完税证明、国税发票查验等便民服务业务。在自助服务终端机上，市民只需凭借二代身份证即可使用，可以查询、办理、打印，"一机全能"。同时，链接荔湾区与佛山市的行政审批系统，向广佛两地市民提供异地办理服务，实现跨市级行政区域办事服务，逐步实现实体与在线服务相辅相成。它主要提供三大类服务：一是政务信息查询；二是行政审批事项办理，市民可自主办理广州市荔湾区方面审批事项362项、佛山市方面行政审批事项约530项；三是国税、地税相关凭证打印。实现广佛业务同城通办，办事群众不用再两头跑，节约办事时间，提高办事效率（见图2-5）。自2014年9月引进"市民之窗"政务服务终端，截至2015年5月，终端已经办理涉及广州市荔湾区业务共14275宗、佛山市南海区业务279824宗。

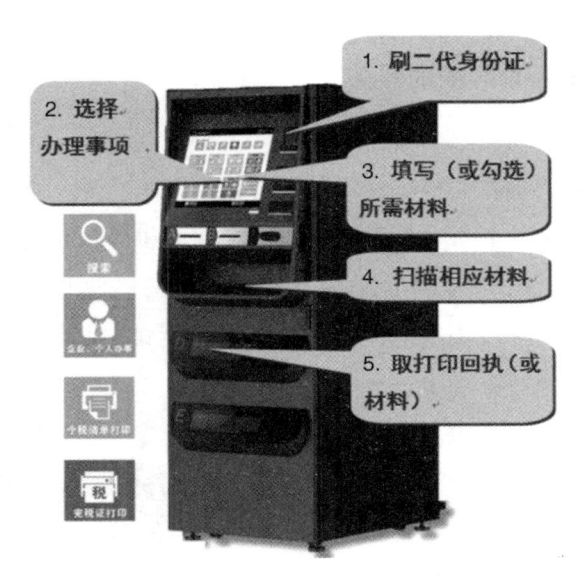

图2-5 "市民之窗"政务服务终端

资料来源：广州荔湾门户网。

案例2：广佛"候鸟"不再两头飞

佛山南海和广州荔湾两地接壤，随着"广佛同城"政策的推行，两市经济和民生来往更加紧密，很多市民都是生活在荔湾、工作在南海，或者生活在南海、工作在荔湾。佛山千灯湖、南浦大沥、盐步、里水等都住着很多广州人，而荔湾也有不少佛山人在这边工作。广佛两地市民过着"候鸟式"的生活。由于荔湾区没有在佛山设置政务服务办事实体窗口，佛山也没有在荔湾设置政务服务办事实体窗口，两边市民办事极不方便，"我在荔湾办不了，要下班的时候才能去办，可是那边的政务服务中心也下班了，我每次办证、拿证都只能请假，极不方便。"家在荔湾、户口在佛山的小李如是说。

2014年11月，荔湾区政务服务中心试运行"市民之窗"之后，小李在荔湾就可以办理业务。"我现在在荔湾就可以办理业务了，办理教师资格证5分钟都不用就完成了，还可以打印凭证，实在是太贴心、太方便了。"小李兴奋地说道。

（二）注重需求导向的服务

1. 提供图表式办事流程指引图

从政务服务的角度，审批许可的服务内容要说得明、讲得清，按照主动告知、统一发布的要求，提供从申报人办事角度编制的办事指南，告知办事程序和步骤，让群众易看易懂易明了。荔湾区政务服务中心从办事人员的角度出发，一改传统的以部门为指引的模式，定制以事项为入口的"办事指南"，采用"办理事项—办理流程—办理事项的要件资料—办理窗口地点及时间"，把流程指南从原来的文字形式变为图表形式，适合各种层次的办事群众易看易懂。在办事大厅办事查询机实现可查可打印，并同步在"广州荔湾"门户网站和荔湾政务微信平台发布。

2. 明晰办事权归属问题

前台统一收件，后台分类审批，再由前台统一出件。统一行政受理审批业务操作流程，降低办事人员的自由裁量权，降低办事难度，各个流程办事进度均由公共平台主动推送短信到办事群众手机上，贴心告知群众办事进度的同时，方便群众监督。公共平台还与区公众外网、荔湾政务微信平台和区效能监察网联通，保证中心各个事项所有流程信息在该平台内可管可查，各流程责任清晰，杜绝"推拉拖"现象。

3. 倡导公民的积极参与

强调公民参与的重要性，丰富了公民参与的内容。在此次改革中，完善了公民对政务服务评价的系统。公民不仅可以在窗口办理服务之后对工作人员进行评价，还可以离线评价，即在办理业务之后的当天之内，可以登录系统，或者在政务服务办事大厅通过离线评价终端，对办理业务的工作人员进行满意度评价。

（三）加强政府部门协同运作

荔湾区政务服务中心坚持整体优先的组织形态，强调跨部门之间职能履行的联合与协作。一方面，政务服务改革变原来的多头管理为多个部门一起综合验收。每次工作，由区政务办统一组织协调，各职能部门一起执行，加强部门间的合作与交流。另一方面，区政务服务中心和街道政务服务中心联动，对业务量比较大的个人事项，由审批部门委托属地街道办理。在街道政务服务中心推行"统一受理、综合办理"服务模式，目前街道政务服务中心根据需要开通了10个窗口，提供11大类34项服务内容，主要包括计生、社保等关乎群众切身利益的事务，基本实现同一类的政务服务在该区域内任一窗口都能办理的"小综合"办公。截至2015年4月，各街道政务服务中心基本改造完成后，窗口压减率最高达83.3%，街道可受理、办理公民类事项数量超过总量的90%。

四 政务服务改革的荔湾综述

经过一年多的实践运行，改革取得明显成效。广州市政府于2015年5月正式发文要求全市各区推广荔湾一窗式政务服务模式。2015年，荔湾区政务服务中心共服务151430人次，评价率为99.44%，满意率为99.99%。荔湾"一窗式"政务服务经验做法先后在省、市党委、政府简报上多次刊登，获广州市委、市政府主要领导批示，接待国家、省、市领导以及全国各兄弟单位的调研逾90次，《人民日报》、《南方日报》、《广州日报》以及中央电视台、广州电视台等主流媒体先后进行了报道。

综上，荔湾区"一窗式"政务审批模式[①]：一是着眼问题导向，通过改革创新破解"八难"问题（"协调难"，部门和地方条强块弱，区街被动接受工作；"统筹难"：入驻部门各自为政，新增服务"增窗增人"；"教育难"：各线窗口"临时工"坐台，临聘人员素质较低，服务质量不高；"共享难"：各条专线信息分隔，形成多个信息"孤岛"；"高效难"：审批手续烦琐，办理业务要在多个窗口反复折腾；"告知难"：各种材料多变，服务

---

① 唐航浩：《积极探索政务审批服务改革创新》，中国党政干部论坛，2015年12月。

不规范、效率低，群众无所适从；"查询难"：各部门分头审批，进度情况无从知晓；"监管难"：审批分离，窗口存在一定程度的自由裁量，为权力寻租留下空间），从而有效保证了政务审批改革更"接地气"、更有实效。二是坚持统筹设计，创新工作模式。即由"多窗"变"单窗"，实现前台"一窗收件、统一出件"；由"多科审批"变"一科审批"，建立后台即时审批和限时办结承诺制；由"多表"变"一表"，推行清单式、规范化的受理和审批模式；由各部门"专网多系统"变多部门"平台共享"，实现审批事项信息共享；由"专线分隔"变"分限共享"，开通全天候、无界限的政务审批在线服务；由"座席审批"变"远程审批"，提供可视互动业务咨询受理服务；由"区级集中"变"街道分担"，推动公民类审批重心下沉街道；由"多次登门"变"单次办妥"，创新审批事项联合勘查验收机制。三是着力开放包容，推动荔湾经验成为有成效可复制的改革成果。即窗口数量大幅压减，资源利用实现最大化；审批环节明显减少，行政效率大幅提升；业务受理方式多样化，群众办事更加方便；审批服务更加规范透明，压缩了权力寻租空间；管理职能进一步理顺，管理责任更加明晰。

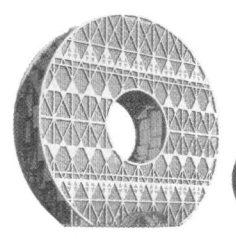

第三章
前行中的城市管理综合行政执法改革

荔湾区作为广州市城市管理综合执法的唯一一个改革试点，研究其综合执法改革经验，探索其综合执法改革道路，对于构建新型城市化建设、提高政府城市管理水平具有重要意义。同时，荔湾区作为广州市这个国家中心城市的传统老城区和都会区，城市管理面临诸多新挑战和新问题，需要牢牢把握全面深化改革的历史机遇，提升城区综合治理能力。

一 综合行政执法改革"地图"

荔湾区作为广州市行政执法体制改革的唯一试点区,先行先试推进行政执法体制改革工作。2011年7月开始启动综合执法改革试点工作;2012年10月9日,广州市编委批复同意组建荔湾区综合行政执法局;2012年10月25日,荔湾区综合行政执法局成立;2013年1月31日,荔湾区编委印发了执法局"三定"规定;2013年6月6日,省政府公告授权荔湾区综合行政执法局有关执法事项,荔湾区综合行政执法局开始以新的模式开展相关行政执法工作,探索行政管理决策、执法、监督"三权制衡",综合执法改革工作有序推进。(见图3-1)

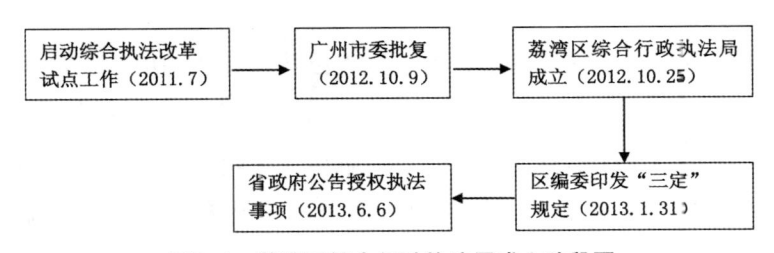

图3-1 荔湾区综合行政执法局成立阶段图

(一)整合执法机构

荔湾区综合执法局于2012年成立,涵盖了原广州市城市管理综合执法局荔湾分局、广州市荔湾区交通局综合行政执法分局、广州市荔湾区商务综合行政执法队、广州市荔湾区安全生产监督管理局执法监察分局(挂广州市荔湾区安全生产监督管理局执法监察大队牌子)、广州市国土资源和房屋管理局荔湾区分局执法监察大队、广州市荔湾区文化市场综合行政执法队、广州市荔湾区环境保护局执法监察大队、广州市荔湾区劳动保障监察大队、广州市荔湾区水政监察大队等9个行政执法机构的执法职责,并将广州市荔湾区食品药品监督管理局、广州市荔湾区卫生监督所、广州市荔湾区动物防疫监督所承担的行政处罚职责整合划入（见图3-2），将处罚职责归口管理。

图3-2 中部分机构标注如下：

荔湾区综合行政政执法局

涵盖：
- 原广州市城市管理综合执法局荔湾分局
- 广州市荔湾区交通局综合行政执法分局
- 广州市荔湾区商务综合行政执法队
- 广州市荔湾区安全生产监督管理局执法监察分局（挂广州市荔湾区安全生产监督管理局执法监察大队牌子）
- 广州市国土资源和房屋管理局执法监察大队荔湾区分局
- 广州市荔湾区文化市场综合行政执法队
- 广州市荔湾区环境保护局执法监察大队
- 广州市荔湾区劳动保障监察大队
- 广州市荔湾区水政监察大队

接受行政处罚业务对接：
- 广州市荔湾区食品药品监督管理局（行政处罚）
- 广州市荔湾区卫生监督所（行政处罚）
- 广州市荔湾区动物防疫监督所（行政处罚）

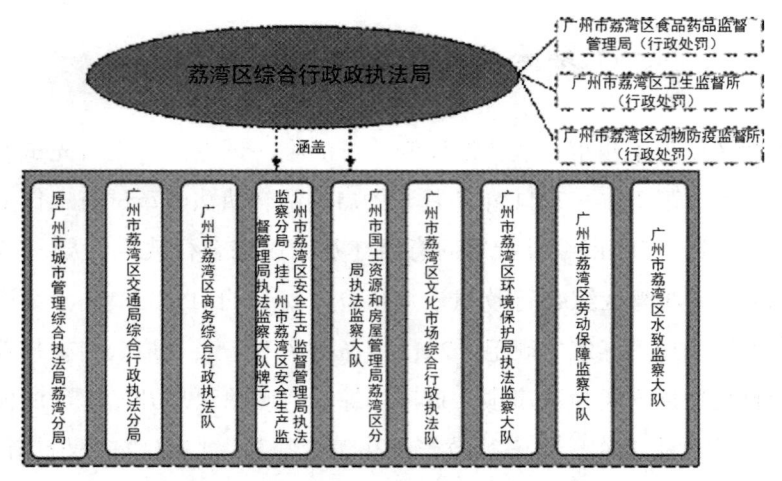

图3-2　广州市荔湾区综合执法改革机构整合

改革试点缓解了推诿扯皮、多头执法以及部分执法项目力量单薄的问题。例如，原国土、水务执法队均不到10人，在荔湾区60平方公里辖区要深入开展执法工作显然力不从心，改革后，执法力量明显得到加强。同时，在执法效率、预防权力滥用和暗箱操作方面也有成效。精减人员机构，实现资源整合，一方面，减少了11个执法机构，且与原城管执法分局对比，内设机构和直属机构均减少1个；另一方面，减少64名编制，减少领导职数37个，实现了机构和人员的精简。同时，整合综合行政执法资源，一是整合机构，整合了12个行政执法机构；二是整合职责，如对12个行政执法机构的14大项行政处罚职责进行整合；三是整合编制，对涉及改革的12个机构的编制进行整合。

（二）理顺层级关系

城市管理局是行政管理部门，城管执法局是执法部门。在广州，市城管委指导城管执法局开展执法工作，但城管委有城管委的管辖事项，执法局有执法局的管辖事项，是相对独立的职能部门。改革后，广州市把城管执法局的职能划入广州市城管委,打造管理和执法合一的"大城管"格局。广州市城市管理综合执法局的职责将整合划入广州市城市管理委员会,在广州市城市管理委员会加挂城市管理综合执法局的牌子,不再保留广州市城市管理综合执法局。2010年,为了区别综合协调议事机构和政府职能部门,理顺政府部门间关系,原综合协调议事机构(市城市管理委员会)的名称于2010年改为"市城市管理工作领导小组",设在市城管委,其人事关系由市城管委管理。①(见图3-3)

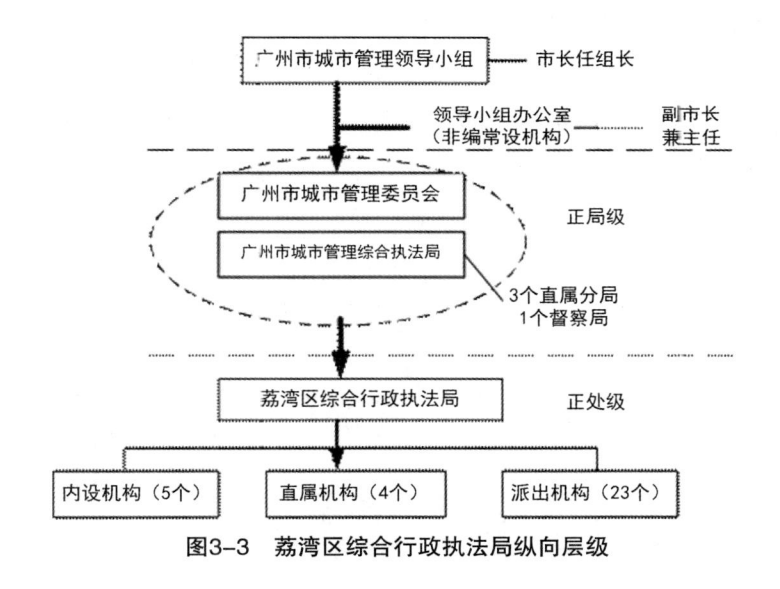

图3-3 荔湾区综合行政执法局纵向层级

荔湾区改革前,城市管理局和城管执法局是两个独立的单位,改革前后没有变化。城市管理局负责环卫、爱卫、淤泥、垃圾回收等工作,城管执法局负责行政处罚的执法。

很多城市的执法局是设在城市管理局内部的,相当于城市管理局内部的处室或者叫科室,一般叫作执法支队或者是执法大队,东莞的改革就是如此,从七八年前的独立到今年回到城市管理局内部,广州、三亚、宁波很多地方都是相对独立的。荔湾区改革后的最大差别是,城管执法局的称

---

① 详见《关于广州市城市管理协调机构更名及人员调整的通知》(穗府〔2010〕10号)。

谓变成综合行政执法局，地位提升，成为荔湾区政府直属机构，行政一把手除通过相关组织程序外还要由区人大正式任命。荔湾综合执法局成为由省政府授权的执法机构。执法职能由7个扩大到涉及18大项，全区分500个网格管理，基本涉及群众生活的方方面面，地位很重要。

荔湾区综合行政执法局（简称区综合执法局），为直属荔湾区人民政府管理的综合行政执法机构，正处级机构。改革初期，其内部机构实行"5+4+23"模式，即5个科室（内设办公室、综合业务科、法制培训科、装备财务科、纪检督察科），4个直属队（直属机构），23个综合行政执法队（派出机构，22条街和女子特勤中队）。2015年又完善为"9+5+23"新的执法运作模式，即内部科室增设了政工科，（见图3-4）综合业务科按照业务相近和专业执法相结合的原则设置综合业务一、二、三、四科；增加一个直属队，进行分类分块执法。

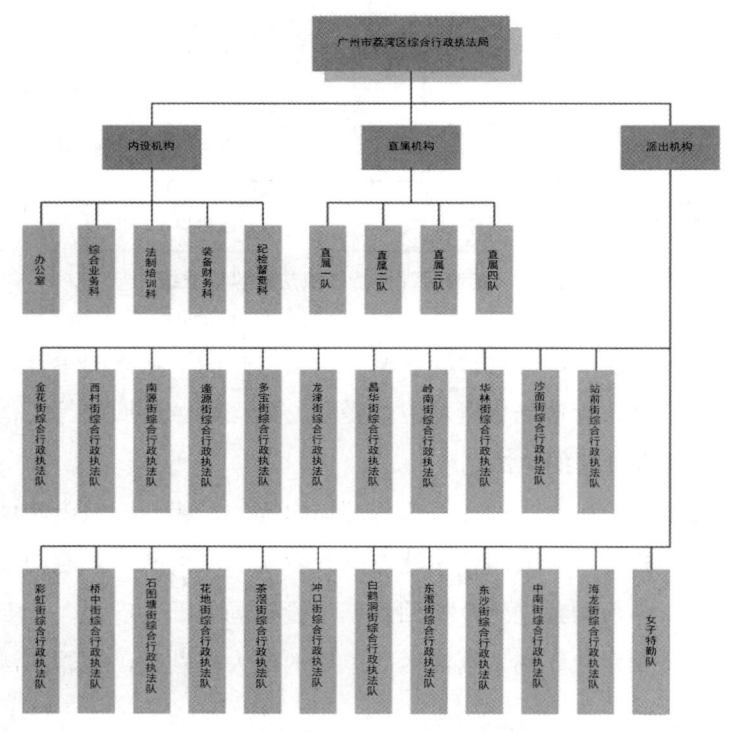

图3-4　广州市荔湾区综合行政执法局组织架构

（三）集中行政处罚权

根据授权，荔湾区综合执法局主要行使以下行政处罚权：（1）行使市容环境卫生管理方面法律、法规、规章规定的行政处罚权；（2）行使交通管理方面法律、法规、规章规定的行政处罚权；（3）行使食盐和酒类管理方面法律、法规、规章规定的行政处罚权；（4）行使安全生产管理方面法律、法规、规章规定的行政处罚权；（5）行使土地管理方面法律、法规、规章规定的行政处罚权；（6）行使文化、体育市场管理方面法律、法规、规章规定的行政处罚权；（7）行使劳动保障管理方面法律、法规、规章规定的行政处罚权；（8）行使环境保护管理方面法律、法规、规章规定的行政处罚权；（9）行使水务管理方面法律、法规、规章规定的行政处罚权；（10）行使卫生监督管理方面法律、法规、规章规定的行政处罚权；（11）行使食品药品安全管理方面法律、法规、规章规定的行政处罚权；（12）行使动物防疫管理方面法律、法规、规章规定的行政处罚权；（13）行使城市绿化管理方面法律、法规、规章规定的行政处罚权；（14）行使市政管理方面法律、法规、规章规定的行政处罚权；（15）行使城乡规划管理方面法律、法规、规章规定的行政处罚权；（16）行使建设工程管理方面法律、法规、规章规定的部分行政处罚权；（17）行使工商行政管理方面法律、法规、规章规定的占用城市道路、广场等公共场所违法经营行为的行政处罚权；（18）履行法律、法规、规章或者省人民政府规定的其他职责。改革后，该局的执法事项是原来的8倍，横跨18大项、2300多小项。

二 综合行政执法改革"路线"

（一）从碎片化执法向整体性执法转变

2009年，《广州市人民政府机构改革方案》改革要求建立"大城管、大交通、大文化、大建设、大水务、大林业"的"大部门体制"，同年11

月，广州成立实体性的市城市管理委员会，充实整合了城市管理的职能及资源，使相关的城市管理职能与执法处罚相结合，形成了较完整的既有管理权又有处罚权的城市管理系统和大城管格局。（见图3-5）

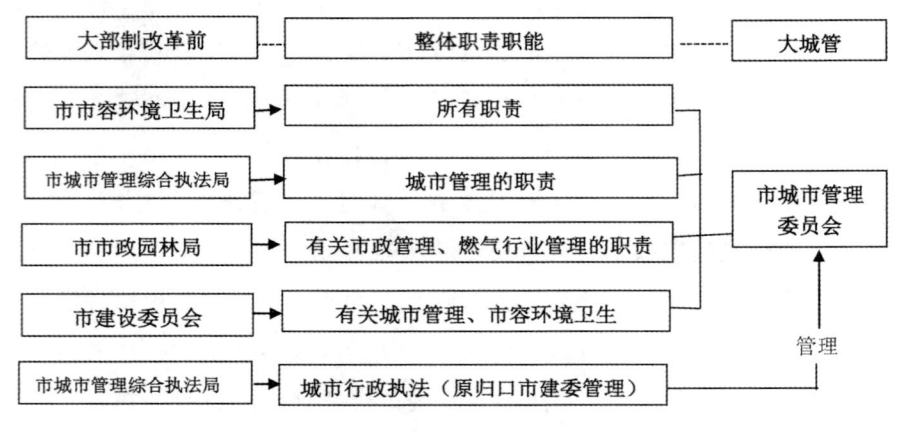

图3-5　广州市城管委机构合并示意图

荔湾区在整个广州市城市管理实行大部制的背景下，将12个部门处罚职能合一，成立综合行政执法局，集中行使市容环境卫生管理、交通管理、食盐和酒类管理、安全生产管理、土地管理、文化体育市场管理、劳动保障管理、环境保护管理、水务管理、卫生监督管理、食品药品安全管理、动物防疫管理、城市绿化管理、市政管理、城乡规划管理等方面法律、法规、规章规定的行政处罚权，行使建设工程管理方面法律、法规、规章规定的部分行政处罚权，行使工商行政管理方面法律、法规、规章规定的占用城市道路、广场等公共场所违法经营行为的行政处罚权。

在人员编制方面，突破执法人员编制分散的限制，向执法力量集中作战转变。按照"编随事走、人随编走"的原则，整编了12个行政执法机构。通过"整合"，行政执法力量更集中，如原荔湾区文化市场综合行政执法队编制约10个，主要负责监管文化市场，工作量非常大，监管执法十分薄弱。改革后人财物等统一整合到综合执法局后，开展了整治上下九步行街、荔枝湾景区等专项行动，产生了"1+1＞2"的效果。

建立整体性运行机制，通过与涉改部门的联动，实现综合行政执法，增强执法力量。具体来说，涉改部门负责日常监管，发现违法线索后移交综合行政执法局处理，协助做好违法定性、证据采集、信息共享等工作，综合行政执法局负责所有违法事项的处罚权。

（二）从专业执法向综合执法转变

荔湾区综合行政执法局成立之前，涉改的这12个部门的行政处罚权都是按照不同领域进行的专业性很强的分类行使，改革进行后，由综合行政执法局进行综合性行使，涵盖市容环境卫生管理、交通管理、食盐和酒类管理、安全生产管理、土地管理、文化体育市场管理、劳动保障管理、环境保护管理、水务管理、卫生监督管理、食品药品安全管理、动物防疫管理、城市绿化管理、市政管理、城乡规划管理等方面法律、法规、规章规定的行政处罚权，实现由专业性执法向综合性执法转变。

> 问：荔湾区的执法改革如何处理执法专业性与综合性的关系？
>
> 答：改革还是按专业性、领域性的，不要跨界太大。或者分为城管类、市场监管类等。像省里面出了一个农业的综合执法。比如说一个大行业，它原来有可能有农业，可能有动物防疫的。现在给了我们，我们就行使行政处罚权，但在农业，可能这几项都放在一起，但都是属于同一类，那就把它放在一起，这是个很好的做法。①

（三）从"以条为主"执法向"条块结合、以块为主"执法转变

荔湾区综合执法采用"条块结合、以块为主"的模式，实现"以条为主"执法向"条块结合、以块为主"执法模式转变，结合街道"网格化"管理，执法重心下移。最初，按照"属地管理、重心下移"的管理原则，荔湾区综合行政执法局设23个派出机构（22条行政街道和区景区中心各

---

① 根据对荔湾区综合行政执法局相关参与执法改革人员的访谈，由作者整理。

派驻一支执法队),一线执法力量占全局总量的 86.63%,其中派出机构执法力量占全局总量的 74.73%。① 机关 5 个科室中有 2 个业务科室(综合业务科、法制培训科)负责综合执法业务工作。4 个直属队分片指导派出机构在行政辖区内开展巡查工作及依法行使行政处罚权,督办或查处大案、要案以及上级交办案件。23 个派出机构分别以局的名义在行政辖区内行使相关行政处罚权,接受区综合执法局和街道办事处双重领导:业务工作接受区综合执法局的领导和监督,人事、财务由街道办事处管理,日常工作由街道办事处指挥、调度和考核。

问:荔湾执法改革现在是一种什么样的执法模式?

答:现在是"条块结合、以块为主"的模式,从过去的"以条为主"改为"以块为主"。原城管"以条为主",如市容、环境、卫生各自一条线进行执法等,现在要增加执法队,由直属队专门负责执法专业案件,集中于综合执法局按照执法领域来进行执法,如食药、环保等。②

(四)实施区街两级共管共治模式

在街道设综合行政执法队,实施以综合行政执法为主要手段的综合治理,实行双重领导,实现区街两级共管共治。综合行政执法局负责案件审查、业务指导、人事任免,街道负责指挥调度、后勤保障、工资福利及日常行政管理。每个街道都设立执法队,并实行双重领导,一方面下沉了执法力量,另一方面实现了与街道的无缝对接。

问:改革后,荔湾区综合行政执法局与街道的执法是怎么样处理的呢?

---

① 数据来源:荔湾区综合行政执法局内部统计。
② 根据对荔湾区综合行政执法局相关参与执法改革人员的访谈,由作者整理。

答：街道执法队是双重管理，主要人员都是执法局的，日常管理是街道，工资、车辆、设备都是由街道管理，我们提一些执法标准。但人事任免是执法局的，这是抓手。有些东西涉及街道的利益，一些涉及纳税大户的违法违规事件，此时双重管理有利于在此类情况下，防止街道为了抓经济工作打政策擦边球。因为一旦两个利益相冲撞的时候，执法队就比较难做，严格执法和经济发展本身没有矛盾，但实践中由于一些利益相关方的短视，确实给我们出了难题。

总的来说，荔湾区综合行政执法改革在以上几个方面的改革实践探索，在一定程度上取得了一定的效果：整合执法机构，集中行政处罚权，一定程度上实现涉改部门与综合行政执法局的相互监督问题，把"教练员"和"裁判员"分开，一定程度上解决了多头执法和执法效率低下的问题；由副区长兼任综合行政执法局局长，便于高位统筹协调，提高了执法效能；设立直属队，一定程度上保证了执法全覆盖和专业执法，也规范了执法行为。

三 综合行政执法改革"短板"

荔湾区城市管理综合执法改革进行至今，也暴露出一定的问题：与相关职能部门的工作关系尚未完全理顺。荔湾区综合行政执法，是将职能部门的行政处罚职能和执法人员交给执法局，但管理职能保留。由于职能部门执法人员大幅减少，往往将管理职能卸载转移到执法层，以执法解决管理问题，存在管理弱化的问题，管理弱化又直接间接造成执法案件增多。有些部门执法权划转后，与荔湾区综合行政执法局仍存在部分职责交叉和衔接合作不顺问题，实际工作中，监管与处罚的边界难以界定，工作协调难度大。综合执法业务能力有待加强。掌握多达2000项的行政处罚事项，不仅要做到熟悉相关法律法规，还需要实践经验和方法。由于执法人员来自不同的执法领域，较难全面系统地胜任综合执法业务，但工作上有现实紧迫性，全局上下存在较大的任务压力。具体来说，荔湾区综合执法改革面临以下方面的困境：

（一）集中度难以把握

国务院［2002］17号文规定：省、自治区、直辖市人民政府在城市管理领域可以集中行政处罚权，需要在城市管理领域以外的其他行政管理领域相对集中行政处罚权的，省、自治区、直辖市人民政府依照行政处罚法第十六条的规定，也可以决定在有条件的地方开展这项工作。目前各地多数在城市管理领域相对集中行政处罚权（"N+1"），也有部分地区在其他领域如交通、文化和体育等相对集中行政处罚权。荔湾区的改革突破了上述局限，不仅在城市管理领域，还把经济管理、社会管理等领域的部分行政处罚权进行集中，这本身对于防止执法权的碎片化方面是一个较好的改革，但是，在具体的改革过程中，需要把握集中的一个"度"的问题，往往容易造成过于集中。行政处罚权的相对集中是改革的方向，但集中的范围多大？是否越集中越好？实践告诉我们，直观基本可以判断某种行为是违法违规行为的行政处罚权可以集中，而那些调查取证对专业技术知识依赖性强的处罚权以不集中为好。调查取证对专业知识依赖性强的行政处罚权行使，不但要求执法人员要有相应的专业知识，还需要专业职能部门的紧密配合。把这类处罚权集中起来，执法的专业性难免被削弱，执法效率反而会降低。①

一方面，综合行政执法改革如果集中的"度"跨度太大，把专业性较强的行政处罚权也纳入进来，容易造成执法低效。相对集中的行政处罚权应是多头执法、职责交叉、执法扰民问题比较突出，严重影响执法效率和政府形象的领域，主要是针对面上的、处罚简单易行的、技术含量不高

---

① 何人生：《相对集中行政处罚权改革的实践与思考》，《荔湾信息》（2014）调研专刊第6期。

的、易反复的行为。但是目前荔湾的执法改革过程中集中的行政处罚权也包含一些专业性很强的处罚权。例如环境保护、食药监督等方面的行政处罚权，即专业程度较高的行政处罚权。从环保的特点看：环保的行政处罚与市容、市政、绿化等一般城市管理的行政处罚有一个重大的区别，一般城市管理行政处罚对违法行为的认定较为直观，如乱涂乱画、乱扔垃圾、破坏绿化等，一般不需要专业知识和技术鉴定就能认定；而对违反环保法规的行为，如认定噪声超标、水质的测定、空气污染等必须具备较强的专业知识和相应的检测手段、检测设备。又如相对集中的食品药品监督方面的行政处罚权，也涉及很强的专业性，非相对集中行政处罚权的执法人员所能运作，其结果只能是低效率、低水平的执法，这需要把握好一个"集中度"的问题。

另一方面，从访谈结果来看，荔湾的执法改革，集中度涉及事项过多，给执法人员带来压力，为执法专业性带来挑战。荔湾综合行政执法改革涉及2000多项细化执法内容，需要技术支撑、精力支持，而综合行政执法局人员增加比例远跟不上增加的执法事项，这就涉及一个执法权的集中度问题，过于集中导致执法队伍在处理某些专业性很强的执法事项时，专业性不够，无法指导街道层级的执法工作者进行专业执法。主要体现在两方面：一方面，行政执法改革涉及面广、集中度高，给队员带来了大量的工作任务，提出了更高的工作要求，造成了巨大的工作压力，执法人员工作能力与执法要求还有一定差距；另一方面，改革后集中的行政执法事项均超过2000个，队员却只有400多名，每人要掌握多门执法事项，这势必会对执法的专业性造成影响，尤其是在食药监、卫生、环保、建设等领域表现更为突出。

（二）职责边界模糊不清

职责边界问题主要涉及授权执法与委托执法，处罚、监管、许可、宣传教育的区分，处罚与监管二者的衔接等问题，重点体现在监管和处罚的边界不清晰，导致行政执法过程中无法无缝隙对接。涉改部门与执法局职能尚未厘清，主要是日常监督检查权，造成综合执法局与涉改部门扯皮较多，增加了行政成本，降低了行政效率，甚至出现以罚代管、日常监管弱化的现象。同时，部分集中处罚权造成新的权力交叉。在荔湾综合行政执法权的改革过程中，除划转的部分处罚权外，环境保护、工商行政、水利交通等部门还保留其他的行政处罚权，因而对这些部分划转的行政处罚权，极易与行政职能机关仍保留的行政处罚权混淆，造成界限不清，实践中很容易形成执法误区，并出现新的执法交叉或执法真空现象。

问：你们是如何处理监管与执法的关系的？具体实务中与集中行政处罚权的原单位职责边界衔接情况如何？

答："中间一刀切"的好处，就是可以实现监管和执法相互监督，执法队是没有审批权的，只有职能部门才有。一般大执法整个过程是包括前面的监管，发现违法通知整改，整改没达到要求或者没做，才能进行处罚。行政处罚法是这样规定的，整个环节其实都是一个执法的过程。但现在很多职能部门认为，做执法就是执法局的事。一说执法就是执法局，其实不是这样的。广东省政府在2013年6月份赋予执法局行政处罚权，按照字眼来"抠"的话，就剩最后"开单"了，前期很多东西你去先搞定，最后证据固定，违法事实在那，那我就"开单"，行政处罚权就是我们的，行政诉讼、行政复议也好，都由我来承担。但现在就是因为中间对职能部门有个界限还没划清，这不是那么轻易就可以划清的。就目前来看，大家觉得谁的立场都有理。因为原来对于这种从中间"斩断"的试点，从中间开始，执法与监管分离的试点，确实很少，包括十年前深圳、佛山，也存在扯皮现象。①

广义的行政管理包含了行政处罚，但广义的行政处罚不包含行政管理，行政处罚只是行政管理体系中最末端的一个环节。省政府只授权区综

---

① 根据对荔湾区综合行政执法局相关参与执法改革人员的访谈，由作者整理。

合行政执法局行使行政处罚权，其他行政管理权（如行政许可权、行政监督权、行政收费权等）仍留在相关职能部门。从法律意义上说，行政许可权、行政监督权、行政收费权和行政处罚权是不等同的法律概念，理论上厘清它们的边界并不难。从逻辑关系上看，行政管理中出现了违法行为后才能进入行政处罚环节，但违法行为是否发生，只有通过行政监督才能发现。实际工作中，行政监督和行政处罚最易被人混淆。日常工作中，行政管理管到哪一步，行政处罚从哪个环节入手，这个问题解决得不好，就会出现权责交叉不清的问题，产生互相推诿扯皮的现象，不利于提高管理效率和执法效能。实践证明，仅靠执法机构和职能部门去协商界定两权边界难于达成一致意见，需要政府在两家协商的基础上作出科学、合理、明确的界定，作为执法机构和职能部门工作考核和责任追究的依据。[①]

（三）配套改革滞后

配套改革问题主要指有些执法事项或者职能部门的设置，荔湾区区级层面改革了，但是市一级层面没有进行改革，这在与市一级层面的对接指导方面存在问题。同时，改革后由于没有规范的执法权限区分等法律文件指导，造成执法权集中后，与原来的具有该执法权限的部门存在执法边界不清晰的问题，容易造成以罚代管等问题。这些配套改革在执法改革过程中容易被忽视，进而影响执法改革效果。

> 问：对于执法改革从法律上来说有没有一个比较规范的支撑？
> 答：荔湾区是试点，如果之前已经有成功、规范的例子，我们照着走就行了。比如执法局和各职能局的职责划定和对接，现在要去到第三方，可能是区法制办进行裁定。但又很难界定，因为职责边界模糊不清。如果追责的话，肯定是两个单位一起追，这就没意义了，职

[①] 何人生：《相对集中行政处罚权改革的实践与思考》，《荔湾信息》（2014）调研专刊第 6 期。

责划分不清楚的话,就等于说大家都觉得职责可以推,但推到连第三方都裁定不清的情况下,就两个部门一起"打屁股"了,那这就对工作不利了。①

(四)执法环境恶化

荔湾区综合行政执法改革面临的执法环境问题,既包括外部执法环境主要是媒体的负面报道或者暴力执法(抗法)事件的情绪渲染、不当引导问题,也包括内部执法环境即执法队伍的建设和管理问题。

当前随着互联网的发展普及,部分媒体对城管的不规范性执法进行了一定程度的集中报道和渲染,加上底层流动商贩固有的抵触性情绪发酵,对于城管执法工作容易造成固有的一种暴力执法偏见。同时,执法环境问题也就容易面临暴力抗法,对于整个试点改革工作推进具有一定的负面影响。

从执法队伍自身来说,执法环境也不容乐观。一方面,执法队伍主要是由原来的各执法队伍划转过来的,人员素质参差不齐、能力高低不一,存在的问题比较突出。同时,荔湾区综合行政执法局执法人员的工作,一年 365 天,一天 24 小时都要投入到执法保障中去,加班没补贴,横向比较工作付出多、社会地位低,同时承受政府问责的压力和巨大的社会舆论压力,干部的积极性难以调动起来,容易产生不作为、慢作为,甚至乱作为的现象,队伍管理的压力大,迫切需要一套有利于调动执法人员积极性的人事管理制度。

四 综合行政执法改革展望

解决综合行政执法改革的职能、权责、协同、资源配置碎片化问题,依然是今后推进城市管理执法体系的良性运作,整合执法机关,实现部门

---

① 根据对荔湾区综合行政执法局相关参与执法改革人员的访谈,由作者整理。

联动，实现执法改革整体性的主要方向，应该从法律建设、制度建设、组织建设、资源保障和考核机制等方面着力，实现改革路径的优化。①

（一）法制建设：制定全国统一的城市执法法或法规

《中共中央关于全面深化改革若干重大问题的决定》中明确指出要深化行政执法体制改革，党的十八大把法制建设摆在突出位置，强调法制建设的重要性。2013年，广州市城管委制定地方性法规、政府规章、规范性文件等三十多个，涵盖了垃圾分类、水上环卫、户外广告等内容。广州市城管执法局从文明执法、规范执法、案件审批、行政处罚自由裁量、执法监督等方面作了系统的规定。加强城管执法法制建设，就是要在今后的执法工作中，让制度说了算，让程序说了算，这样，才能形成法制城管，广大市民才会信服城市管理，支持城市管理工作。广州城市管理的法制建设尤其是城管执法的法制建设，没有一部规范城市管理综合执法的全国性的、统一的法律或者行政法规，使得城市执法主体的地位、执法范围出现问题。这就要求加强顶层设计，制定全国统一的城管执法专门立法，以破解城管执法的法律地位、队伍称谓、管理体制、执法区域、工作机制、经费来源以及职能定位、执法手段、协调配合等问题。城管执法法或行政法规应该对城市管理的主体、城市管理的范围②、城市管理的体制、城市管理综合执法、公正文明执法和违反城市管理法所要承担的法律责任做出规定。

自行政处罚法实施以后，各实施城市为了规范本地的运作，制定了一些规范性文件。但由于一些城市本身没有地方立法权，所制定的文件都是

---

① 综合执法改革路径的优化，参考广州城市管理联盟课题《城市管理和执法体系及机制研究》成果。

② 确定执法范围的原则：一是城市管理行政执法力量有限原则。要考虑城市管理行政执法的人员编制和执法装备问题，不能无限制地增加城市管理综合执法任务。二是机构人员精简原则。移交给城管执法部门的执法任务应当确实能起到精简机构人员、降低行政成本的作用。三是提高行政执法效率原则。即执法事项确实属于多头执法，需要明确由一个执法机关行使。四是行政执法事项系统移交原则。

规章以下的规范性文件；即使是拥有地方立法权的城市制定了这方面的政府规章或地方性法规，也由于制定这些政府规章和地方性法规上无国家法律、行政法规作为依据，下无现成的立法经验可借鉴，不足以规范相对集中行政处罚权实践工作中出现的各种新情况、新问题。而目前国家立法中，除行政处罚法对相对集中行政处罚权制度有原则性的规定外，尚无一部权威性的法律或法规对各实施城市的成功经验予以肯定，并对存在的问题予以明确规范。随着相对集中行政处罚权制度的全面推开，若无国家法律或行政法规的全面规范，具体操作将无法依法进行。因此，制定涵盖实施相对集中行政处罚权制度的目的、原则、作用，执法主体的设立、性质、地位、职责，执法的具体管理体制、运作方式、执法程序等一系列内容的专门性法律或行政法规，对涉及相对集中行政处罚权工作的各个方面进行全面的规范，也应当对相对集中行政处罚权进行全面立法。[①]

就荔湾综合行政执法改革来说，也亟须出台规范性的具有权威性的法律、法规进行执法改革工作的指导。荔湾综合行政执法改革目前存在的最大问题就是执法局与涉改部门职能不清，主要是日常监督检查权，导致相互扯皮、效率不高。必须在改革方案确定伊始，就明确划清执法局与涉改部门的职能职责边界，从法律上明确划分职能职责：涉改部门具体负责政策制定、行政许可、行政审查、行政审核、行政征收、备案登记及公共服务日常管理等行政管理工作。

（二）组织建设：理顺城市行政管理和行政执法体制

党的十八届三中全会《决定》针对城管体制，提出理顺城管执法体制，提高执法和服务水平。荔湾区综合行政执法局作为一个将12个部门执法职能合一的大执法局，人员多、职责多、权力大、风险大、任务重，如何理清职责，如何抓好队伍建设，如何协调与各职能部门的业务关系，如何保障行政管理与行政执法工作全方位对接，如何培养"一专多能"高

---

① 关保英：《执法与处罚的行政权重构》，法律出版社2004年版，第125页。

素质执法人员等，都是影响荔湾区行政执法体制改革成功的关键因素。为此，理顺城市行政管理和行政执法体制，建立综合协调机制显得尤为重要。理顺城市行政管理和行政执法体制，确定相对集中行政处罚权的范围，应当遵循以下原则：

1. 合理原则

在这里，合理原则的突出要求就是行政权的设置要合理适当，符合市场经济的客观要求；行政权的设置目的和对象必须是公共利益；行政权必须有明确的界限，不能无限膨胀；对行政权要有制约。如果相对集中行政权只片面强调集中，不以法治原则为核心，最终的改革结果会形成行政权力更加滥用。相对集中行政处罚权后，其实施机关有了唯一可供运用的执法权力，但是单一行使行政处罚权的执法机关必然会在潜意识中形成处罚的优越感，进一步加重本已落后的管理本位意识。因此，集中行政权力的原则必须与实行权力制约和分解的原则紧密结合起来，相对集中的各个权力之间要合理配置。

2. 相适应原则

该原则要求相对集中的权力要依照行政主体的实际行政能力来确定，即按照被管理对象的性质、特点、范围、规模、管理难度，按照行政主体设置的主要目的、该领域的政府职能内容、权力产生的依据、机构队伍规模、层级、保护公共利益的方式和途径以及行政主体的公众形象和被认知的程度等确定相对集中权力的范围，管理者与被管理者两方相适应，方能起到较好的效果。

3. 整体划转原则

为了减少行政权限不清造成的行政低效问题，集中的各项职权，要尽量实行整体划转，不要部分划转。如果不能整体划转，应不予划转。在目前的城市管理综合执法实践中，因权限不清或无法划清，造成了诸多管理权限冲突，在局部又形成了新的权限交叉、多头执法、主体不明、权限不清。有的问题争着管、有的问题无人管的现象再次暴露出来。因此，集中各项权力，要事先做科学、合理的诸如立法、划分和配置权力的准备，以免重新陷入职责不清和职责交叉。

（三）资源保障：合理配置资源，实现信息共享

城市管理和执法体制的良性运作需要有充足的人力、财力和信息资源作为保障，要及时建立行政审批、行政许可和行政处罚等行政执法信息共享平台，为执法改革工作有序进行奠定坚实基础。

1. 合理配置人力资源

目前，广州市人口已有1600多万，城市管理任务日益繁重。整个广州市城管执法机关承担的任务从少到多，从简单到综合；执法范围也大大扩大。荔湾区作为广州三大老城区之一，城管执法任务繁重，精细化、常态化和长效化管理要求高、落实难；执法队伍的规模成为影响执法水平的限制性因素。建议荔湾区执法改革参照北京（7000余人），上海（近6000人）的做法，从执法范围、执法任务、管辖区域人口数量、基层队伍设置等因素考虑，兼顾商业繁华地区、城乡接合部等不同区域的不同情况，适当增加执法人员编制，以弥补城管执法力量的严重不足。

2. 力促信息资源共享

以现有的数字化城管技术平台为支撑，整合各相关部门的信息管理资源，构筑市区共享、上下联动、左右沟通、全面覆盖的城市管理网络体系，实现数字化、网络化、扁平化管理，切实提高城市管理的效率和水平。城市管理和执法良性运行需要打造协同政府，而协同政府着力于政府内部职能部门的整体性运作，强调政府管理从部分走向整体、从分散走向集中、从破碎走向整合。数字时代的来临为协同政府的实现提供了一个时代契机。整体性政府的实现还有赖于一种组织载体，尤其有赖于信息技术的发展。[1]数字化政府治理的核心在于强调服务的重新整合，整体的、协同

---

[1] 竺乾威：《从新公共管理到整体性治理》，《中国行政管理》2008年第10期。

的决策方式以及电子行政运作广泛的数字化。[①]针对目前广州城市管理和执法中信息资源"部门私有"、信息孤岛等问题，目前迫切需要有效实现政务信息资源整合，形成跨部门信息共享运行环境。政府部门之间政务信息资源交换共享是部门间协同的基础，是指一个部门为其他部门履行公共管理职能的需要而提供政务信息资源，以及为履行公共管理职能的需要从其他部门获取政务信息资源的行为。以广州市城管委和市工商局的政务信息资源交换共享过程为例，荔湾区在城市管理综合执法过程中，也应充分利用荔湾政务服务中心打造的信息平台，结合荔湾区社区网格化的推进，实现大数据共享。（见图3-6）

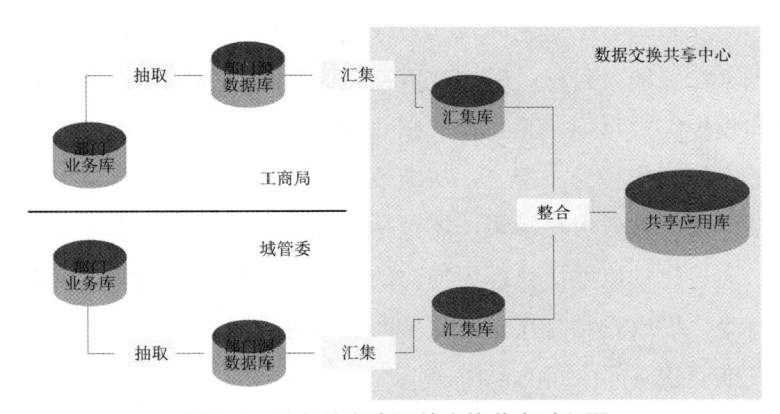

图3-6 政务信息资源的交换共享过程图

（四）考核机制：建立以整体目标为导向的考核制度

绩效评估由于具有"谋求提高效率和服务质量、改善公众对政府公共部门的信任"的价值而成为各级政府部门提高行政效率和服务公众的理性工具手段。[②]但是，由于公共事务越来越呈现出复杂性和多面性，在目前

---

① Patrick Dunleavy, *Digital era governance: IT corporations, the state, and e-government*, Oxford University Press, 2006, p.233.

② 蔡立辉：《西方国家政府绩效评估的理念及其启示》，《清华大学学报（哲学社会科学版）》2003年第1期。

以专业分工和层级节制的行政管理体制下，我国政府部门往往是按照专业分工原则，将公共事务的完整领域和业务流程切分而治之。同时，官僚层级专业化要求下的绩效评估又往往只重视对本部门职能和业务活动的考核，忽视了政府整体目标和完整性公共服务的绩效要求。目前，广州市城市管理和执法的绩效考核往往只重视本部门业务完成情况，忽视城市管理和执法是具有"团队性生产特征"而忽视了整体绩效目标。这种只重视部门目标而忽视整体目标的绩效考评模式，是由于传统科层体制下专业化分工原则以部门责任为导向的责任模式所决定的；而协同政府要求打破各政府部门之间的"柏林墙"，以公共事务整体目标的实现为导向。

因此，整体性治理理念下绩效评估制度建设要着重注意以下几个方面：第一，从绩效目标设定而言，要改变过去仅仅以部门利益和职能的实现为依据来设置绩效目标，转向政府部门间合作目标、合作过程和合作结果为导向设置绩效目标。第二，从绩效评估指标而言，要侧重跨部门合作过程和跨部门合作行为。第三，从绩效评估结果来看，部门绩效考核结果不仅包括本部门绩效考核结果，还包括跨部门合作时的绩效考核结果。总而言之，通过建立以整体目标为导向的绩效考核制度来约束政府部门不愿合作的行为，形成自觉合作意愿，从而在政府部门之间形成良好协商和沟通氛围，推动政府部门间的合作。

就荔湾区综合行政执法改革未来走向看，要考虑建立长效管理机制。通过常态的执法活动实现长效管理的目标，确保执法人员能够把精力和时间用于具体的巡查工作和执法活动。科学配置执法力量，坚持执法力量向一线下沉的原则，分区域设置几个执法分局，负责辖区内日常监督、检查和行政执法工作。区域划分、人员配备方面，要综合考虑功能分区、产业发展、人口密度、辖区面积、执法内容等因素，做到因地制宜、科学合理、有所侧重。充分考虑这些综合因素，科学配置执法力量，最终实现整体目标达到最优化。

五 综合行政执法改革评述

（一）契合中央改革精神

前行中的荔湾区综合行政执法改革处于探索阶段，其取得的经验教训为全国各地城市政府落实 2015 年 12 月 24 日中共中央、国务院颁布的《关于深入推进城市执法体制改革 改进城市管理工作的指导意见》（以下简称《指导意见》）提供了极其重要和有意义的实验样本。首先，《指导意见》中提出的综合行政执法、理顺管理体制、强化队伍建设、提高执法水平、创新治理方式、完善保障机制、完善城市管理、加强组织领导的要求，荔湾区已经在做部分优化，有的甚至更超前、力度更大。其次，《指导意见》提出的"以人为本、依法治理、源头治理、权责一致、协调创新"等原则中，提到的"群众满意、执法素养、公正执法"等价值取向，"网格化管理、社会化服务、智慧城市"等工具选择，"权力清单、信息技术、充实一线执法力量"等具体举措，荔湾区实际上已经在探索实践，并在逐步完善。

虽然荔湾区目前的综合执法改革与《指导意见》的部分思路是契合的，但综合执法的范畴、机构设置等部分内容还是有所不同，下一步仍需要按照中央精神进行调整和进一步探索。不过体现在体制机制上的终极方向，改革的思路都是把末端执法机构整合归拢，对应前端政务审批的集中，形成政府机构设置的"橄榄"形态，即两头小、中间大的大部门体制。这样一方面减少群众跑办，另一方面可集中力量，加强行政监管和行业规范。因此，无论是管罚分离还是管理执法糅合，目的都是提升城市管理效能以及综合执法水平和体制机制衔接顺畅度，改进城市管理工作。

（二）改革探索值得肯定

习近平总书记在第 17 次中央深改组会议上强调，要把鼓励基层改革创新、大胆探索作为抓改革落地的重要方法。当前，改革就是硬碰硬。荔湾区的改革精神在于，全国多地开展执法体制机制实践改革中没有一种改革模式是可以作为较为成熟的"范本"给其他城市作为参考,改革的执法综合范畴、环节等都没有统一的成功样本。所以在改革的政策实施过程中往往伴随一定范围内的调整性甚至是政策变化的反复性,是一种政策的试行,没有形成可参考的定规。这对正面绩效导向下的改革者是一种历史和责任考验。这种探索性尤其是在进行专业性比较强的综合执法改革时,容易因为现实进行行政处罚的前奏认定比较困难,而把部分专业性违法鉴定权从原部门划拨出去又收回,这是在实践探索改革过程中难以回避的一个问题。执法改革在一定范围内的反复性并不代表改革的失败或者是改革在理论上方向不对,而是在实践中政策的落地需要结合具体实际。就现状进行阶段性总结,荔湾执法改革一直坚持朝向既定目标,也基本遵循所设定的改革路径,但改革具有复杂性,需要更多的实践论证。荔湾区统筹配置行政执法资源,创新行政管理体制,降低行政成本,提高行政效能,科学合理地划分行政管理与行政执法职责,探索并建立健全科学的综合行政执法运行机制,完善配套及保障措施,有效牵引在相关法制和体制上的配套改革,以期形成一定的可行可鉴经验,力求区综合行政执法体制改革工作取得突破性进展,充分发挥改革对于提升政府执政能力和管理能力,提升政府公信力的重要作用,鼓舞了其他基层政府大胆探索城市管理综合执法改革。

(三)要继续推动改革

"对于政府的许多部门和分支来讲,不存在合理的构造,行政改革是永无止境的。"[①]由于行政管理和服务对象随着经济社会的不断发展,其行政运作体制需要经常性地进行改革,以适应对象的需要。综合行政执法改革亦是如此。

随着城市现代化进程的不断加快及社会经济的快速发展,市民群众对于高质量的生活、高标准居住环境的追求,给城市管理综合执法工作提出

---

① [美]林德·布洛姆:《政治与市场》,王逸舟译,上海人民出版社1995年版,第35页。

了越来越高的要求，伴随着城市化进程应运而生的城市管理，其主要职责是依法治理和维护城市管理秩序。作为广州市行政执法体制改革的唯一试点区，荔湾开展相对集中行政处罚试点工作，探索解决"九龙治水"的局面，城市管理综合执法在不断的实践中做了很多改革的先驱探索，在看到部分改革效果的同时，不应忽略荔湾城市管理综合行政执法在执法改革过程中仍存在这样或那样的一些问题，说明我们的城市管理综合执法工作改革仍有值得进一步探讨和改善的空间，以期促使荔湾城市管理综合执法朝着稳健有序的良性方向发展。

回归到理论和实践结合的路径选择层面，要落实《指导意见》，深入推进城市执法体制改革，更需要考量一下几个问题：一是综合行政执法并非一条已经成熟完美的解决"条块矛盾"的制度，仍处在行政管理体制改革中的探索阶段。事实上也不存在完美的制度，任何路径都有制度选择和利弊取舍，我们判断其改革的价值所在，是希望制度尝试对于整个行政体制改革具有建设性推动作用，一定程度上跳脱出现实环境的拘泥，坚持按照理论设计的方向，努力建立好"审、管、罚"的衔接、调节和监督机制，应充分相信这种三者独立、对位监督的改革设计是有利于群众生活工作舒畅、城市综合治理和经济健康发展的。二是各涉改部门必须抛弃以管窥豹的思维和视角，放弃部门主义和部门利益，本着为民服务的目的，建立起较为全面的宏观视角，抱着积极乐观大胆试错的态度，配合多路径的尝试，进一步深化合作推动改革。三是执法队伍的能力水平是个渐长过程，会在实践中不断提高。一方面执法主体自身要从严治理，提升执法者素养；另一方面，社会各层面需要抛弃不良舆论和眼色偏见，对其都应抱有积极鼓励、乐见其成的态度。四是未来执法改革，将综合行政执法改革整合到行政管理体制和司法体制改革方案之中，按照大部制改革思路和框架整合推进执法改革，划定职责改革创新职能合作方式，也不失为一种改革方式。

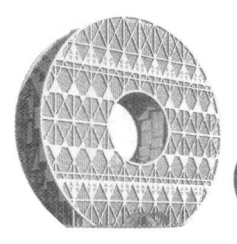

第四章
基层社区治理优化下的民情议事会

党的十八大报告指出，扩大党内基层民主，增强党内生活原则性和透明度，要创新基层党建工作，夯实党执政的组织基础；在城乡社区治理、基层公共事务中实行群众自我管理、自我服务，是人民依法直接行使民主权利的重要方式。要以扩大有序参与、推进信息公开、加强议事协商为重点，健全基层党组织领导的充满活力的基层群众自治机制。荔湾区在学习党的十八大精神基础上，结合自身公共服务供给量和供给能力与居民公共服务需求之间存在巨大矛盾的现实基础上，率先提出建设社区（经济联社）民情议事会（民情议事厅）制度，探索社区居民自我管理、自我服务，实现居民自治。同时，按照城区治理现代化对基层党组织建设提出的新要求，在社区民情议事会的基础上，继续探索以三级党员民情议事会带动基层党建创新的新路子，走出一条党建引领、重心下移、共驻共建的基层社区治理新路子。

一 转型时代的老城区治理难题

荔湾区是广州老城区，伴随着经济和社会发展转型，老域区面临着人口老龄化、外来人口大规模涌入、高端人才流出等问题。一是人口结构呈现"三多一少"特点，即老年人多、残疾人多、低收入人口多，高素质人才少。常住人口老少比①为103.32%，比全市平均水平58.20%高近一倍；65岁以上人口比重为10.48%，已经超过7%的国际标准，人口老龄化问题比较明显，导致教育、卫生、文化和社区服务等公共服务负担沉重。二是流动人口规模大。据统计，荔湾区空挂户就有25.5万，约占户籍人口的1/3，登记流动人员共有30.1万人②，而且多在城中村、旧城中居住，这些地方产业低端、消费不高、生活成本低，导致收入不高的人群聚集，造成城市管理难度大、社区服务要求高。三是"两金转移"迹象趋势明显。即领高薪金的人群向东、向南移，领救济金的困难人群向荔湾区安置房项目转移。目前，荔湾区低保人数约占全市的1/5，低收入人数约占全市的1/4，民生压力较大。

荔湾的人口结构变迁导致城市公共服务的需求量相比较于一般城市更大和更为复杂，而荔湾区城市公共服务的供给量和供给能力明显不足。一方面，城市公共服务能力不足，基本公共服务均等化的压力大；另一方面，城市公共服务供给和服务能力不足。街道的社会管理和行政化之间的矛盾严重，街道出现挂牌越来越多的瓶颈。荔湾区自2011年开始探索居站分离以来，在全区186个社区成立了186个社区服务站，承接各行政部门的职能，基层的事务越来越多。正如一位在街道工作二十多年的居委会干部说："居委会现在的工作任务比十年前至少多了7倍，各条工作战

---

① 人口老少比：老年人口数与少年儿童人口数的比值，用百分数表示。
② 转引自荔湾区委唐航浩书记在区2013年党校春季班开学典礼上"争做城市转型的标兵"专题辅导报告。

线都想在街道居委会建工作站,有些居委会甚至挂了二十几块牌。"同时,社区服务站和社区居委会实际上只是两块牌子、一套人马,其公共服务供给能力严重不足,也在一定程度上削弱了社区居委会的自治功能。

从以上两方面的对比来看,荔湾区的公共资源、基层公共服务供给能力和水平与老城区居民的公共服务需求之间存在矛盾。如何调动社会资源和推进居民自治就成为荔湾转型发展的重要议题。因此,荔湾区社区党员民情议事会既是在新型城市化建设中推进党建创新工程,实现了以党内民主带动人民民主、以党的基层建设带动其他各类基层组织建设、以社区党建带动社区管理服务创新的"三带动",又是社区居民治理优化,扩大和引导居民有序参与、整合社会资源,推动社区居民自我管理、自我服务,实现社区居民自治的新路子。

二 社区党员民情议事会观察

2012年,按照时任广东省委书记汪洋同志关于加快建设适应社会主体市场经济发展以及社会管理创新要求相适应的"大社会、好社会"、"小政府、强政府"的要求,广州市荔湾区不断创新社会服务管理机制,推动居民自治,以冲口街杏花社区为试点,探索"居站分离、议行分设"模式,搭建街道、社区、片区三级居民议事会,实现群众表达民意"在门口"、民生问题解决"在社区",建立了社区居民民情议事会(民情议事厅)制度。社区党员民情议事会是荔湾在总结民情日记、社区居民民情议事会制度的基础上发展起来的了解民意、体察民情、集中民智、解决民忧的党群联动议事制度,是社区党组织领导居民和驻区各类组织参与社区重大事务的讨论、咨询、协调、联络和监督,引导党员带头落实社区党组织民主决策,为机关党员联系服务群众搭建平台,引导各类组织和居民参与公共事务的工作机制。

荔湾区冲口街杏花社区,属于"村改居"社区,地处"白鹅潭经济圈"的核心地段，东起芳村大道东，西至聚龙村，南起冲口涌，北至接龙里直街，面积约 0.36 平方公里。杏花社区现有社区户籍人口 2500 人，常住人口 3975 人，流动人口 1475 人，党员 96 人，驻社区企业 48 家，个体户数 39 个。杏花社区以土生土长的原居民为主，属中心城区与城郊接合部的典型社区。近年来，杏花社区先后被评为国家级"人口计生基层群众自治示范村居"、广东省文明社区、广东省六好平安和谐社区、广东省绿色社区、广东省环境教育基地。2010 年迎"亚运"期间，杏花社区面临着大规模的环境整治，在整改规划过程中，社区党员和居民提了很多宝贵意见和建议并起到了较好的作用。有鉴于此，街道希望能够为党员和居民搭建一个成熟的议事平台，这就是党员民情议事会的前身。2013 年以杏花社区为试点的"党员民情议事会"书记项目被省委组织部评为优秀示范项目。

（一）构建三级议事主体、整合社会力量

党员民情议事会能落到实处，有效地提升基层治理能力和制度化解决基层问题，首先需要形成强有力的治理主体。荔湾区冲口街道在杏花社区试点党员民情议事会制度中，一方面构建"街道—社区—片区"三级议事主体，形成完整的、强有力的组织体制；另一方面充分整合和激活社会力量，引导居民有序参与，实现居民的自我管理、自我服务，实现基层居民自治。

1. 完善组织，实现上中下三级联动

社区作为街道联系和服务群众的中间组织，既要落实街道党工委和办事处的工作部署，又要通过下设的网格化的居民片区来组织、发动群众参与社区事务和社区管理。冲口街在实际工作中以街道为单位，分别建立街道党员民情议事会、社区党员议事会、片区居民议事会，通过街道、社区、片区三级联动（见图 4-1），使原有的社区党员民情议事会既能够依靠居民实现民主议事、民主决策、民主管理，又能为街道党工委指导协调区域各类组织联系和服务社区反映诉求、提供信息。

片区议事会。杏花社区共划分为 12 个片区或网格，通过选举产生党员片长，以党员片长为召集人，走访辖区居民，倾听和传达群众诉求，梳理各类民生问题，召集片内群众共商事务，落实解决实际方案。每次召开议事会会议之前，发出公告，居民可以提前报名、自由参加。不论大事小事，只要涉及居民的生活，涉及社区的公共环境，都可提出商议，寻求解决方法。

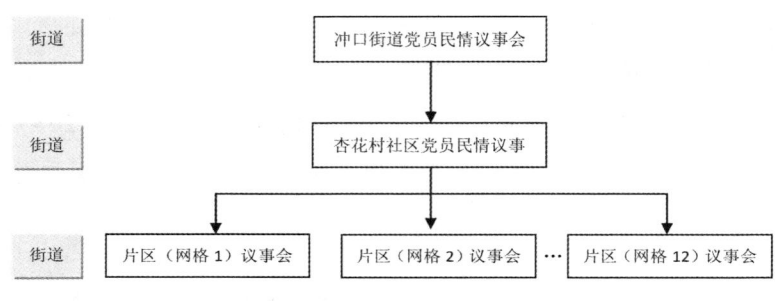

```
街道 ──→ 冲口街道党员民情议事会
              │
              ▼
街道 ──→ 杏花村社区党员民情议事
         ┌────┼────────┐
         ▼    ▼        ▼
街道   片区（网格1）议事会  片区（网格2）议事会  …  片区（网格12）议事会
```

图4-1　街道、社区、片区三级联动议事组织

社区党员民情议事会。以社区党组织指派人员为召集人，杏花社区设置了社区党员民情议事会，定期召集网格代表、党员、专区民警、热心群众、物业公司、驻区企业和社会组织进行民主议事，倾听居民诉求、收集意见建议，通过民主协商与片长对接自主解决居民群众的现实问题。在议事中对一些力所能及的事务，由社区党支部组织党员群众给予解决；对一些较为复杂的问题，在议事中形成决议，将责任落实到相关单位和个人，发动多方力量，共解难题。

街道党员民情议事会。冲口街党员民情议事会由街道和社区代表、地区企业法人、企业管理层代表、新广州人代表等成员组织，通过整合辖区各类党组织资源，设立地区党建协调委员会、党建论坛等议事协调机构，集中各方力量协调解决社区议事会依靠自身无法解决的各种实际问题，让各方代表参与街道党工委的决策和服务管理，形成街道范围内各类组织的联动。

2. 整合资源，协调各方力量参与

社区是基于相同地域的各类组织、居民群众形成互动关系和认同意识的社会生活共同体。党员民情议事会作为党组织主导的驻区各类组织和居民群众共同参与的议事机构，必须整合协调各方面力量参与，使议事会具有代表性。在实际工作中，荔湾注重从三个层面调动各方力量参与社区建设和管理服务。在居民片区议事会，党员、群众通过血缘关系、地缘关系和族缘关系，收集整理社情民意，协调解决邻里关系、家庭纠纷，扶贫济困。在社区，党组织通过召集各类组织代表参加的社区党员民情议事会，在社区能力允许和居民自治范围内，对居民反映的问题进行分类，整合居委会、社区服务站、志愿服务组织、驻区单位等各类组织资源，围绕居民群众关心的问题，发挥各类组织的专业优势和资源优势，协调各方面力量各司其职、各展所长，共同参与社区管理服务，共建共享幸福社区。在街道党员民情议事会，针对社区党员民情议事会反映的民情民意和关系到街道稳定发展的重大问题，坚持问需于民、问计于民、问政于民。召开各类驻区组织、区直机关、"两代表一委员"为主要成员的党员民情议事会，听取各方面发表的意见，讨论形成解决问题的具体方案，协调各方面力量和资源，形成街道层面的资源整合、各方协同的工作格局。通过三个层次的力量整合，逐步引导党员和群众发挥主体作用，逐级消化民众关心的实际难题，基本实现"小事不出社区，大事不出街道"的良好工作局面。

（二）议一议身边事情、分层处理落实

社区党员民情议事会的前身——居民民情议事会建立的初衷就是为了搭建一个议事平台，以征集居民在迎亚运期间环境整改中的意见，并通过三级议事主体得以落实和解决。事实证明，这种"议一议"老百姓身边事，并分层处理的机制取得了不错的成效。经过迎亚运期间的人居环境综合整治，杏花社区形成"一中心两堤岸两广场两花园三古迹"的特色社区

环境。① 据统计，仅 2012 年杏花社区的社区议事 47 件，片区议事 67 件，得到有效解决的事情共计 101 件，占总体的 89%。因此，议群众最关注的热点话题、关心居民的身边事，并一一落实是社区党员民情议事会焕发活力、成为一种制度创新的根本原因。

1. 网格层面：党员群众常议"身边事"

在杏花社区，网格首领被群众亲切地称为"格格"，身兼党组织书记和片长职务，由网格全体党员群众选聘，"格格"们深入走访察民情、设意见箱收民意，组织召开议事会，在转制社区还善用血缘关系、地缘关系和族缘关系处理问题，甚至把议事会开进居民家中，及时解决各种问题实现了群众表达意愿"在家中"。

案例 1：更换老化水管（网格片区层面解决）

明丽街小区的建成已有将近二十年的历史，而随着时间的推移，小区内的部分水管出现老化现象，这可急坏了小区里的居民。部分居民提出对明丽街的水管进行一次改造，这一建议得到了大部分居民的认同，但是问题也随之而来了，到底谁来牵头？水管改造的费用该如何解决？这一问题曾在居民议事会上进行过激烈的讨论。在居委会的协调下，水管改造这一问题前前后后经过了 10 次的议事会终于敲定了下来，住户最终选定了贞姨、裘叔等几位居民代表全权负责水管改造这一事宜，每一户业主需支付水管改造费 2500 多元。明丽街水管改造工程的财务管账、征求业主同意、选择施工单位、施工方案等一

---

① "一中心"是指杏花家庭综合服务中心，建筑面积约 800 平方米，设有社区服务厅、星光老人之家、社区图书室、舞蹈室、书画室、志愿者服务站、计生服务室、党员活动室等活动场所；"两堤岸"是指杏花社区辖内的冲口涌两岸。冲口涌两岸房屋外观均改造为青砖绿瓦，沿涌变身麻石小巷，绿树成荫，水秀花香。"两广场"是指聚龙村广场和杏花广场，聚龙村广场是社区居民休闲、运动、聚会的场所；杏花广场花丛簇簇，鸟语花香，与聚龙村广场互相辉映。"两花园"是指在杏花社区中修建的"幸园"、"馨园"两个中心花园；"三古迹"是指聚龙村、毓灵桥、杏花井。聚龙村是广州城区目前发现的最早进行规划、保存最完整的清末民居建筑群。毓灵桥寓意"跃龙门"，是横跨大冲口涌两岸的一道文化亮景。杏花井源于清代在此地行善济困的邓大林医生，用井水制药疗伤、泡茶待客，杏花井成了杏花社区丰富历史文化内涵的最好见证。

系列问题全部由居民讨论解决，而居委会只起沟通协调的作用。

在征求业主同意这一事情上还出现过一个小插曲，部分业主不同意交付水管改造的费用或觉得费用太高超出承受范围，在经过几个居民耐心劝说后，业主终于同意交付水管改造的费用。

明丽街水管改造工程很好地诠释了居民自治的作用，也是杏花社区议事会成效的重要体现，居民自我讨论，自我管理，使得明丽街水管改造工程的阻力降到最少，甚至还有居民催促政府尽快落实这一工作，这也是促使水管改造工程顺利完工的原因。（见图4-2）

2. 社区层面：党员民情议事会为民"解难事"

社区党员民情议事会由社区居委会工作人员、片区代表、社区党员代表、物业公司、社区群众代表等组成，由社区党组织和社区居委会召集，讨论解决涉及社区管理、服务的"重大问题"和由片区提交上来的问题和困难，以及需要协调社区各方面力量支持解决的问题等，实现民生问题解决"在社区"。

图4-2　明丽街水管改造工程施工现场图

案例2：独居老人、困难家庭帮扶问题（社区层面解决）

老人多，特困、低保低收入家庭多，是杏花社区的一个特点。除了日常的关注、资助外，社区议事会提出了成立"邻里互助社"的建议，动员社区内生活状况较好的家庭，与困难家庭、独居老人结对子互助。3年多来，共结对24对。通过社区居民的邻里互助，消除居民间的陌生感和距离感，让居民和谐共处、亲如家人。

3. 街道层面：党建联席会主动"办好事"

地区党建联席会、协调会由街道党工委牵头，定期召开例会，既有辖区各类党组织负责人，还邀请地区"两代表一委员"、外来务工党员代表参加，共同讨论解决地区事务，包括社区管理和服务、服务企业、扶贫助困、社区企业共建、加强对外来人员的服务和管理等，实现区域发展"在基层"。

> **案例3：体育设施少问题（街道层面解决）**
>
> 杏花社区议事会提出社区体育设施太少问题，冲口街道议事会决定修改原设计方案，在杏花居委会广场增加了一批健身器材，建起了两个羽毛球场和半个篮球场。居民茶余饭后，可以来此锻炼身体，打打羽毛球，拉近了社区居民之间的距离，增强了对社区的归属感。

> **案例4：门牌脱落以及小巷地砖松动问题（街道层面解决）**
>
> 居民发现有些住户的门牌脱落，有些小巷的地砖松动，向社区议事会提出，社区议事会向街道反映后，街道迅速组织人员修缮并做好卫生清理工作，并由社区党组织在下一次社区议事会上给予答复。通过民情议事会这一快速的民情反映通道，社区管理的问题让社区党员群众自己民主讨论、民主决议作出安排和决定，让群众感觉有说话的地方，有表达的机会，乐意来议事会参加讨论、为社区建设建言献策。

同时，在街道层面无法解决的事情，冲口街道会主动与区政府部门沟通，寻求区政府部门帮助，解决居民身边事。

> **案例5：聚龙村广场照明不足问题（区层面解决）**
>
> 在杏花社区议事会上，居民反映聚龙村广场活动照明不足，给社

区居民群众造成不便。会后，社区党支部书记马上把相关情况上报至街道城管科，由街道致函给区建设局协调解决。区建设局马上给予复函，并安排相关人员为聚龙村广场增添照明灯，使社区居民在晚间有了一个休闲娱乐的场所，深受群众喜爱。

（三）建章立制、网格化管理与信息公开

1. 建章立制，发挥党群一体化功能[①]

社区党员民情议事会，与一些地方探索的党员议事会和民情议事会不同，是把两种探索结合起来，以党内民主带动人民民主、社区党建带动社区建设管理服务创新的一种复合型民主形式。党员民情议事会不是党组织的"独角戏"，而是党群互动的"大合唱"，通过党组织领导党工团妇协同共建、各类组织竞相参与，实现以基层党组织建设带动其他各类基层组织建设。在实际工作中，荔湾注重通过建章立制，发挥各类基层组织在密切联系群众、反映群众诉求、协调利益关系、化解社会矛盾、为群众排忧解难中的桥梁纽带作用，真正把稳定落实到基层、实现在基层，建设人民群众平安幸福的美好家园。

一方面，建立民情议事联推实施机制，着力完善"议事、反馈、组织落实"各个环节。一是会前多渠道广泛倾听民声、民意。推进完善街道挂点帮扶工作，由街道领导班子成员下基层进社区帮扶；完善社区党组织班子成员"一点六联系"活动，主动走访居民、联系驻区单位等，了解社情民意；完善"党支部联系党员、党员联系群众"机制，开展"串百家门、知百家情、解百家难"活动；设立"每周接访日"，畅通信访渠道，并在街道、社区分别设立群众意见箱。以"暖暖倾心日"交流座谈活动为渠道听取党员和群众的诉求，并在民情议事会上进行通报。二是会中做到议事有重点。着力研究、解决在社区建设和管理上存在的问题和近期内居民反

[①] 参考荔湾区委书记唐航浩的文章《以党员民情议事会带动基层党建创新》，《南方日报》2013年1月5日。

映强烈的热点、难点问题。三是会后做到议事有落实。社区党组织、居委会将党员和居民群众反映的意见、诉求进行梳理，制定方案计划，落实整改措施，社区有能力办的事情马上组织落实，对不能马上办或不能办的做好解释工作，努力做到件件有研究、事事有回声。

另一方面，建立"民情议事四项保障"机制，努力实现化民怨、解民忧、促和谐。一是实行反馈落实制度。要求党员、居民代表和居民小组长等详细记录联系了解的情况，及时向社区党组织汇报，对有关问题作出研究处理，并定期向街党工委、办事处汇报。二是实行首问负责制度。要求党员和社区居委会工作人员认真答复群众提出的问题，不能立即答复或不属于自己工作范围内的问题，必须向群众做好解释说明工作，并及时转交处理。三是实行责任追究制度。规定凡是因处理群众意见不及时或工作不到位，引起群众不满的，或造成不良后果的要追究责任。四是实行考核奖励制度。将党组织和党员参加民情议事活动情况作为年度考核和评先的内容之一，将各类组织参与处理民情议事会委托的社区公共事务的表现，作为对各类组织评级、推优的重要指标。

2. 网格化管理，管理和服务精细化

将杏花社区划为12个网格（或片区），推行社区网格化服务管理，建立"以社区居委会为点、街道办事处各科室为线、居委会专职队伍为面"的网格化模式，完善基础信息管理平台，搭建"服务、平安、城管"三张网，推行"两代表一委员"进社区网格，开展民意收集反馈、纠纷解决、入户帮扶等活动。（见图4-3）以"两引进两培育"的思路创新志愿服务工作。"两引进"是指引进外地志愿组织服务社区，并引入志愿服务理念。"两培育"是指一方面培育本土志愿组织，建立家庭互助长效机制；另一方面培育本土志愿队伍服务社群。建立社工、志愿者联动机制，培育发展社区志愿者队伍和社区群众生活类社会组织，如杏花社区合唱团、舞蹈队等。通过购买服务的形式引入社会组织，建立志愿者服务队伍，开展义务家教、养老服务、助残服务、组织公益等志愿服务活动。

图4-3 杏花社区网格情况数据表

3. 信息公开，打造"幸福树"活动模式

信息公开是社区党员民情议事会建设的重要内容，是建设阳光管理的关键举措，也是约束党政干部行为、落实责任的有效工具。2014年在荔湾区委组织部的指导下，结合党的群众路线教育实践活动，杏花社区打造"同栽幸福树、共享幸福果、齐走幸福路"活动，创新"幸福树"的信息公开模式。（见图4-4）

图4-4 杏花社区"幸福树"活动

杏花社区在社区议事厅旁，打造一面"幸福树"活动墙。由社区居民与街道干部栽种"幸福树"，树上的"苹果"代表居民反映强烈的问题。其中，"红苹果"表示已解决，"绿苹果"表示正在解决中。简单问题通过现场协调、当场处理，将问题解决在社区，充实幸福树"红苹果"；复杂问题召开街道层面党员民情议事会，由分管领导负责，落实责任科室和责任人，明确整改期限，减少"绿苹果"数量。通过"幸福树"上果实的颜色，直观公布议事情况以及整改跟进结果，有针对性地解决群众反映的问题。这种"幸福树"模式的信息公开既落实了党政干部的责任，又是居民群众监督的一种重要途径。

三　社区治理优化：荔湾经验

社区党员民情议事会作为基层党建创新和基层治理优化的一种制度创新，是提升基层政府治理能力现代化的重要工具，是推进社会治理体系创新的有益实践。冲口街试点探索的社区党员民情议事会联动机制，通过建立"街道—社区—片区"三级党组织网络和党员民情议事体系，形成了"街道层面议事协调办好事、社区层面议事为民解难事、网格层面上门常议身边事"工作格局，并取得不错的成效。截至目前，冲口街三级党员民情议事会已召开258次，参加群众4000余人次，所提意见228条已全部解决，不仅充分发挥了党建龙头作用，而且激发了居民自治的积极性。荔湾区在冲口街试点探索的社区党员民情议事会形成了荔湾社会治理和党建创新的"荔湾经验"。正如荔湾区委唐航浩书记在区2013年党校春季班开学典礼所言："荔湾不是全市性基础设施建设的重点，也不是社会投资的热点，更不是特殊优惠政策的制高点，但我区有着深厚的文化底蕴和丰富的社会服务管理经验，因此，我们不随意攀比定位上的第一，但要追求功能上的协调统一；不简单攀比规模上的第一，但要追求特色上的唯一；不盲目攀比速度上的第一，但要追求品质上的独一，塑造荔湾独有的城区发展核心竞争力。"①

（一）创新基层党建机制，形成有效供给服务体系

在冲口街 10 个社区党员民情议事会制度试点推广中，99% 的社区困难群众救助、服务管理、邻里矛盾纠纷调处等问题均可在社区解决，党组织的活动与发展经济、服务群众等中心工作紧密结合，从体制和机制上密切了党群干群关系，形成了提高两率（建制率、存活率）、落实两义务（党员义务、公民义务）、明确两责任（党组织和党员责任、驻区单位责任）、完善两机制（创建机制、活动机制）的"四个两"运行格局，切实发挥了党员民情议事会咨询性、群众性的综合功能，切实保障了党员民情议事会"议事有内容、提事有回应、难事能解决"。其中：(1) 提高两率（建制率、存活率）：建制率是冲口街 10 个社区都在杏花社区试点经验上建立了居民片区（网格）议事会、社区（经济联社）党员民情议事会和街道党员民情议事会；同时，三级联动的议事会以联系基层、听取民意、排解民忧和化解民怨为出发点，凸显出党员民情议事会的咨询性和群众性综合功能，真正做到"议事有内容、提事有回应、难事能解决"，提高了组织的存活率。(2) 落实两义务（党员义务、公民义务）：党员民情议事会既充分调动了党员参与的积极性，又是党员行使自身权利和履行义务的体现，而党员民情议事会运行中群众的参与，通过党员带动、资源带动等方式，也把广大居民群众履行公民义务与搞好社区公共服务结合起来，提高了群众自我管理、自我监督和自我服务的水平。(3) 明确两责任（党组织和党员的政治责任、企业的社会责任）：驻区单位党组织和党员树立了政治责任意识，发挥了党组织在地区改革、发展和稳定中的政治引领作用，以及在社区管理服务中的模范作用。企业在党组织引领下参与社区治理活

---

① 转引自荔湾区委唐航浩书记在区 2013 年党校春季班开学典礼上所作题为"争做城市转型的标兵"专题辅导报告。

动，更好地服务于社区，履行企业的社会责任。（4）完善两机制（创建机制、活动机制）：党员民情议事会有效运作，并通过制度建设、运行程序和规范建设，确保了组织的科学运作。

社区党员民情议事会不仅创新了基层党建机制，而且还形成了机关联系服务群众的有效组织体系。社区党员民情议事会的创新实践，一方面畅通了"两代表一委员"听取民情、了解民意的渠道，另一方面还为机关联系服务基层、干部联系服务群众提供稳定的组织依托。"两代表一委员"参加民情议事会，有助于将群众的意见和建议传递到市、区政府部门，加快解决问题、化解矛盾的速度。机关和机关干部定期前来旁听居民议事，现场了解群众的利益需求和对政府工作的评价意见，有利于改进工作、提高服务质量，增强政民之间、干群之间的沟通理解，促进社区管理服务水平的提高。

（二）搭建资源整合平台，促使多元主体协力共治

推行社区党员民情议事会三级联动是社区党建工作的实践创新。社区党建促进了社区内各种社会组织的协调沟通，增强了社区管理资源的整合能力；通过社区党建带动各类社会组织建设，有效提高了社区的社会组织化程度和有序运作水平。总体而言，社区党员民情议事会不仅突破了传统的社区党建工作模式，为驻区机团单位、"两新"组织特别是规模以下"两新"组织的党组织提供了发挥作用的机会，而且为整合社区内的基层党建资源、加强基层党建工作提供了一个综合平台。

同时，社区党员民情议事会是一种积极参与社区服务、倡导友爱互助的组织形式和制度安排。基层社会管理和公共事务治理的复杂性要求治理主体多元化，不仅需要传统的基层党组织力量、街道社区的行政力量，还需要吸纳社区中的"两代表一委员"和各类社会组织等，使多元主体间形成优势互补，协力共治。在社区党员民情议事会运行中，冲口街道积极引导各类志愿组织积极参与民情议事会的有关工作，如帮助整理群众意见，做好会议记录以及落实各种惠民措施等。这种通过民情议事会弘扬志愿精

神、营造志愿文化的制度安排，为动员各种社会组织和社会力量开展社会管理创新提供了一条有效途径。同时，还邀请区有关部门领导和"两代表一委员"参加议事，深化"市—区—街"三级为民服务，结成帮扶对子，落实结对帮扶项目资金，为群众解决各类问题651个、办好事实事228件。

（三）构建公众参与平台，增强基层党组织亲和力

社区党员民情议事会不仅为公众提供了参与途径，让群众合法、及时表达自身诉求，同时还是解决公众问题的平台，增强了基层党组织亲和力。议事会为居民自由参加、平等交流、共享信息、自主表达意愿，并友好平等协商提供平台，让群众享有自我管理、平等协商的尊严，使群众享受党组织和党员干部的亲切服务，群众普遍感受到党心与民意相互激荡的温馨。如街坊们所说："以前不知居委会干些啥，现在聊聊天就知道了，还把自己想办的事给办了，轻轻松松就当了家做了主。"[①]因为有了更多"家"的感觉，昔日街坊邻里亲密无间其乐融融的景象重焕光彩，昔日不愿亮身份的党员主动亮出身份、服务社群，带动形成友爱互助新气象，昔日游手好闲的失业青年在社区大家庭氛围熏陶下转型为志愿者，助人之时更助个人价值提升。同时，议事会坚持群众诉求就是执政力量原则，街道社区党组织着力充当组织协调、执行落实角色，从倾听民众诉求中改善治理，在及时回应中引导公众参与，在良性互动中促成社会共识。

---

① 资料来源：2015年5月21日冲口街道杏花社区座谈会。

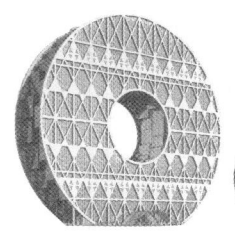

第五章
阳光治理下的"三资"监管交易平台建设

"三资"(资金、资产和资源)监管交易是保障"经济联社"[①]集体资产运营安全、壮大集体经济力量的重要手段,也是扩大公民参与、践行基层民主的重要途径,对于推进村级组织党风廉政建设具有重要意义。近年来,荔湾区以集体"三资"监管交易平台建设为突破口,进一步规范了经济联社"三资"交易活动,迈出了"村改居"社区现代管理的坚实步伐,有力地推进了治理能力的现代化进程。

---

① 荔湾区经济联社具有城市社区和农村社区双重特征,是原村级组织转型后广东省对村改居社区集体经济组织的称呼,同时仍然行使着原村辖区经济发展、社会治理、公共治理的权力与职责。

一　缘起与契机

在传统的农村"三资"交易监管过程中,信息不公开、不透明,部分联社甚至对于自己的家底讳莫如深,这样一来,就为权力寻租提供了可乘之机。同时,虽然各级政府制定并出台了许多相关法律法规和政策,但是在实践中,部分联社涉嫌违规操作,不仅使"三资"保值增值的有效途径得不到保障,而且还出现了贪污腐败。此外,经济联社内部权责不清晰,管理混乱,社员的知情权被忽视,联社内部监督失灵;由于村级组织相对封闭,街道、水农部门等外部力量难以形成直接有效的外部监督。

事实上,各级政府早就意识到经济联社"三资"交易中存在的种种问题,也进行了许多有益尝试,但收效甚微。有的观念转变不到位,政府唱"独角戏",没有充分尊重村民及其权利;有的制度改革不到位,数据开放、数据共享困难重重;有的规范建设不到位,缺少必要的法律法规、政策条例,无法可依,标准不一;有的交易平台运营不到位,流程不够灵活,可操作性不强,"僵尸"平台频现;等等。

正是因为上述种种尝试都未能充分解决"三资"交易监管中存在的问题,所以经济联社贪腐问题日趋严重。2008—2010 年这三年时间内,广东全省共查处涉农职务犯罪案件 1143 件、1352 人;2012—2013 年,查办贪腐村干部 541 人。[①]另据统计,2015 年 1—5 月,广州市各级纪检监察机关立案查处的 54 起群众身边的违纪违法案件中,涉及农村集体"三资"方面的就有 26 件,占 48.1%。[②]具体到荔湾区,经济联社腐败窝案集中式爆发,如海南村村干部抱团隐瞒巨额征地款、贪腐过亿元;石围塘街山村部分村干部勾结地方黑恶势力、大肆侵占村集体利益近 400 万元;东漖经济联社、

---

① 数据来源:2009—2014 年历年《广东省人民检察院工作报告》。
② 《广州前 5 月查处"三资"案 26 件》,《中国纪检监察报》2015 年 7 月 2 日。

村社 12 名干部借改善村民住房之机，吞食集体财产、侵占村集体利益等。

为了加强荔湾区经济联社"三资"监督管理，进一步规范经济联社"三资"交易行为，促进经济联社集体经济发展，推进经济联社党风廉政建设，维护社区和谐稳定，从 2013 年 9 月开始，荔湾区通过政企合作、购买服务、试点推广等方式方法，逐步建立起了颇具特色的"三资"监管交易平台，试图以此平台为突破口，构建新型"三资"监管交易体系。

二 实践与探索

（一）构建"三资"数据系统，搭建电子平台

荔湾区积极主动运用互联网和大数据技术创新"三资"交易监管工作，构建交易数据系统，搭建电子平台。

1. 基本情况

荔湾区经济联社"三资"监管交易电子平台主要包括"一个数据库、一个服务网站、四个子系统"。（见图 5-1）

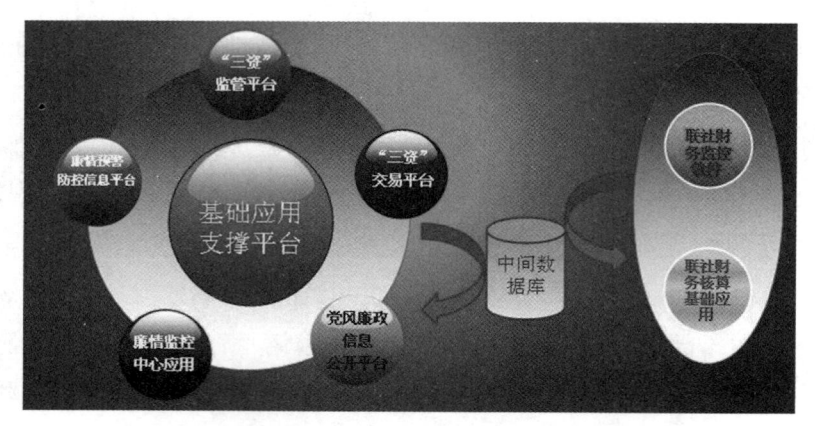

图 5-1 荔湾区经济联社"三资"监管交易电子平台结构

说明："舆情监控中心应用"不算单独平台，隶属于"舆情预警防控信息平台"。

一个数据库，即区经济联社经营管理中央数据库，是荔湾区"三资"监管交易电子平台的基石和根本，囊括全区经济联社集体"三资"家底、"三资"交易历史（2013年9月之后）和实时数据、工作人员工资福利、"三资"交易纸质文档的扫描件、集体资金流动痕迹等，为规范经营管理和阳光竞价交易打下坚实基础，为党风廉政信息公开提供依据。

一个服务网站，即区经济联社"三资"交易服务中心网（http://218.19.252.130:8080/default/sites/lwsanzi/index/index.html）。该服务网站作为一种通信工具，类似于布告栏，政府、相关部门可以通过该网站发布交易公告、提供数据查询等服务；工作人员可以通过该网站登录"四大平台"，录入或提取交易信息、财务信息、廉情信息等；社会公众则可以通过该网站查看交易信息、报名参与竞标、查询"三资"交易和政务信息公开情况等，实现对"三资"交易的监管和舆情监督。

四个子系统。财务管理平台系统，账务模块满足新的《村集体经济组织会计制度》的规定，能够系统地完成会计日常工作中建立新账、编制凭证、审核、记账、结账等整个业务处理过程，以及灵活编制账簿、报表等功能，支持批量打印凭证、账簿、报表。支持反记账、反审核、凭证修改、批量审核、批量记账等；支持原始凭证录入，可以在软件中对对应原始凭证及各类原始票据自动扫描录入；能自动生成各类财务报表，能进行便捷查询、汇总功能。该系统实现了财务会计、出纳电算化核算管理。

财务监管平台系统。财务监管平台建设充分利用信息化的技术手段，将海量财务管理数据进行整合、汇总、监测、分析，以及智能预警响应。主要是对经济联社的合同管理、资金使用情况、业务招待费、大额资金支付情况、系统预警等进行实时监控（见图5-2），及时发现各经济联社财务资金管理过程中出现的问题，确保监管制度严格执行。为各级政府职能部门整合优化现有资源，发挥历史沉淀数据作用，监督、协调各级部门管理工作，为财务领导管理和决策提供有力保障，促进工作高效运行，同时平台具备财务管理信息综合业务的整合功能。

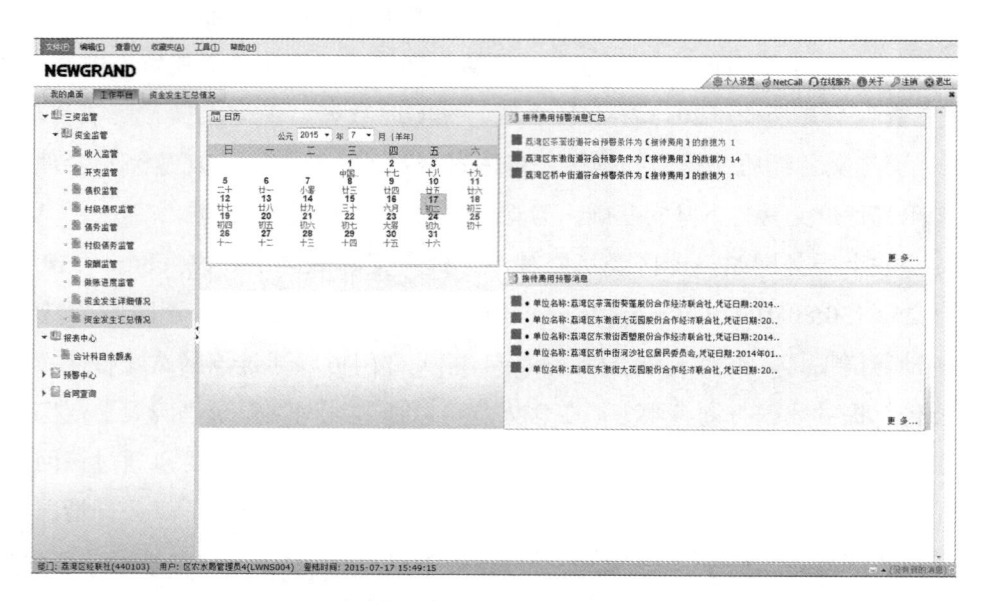

图5-2　荔湾区"三资"交易财务监管平台

经济联社廉情预警防控监管信息系统暨"三资"交易平台系统。系统全面覆盖荔湾区所有集体经济组织"三资"管理、交易和公开、基层党风廉政信息公开以及廉情预警防控，集业务管理、公开互动和电子监察于一体的应用架构。（见图5-3）与市平台进行对接，实现市、区、集体经济组织三级廉情信息联动，提高各级业务部门对集体经济组织"三资"管理规范化、标准化和精细化水平，提高水农局和其他相关部门对集体经济组织"三资"相关业务流程全程实时监控能力，提高群众和社会公众对村社事务监督和参与能力，进而保障"三资"管理长效机制的建立和"三资"交易公开公平公正进行。

第五章　阳光治理下的"三资"监管交易平台建设　　　　　　　·113·

图5-3　荔湾区经济联社廉情预警防控监管信息系统

其中，数据库是基础层重要组成部分，"三资"交易平台、财务监控平台、"三资"监管平台等构成应用层，包括网站在内的信息公示平台则隶属于终端层。（见图5-4）

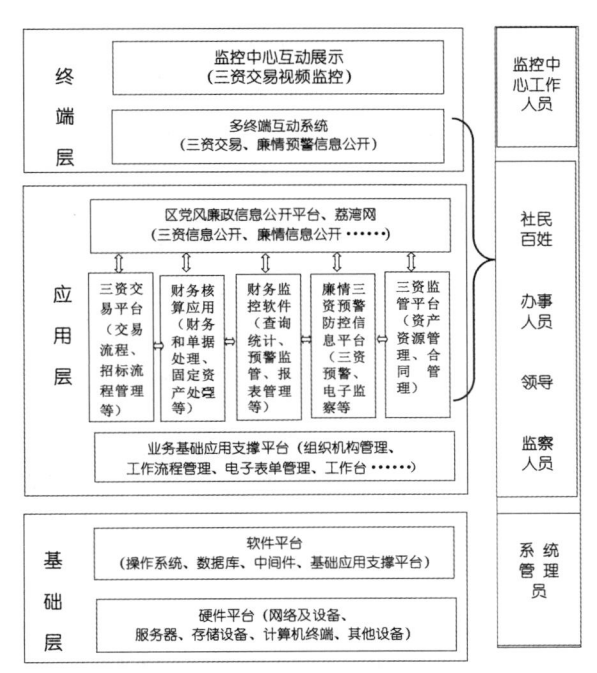

图5-4　荔湾区"三资"监管交易平台各部分间关系

2. 主要特点

"交易是常态，非交易是例外"。财务系统与交易平台紧密对接，一般情况下，只有平台交易才符合财务要求，才能生成财务报表，也才能网上转账划账，迫使经济联社不得不通过平台进行交易。这样，一旦交易行为发生，数据库会把相关数据实时输出到各工作平台系统，各平台操作过程中产生的数据也会实时输入数据库进行存储，形成数据流闭环，实现数据的实时更新。为了践行柔性管理，荔湾区"三资"监管部门还开辟了绿色通道，服务于非交易行为的数据入库，但条件苛刻，需要经过非常严格的民主表决、程序监督和行政审批，"非交易"的数据、资料才会允许上传中央数据库。

充分融合，监管到位。首先，建设"三资"交易服务中心网站，实施一体操作：只需登录一个用户名，就能实现对所有系统的操作，避免了不同系统之间的数据转换，有效解决了信息不对称、信息缺失等问题，大大降低了信息交换的成本。其次，不同平台、系统之间共享数据。如廉情预警防控监管平台系统可以随时调取经济联社财务资金监控平台系统的数据，财务管理平台系统与"三资"监管交易系统之间的数据也可以互通有无。能够将联社党务、社务、财务信息以及经济联社"三资"清产核查数据按要求同步发布到区"三资"交易网站、荔湾政府网和广州市党风廉政信息平台，并每月更新数据资料，也就真正地把廉情预警防控监管平台系统与"三资"交易平台融合到了一起，实现了对"三资"交易行为的实时、事事监控。再次，不同平台、系统之间相互制约，缺一不可。以财务系统为例，只有记录在数据库中的"三资"才能交易，只有通过平台交易才能生成财务报表、转账划账，也只有通过数据库社民、职能部门才能监督"三资"交易；一旦发现违规行为，则必须通过交易平台出示红黄牌进行警告提示，并以财务系统为抓手，监督联社改善"三资"管理、交易行为。

数据开放，阳光治理。数据开放是荔湾区"三资"监管交易的基础，也是交易活跃的制胜法宝。一方面，建立了经济联社党风廉政信息公开、

"三资"监管交易、财务核算管理、财务资金监控等综合管理电子平台，推行"三资"交易、合同管理、资金核算、资金监控、"三资"监管和信息公开一体化、电子化，进一步提高了经营、管理和监督水平，保障了集体"三资"的安全运营。另一方面，利用现代电子技术、网络渠道扩大宣传渠道，通过廉情预警防控监管信息终端触摸查询屏、党风廉政信息网站、"三资"交易网站和微博微信等多媒体形式，及时、规范公开经济联社"三资"清产核查数据、"三资"交易信息、经营管理动态、民主议事决策等经营管理信息、数据，让股东（社员）可以随时查询联社党务、社务和财务方面的信息，特别是社民最关心的资源、资产、资金基本信息和交易合同动态信息，破解了因受场地和时间限制信息公开范围有限的难题，增加了股东、社员获取联社经营管理信息的渠道，让股东、社员在家中、在外地、在晚上或者节假日都能随时了解联社信息动态，方便股东、社员民主监督，增加了理解和信任，减少了误会和矛盾，实现了经营透明、监督民主。

（二）凝聚监督力量，整合实体平台

1. 建立"三级监管"体系，落实外部监督

在区水务和农业局设立经济联社"三资"监督管理办公室（简称"区'三资'办"），涉农街道设立经济联社"三资"交易服务站（简称"街服务站"），在各经济联社设立"三资"交易站（简称"联社交易站"），搭建起区、街道、联社三级监管网络，明确经济联社的"三资"监管责任。（见图5-5）其中，区"三资"办负责全区经济联社"三资"监督管理工作，对经济联社"三资"交易进行监管，调查处理"三资"交易的相关投诉。街服务站是本街道辖区内经济联社"三资"交易的监督、服务机构。联社交易站则是经济联社交易的自我管理机构，也是"三级监管"的最基层监督力量。

```
         ┌──────────────┐
         │ 区"三资"监管办 │
         └──────┬───────┘
                │
         ┌──────▼───────┐
         │  街道服务站   │
         └──┬────────┬──┘
            │        │
    ┌───────▼──┐  ┌──▼─────┐
    │ 联社监事会 │  │  社员   │
    └──────────┘  └────────┘
```

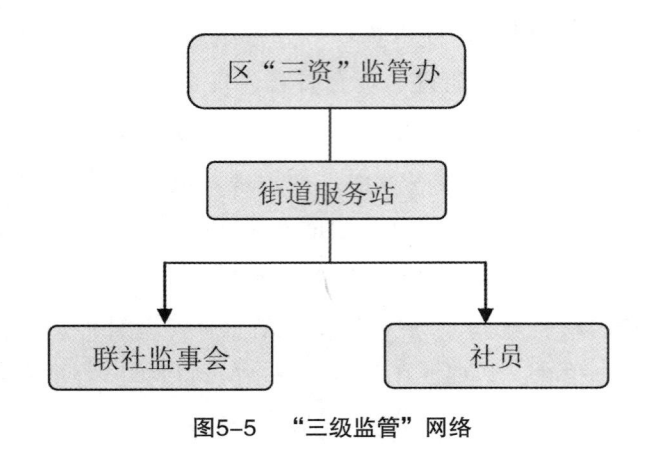

图5-5 "三级监管"网络

2. 鼓励村民参与，落实内部监督

在联社"三资"管理、交易过程中，荔湾区充分尊重并保障社员的知情权、参与权等基本政治权利。根据《荔湾区经济联社"三资"交易管理办法（暂行）》的相关规定，"召开民主议事会"是整个交易行为的第一步，只有得到了全体村民表决通过之后，联社"三资"才允许上市进行交易，否则就是违法的。而为了方便社员监督权利的行使，荔湾区率先在群众家门口搭建起"三资"交易实时查询监督平台，他们可通过各联社设置的廉情预警查询终端机查询实时信息，或凭身份证信息上网"查询"，实现了动态交易数据"三实时"（实时交换、实时公布、实时监管），满足了阳光交易和民主监督的业务需要。此外，由村民选举产生的联社监督委员会必须全程参与、列席交易过程，见证并在交易协议上签字确认。

（三）完善配套措施，创新监管理念

1. 清产清查，摸透"家底"

要保障"三资"监管交易平台的健康运转，必须对经济联社"三资"现状有全面、清晰、客观的认知。2013年9月至11月底，荔湾区积极开展"三资"清产核查工作，摸家底，为区"三资"监管交易平台建设奠定了基础。

清产工作由区水务与农业局协调指挥，编制方案，设计指标，统一行动，明确清产核查对象、范围、内容，严格清产核查程序。在区、街道、联社共同努力下，全面摸清了 21 个联社及其下属 201 个集体经济组织"三资"情况，实现了全区联社"三资"清产清查全覆盖。

据统计，截至 2014 年底，全区共有 21 个联社及其下属 179 个经济组织，联社在册人口 49667 人，股东 54812 人，集体固定资产 451040 万元，集体资产总额 684577 万元。其中，登记入册土地等资源 1.38 万亩、厂房等资产 450 多万平方米以及汽车等各类实物资产和债权、债券等资产。

同时，中央数据库实时更新、动态管理。在原始数据的基础之上，荔湾区对"三资"交易实行跟踪监管，不仅从编制方案、准备交易资料到合同签订、交易备案的所有资料会以电子档案的形式录入中央数据库，而且某个标的物使用属性的变换、交易价格的升降、交易主体的变更、土地面积的变化等等，均会按照时间序列记录在册，实时更新数据，及时掌握荔湾区"三资"交易情况。

2. 健全制度，规范运作

荔湾区结合本区实际，细化并制定了覆盖区、街道和经济联社三级的规章办法，以配套"三资"监管交易平台的建设、运行，提供制度保障。

第一，在全市首次以区政府名义制定颁布《荔湾区经济联社"三资"交易管理办法（试行）》，系统阐述了荔湾区"三资"交易的机构设置与职能设定，明确了"三资"交易的分级标准、交易方式、交易程序、交易管理与监督等内容，是全市有关"三资"交易的首个区级法规，为"三资"交易的正常、规范、有序开展提供了法律依据。在收集、分析各联社开展"三资"监管交易情况基础上，对"三资"监管交易中存在的问题和部分交易办法条款的操作进行了专项调研，印发了《关于加强荔湾区经济联社"三资"监管交易工作的通知》，对联社"三资"交易事项进行进一步的完善和细化，更好地指导经济联社规范"三资"监管交易活动。

第二，对既有制度和办法进行细化。如以部门名义出台的《荔湾区经济联社社务监督委员会（监事会）管理办法（试行）》等政策和指导性文件。又如制定颁布了《荔湾区经济联社治理机构职责规范制度》等9个内部管理制度示范参考文本，《荔湾区经济联社建设用地使用权租赁合同》等9个合同示范文本，以及一系列经营管理指南、流程，如"荔湾区经济联社'三资'交易服务中心交易流程"等，为交易行为得以规范、有序提供了制度保障。

表5-1 荔湾区"三资"监管交易主要规范

序号	规范名称
1	《荔湾区经济联社"三资"交易管理办法（试行）》
2	《荔湾区经济联社社务监督委员会（监事会）管理办法（试行）》
3	《荔湾区关于经济联社审计工作的实施意见》
4	《荔湾区经济联社治理机构职责规范制度》
5	《荔湾区经济联社"三资"交易中心交易竞投规则（试行）》
6	《荔湾区经济联社"三资"交易服务中心（站）竞价规则》
7	《荔湾区经济联社"三资"交易服务中心竞价交易综合大厅管理规定》
8	《荔湾区经济联社"三资"交易站交易竞价现场管理规定》
9	《荔湾区经济联社"三资"交易合同变更登记备案程序》
10	《荔湾区经济联社"三资"交易流程》
11	《荔湾区×××经济联社"三资"交易方案》
12	《荔湾区经济联社"三资"交易公示情况报告》
13	《荔湾区经济联社"三资"交易权属申明书》
14	《荔湾区经济联社"三资"交易信息发布表》
15	《荔湾区经济联社建设用地使用权租赁合同》
16	《荔湾区经济联社农用地租赁合同》
17	《荔湾区经济联社滩涂租赁合同》
18	《荔湾区经济联社鱼塘租赁合同》
19	《荔湾区经济联社厂房租赁合同》
20	《荔湾区经济联社商铺租赁合同》
21	《荔湾区经济联社办公场地租赁合同》
22	《荔湾区经济联社住房租赁合同》
23	《荔湾区经济联社物业（土地）综合管理服务合同（参考文稿）》

第五章　阳光治理下的"三资"监管交易平台建设

【交易案例】

荔湾区 A 联社有一幢多功能商务楼，属集体所有，用于出租经营。原租赁合同到期后，联社根据《荔湾区经济联社"三资"交易管理办法（暂行）》的相关规定，按照公开透明、操作简便、快捷高效的要求，严格依照民主议事、交易审核、组织交易等 12 个步骤（见图 5-6），通过公开竞投的方式进行对外招租。

第一步：召开民主议事会

根据要求，A 联社于 2014 年 4 月 28 日就该租赁标的的对外招租事项召开股东代表会议，会上与会人员对交易方案进行认真讨论与审议后，全体表决通过该方案，并于次日将表决通过的交易方案及相关交易文件粘贴在联社的公告栏上对外公示，公示期为 5 天，公示期内村民均无异议。

第二步：交易登记

A 联社于 2014 年 5 月 4 日通过荔湾区经济联社"三资"交易管理平台，将交易所需资料提交给其所属街道交易服务站。街道交易服务站对交易资料的完整性和合规性进行审核，审核通过后接受交易登记。由于该项租赁标的面积超过 3000 平方米，根据相关规定，街道交易服务站将资料提交给荔湾区经济联社"三资"交易服务中心（以下简称"区交易中心"）进行复核。

第三步：接受交易

区交易中心对街道交易服务站提交的该联社交易资料进行复核，资料齐备，予以确定接受交易并登记。

第四步：发布交易信息

区交易中心根据交易方案的相关信息制定招标公告，招标公告于 2014 年 5 月 4 日在广州市荔湾区经济联社"三资"交易平台、荔湾区党风廉政建设信息公开平台等信息平台公开发布，同时招标公告纸质版文件粘贴于该联社公示栏进行公示（公示期为 10 天）。

第五步：组织报名

在报名期内，共有7位意向人在规定时间内向区交易中心竞投报名，并缴纳了竞投保证金参加该租赁标的的竞投。

第六步：组织交易

竞投会于2014年5月21日上午在荔湾区"三资"交易服务中心举行，到会人员除参与现场竞投的意向人、联社班子成员、监事会成员、相关工作人员外，还有一些村民自发到现场观看竞价会。本次竞价会采用现场举牌竞价方式进行报价，以价高者得的原则确定竞得人。租赁标的的底价为28元/平方米/月，经过15轮激烈的竞价后，最终以42元/平方米/月的价格成交，涨幅超过50%，达到了预期效果。

第七步：交易确认

竞投结束后，交易双方现场签订交易确认书。当天下午，区交易中心在荔湾区经济联社"三资"交易平台网站发布中标公示，同时中标公示纸质版文件粘贴于联社公示栏进行公示（公示期为5天）。公示期内村民对该交易结果无异议。

第八步：合同签订

公示结束后，该联社于2014年5月29日与竞得人在区交易中心签订租赁合同。

第九步：交易结果公示

区交易中心于2014年6月4日发布结果公告。

第十步：交易备案

交易成功并签订合同后，联社向区交易中心办理三资成功交易备案。

至此，该租赁标的交易流程顺利完成。

第五章 阳光治理下的"三资"监管交易平台建设

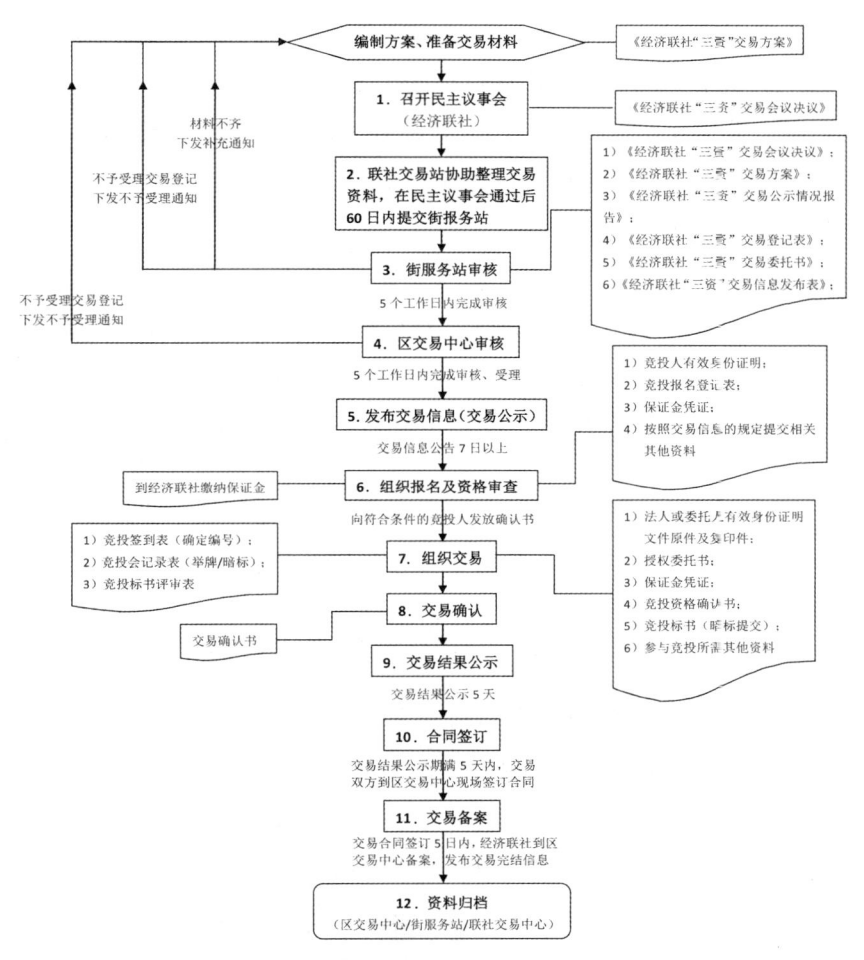

```
                          编制方案、准备交易材料 ──→《经济联社"三资"交易方案》
                                  ↓
                          1. 召开民主议事会
                             (经济联社)      ──→《经济联社"三资"交易会议决议》
                                  ↓
  材料不齐                  2. 联社交易站协助整理交易      1)《经济联社"三资"交易会议决议》;
  下发补充通知                 资料,在民主议事会通过后       2)《经济联社"三资"交易方案》;
                            60日内提交街服务站           3)《经济联社"三资"交易公示情况报
  不予受理交易登记                  ↓                        告》;
  下发不予受理通知            3. 街服务站审核              4)《经济联社"三资"交易登记表》;
                                                         5)《经济联社"三资"交易委托书》;
                          5个工作日内完成审核            6)《经济联社"三资"交易信息发布表》;
  不予受理交易登记                  ↓
  下发不予受理通知            4. 区交易中心审核            1)竞投人有效身份证明;
                          5个工作日内完成审核、受理      2)竞投报名登记表;
                                  ↓                     3)保证金凭证;
                          5. 发布交易信息(交易公示)      4)按照交易信息的规定提交相关
                                                           其他资料
  到经济联社缴纳保证金        交易信息公告7日以上
                                  ↓
                          6. 组织报名及资格审查
                          向符合条件的竞投人发放确认书
                                  ↓                     1)法人或委托人有效身份证明
  1)竞投签到表(确定编号);                                    文件原件及复印件;
  2)竞投会记录表(举牌/暗标); 7. 组织交易                  2)授权委托书;
  3)竞投标书评审表                ↓                      3)保证金凭证;
                          8. 交易确认                    4)竞投资格确认书;
                                  ↓                     5)竞投标书(昕标提交);
               交易确认书  9. 交易结果公示                6)参与竞投所需其他资料;
                          交易结果公示5天
                                  ↓
                          10. 合同签订
                          交易结果公示期满5天内,交易
                          双方到区交易中心现场签订合同
                                  ↓
                          11. 交易备案
                          交易合同签订5日内,经济联社到区
                          交易中心备案,发布交易完结信息
                                  ↓
                          12. 资料归档
                          (区交易中心/街服务站/联社交易中心)
```

图5-6 荔湾区经济联社"三资"交易服务中心交易流程图

3. 现状交易,柔性监管

与其他地区僵化的"三资"交易不同,荔湾区在具体交易过程中注重特殊与一般、静态与动态相结合,实行柔性化监管,尤其注重推行"三资"现状交易。对交易标的物是否取得房产证照、是否属于历史建筑用房和用地、是否属于临时建筑物等问题不作界定,一旦合同到期,必须通过"三资"交易平台竞价交易,但是对于无产权的交易标的物,要求由集体经济组织出具权属声明。通过推行"三资"现状交易和阳光竞价交易,参照市场价格确定交易底价，面向社会公开竞投信息，以竞投竞价方式确定中标人，实现了交易价格与市场价格的无缝接轨，促进了联社"三资"增值、增益，化解了因集体资产物业普遍存在历史建筑多、建设手续不全、产权登记少、存在状况多样等问题制约交易运营的矛盾与难题，最大限度地激活了集体经济，增加了集体和股东（社员）收入。通过发挥社务监督委员会（监事会）作用，激发了股东（社员）参与、监督集体经营管理活动的热情，完善了内部民主监事监督机制，减少了决策随意、胡乱指挥、管理混乱的情况，减少运营错失、漏洞，杜绝了暗箱操作和利益输送，防止了"三资"被侵占、挪用、挥霍、浪费，保障联社经营和管理活动合法、依规。

三　收获与展望

（一）"三资"交易监管成绩斐然

1. 推动竞争交易，促使联社经济健康发展

"三资"监管交易平台的建设与运行，盘活了荔湾区各经济联社的集体资金资产资源，刺激了联社"三资"交易活动。截至2015年10月8日，全区联社"三资"交易登记7785宗、成功交易4917宗，中标总金额33.75亿元，中标价比底价溢价8.86%。尽管荔湾区"三资"交易平台建设全市启动最晚，但效果却最为突出（见图5-7），不仅推动了联社集体经济的发展，而且增加了社员收入。

如海北联社花博园8个地块共49.76亩出租地，原租金1.2万元/亩/年，联社参照市场价格议定底价为4.5万元/亩/年，实际成交总金额1.0148亿元，比交易底价增加3.02倍、比原合同价增加11.33倍，每年为联社增收616.83万元。又如茶滘联社茶滘路3号3881平方米的物业租赁，过去以分租方式出租，租金平均不到20元/平方米/月，合同到期后该联社制定交易方案，参照市场价格议定底价为28元/平方米/月，实际成交价为

第五章　阳光治理下的"三资"监管交易平台建设　　·123·

42元/平方米/月，通过竞价交易为联社增收65.2万元/年，比原合同增收100多万元/年，为联社"三资"经营提升了经济效益。

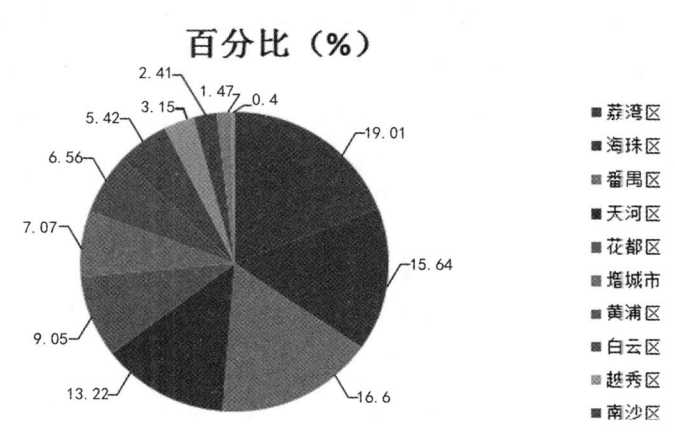

图5-7　广州市"三资"交易量各区分布情况

表5-2　　　　　　　广州市"三资"交易量各区分布情况

城区	交易量（宗）	占比（%）
荔湾区	4195	19.01
番禺区	3664	16.6
海珠区	3452	15.64
天河区	2917	13.22
花都区	1997	9.05
增城市	1560	7.07
黄浦区	1448	6.56
白云区	1196	5.42
越秀区	696	3.15
南沙区	532	2.41
从化市	324	1.47
萝岗区	89	0.4
总计	22070	100

注：统计时间截至2015年6月30日。

2. 推动透明交易，打破交易信息不对称困局

"三资"监管交易平台建立起来后，有关"三资"交易的所有资料必须进行网络存储、备案，所有数据必须及时发布、实时更新，便于股东、社员查询，全面了解本联社集体资金流动情况、资产分布情况、资源租赁情况以及管理人员工资福利等，"三资"交易信息的公开、透明，有效解决了信息不对称问题，缓和了干群关系，重建了社会信任网络，维护了基层社会的稳定。

3. 推动民主交易，增强基层治理能力

荔湾区"三资"监管交易平台的建设及其运行过程中特别重视社员、居民参与，尊重并保障社员、居民的知情权、表达权、参与权等基本权利，进而增强了基层民主的治理能力。通过参与"民主议事会"、列席乃至参加"三资"竞投竞价会、查询并监督联社"三资"交易情况，社员、居民积累了丰富的参与、表达经验；锻炼了自己的参与、表达技能；激发了自己的参与、表达欲望。同时，社员、居民的主人翁意识、责任意识、主体意识、民主意识等均得到觉醒和强化，为荔湾区基层民主建设提供了心态准备、主体准备，创造了良好的参与环境。

（二）经济联社集体"三资"交易监管的未来之路

1. 进一步强化联社民主自治管理体系

联社需根据现行的法律法规，结合经营管理实际需要，修改原章程与现行法律法规相抵触的条款，增加经营管理相关条款。个别条件与时机成熟的联社，对涉及股份确权、分配、股东进出机制等敏感内容进行股份制改革，重新修订章程。区相关职能部门加强调研，了解联社管理现状，及时给予指导。

2. 进一步完善联社内部管理制度

相关职能部门、属地街道要加强指导联社内部制度建设工作，各联社要结合自身实际，切实加强联社内部经营管理制度建设，建立和完善联社

治理机构职责规范制度、民主决策议事规程、财务管理和资金审批制度、合同管理制度、印章管理制度、干部和工作人员管理制度、内部民主监督制度、成员培训制度以及经营管理流程规范。

具体而言：一是进一步明确股东（户代表）大会、股东代表会议、常务理事会、监事会（社务监督委员会）等内部治理机构的设置、职责、权利和义务，成员组成、选举和职责，成员违纪违法责任追究、罢免、辞职与补选程序，以及明确各成员职权责任；二是规范联社民主决策程序，落实经营管理信息及时公开，保障股东社员参与民主决策、民主监督的权利，增强民主决策的科学化和规范化；三是明确资金审批责任，规范财务收支审批；四是规范各类经营投资、物资采购、土地流转等经济合同管理，减少经营纠纷和损失；五是明确印章使用的审批、登记、备案制度，规范联社印章使用、管理和监督，维护印章使用的权威性、严肃性和合法性，防范用章不当造成的法律责任和经营管理风险；六是加强内部管理人员队伍建设和内部后备人才储备，明确成员职、权、责、利，增强服务意识与责任意识，激发工作积极性与主动性，督促其依法依规履行职责；七是明确决策权、执行权和监督权，完善相互协调、相互制约、民主监督的联社权力运行机制，提升联社内部民主监督水平，促进依法依规经营管理，杜绝腐败、侵占等违法现象；八是建立学习激励机制，提高联社管理人员、工作人员、股东（社员）的综合素质，提高联社管理规范化水平和工作效能，增强联社社会活力和经营竞争力。

3. 进一步将监管工作做细做实

经济联社集体资源、资产、资金，是联社经济社会赖以发展的命脉，是集体、股东（社员）生存以及稳定的重要保证。下一步工作应以《荔湾区经济联社"三资"交易管理办法（试行）》为基础，在确保有效监管前提下，进一步简化和完善交易流程，推进经济联社"三资"交易工作成熟稳健发展。抓紧对交易操作规则细化等相关问题的研究，制定切实可行的操作办法。

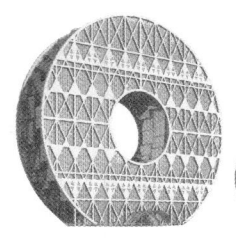

第六章
"互联网+"时代的荔湾电子商务

党的十八大明确提出,"科技创新是提高社会生产力和综合国力的战略支撑,必须摆在国家发展全局的核心位置";党的十八届五中全会指出,"十三五"时期必须把创新摆在国家发展全局的核心位置,强调要坚持走中国特色自主创新道路、实施创新驱动发展战略。作为对"创新驱动"的积极回应,荔湾区拓展网络经济空间,实施"互联网+"战略,大力发展电子商务,运用这一新型经营模式和先进生产组织形态,推进全区经济发展的转型升级。

第六章 "互联网+"时代的荔湾电子商务

一 发展电子商务的荔湾设计

(一)顺应经济发展趋势,及时转变发展观念

社会的变革和人类的进步基本上都是在新的理念推动下出现的,没有理念的变化就没有制度和政策的改变;中国过去三十多年所取得的成就是理念变化的结果,中国的未来很大程度上取决于我们能否走出一些错误的理念陷阱。[①]改革开放的成功,很大部分就归功于开放观念的养成及其实践。为了推动电子商务的发展,荔湾区转变发展观念,重塑经济发展定位,积极落实"互联网+"战略,实现传统商贸与信息网络的有机融合。

荔湾区向来以商贸著称,"十三行"作为清朝时期唯一的口岸对外进行商贸往来。全区拥有各类专业市场二百多个,经营范围包括服装、鞋、茶叶、塑料、文化精品、玉器、小商品、医药、水产、家居建材、通信电子、古玩、汽车、花卉及观赏鱼等。但受传统经营模式、经营理念的制约,实体经济的发展潜力有限。通过对荔湾区统计局公布的"2015年1—10月荔湾区经济运行情况"[②]分析得知,荔湾区经济发展的中坚在于消费品的需求,全区1—10月商品销售总额4100.05亿元,同比增长8%;全区社会消费品零售总额584.1亿元,同比增长4.6%。其中,以中西药品、日用品、家用电器和音响器材等商品销售额增长较大。这与近来区内大力提倡发展电子商务,转变经营观念,以电子商务作为促进传统商贸转型的可行出路等措施是有相当大的关联的。

电子商务近年来的市场表现突出,将传统零售业中比较容易进行在线交易的商品与电子商务结合起来必定能够实现传统零售业的产业优化转型。正是考虑到这些相关因素,荔湾区积极推动相关适宜产业发展电子商

---

① 张维迎:《理念的力量》,西北大学出版社2014年版,序言。
② 荔湾统计局:《2015年1—8月经济运行情况》,http://www.lw.gov.cn/tjj/lanmu2/201509/5031f0e0ff024ebf9ab7cadf1f542e95.shtml。

务业务。目前的数据表明，荔湾区传统制造企业与电子商务"触电"结合，全区80%以上制造企业应用电子商务经营发展。应用电子商务发展的制造企业除了建立自营的网站之外，还与第三方平台展开合作，拓宽渠道，在天猫、京东等电商平台开设旗舰店或网络专营店，近两年平均增速达100%以上。

（二）着眼本区发展实际，编制科学战略规划

1. 纳入发展规划和年度工作计划

2011年7月，荔湾区发布《国民经济和社会发展第十二个五年规划纲要》，主张大力发展现代服务业，布局高端商务业，建设高端商业载体，鼓励无店铺、网络销售，作为全区发展电子商务的顶层设计，促进信息技术在商贸流通、金融服务、专业服务、文化创意等行业的应用，以改变经营业态。此外，为了实现经济发展转型升级，促进传统商业向现代商业转型，始终坚持"信息化"的经济发展战略，如荔湾区在十年前就通过政府工作报告的形式鼓励"大力发展以连锁经营、物流配送和电子商务为代表的现代流通方式，推动以网络商业为基础的新型商业和专业店、专卖店等新型业态的发展，促进传统商业向现代商业转型"。在2015年政府工作报告中，要求突出电子商务等行业，推动信息化与工业化的深度融合；在区"十三五"规划建议中，又将"立足我区电子商务等优势产业，大力推进科技创新发展"作为区经济社会发展的主要举措。

2. 科学布局战略性新兴产业园区

实体经济与电子商务互为关联，相互促进，前者是后者的基础与前提，后者是前者的延伸与升华。因此，为了促进电子商务的发展，荔湾区对产业园区进行了科学规划，"错位互通，联动发展"。一方面，空间布局上错位分布，相邻两个园区之间距离适当，以方便相互之间的交流与合作。另一方面，园区功能各有特点，如白鹅潭总部集聚区重点是引进世界500强企业、中国500强企业、中国服务业500强企业、跨国公司、大型央企等在区内设立综合型总部、地区总部或职能型总部机构，着力引进国

内尤其是珠三角民营总部企业;岭南生态电子商务园主要是构建以电子商务产业为核心的集高端商贸、推广展示、商业休闲旅游于一体的电子商务产业园;岭南Ｖ谷目的在于着力培养智能装备、电子信息和新材料等国家战略性新兴产业,吸引科技型企业入园发展,建成有国际影响力的科技创新、科技合作及科技服务的示范基地等等。不同类型园区间的纵横交错、科学布局,为实体经济与电子商务之间的合作共进提供了机会,创造了条件,有利于全区经济发展、产业升级的"e"路转型。

(三)依托现有产业结构,拓展集群发展空间

产业集群,是指集中于一定区域内特定产业的众多具有分工合作关系的不同规模等级的企业与其发展有关的各种结构、组织等行为主体,通过纵横交错的网络关系紧密联系在一起的空间集聚体,是一种新型的空间经济组织形式,具有空间上的集聚、企业间的分工、企业间的复杂网络等特点。通过打造产业集群,突破了企业和单一产业的边界,强调企业、相关机构、政府、民间组织间的互动,从一个区域整体来系统思考经济、社会的协调发展,有利于从整体上挖掘特定区域的竞争优势。为了推动电子商务的发展,荔湾区以广佛数字创意园为产业集聚基地,以唯品会、广州塑料交易所为龙头,以广州国际茶叶交易中心、广州邮政EMS网商创意园等为产业集聚支撑点,已经发展出具备一定规模的电子商务聚集效应区域。通过努力,2015年7月6日,花地河电子商务集聚区被商务部正式列入第二批国家电子商务示范基地。2015年1—10月,集聚区电子商务促进网上交易额3500多亿元,网络销售额达到近200亿元,同比增长1倍,电子商务企业160多家,从业人员2万多人。

荔湾电子商务发展格局从空间上逐渐呈现三层带状分布,核心区辐射带动周边,引领荔湾电子商务协同发展。(见图6-1)广佛数字创意产业园、海龙电子商务创新中心为核心辐射区域,向上端唯品会、广州茶叶国际交易中心地区和下端广东塑料交易所、广州医药电子商务中心地区双向辐射带动发展。以花地河电子商务集聚区和中心产业园作为核心辐射点,

协同周边园区发展，形成电子商务发展经济辐射带，聚集电子商务发展的规模效应。

荔湾区电子商务在政府的引导与支持下，经过多年的发展，呈现了"以大带小"，协同发展的格局。许多行业由大型龙头企业引领行业发展，同时小企业也依托大公司的发展。在荔湾电子商务集聚区内，大小企业汇聚经营。广州唯品会信息科技有限公司、广州摩拉网络科技有限公司（梦芭莎）、广东塑料交易所股份有限公司、广东绿瘦健康信息咨询有限公司、广州七乐康药业连锁有限公司等已经发展为行业电子商务企业的标杆。其中，国家级电子商务示范企业唯品会在 2014 年实现销售收入 230 亿元，同比增长 122%，成为全国 B2C 自营平台企业的前四位；广东省电子商务示范企业广东塑料交易所实现了年交易额破 4000 亿元大关，在全国现货 PVC 交易市场中占据七成以上份额；广州市电子商务示范企业七乐康药业也取得了相当瞩目的成绩，入选全国医药电子商务 10 强，2014 年"双 11"，完成销售 2200 多万元，蝉联天猫医药馆冠军宝座。正是这些电子商务龙头企业引领着荔湾区电商企业积极发展的态势。

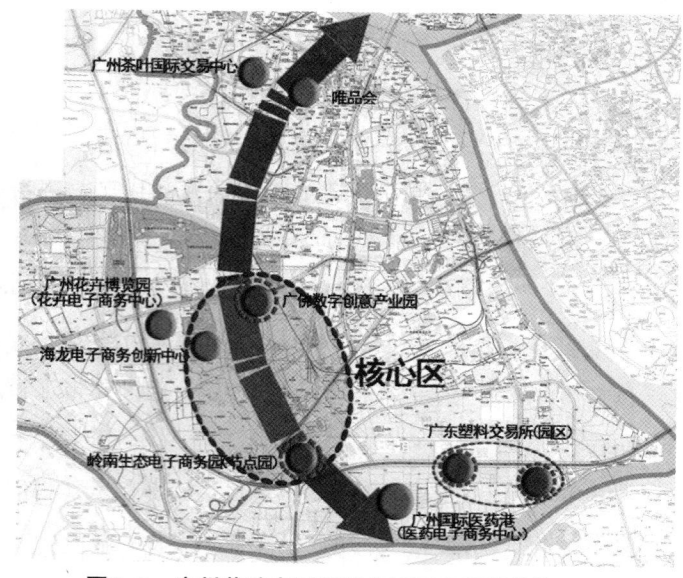

图6-1 广州花地电子商务集聚区空间总体格局图

（四）打破传统经济桎梏，创新商业贸易形式

1. 创新交易形式

传统贸易的交易必须受时间和空间的约束，经营地点和经营时间是固定的，没有弹性。电子商务的发展打破了传统商贸交易的时间和空间的限制，主要包括商对商（B2B）、商对客（B2C）、个人与个人（C2C）等交易方式。

B2B 电子商务交易方式就是商家与商家之间进行交易。如荔湾站西鞋城网（http://wshoe.wooshoes.com/，见图 6-2），是我国唯一被授予全国鞋业十大批发市场的虚拟市场，改变了传统的交易模式，拓宽了交易渠道，拓展了客源，规避了当前普遍存在的贸易壁垒；虚拟与实体的结合，线上线下的互动，提升了市场的档次，获得了更好的经济效益和社会效益，更进一步提高了市场品牌的知名度；有效推动和加快了荔湾专业市场升级改造的步伐。

B2C 是 business-to-customer 的缩写，简称"商对客"，即通常所说的直接面向消费者销售产品和服务商业零售模式，一般以网络零售业为主，主要借助于互联网开展在线销售活动。在荔湾发展电子商务的过程中，B2C 交易模式首推唯品会（http://www.vip.com/），作为荔湾直接做网上销售的电子商务龙头企业，它以高品质的商品、专业的设计制作、完善的售后服务，与会员、合作伙伴精诚合作，迅速发展壮大，成为广东省网络零售的第一品牌。数据显示，截至 2015 年 6 月 30 日，唯品会第二季度实现净营收 90 亿元人民币，较上年同期增长了 77.6%，连续 11 个季度实现盈利。① 此外，还有诸多采取 C2C 交易模式依托淘宝网等网络交易平台进行电子商务业务的中小企业。因为，随着消费者越来越追求消费异质化和个性化，消费者定制越来越成为企业争取消费者的方式之一。荔湾区积极鼓

---

① 《唯品会连续 11 个季度盈利 2015Q2 销售劲增 77.6%》，光明网，ht:p://economy.gmw.cn/2015-08/11/content_16623971.htm。

励电子商务企业立足于企业发展的未来，迎合顾客的个性化需求，让顾客选择自己需要的交易方式。

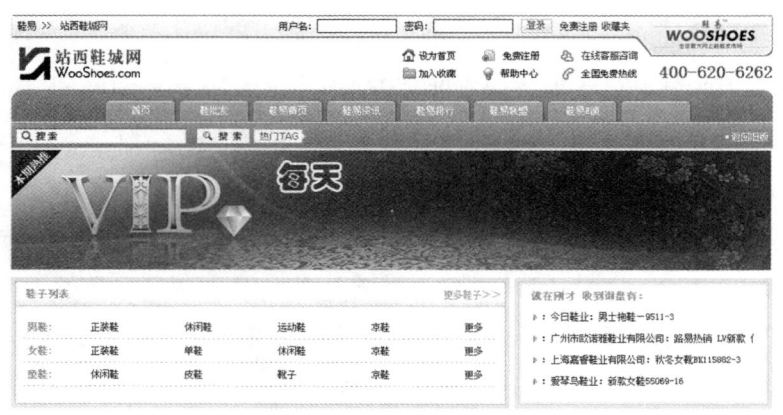

图6-2 站西鞋城网

另外，针对荔湾区专业市场多，交易形式陈旧等问题，为推进电子商务在专业市场的应用工程，举办了2015微商发展论坛，吸引六十多个专业批发市场的业主和商户参与，通过电商与专业市场的有机融合，探索专业批发市场转型之道。成立"微商买手联盟"，微商成为专业市场转型的新型商业模式。

2. 创新推广平台

近年来，随着移动网络技术的发展，移动设备的普及率越来越高，人们越来越习惯于利用移动设备来购物。因此，打造移动端应用来进行电子商务推广相对传统PC端应用来说已然成为一种新兴的方式。在B2C领域，唯品会很早就开始发力移动端，除了界面时尚化、品类丰富化之外，还通过在美国硅谷设立研发中心，利用大数据等优势改善移动端的购物体验，吸引消费者。另外，拥有诸多资源优势的第三方平台也能够为发展电子商务业务的制造企业提供优质的平台销售网络和消费客户流。荔湾区中小型商户与支付宝、团购网等平台合作，有2300个商家在美团网注册，大众点评网上荔湾区商家有21000多个，应用电子商务范围广泛。

3. 创新交易内容

荔湾的商品品类齐全，为电子商务进行交易品类创新提供了基础条件。除日常用品、食品类以及小型电子产品类外，荔湾区还推动其他品类的商品进行电子商务交易，而且利用电子商务进行交易的并非只能是有形商品，也可以是无形的商品，例如虚拟商品和体验服务类的购买。体验式的服务商品项目正是电子商务发展的新型内容。近年来，荔湾企业不断创新电商模式与交易内容，位于东沙产业园区的广东塑料交易所通过"电子交易+仓储物流+供应链融资+信息咨询+技术"的配套服务打通产业链，形成了连接上下游及贸易商的一体化服务体系，开创了我国塑料行业现货电子商务综合服务的新模式，发布的塑料商品价格指数——广塑指数，被誉为"中国塑料第一指数"，并成功登陆央视财经频道，是我国塑料原料价格重要的晴雨表。2015年升级为国家级塑料价格指数，更名为"塑交所—中国塑料价格指数"。2009年开始广东塑料交易所相继推出万商台、万商贷两大平台作为塑料产品电子商务平台和金融平台，主要是为满足塑料化工企业高效、即时购销各类产品的需求以及解决化工现货市场缺乏安全信用担保体系的问题，万商台在交易中扮演电子商务经纪人的角色，不仅要提供供求信息，还要参与交易过程，即提供专业的电子商务经纪人与生产企业及经销代理商做近距离的沟通，为企业提供一站式的电子商务服务，电子商务经纪人联结线上信息平台撮合线下供求双方达成交易。

4. 创新交易范围

自从自贸区逐渐开放之后，民众对境外商品的热衷促使跨境电子商务成为当前国内热门的经贸活动之一。荔湾区向来重视商贸的发展，早先涌现了一批从事跨境电子商务企业，如广州勤昌、蓝深贸易、中华商务贸易公司、魅达网、黎氏国际贸易等。当前，荔湾区积极鼓励区内电子商务企业发展跨境业务，2014年9月24日，唯品会与广州海关签署《关于跨境贸易电子商务通关监管合作备忘录》，随后广州医药、魅达网、万商台、梦芭莎等企业纷纷跟进；支持唯品会打造"跨境电子商务示范基地"，建设面积超过10万平方米的唯品会保税物流中心和跨境电商O2O展示交易中心。2015年7月18日，主打跨境实体店购物的万商台"跨境电商"板块正式开放，实现了将国际品牌以海外价格直邮回国，从根本上解决假货、物流时间长、费用高昂等问题。2015年7月，荔湾区推荐的万伦、珠江钢琴、广船、穗方源等4家公司被海关认定为高级认证企业，将享受国内通关便利，同时在AEO（经认证经营者）互认国家或地区海关享受最高的通关便利。2015年10月23日，近万平方米O2O体验店——荔湾区跨境商品体验中心"海荟城"一期开业，这些都将极大促进荔湾区跨境电商的发展。

二　推进"互联网+"的荔湾经验

荔湾区电子商务发展已经走出了属于自己的经验之路，即"软硬兼具，创新驱动"。政府的政策支持与引导、完备的软硬件支撑，就是荔湾电商发展的经验。

（一）转变政府职能，加强宏观引导

在我国建设社会主义市场经济的初期阶段，政府常常扮演着市场的指挥者角色，过多的行政干预使得经济发展增速缓慢。荔湾区政府认识到市场与政府之间的关系，给企业适当的自主权，以激发活力。

1. 进行宏观引导

成立专门的政府工作领导小组，进行宏观指导。如成立了以荔湾区区长为主任的花地河电子商务集聚区管理委员会，负责统筹协调集聚区的建设，高起点部署建设工作，研究决定实施方案，制定重大政策措施，对建设中涉及的重大事项和问题进行研究部署。

制定战略发展方案，进行科学规划。如为更好地引导集聚区的发展，2015年，荔湾区重新编制集聚区发展规划，科学指导、规划花地河电子商务集聚区发展的目标和方向，致力于打造总规划面积23平方公里的"一

个核心六大功能区",成为电子商务产业发展载体。

颁布相关政策法规,扶持行业发展。如制定了《荔湾区电子商务产业发展资金补贴办法》、《广州市荔湾区扶持重点企业发展办法》、《广州市荔湾区招商选资奖励办法》、《荔湾区促进楼宇经济发展试行办法》等招商引资优惠政策,进一步明确了荔湾区对电子商务企业的资金扶持,提振了电商企业信心。

2. 提供硬件支撑

正所谓"没有梧桐树,引不来金凤凰"!为了有效推动电子商务的发展,吸引国内外知名、龙头企业落户本区,荔湾区委、区政府大力建设电子商务集聚区,完善信息基础设施建设,为电子商务发展提供积极、有序的公共服务。

2012年,制定了《荔湾区花地河电子商务集聚区发展规划(2012—2015)》,积极打造花地河电子商务集聚区,总规划面积约28平方公里,辖花地、石围塘、茶滘、东漖、东沙、海龙、中南7条街道,规划布局为"一带一核四园十心",包括唯品会园区、广佛数字创意园、岭南电子商务产业园、"广州园"、岭南V谷等主要园区。① 截至2013年,区内规模较大的广佛数字创意园吸引了57家企业进驻,企业年营业收入总计3.71亿元,其中营业收入超千万的企业有8家。2015年,荔湾区重新编制集聚区发展规划,规划建设"一个核心六大功能区",正在启动欧洲城地块、白鹤沙地块、大参林物流园、广佛数字园二三期、增滘地块、珠江钢琴等地块,大力发展电子商务、智慧物流、服务型机器人、IT产业等,打造花地河"互联网+"核心区(广佛肇生产性服务业基地)。

集聚区龙头企业表现良好,唯品会和梦芭莎占据广东省6个国家级电子商务示范企业的2席,并与塑交所、绿瘦和七乐康等5家企业成为省级电子商务示范企业。2014年上半年,唯品会网络零售市场占有率超越亚马

---

① 《花地河电子商务集聚区》,荔湾官网,http://www.lw.gov.cn/lwq/cyyq/201312/6b1f90de132f4afd9794c7b3127e935a.shtml。

逊和1号店，排名第五，成为国内第四大互联网上市公司。广东塑料交易所已发展成为国内最大的塑料现货电子交易市场，成为塑料行业的现货定价中心、物流中心和信息中心，创立的塑料"广州价格"和"广塑指数"成为塑料行业的价格风向标。

（二）实施创新驱动，加强平台建设

实施创新驱动，加强平台建设，就是要将创新精神贯彻到荔湾电子商务建设当中来，使其成为一种基础常态。

1. 积极打造电子商贸平台

互联网时代的电子商务发展的关键在于对互联网购物用户的抓取与占有。阿里巴巴的B2B、淘宝网的C2C以及京东商城的B2C的成功在于其平台抓取了绝大多数的用户数量。当前据工业和信息化部最新发布的数据显示，截止到2015年3月，我国移动互联网用户总规模超过8.99亿户，使用手机上网的用户数再创历史新高，达到8.58亿户。随着移动互联网技术的发展，3G和4G网络的普及，给移动平台电子商务的发展带来了契机。

荔湾区深刻地认识到移动互联网平台对于电子商务发展的影响，积极推动电子商务企业进行平台应用建设，并适时对电子商务企业进行帮扶。公共服务平台致力于发挥"千年商都"——广州荔湾的传统商贸优势，应用新兴的电子商务信息技术及其商业模式，为园区企业提供电子商务仓储物流、电子支付、电子认证、投融资、人才、代运营、培训、技术和软件服务等，以及提供园区办公室租赁、工商、税务、商务服务、知识产权、法律等专业服务。如支持酷有拿货网开发微商货源平台"货多多"，建设十三行微商孵化园区，在十三行商圈普及该微商平台APP应用，实现智能结算利润、发布分销信息等功能。目前，该平台已有5万家供货商、100万微商用户进驻。

2. 重视创新能力培养

创新能力是企业发展的动力源泉，荔湾区中小电子商务企业对于创新更加活跃。根据统计资料，在中小企业技术创新方面，2012年，荔湾区域

创新能力连续第三年位居全市前三位,科技进步贡献率达55.2%,全区研发投入25.5亿元,占GDP比重达2.2%,其中企业研发投入超过9600万元,中小企业用于技术改造的支出也在逐年增加,全区65%以上的创新成果诞生于中小企业。在商标战略实施上,全区中小企业商标申请量保持年均20%以上的快速增长,目前平均每2.31户中小型法人企业拥有1件注册商标。全区现在有广东省知识产权优势企业9家,其中中小企业专利申请总量1095件,同比上升23.5%。

(三)重视信息安全,加强制度保障

网络购物信息的安全是电子商务发展的命脉,必须要加强电子商务交易网络的监督与安全保障,保护消费者和电商企业的信息安全,在制度上进行保障和监管。

1. 保障电子商贸健康发展

大数据时代的电子商务发展,数据安全问题是当前令人担忧的地方。荔湾区在当前互联网时代的大数据信息的大背景下,为了电子商务的健康长远发展,在区内大力推动电子认证系统,发展认证技术,完善电子认证服务产业链和电子认证监管体系。

倘若仅仅只是通过保障电子商务交易数据信息的安全是无法使电子商务安全得到保障的。正是考虑到这一点,荔湾区还努力推动电子商务行业间的诚信建设,利用电子商务协会对行业的企业进行诚信状况监督,设立企业诚信信息档案库,执行诚信黑名单制度。在党中央提倡国家治理能力现代化的大背景下,荔湾区倡导电商企业成立由其自己主导的行业协会来参与行业政策规章制度建设是将治理能力现代化理论落到实处,用实际行动来积极推动荔湾区政府的现代化治理进程。

2. 建立健全相关制度规范

荔湾区十分重视区内电子商务的发展,建立了一系列的政策法规来规范市场秩序、帮扶电子商务企业发展、提升企业创新能力等。近年来,荔湾陆续制定了《关于印发荔湾区建设"电子商都"实施方案的通知》、《荔

湾区电子商务产业发展资金补贴办法》、《广州市荔湾区扶持重点企业发展办法》、《广州市荔湾区招商选资奖励办法》、《荔湾区促进楼宇经济发展试行办法》、《荔湾区加快推进企业上市工作扶持奖励办法》、《荔湾区加快3D打印产业发展实施意见》、《荔湾区3D打印产业发展资金补贴办法》等多项政策助力电子商务企业的发展。制定了《荔湾区创新型企业建设工作方案》、《广州市荔湾区产学研专项资金暂行管理办法》，修订了《荔湾区科学技术奖励办法》，旨在提升荔湾区电子商务创新能力。

（四）鼓励社会参与，加强多方合作

荔湾区发展电子商务，既强调政府的引导作用，也注重社会力量的参与。（见图6-3）因为，电子商务市场的发展没有政府的引导可能会乱序发展，没有社会的力量参与也明显活力不够。

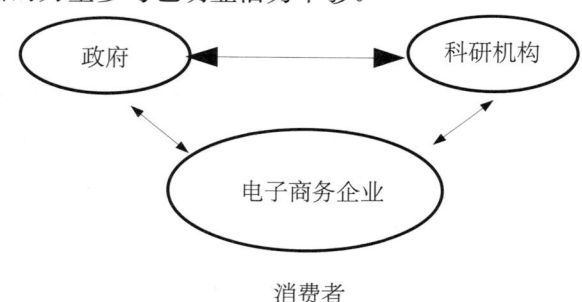

图6-3　电子商务参与主体间互动模型图

1. 更好发挥政府的作用

政府是发展电子商务市场参与主体中的重要角色，必须立足于电子商务发展的未来，为市场制定规则来监管市场行为，制定相关政策来帮扶电子商务企业的发展，进行基础设施建设，为电子商务的发展提供良好的环境，协调其他电子商务参与主体的活动。荔湾区政府作为参与主体在区内电子商务发展过程中提供了重要的服务内容：陆续制定相关的帮扶性政策规定为电子商务的发展提供政策服务，打造了"一个核心六大功能区"为电子商务提供硬件服务，牵头加强与高校科研机构进行合作，为电子商务

的发展提供理论创新服务。

2. 加强智库储备建设

2014年11月19日，马云在世界互联网峰会的"跨境电子商务和全球一体化论坛"上指出，未来的电子商务一定是社会化的。①电子商务的发展需要社会化，需要社会力量的参与。

荔湾区政府为进一步发挥高校、企业、社会产学研力量，以创新来驱动电子商务企业的发展，与华南理工大学等高校签订了产学研战略合作协议书。旨在通过发挥双方各自优势，建立长期稳定的合作关系，推动政府与高校开展全面战略合作，加强院校创新资源与地区经济与产业优势的结合，加快高新技术成果产业化，促进荔湾社会经济全面协调发展。根据协议内容，双方将合作开展创新创业活动，发挥各自优势共建技术研发中心、实验室等创新平台，联合开展科研攻关，在文化创意产业、光电产业、环保产业、现代服务业等荔湾区战略性主导产业和电子商务发展等领域加强科技合作，并加强管理与科研人才的培养合作。协议的签订，标志着一条构建荔湾特色区域创新体系的产学研结合路子已正式铺开。2014年10月28日，唯品大学挂牌成立，借鉴"硅谷"模式，唯品会已经与广东七所重点高校（中大、华工、暨大、华师、广工等）在人才引进、人才培养和产学研等方面展开深入合作。2014年，全区共培训电子商务人才2.1万人次，为电子商务发展提供充足的人才储备。

3. 推动电商企业合作共赢

电子商务企业之间的合作也是荔湾电子商务发展之路不可或缺的因素之一。并非所有企业都是同一产品市场的竞争对手，即使是竞争对手在适当的时机也有合作的必要，通常是互补性的企业之间的合作更加频繁、关系更加密切。企业之间进行优势互补，相互借鉴成功的管理经验，进行技术合作以及电子商务行业发展进行创新探索研究，对荔湾电子商务发展而

---

① 《马云：未来的电子商务一定是社会化的》，网易新闻科技板块，http://tech.163.com/14/1120/09/ABG2FK6J000915BF.html。

言是至关重要的。荔湾区拥有众多品类齐全的专业市场，许多中小电商企业没有能力自主建设销售平台进行商务贸易，因此选择与第三方电子商务平台如阿里巴巴网站进行合作。阿里巴巴是中国最大的B2B电子商务平台，输入关键词"荔湾"，能够找到九万多条荔湾电子商务产品相关的信息，可见荔湾区内众多从事电子商务的企业与阿里巴巴等第三方电子商务平台的合作的普遍性。通过与电商平台的合作，能够使荔湾区内众多电商企业进行优势互补，使得越来越多的消费者能够获得前所未有的购物体验，既能享受到网上购物的便利和乐趣，也能获得实体店的体验与服务，鱼与熊掌实现兼得。这对于荔湾区电子商务企业发展无疑提供了一条合作化的优选之路，企业间进行互补合作，促进共赢发展。

三 "互联网+"时代的荔湾未来

荔湾区电子商务发展快速，取得了令人瞩目的成就。但是同时也有一些因素阻碍了电子商务的发展进程。电子商务聚集区的集聚效应尚未完全发挥，区内诸多中小企业传统商贸经营理念根深蒂固，电子商务支撑体系建设进展缓慢，缺乏专业的电子商务人才，电子商务宣传滞后等一系列的因素使得荔湾电子商务的发展脚步放缓。为了突围，在信息化社会，荔湾要利用时机，抓住契机，大力促进电子商务在区内的发展。转变传统的经营模式理念，促进专业市场以电子商务作为产业转型升级的方式，实现传统加现代的新型经营模式。要在现有成效的基础上，加强电子商务聚集地的品牌示范效应，带动全区电商企业的发展，实现规模效应优势。完善电子商务服务的支撑体系建设，让企业经营电子商务有良好的环境支持。加强电子商务专业人才培养，创建人才培养体系，创新人才培养方法，为电子商务发展提供优质人才储备。完善电子商务宣传体系建设，让更多的消费者了解电商的企业文化与产品，促使其对产品或服务进行消费。

（一）力促中小企业转变经营模式

促进中小企业转变经营模式，把发展电子商务作为各类专业批发市场转型升级的重要手段，以建材、茶叶、鞋业、服装等专业市场为依托，以知名第三方电子商务平台如阿里巴巴、京东等积极开展电子商务业务。解决交易、物流配送、营销推广、售后服务和投融资等难题，通过管理创新、模式创新和技术创新，打造荔湾区传统专业市场的专属电子商务服务平台。通过建立公共平台、服务联盟和行业联盟，设立服务网站与行业协会，举办招商推广、培训交流等系列活动，以中介合作、孵化创业等各种方式整合产业资源，构建电子商务公共服务平台及电子商务企业综合服务体系。

推进中小企业电子商务应用，首先需要企业决策者了解电子商务，认识电子商务对企业发展的重要性，树立知识化、信息化管理理念，改变传统企业经营管理观念，将电子商务与企业的业务需求、人员素质、投资能力以及技术市场状况等实际情况结合起来，推进电子商务应用工作。通过电子商务协会等机构，加强对决策层的培训，改变企业的传统理念和模式，把握电子商务发展趋势，推进电子商务的广泛应用。

1. 加强宣传，提高认知

电子商务对于企业是否有实质性的帮助，这个问题是阻碍中小企业发展电子商务的首道关卡。关键原因在于中小企业对电子商务的性质和特征、如何进行操作以及电子商务将给企业带来的益处等还不甚了解。因此，要推动这些中小企业进驻电子商务领域，必然要加强宣传工作，使其充分了解电子商务的益处，消除顾虑，从而转变传统观念，树立知识化、信息化管理理念。将企业的基本情况如业务需求、人员素质、投资能力以及技术市场状况等与电子商务结合起来，推动电子商务的应用。

2. 加强培训，提升能力

随着电子商务经营思想的逐渐普及，许多企业经营者也看到了电子商务的诸多益处，摆在他们面前的难题就是如何为企业进行电子商务转变进行设计和操作。不同于传统商业贸易，电子商务对经营者是有一定的准入条件的。所以，对企业的经营者进行相关的电子商务运营知识培训是十分必要的。荔湾区的专业市场有 230 个，电子商务利用率不高，主要以传统方式进行经营。对专业市场经营者进行培训，使其具备基本电子商务运营常识与技能，将很大程度上促进专业市场发展电子商务，促进其产业优化转型发展，推动荔湾电子商务整体提升。

3. 政策助力，提供保障

中小企业发展的特质一般是：资金少、经营规模小、人员少等。对于这些正在经营的企业而言，转变或者开发一种新的经营模式就意味着需要进行投资花费。在传统商贸经营日益激烈的市场状况下，很难抽调闲置资金以及人员进行电子商务的转变。荔湾区站在促进中小企业发展的落脚点上，结合市场情况以及中小企业的实际情况制定相关政策规定来帮扶中小企业进行电子商务经营模式的转变。

（二）强化示范带动，增强电子商务集聚区规模效应

荔湾区电子商务集聚区设立的目的就是将区内电子商务发展的资源进行整合，集中促进区内电子商务的快速发展。当前，区内电子商务集聚区的聚集规模效应还未发挥，仍然要进行相应的建设与管理，以达到促进电子商务快速、健康发展的要求。

1. 加大政策扶持

加快聚集地的建设，政府要在政策上对相关的细则进行科学的指导，制定相关政策促使标杆企业愿意带动中小企业发展。同时，作为中间角色，促使园区企业之间的协调与合作，帮助其建立合作友谊关系。政府可以召开行业发展研讨会，邀请相关企业共同探讨聚集地园区电子商务发展的落地政策。

加强对总部经济发展情况的调研分析，起草和修订促进经济发展的配套政策，创造良好政策环境。2015 年荔湾区陆续起草、出台《荔湾区关于扶持重点楼宇和特色园区发展的实施方案》、《荔湾区关于加快电子商务产

业发展的实施方案》和《荔湾区关于加快现代商贸业发展的实施方案》等政策文件。积极落实好中央、省、市、区关于扶持企业发展的系列政策，加大财政扶持力度。2015年1—9月，为工业、商业、外贸、高科技企业和园区争取各类财政扶持资金6000多万元。每年从区财政安排固定资金，设立经济发展专项资金，用于支持科技服务、电子商务、研发设计等领域的示范机构、示范园区培育建设。制定了《荔湾区扶持重点企业发展办法》、《荔湾区招商选资奖励办法》、《荔湾区电子商务产业发展资金补贴办法》等扶持政策，加大了企业发展、租金补贴和人才服务等方面的扶持力度。积极组织企业申报市、区电子商务发展扶持资金、市商贸流通业发展扶持资金，帮助企业申报广州市示范电子商务企业、商务部示范电子商务企业。2015年7月，商务部公示的广东电子商务示范企业中，唯品会榜上有名，进一步提升了花地河电子商务集聚区的知名度。同时，加强人才服务，为电子商务企业引进的人才提供人才公寓，并在落户和子女上学等方面给予优先安排。组织企业申报创新基金、工程研发中心、创新型企业、电子商务发展、专利产业化、民生科技和上级科技项目配套等7类计划项目，通过专家评审的项目共125项。组织辖区单位申报2015年广东省科技项目34项，其中高新技术企业认定或复审14项；组织企业申报2016年第一批广州市科技计划项目53项。

2. 创新驱动发展

在网络化与信息化高度发达的时代，创新是企业发展进步的源泉，尤其对于依托虚拟平台的电子商务企业而言更是如此。荔湾区近年来高度重视科技进步和科技创新，大力培育发展创意产业、高新技术产业和现代服务业。科技进步对全区经济社会发展的支撑带动作用不断增强，形成了荔湾独有的创新优势。对于荔湾电子商务的发展而言，无疑有着极大的促进作用。要继续发挥创新的推动效应，还需要荔湾区政府的创新引导战略。政府应该在以下方面加强措施，提高区内创新能力，引进优秀创新型人才。创新能力在本质上还是归于人的智力创新，创新人才主导着行业创新的发展，荔湾电子商务行业的创新发展也需要高水平创新人才的推动。创新环境建设。一个良好的经营环境能够使电子商务企业快速健康发展，一个良好的创新环境也能使得创新人才的汇集以及企业自主创新能力的提升，荔湾区要建设良好的创新环境氛围，为区内创新发展提供条件。政府助力创新能力培养。政府在信息、技术、人员以及资金方面都有优势，应该将这些优势化为发展创新的推动力，成立创新研发部门，专职进行创新技术开发以及为创新产业的规划提供专业指导建议。

3. 发挥聚集效能

建设电子商务园区聚集地的主要目的就是将区内资源进行整合，对电子商务企业实行统一管理，也便于建设配备各种支撑服务体系。在完善满足企业发展的基础设施条件之外还能够让区内电子商务企业更便利地进行交流与合作，实现共赢。

引导区内电子商务企业共同参与园区建设，如发挥行业协会在区内电子商务发展规划中的作用，为园区电子商务的发展建言献策，企业间互相监督经营行为。积极推动IT行业企业同传统制造业、销售企业和物流业的交流与合作，推动传统企业加快信息化建设和电子商务应用。

荔湾花地河电子商务集聚区以广州国际医药港、广东塑料交易所为依托，建设面向珠三角的生产性服务业基地。积极吸引国内外大型商贸企业的地区总部、营运总部、结算中心、销售中心、采购中心，以及国内外贸易行业组织、促进机构等落户荔湾，提高荔湾商贸流通业的活力和竞争力，争当广州国际商贸中心排头兵。

（三）强化电子商务发展的支撑体系

电子商务发展的支撑体系是关乎电子商务系统能否运作的关键所在，任何电子商务企业离开了这些支撑体系的服务都不能独自发展。荔湾区完善电子商务发展的支撑体系，是发展区内电子商务必须要做好的事情。

1. 完善电子商务诚信、支付、物流体系

电子商务发展的一个很大的支撑点就是需要对电商企业进行商务信用评估与管理，促使其完善安全支付体系以及拥有物流配送能力。荔湾区鼓励企业参与广州市电子商务信用风险赔偿机制建设。构建政府主导的信用体系建设，建立电子商务企业诚信档案，加强企业诚信治理，建立电子商务企业诚信星级标准，推动企业诚信建设。协助电子商务企业申报第三方支付牌照，推动现金支付向信用支付转变，突破电子商务支付瓶颈。增强物流配套支撑能力，大力推动社会力量建设物流基地，做好物流基地规划，合理布局大型物流基地及网格化物流配送站。支持荔湾区电子商务企业和信息化物流企业在其他城市布局发展，设立分公司，加强物流配套设施建设，鼓励在物流园区投资建设标准化仓储设施和电子分拨中心。（见图 6-4）

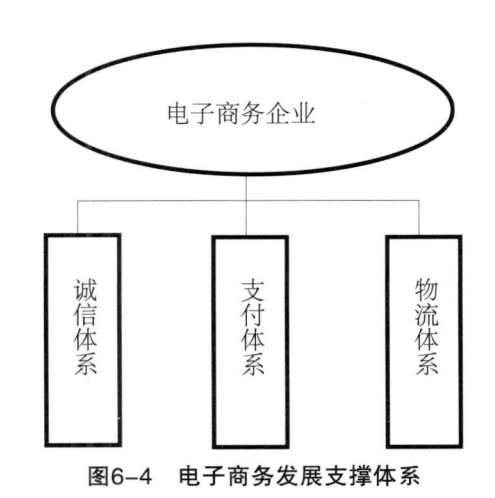

图6-4 电子商务发展支撑体系

2. 推进基础配套服务建设

电子商务园区需要具备为入驻企业提供投融资、项目申报、科技认定、创业辅导、咨询培训、信息交流、技术支持、市场策划、人力资源、企业诊断、经营管理、工商财税及战略发展规划等专业化服务的能力，在此基础上，还要针对中小企业的特点深入发挥各类服务机构的专长，将各类专业服务设计成较符合中小企业需求的具有特色的服务产品，形成了包括科技项目申报专项科技服务、认定专项科技服务、股权融资专项服务、入驻园区专项服务、营销联盟、总包分包、技术合同登记专项科技服务、财税代理专项服务、小额贷款、法律服务卡、工商税务代理以及各类不同主题的交流培训等 30 项专项基础配套服务产品。

创建公共服务平台来服务电子商务企业，大量电商企业以平台为中心聚集将有利于双方的互促发展，主要是实现做政府想做又做不了和企业想做又做不了的事情。公共服务平台主要提供行业资讯信息、资源重点整合、电商人才供求与培训、行业认证、创业支持、信用等级及知识产权等相关服务。构建电子商务公共服务平台能够为电子商务企业解决困难、提供实质上的帮助，促进平台集聚区电子商务的健康快速发展。

（四）加强专业人才队伍建设

相较传统商贸千年的发展历史而言，电子商务的发展从 20 世纪 90 年代至今不过二十几年。随着网络技术与应用的发展，尤其是近年来移动互联网的快速普及，人们越来越习惯于在线购物。由此，电子商务的进一步发展可谓时代前进的趋势，有人甚至预测电子商务的发展将会取代传统商贸经营模式，电子商务在当今时代的发展已然是势不可当的趋势。

随着电子商务的快速发展，对专业的电子商务人才的需求也越来越大。荔湾要立足时代，着眼未来，加快专业电子商务人才的培养，为促进区内电子商务产业的发展提供人才储备。

1. 电子商务专业人才引进与培养

电子商务经营的成功与否一定程度上取决于企业专业人才的质量。市场上电子商务的人才不在少数，但是符合企业要求的高层次优秀人才却是十分缺少的，近些年来许多高校都开设了电子商务专业，安排了电子商务的理论课程教学。由于市场情况瞬息万变，学校授课采用的教材与方法可能会与市场所需有一定的脱轨。当学生进入市场后发现许多东西还要重新学习，企业招聘这些员工入职也要花费成本对其进行培训。

荔湾区发展电子商务就要帮扶企业进行优秀电子商务人才的培养与引进。设立专项资金帮助电商企业为新入职的员工进行专业知识培养；政府出台政策吸引优秀专业人才入驻荔湾；加强与高校之间的联系，作为企业和高校之间的沟通桥梁，帮助高校培养与市场接轨的专业电子商务人才；对在岗的荔湾电商人才要进行激励机制改革，把现有人才留住。

2. 政府专职人员能力培养

党的十八届三中全会强调国家治理体系现代化以及治理能力现代化，我们之前讨论当前环境下发展市场经济就是要处理好政府与市场和社会之间的关系。由于社会和市场的特性不可能作为协调三者之间关系的主体，因此政府必须充当这个角色。荔湾区要实现治理能力现代化，大力发展电子商务，必然要协调三大元素之间的关系。由此，政府专职人员的能力素养必然是要具备一定的协调能力，同时又能站在社会公众利益的立场上，还要具备基本的电子商务运营知识能力。因此，这也需要政府对专职人员进行相关的引进、培养，以助力荔湾电子商务的发展，促进荔湾社会进步，提升荔湾治理能力现代化。

（五）完善电子商务宣传体系

网络购物关键点在于企业以及产品的知名度，提高知名度的关键在于宣传工作。完善电子商务宣传体系可以从宣传主体多元化、宣传方式多元化等方面出发。

1. 宣传主体多元化

当前，荔湾区电子商务的宣传工作主要是由相关企业进行，单一的宣传效果有限。要达到理想的宣传效果，使消费者熟悉其企业和产品，就要创新当前的宣传模式。要通过政府、企业、第三方电商平台、消费者微平台等多元方式参与电商宣传，快速引起消费者的兴趣，提升企业产品的知名度。

2. 宣传方式多元化

宣传方式主要有传统媒体和新兴媒体两大类，报纸、杂志等平面广告，电视以及广播类广告都属于传统媒体宣传。与传统媒体相对应的就是以网络为中介的新媒体宣传。

一般而言，电子商务就是依托网络而建立的，通常企业都会只进行网络宣传工作,这样成本低、传播迅速。但是,单一的宣传方式必定使企业的发展边缘化。荔湾区发展电子商务需要鼓励宣传方式多元化,使电子商务的宣传面更加广阔,使宣传的受众群体更加广泛,如此才符合可持续发展的科学之路。

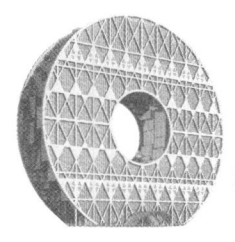

第七章
凸显浓郁岭南风情的文化荔湾

　　一座城市的文化遗址,真实地记录了城市历史发展和演进的轨迹,是城市不可再生的宝贵资源,也是城市的文化底蕴和魅力所在,更是城市竞争力的关键要素之一。作为广州市的一个辖区,荔湾位于市区西南部,旧称"西关",因其拥有"一湾溪水绿,两岸荔枝红"的千年名胜荔枝湾而得名。荔湾有2000多年的历史,由于近代建筑被大面积保留,整个城区肌理保持了旧时的风貌,因此,荔湾区被人们视为广州记忆的象征和怀旧的对象,"西关文化"也就成为最能代表广州岭南文化特色的代名词。2005年,与芳村区合并后,荔湾融合了老西关和芳村两个区域的资源,成为传统与自然的结合体,是广东省甚至国内为数不多、薪火相传的岭南商业文明的典型代表,是广州打造国家历史文化名城的重要战略资源。充满西关风情的骑楼和麻石街,众多的历史文化古迹和旅游名胜景点,凝聚了荔湾羊城美景的古今风情,宛如一颗颗璀璨的城市明珠,交映点缀着这座古老的城区。曾经有人说"没有到过荔湾,就不算真正来过广州",但长期以来,荔湾对历史文物资源强调传承保护的同时,却活化利用不足,许多历史文物资源处于"沉睡状态",未能充分以文化产品、文化服务形式实现价值扩张。本章将探讨现有荔湾的文化资源和竞争优势,在差异化战略的基础上,分析荔湾未来文化发展的优化路径。

第七章　　凸显浓郁岭南风情的文化荔湾

一　走进荔湾：底蕴深厚的岭南文化

作为广州的老城，老荔湾和芳村合并以后，基本实现优势互补，大大丰富了原有的文化资源，品种繁多，底蕴深厚，影响久远，可焕发出新的生机与活力，助推荔湾社会、政治、经济、文化、生态良性发展。

（一）现代商贸文化

在清朝"闭关锁国"时期，荔湾"十三行"成为当时全国唯一对外贸易商埠，是古代海上丝绸之路发展的高峰之一。历史上，荔湾区一直是广州的商业中心，与市区东面的政治中心——东山，一政一商，遥相呼应。改革开放以来，得益于广东开风气之先，荔湾历史悠久的商业文明在新时期焕发出新的辉煌：白天鹅宾馆、胜利宾馆、南方大厦、清平中药材批发市场、黄沙水产品市场、"十三行"服装批发市场、上下九商业步行街以及各色古玩街等成为国内开发最早、海内外享誉最高、拥有"先师"地位的商业配套和专业市场，延续着昔日商贸的繁华。（见图7-1）

图7-1　上下九步行街

（二）旧城风貌与古建筑文化

荔湾作为广府文化的发祥地之一，自古便商贾云集，充满人文气息，这里的建筑文化也是自成一格的。拥有岭南建筑之精华，集木雕、石雕、砖雕、灰塑、陶塑、铜铁铸等雕刻艺术于一体的国家文物保护单位——陈家祠；"中国历史文化名街"、充满欧洲风情的国家文物保护单位——沙面建筑群（见图7-2）；建筑风格具有浓郁的岭南特色和较高的历史价值，被列为广州市历史文化保护区——聚龙古村；以收藏、陈列和研究荔湾历史、文化、民俗为主要内容的广东省首家区级博物馆、广州市文物保护单位——荔湾博物馆；平面布局狭长，独特结构既有利于穿堂风又兼具冬暖夏凉优点的岭南特色建筑——西关大屋；岭南一代名园"海山仙馆"等大批珍贵历史文化建筑。

图7-2　沙面近代欧陆风情建筑群

作为岭南文化的中心地，荔湾辖区内历史文化遗存集中，核心文化符号鲜明且具有不可复制性，如享有"小秦淮"、"岭南第一胜景"之美誉的荔枝湾，清代八大名园之一的醉观园，"大通烟雨"、"鹅潭映月"、"海角红楼"等历史名胜。詹天佑、李小龙、康有为、何香凝、陈少白等名人故居也坐落于荔湾区,广州酒家、陶陶居、莲香楼等百年老字号茶客依旧络绎不绝。目前,辖区共有古建筑坛庙祠堂、近现代重要史迹及代表性建筑等文物保护、登记保护及线索单位162处255个点,其中国家级3处56个点、省级5处、市级27处63个点、市登记21处24个点,区级文物保护单位共106处107个点。传统的城市格局和众多的典型风格建筑为保护和弘扬岭南文化提供了重要载体。

(三)饮食文化

民间素有"食在广州、味在西关、源自泮塘"的说法。汉代荔枝上贡皇帝,南汉后主在昌华苑大摆"红云宴",明代泮塘"五秀"(莲藕、马蹄、菱角、茨菇、茭笋)飘香。所谓"民以食为天","食"这件民间的头等大事,在荔湾更是备受关注,贯穿于荔湾的文化之中,成为荔湾的一大特色。如艇仔粥、牛杂、双皮奶、肠粉等,各种西关美食依旧保持着往日的特色,皇上皇腊味、趣香饼家特色糕点、南信双皮奶、伍湛记状元及第粥、银记肠粉、顺记冰室椰香雪糕等美食深入民心,茶楼、食店遍布大街小巷,泮溪酒家、陶陶居、莲香楼、广州酒家等一批中华老字号享誉全球。

(四)中医药文化

广州是传统的岭南中医药中心,俗称"西关"的荔湾区中医药文化源远流长,历史上中医馆云集,名医辈出。清末民初,广州名中医集中在龙津路、和平路和长寿路等地段,这里素有"中医街"之称。荔湾的中西药在全国具有十分重要的地位,也是全国中药材重要集散地之一。现代荔湾区的中医药文化也不断发展,区内因拥有全市最多的大规模中药厂和清平中药材市场而闻名全国,年销量达10亿元。荔湾区中医药文化发展延续至今,已成为功能齐全、有中医药特色、辐射范围广阔的中医药文化区域。

(五)非物质文化遗产

区委、区政府一直重视对非物质文化遗产的保护。2012年以来,政府公布了19个非物质文化遗产保护项目（国家级项目3个、省级项目6个、市级项目8个、区级项目2个），其中最负盛名的当数"粤曲"和"西关五宝"。

1. 粤曲

在20世纪60年代，周恩来曾经说"昆曲是江南的兰花，粤剧是南国的红豆"，把粤剧与有"百戏之祖"之称的昆剧相提并论，可见粤剧在中国戏曲界的地位。粤曲项目被国务院公布列入第三批国家级非物质文化遗产名录。荔湾是粤剧的发祥地之一，粤剧在荔湾有着悠久的历史，"广东粤剧八和会馆"、"銮舆堂"、广州市振兴粤剧基金会等重要团体和场所都位于荔湾，粤剧、粤曲界众多的知名人士也多生活在这块美丽的地方。2003年，荔湾区被评为"中国曲艺之乡"，是当时广东省唯一获此殊荣的城区。近年来，荔湾区委、区政府特别重视发展粤剧曲艺艺术，为实现粤剧曲艺的传承与发展做了大量工作，自主创作编排的曲艺类节目《情醉珠江》、《西关食通天》、《南音新唱十三行》先后荣获"群星奖"（全国社会文化艺术政府最高奖），粤剧事业发展呈现可喜势头。依靠着粤曲、粤剧在西关的深厚群众基础，目前区内粤剧爱好者自娱自乐的"私伙局"就有四十多个，荔湾还举办每年一届民间音乐曲艺大赛。

2. 西关五宝

"西关五宝"（牙雕、玉雕、木雕、广彩、广绣）又称"三雕一彩一绣"，是具有广州西关鲜明特色的五种民间工艺，是荔湾重要的文化名片之一。其中，牙雕、玉雕、广绣已被列入国家级非物质文化遗产名录，木雕、广彩也进入了省级非物质文化遗产名录。

（六）玉文化

清代中叶以后，华林寺周围是广东最大的玉器圩。广州的翡翠玉雕是全国闻名的，而广州的玉雕市场，集中在西关。经历多年的发展，以华林寺前为中心，包括华林新街、新胜街、长胜街等在内的数条街，不计其数的玉器珠宝商店、摊位林立，以"玉器、水晶、珍珠、饰品、古玩一站式采购"为经营特色,附设有专门的珠宝检测中心,负责鉴定玉器品质,让顾客买得放心。华林寺周边的玉器交易量占了广州玉器交易总量的九成以上,是全国乃至东南亚最大的玉器市场之一。

(七)民俗风情

民俗文化是人民群众创造、共享和传承的在生产生活过程中所形成的一系列物质的、精神的文化现象,其内容相当庞杂丰富。时至今日,民俗文化仍然具有不可替代性,它以群众喜闻乐见的形式展现于人们身边,在潜移默化当中提升区域民众的精神境界,丰富人们的业余文化生活,对培养、树立社会主义核心价值观,提升居民文化素质和城区文明程度有着重要的作用。近年来,荔湾区借助纪念传统节日的时机,组织举办如坑口生菜会、三月三荔枝湾、五月五龙船鼓、七月七魁星诞、黄大仙诞庙会、粤剧八和祖师诞等特色活动,紧紧围绕本地历史传统,深挖本地特有的传统民俗,令活动具有不可复制的地方特色。(见图 7-3)

图7-3 "三月三荔枝湾"老广州民间艺术节

(八）宗教文化

荔湾历史悠长，人文底蕴深厚，宗教文化资源丰富多样，"宝物"众多：拥有禅宗达摩的"西来初地"——始建于公元527年，具有1400多年历史、被誉为广州佛教"四大丛林"之一的"华林寺"，其前身是"西来第一人"天竺高僧达摩结草为庐，传经授宝的栖身之地"西来庵"；千年道教庙宇"仁威祖庙"；始建于清咸丰六年至八年（1856—1858年），分别在1904年和1998年历经两次重修，于1999年2月6日对外开放的道教圣地——芳村黄大仙祠；还有基督教芳村堂、沙面堂、十甫堂和天主教露德圣母堂等。

(九）茶文化

早在20世纪60年代，芳村石围塘的茶叶市场已经小有名气。2000年，经广州市政府批准，在洞企石路正式划出市场用地10万平方米，建成大型的南方茶叶市场，专营茶叶商铺达1.72万家，云集了福建、浙江、广东、香港、台湾等地区的茶商，以经营江浙龙井、广东红茶、福建铁观音、云南普洱茶和沱茶、广西花茶、台湾冻顶乌龙等各地1000多种名茶为主，年交易额逾30亿元，是全国最大的茶叶专业批发市场和集散地之一，市场辐射全国各地及东南亚地区，被市政府列为重点扶持的五大专业批发市场之一。在南方茶叶市场周边，集聚着芳村茶叶城、国际茶叶贸易中心、三一国际茶叶贸易中心等多家大型茶叶批发市场。每天，南来北往的茶客在这里川流不息，品茶的、购茶的、选茶具的，到店里一坐，赏茶品茗，三指滚杯，高冲低行，关公巡城，韩信点兵，每个动作都那么优雅、洒脱，这就是荔湾的茶文化。

(十）花文化

芳村古称"花埭（地）"，是世代的花乡，有着1700多年的种花历史。无数文人墨客留下了不少以花为题赞美芳村的诗句。康有为《人日游花埭》诗中"千年花埭花犹盛，前度刘郎今可回"的"花埭"就是今日之芳村。远在南汉时期（917—971年），花埭（花地）就以盛产素馨、茉莉花而闻名于世。明、清以后花卉品种日益增多，清代江南著名园林家沈复，在他所著《浮生六记》中写道："渡名花地，花木甚繁，广州卖花处也。余自以为无花不识，至此仅识十之六七，询其名有《群芳谱》所未载者"。新中国成立后，花卉业随着经济发展而腾飞，花市应运而生，2003年，广州市政府投资1亿多元建成位于芳村花博园花卉展览示范中心的广州花卉交易（拍卖）中心，这标志着芳村延续千年的花卉贸易从此走向国际化、现代化的轨道。全国六成以上的观叶植物、近三成的鲜切花，都经过芳村集散，而拍卖中心所在的花博园，年产值更是达到21.5亿元，在园内落户的三百多户花卉生产商，带动了全省共计6000公顷的花卉生产规模。由于芳村目前拥有广州花博园、岭南花卉市场和中国第一家通过认证的花卉质检中心——农业部花卉产品质量监督检验测试中心，凭借这一市场优势，芳村拍卖中心花卉的价格左右了全市、全省乃至全国的花卉价格。

二 审思荔湾：文化发展的荔湾困境

当前，荔湾区在文化发展方面的主要挑战有：旧建筑等文化遗产遭受破坏，新建筑与旧城风貌不协调；旧城区保护和改造体制不完善，改造手段单一，改造成本居高不下；产业转型升级滞后，仍没有摆脱观光旅游阶段的低端业态。

（一）"旧城改造"造成古建筑破坏严重，新旧城风貌不协调

早期"旧城改造"的标准过于简单，主要是根据建筑物面积大小和质量好坏，而不是根据其历史价值来决定是拆还是留，致使个别历史建筑被夷为平地。与此同时，新旧建筑参差不齐，不适当的新建（主要是大型市政建设及部分高层建筑等）造成历史建筑的外在环境与原始风貌被严重破坏。

（二）保护和改造体制不完善，改造手段单一、改造成本居高不下

旧城保护和改造是一个复杂的综合系统，它涉及社会效益、经济效益、环境效益、文化效益等多方面的平衡与完善，关系到政府部门、房地产开发商和普通居民的利益博弈。由于目前广东省对于成片旧街区的保护和改造仍处于探索阶段，改造手段单一，工作体制不尽完善，公众参与仍然薄弱。加上广州是全国房价较高的城市之一，随着旧城保护和改造力度的加大，传统改造模式的成本居高不下，政府和开发商面临巨大压力。

与此同时，辖内民居年代久远，房屋建筑在岭南潮湿炎热的气候下显得格外破旧，市政公共服务设施严重老化杂乱，部分老西关居民的居住条件甚至可以用恶劣形容。因为地势低洼和排水设施落后，"落雨大、水浸街"的现象时有发生，许多家庭的家具都长期垫高近20厘米；很多居民家里甚至没有厕所，仍需要到街道的公共厕所解决。群租和历史遗留的多户共住现象突出，特别是公屋产权关系复杂，更新维修困难。居住环境一直得不到改善的结果是本地人的大量迁出和外来就业人口涌入，旧城的空心化和老龄化无疑进一步加重了老建筑的破败，也对社区归属感和幸福感产生极大的冲击，缺少"人"的历史街区其活力和生命力都是大打折扣的。

（三）产业转型升级滞后，旅游业仍没有摆脱观光旅游的低端业态

"成行成市"是荔湾旧城的经济业态特征，以批发业最具特色。但批发业态"旺丁不旺财"特征明显，如十三行服装批发市场，大量外来就业人口涌入，给辖内带来较大的卫生环境、交通、消防、维稳等压力。此外，由于广州商业发达，致使有限的资源基本上集中到传统的商贸和零售，加上旅游业长期得不到应有的重视、发展思路定位不清、布局混乱、配套设施不全、旅游产品更新换代滞后，导致荔湾区的旅游业至今仍没有摆脱观光旅游的低端业态，基本上停留在本地居民节假日自娱自乐阶段，与现代服务业的发展、新经济活力的提振以及发展模式转型升级等的要求都有较大差距。辖区的旅游运营商停留在低层次的"零售"阶段——以组团参观、接待游团和收取服务费为主，基本上没有实现由运营向投资的转变，与荔湾丰富的旅游资源极不相符。

三 走出荔湾：文化发展的地域"突围"

资源不同，经历不同，发展的道路必然也不同。荔湾是广州市区当中唯一一个兼具新、老两种城区形态的地方：原荔湾属于老城区，地域小，起点高，配套优，条件成熟，拥有独特的历史、人文资源，商贸发达，文化积淀深厚；原芳村属于新城区，地域宽广，虽然发展起点低，但发展空间大。两区合并，也就意味着现在的荔湾拥有两张好牌——"历史牌"和"生态牌"，不同的牌有不同的打法，荔湾的文化发展，需立足自身特点与优势，扬长避短，走与别人不一样的路。

根据区委、区政府的策略部署，荔湾当前正全力推进"传统、现代、自然"三大片区建设。"传统老西关"：在北片旧城区，依托传统的广州西关脉络清晰的旧城文化肌理、众多的历史古迹和深厚的岭南文化底蕴，打造十三行岭南风情品牌；"现代白鹅潭"：在南片芳村白鹅潭岸线，加快集聚高端服务业、新型工业，集中呈现国际品牌、时尚元素、潮流气息，打造白鹅潭现代商贸品牌；"生态花地城"：在南片芳村花地，依托千年花乡、密布河涌、绵长水岸和悠久的花卉种植历史，打造花地生态品牌。而荔湾的文化发展也应紧紧依靠和服务于这三大板块，因地制宜，善用资源，打造具有独特魅力的文化荔湾。

（一）做强"西关文化"——"人无我有"的文化

西关文化是荔湾独有的文化，也是荔湾文化的根源所在，其历史、人文基础深厚，扎根于人们的思想意识之中，抽象、无形、深刻、不可替代，因此说西关文化是一种有回忆的文化。西关文化以西关泮塘、荔枝湾、恩宁路、上下九、十三行、沙面岛为主要集中地，分别代表着古村落、水文化、骑楼文化、商贸文化和欧陆风情，应秉承"重在保护，合理利用"的理念，从四个方面着手建设，重点打好"历史牌"。

1. 加快建成"岭南风情区"特色商业文化街区

岭南商业文化是享有较高国际知名度的独一无二的历史文化品牌，是荔湾建设岭南风情区的落脚点。为此，在"五区一街"（荔枝湾文化休闲区、陈家祠岭南文化广场区、沙面欧陆风情休闲区、十三行商埠文化区、水秀花香生态文化区，上下九商业步行街）建设的基础上立足岭南商业文化特色，进行生态博物馆群旅游开发，把岭南商业文化贯穿于岭南风情区博物馆群的相关元素之中，以展示西关市井生活的真实情景为目标，再现昔日荔湾商业繁华，同时通过保护性修复改造赋予其时代内涵，吸引休闲度假相关业态的进驻，让老荔湾换发新活力，产生新价值。

2. 加快文化场所活化与建设工程

加快陈家祠岭南文化广场区二期、西关泮塘等项目建设，通过周边广场扩建，建设广东民间工艺精品陈列馆和集若干传统工艺体验区并立的岭南工艺及文化展示、展销、制作的旅游文化中心，形成集岭南传统建筑艺术、民间传统工艺展示、群众文化活动集散的城市文化广场。

一是按照陈建华市长"荔湾湖、青砖屋、黑瓦顶、荔枝红、麻石路、古树木、泮塘人、保育好"的指示要求，努力把岭南文化、广府文化的重要元素浓缩于西关泮塘项目中，力争将其打造成为展示岭南文化、广府文化的重要平台，与东面的花城广场遥相呼应，形成以珠江为轴，现代城市景观与历史文化风情交相辉映的格局。

二是通过对荔枝湾水系的昌华涌、大地涌、沙基涌、上西关涌进行揭盖复涌，打通老西关水网，复兴西关古水系，打造岭南的"东方威尼斯"，把荔枝湾文化休闲区建成具有浓郁岭南水乡特色的旅游景区。

三是对上下九路沿街一带纵深区域的旧城进行更新改造，通过街巷、绿地、小广场建设，把沿线名人故居、寺院、会馆、历史街区等景观要素串连成一体。

四是以十三行故址旧城改造为基础，结合文化公园改造，高标准规划建设十三行博物馆和十三行文化主题公园，打造十三行商贸文化旅游圈，重现千年商都繁华。

五是发掘沙面历史建筑的内在文化价值，结合优美的临江景观资源，形成集建筑博览、史迹旅游、休闲游憩及总部经济为一体的综合性商贸旅游区。

3. 加强博物馆群建设

博物馆旅游通过对文化遗址的整体性、保护性开发，不仅原汁原味地保留了文化遗产的真实性，而且直接满足了公众与游客对展示对象的深度参与和体验。2013 年，荔湾区印发了《荔湾区关于加强博物馆群建设的实施方案》，拟在未来 10 年打造十三行博物馆、广州粤剧艺术博物馆等 23 个以国有博物馆为龙头、专业博物馆为特色、民营博物馆为补充的博物馆群体系，并积极争取省、市重大标志性文化工程落户荔湾区。新建十三行博物馆，把锦纶会馆打造为广州丝绸博物馆，把陈廉伯故居纳入区博物馆范畴并完成修缮，建设"三雕一彩一绣"展示中心，改造博物馆文物库房，丰富区博物馆和蒋光鼐故居馆藏和功能，形成岭南博物馆组群，将具备条件的名人故居建成"微型"纪念馆或博物馆，构建独具西关特色的文物展示体系，使荔湾成为集中展示岭南文化的"活教科书"。鼓励和引导民营资本建私人博物馆，在"五区一街"等主要场所建造一批具有浓厚西关风情的景观雕塑，构建没有围墙的"博物馆"，提升城区文化内涵。

4. 加强非物质文化遗产保护与开发利用

新建粤剧艺术博物馆，完善非物质文化遗产保护管理制度，全面完成非物质文化遗产普查工作，建立非物质文化遗产数据库，落实传承保护措施和传承人保护计划，争取更多项目纳入市级、省级非物质文化遗产名录。进一步弘扬粤剧粤曲、岭南书画等传统文化艺术，重点做好牙雕、玉雕、木雕、广彩、广绣、粤曲、岭南盆景艺术、岭南木偶戏表演艺术、西关正骨、采芝林传统中药文化、敬修堂传统中药文化等非物质文化遗产的宣传推广，运用现代化的科技手段实现文化的传承，依托丰厚文化资源、丰富创意和设计内涵，拓展非物质文化遗产传承利用途径，促进文化遗产资源在与产业和市场的结合中实现传承和可持续发展。规划总用地面积1.71万平方米，总建筑面积约2万平方米，项目总投资4.34亿元的广州粤剧艺术博物馆计划在2016年上半年对公众开放，截至2015年底，已征集第一批次藏品三千多件套。（见图7-4）

图7-4　广州粤剧艺术博物馆

值得一提的是关于建立非物质文化遗产馆或传习所的重要性问题。由于非物质文化遗产是一种活文化，需要通过传承人的"巧手"才能"诞生"于公众视野，才可以转化成看得见、摸得着的东西，也就意味着它是跟随着传承人的搬迁而流动，既可以属于荔湾，也可以走到外地，属于可移动资源。所以要从源头上保护那些无法靠物质传承的无形文化遗产，就必须留住非遗的"根"——项目传承人，即用政策吸引人才驻守，实现非遗资源的有效传承、挖掘和利用，在这一点上政府是责无旁贷的。受场地、资金、人才等多种因素的制约，荔湾的非遗项目发展正处于瓶颈期，部分非遗项目不得不在外区设点经营，所幸是全部33位代表性项目传承人还是情系着荔湾，关心荔湾发展的，一致的愿望是希望荔湾创造适宜的条件让他们留下来。如果荔湾能有相应的扶持政策，规划一片区域用于建设非遗基地，专门用于发展非遗文化项目，集制作、销售、展示、体验、交流于一体，让该基地成为发展地区经济的亮点，来荔湾必看的特色景点，通过人气聚集财气，真正实现非遗文化的社会和经济价值。

（二）做大"产业文化"——"人有我优"的文化

深厚的文化底蕴是荔湾文化的核心，是荔湾区别于其他地方的文化标志，正是这种独特的文化魅力吸引了无数文化名人在荔湾工作、生活，为荔湾科学发展提供了强大的发展动力。以文化引领城区发展转型升级，把文化元素融入产业中，大力发展创意文化产业，打造珠江黄金西岸创意产业带和花地河新经济带，促进文化产业跨越发展，对促进地区经济持续、健康发展十分有利。

1. 优化文化企业发展环境

完善文化市场体系，加强文化市场管理，增强文化旅游服务功能，发展新型文化业态，走出一条专业化、产业化、规模化的发展之路。按照压缩总量、调整结构、规范经营、规模发展的原则，鼓励支持文化企业连锁经营，优化资源配置，形成经营品牌。继续培育大量优秀、有实力的骨干文化企业，使之成为带动广大中小企业发展的领头羊，引领文化产业发展的中坚力量，推动文化产业又好又快发展。

2. 重点扶持文化创意产业

坚持走规模化、品牌化、特色化的文化产业发展之路，加强政府引导，完善产业政策和综合服务平台，优化市场配置，加快推进各类文化创意产业园区（基地）建设，发展投资主体多元化的文化创意企业集团，着力培育引进创意企业总部。以文化传媒创意、工艺制造创意、时尚消费创意为主，重点发展影视动漫、广告传媒、民间工艺、旅游餐饮等文化创意产业，形成特色鲜明、配套完善的产业集群。着力提升广州设计港、信义会馆、1850创意产业园规模，全面推进冲口油库、基督教堂、922宏信创意园、信义会馆二期等珠江黄金西岸荔湾滨水文化创意产业带发展，发挥产业带、产业园区（基地）的带动和辐射作用，努力把荔湾打造成为创意之都。

（三）做好"生态文化"——"人优我创"的文化

说到生态文化，可能现在我们还处于起步阶段，但我们拥有独特的资源，只要我们用好"先天"优势，充分发挥"后天"努力，打好手中的"生态牌"，荔湾的生态文化还是大有可为的。

1. 促进农业创意和设计产品产业化

围绕水秀、花香两大主题，提高种植领域的创意和设计水平，提升农产品附加值，做好"茶文化"和"花文化"品牌，把文化转变成生产力，建设集种植体验、田园观光、教育展示、文化传承于一体的休闲农业园。重点打造大沙河生态主题公园、葵蓬生态公园、花地河水文化旅游长廊、五眼桥通福秀水生态休闲带、聚龙村——大冲口涌文化生态休闲区，推进农业与文化、科技、生态、旅游的融合，建设宜居宜商宜游的"广佛花城"，将荔湾建设成为广东省示范性旅游创新城区、广佛都市圈文化代表性城区、重要国际旅游目的地。

2. 挖掘整合文化旅游资源

开发整合推广商务休闲、文化创意、旅游演艺、特色餐饮、中医保健、民俗节庆、时尚购物等具有鲜明地方文化特色的都市旅游产品，形成老西关水城游、名人故居游、美食游、绿道游、火车游、民俗风情游、河涌生态游等系列特色旅游线路，丰富提升地区都市旅游的内容和层次。重点扶持打造文化旅游龙头企业，逐步形成品牌或特色产业集群，地区旅游产业整体实力与水平迈上新台阶。

3. 挖掘"铁路文化"旅游资源

荔湾拥有中国铁路史上的3个重要标志。首先，荔湾是中国最早的一位杰出的爱国工程师——詹天佑先生的出生地。詹天佑先生作为中国首位铁路总工程师，清末、近代铁路工程专家，为中国的铁路事业发展作出了重大贡献。其次，荔湾是粤汉铁路的起点地。据史料记载："广东省商办粤汉铁路起点南濒珠江，北达全省腹地山区，至湖南省宜章县境，与湘鄂两省修建之粤汉干路相接。该路起点站为黄沙车站，位于广州城西南隅之黄沙，属南海县管辖地。该站为全路首要车站，凡公司机关办公处、机车车辆存放场所、机车工厂、材料厂均设于此地。附近一带行栈林立，货物山积，为运输货物装卸集中地，站址面临珠江，水陆转运便利。隔江对岸，为广三铁路石围塘车站，沿市街东行可达广九路车站，西行则出泮塘荔枝湾等处。"再次，荔湾拥有现成的铁路网络。包括广钢集团专用铁路和广三铁路：广钢集团专用铁路线分布在荔湾区芳村地块，主要连接广中码头、广三铁路和广钢厂区；广三铁路从广州通往三水，并非广州的主干道，却是最早的铁路，它于1903年建成投入使用，至今仍是广州铁路集团下属的主要货运站。石围塘站是广三铁路的广州终点站，也是广州现存最老的火车站。荔湾可以参照巴黎T2线这个成功典范，把芳村地区原有旧铁路线改造成新地铁，变废为宝，把"新交通线路"打造成为具有广州荔湾特色的"地上铁"，既方便市民交通出行，又节能环保，还能塑造城市风情，成为游客了解荔湾的新途径，一举多得。

4. 通过中医药打造休闲旅游文化品牌

生活水平提高了，人们对健康的重视程度也不断提高，随之而来的是"中医热"不断升温。荔湾应从三个方面着手，树立"正宗中药在清平，妙手回春数荔湾，食得健康到西关"的商贸文化旅游形象，凸显"中医药"行业优势。首先，建立中医药博物馆，收集及展示岭南地区有关中医药的史料（包括名人、名药、名店）和实物，并向群众普及中医药知识；其次，修复和利用现有的中医药名胜古迹，如孙中山的中西药局、宝芝林、黄飞鸿的医武馆等；再次，建立中药生态园圃，在荔湾湖公园或青年公园内辟出部分园区为"本草园"，园内种植各种中草药，并设有中药展览馆，增设药疗浴，教授太极拳、八段锦、经络穴位疗法，举办中医养生保健讲座等综合服务。

"岭南文化聚荔湾，西关风情最广州。"荔湾作为广州市岭南文化中心地的窗口，最能够代表广州乃至广东站到国际文化的展台上。未来荔湾将在文化引领下推动科学发展，以高度的文化自觉和文化自信，紧抓机遇，充分运用"塑点、连线、扩面"的方法，促进文化资源互融共享，优化文化产业规模化、集约化、专业化环境，大力弘扬岭南文化，擦亮西关名片，在推动岭南文化复兴的征途上争取更大发展。

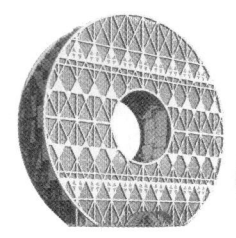

第八章
传统、现代、自然有机融合的城市更新

　　溯源历史，城市的发展就是一个不断更新改造新陈代谢的过程。自诞生之日起，城市更新就作为一种城市的自我调节机制内生于城市发展进程。历经三十多年的快速发展后，旧城更新改造日渐成为我国城市发展的主题之一。相比于西方城市化程度较高的国家和地区，当前我国大部分旧城更新改造的模式和方法正处于探索阶段，而且由于各地的历史、经济和社会等背景不一，改造的道路也不尽相同，难以有一个普遍适用的改造办法直接套用。对于广州市荔湾区来说，悠久的城市发展史一方面给予了荔湾深厚的历史沉淀和文化底蕴，另一方面也使荔湾面临着区内旧房更新和环境治理等一系列改造问题。近年来，荔湾大力推进危破房改造工作，改变拆迁安置政策，协调城区历史文化与现代化发展，全力打造"传统、现代、自然"有机融合的幸福生态荔湾。

一 荔湾旧城更新改造溯源

荔湾区处于广州西部，但近年来，由于广州市区主要向东发展以及一些客观因素的限制，如西关大部分地区处于广州白云机场的限高区，使得西关地区成为城市传统风貌改变最少、传统文化遗产保存最多、传统文化气息保存最完整的区域。

（一）荔湾旧城现貌

1. 人口情况

据2013年统计数据表明，荔湾22个街道人口密度最高的是逢源街和龙津街，超过8万人/平方公里。（图8-1）从人口结构方面看，60岁以上的老人占户籍人口的22%，老年人主要集中在岭南、华林、逢源、龙津等街道。这些数据显示，人口老龄化正在逐步加剧。老龄化给地区带来了较大的社会问题，首先适龄就业人口比例的减少，导致人力资本重心下移，区域竞争力下滑，对企业和投资的吸引力下降；其次需要赡养的人口规模快速扩大，社会保障压力加大，社会和政府需要花费更多的钱来为老年人提供特定的医疗、休闲设施和服务。

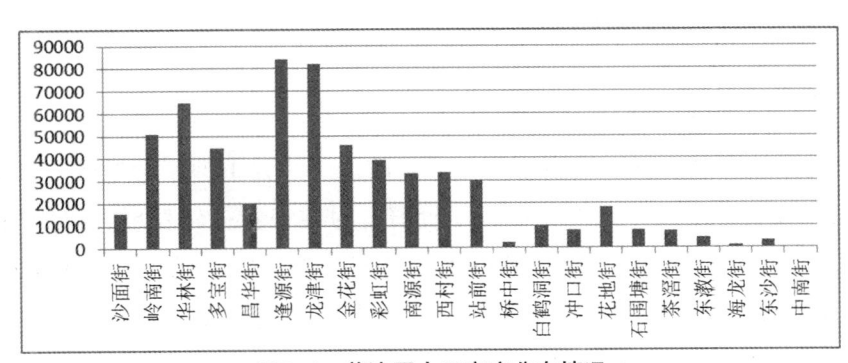

图8-1 荔湾区人口密度分布情况

资料来源：广州市荔湾区统计局2013年年鉴。

2. 房屋设施

荔湾区整体上作为广州的老城区，其中建筑时间较长，且大部分为砖木结构、混合结构的房屋，不少房屋破损严重，存在严重的消防安全隐患。有数据显示，经过历年的改造，荔湾零散危破房数量仍不断增长，涉及房屋面积超过482万平方米，其中摸查出的危破旧房栋数近500栋，总面积达7.14万平方米，占全市比例约60%。危破房未能得到根治，而且随着时间的推移，居住人口增长，房屋过度使用，荔湾的危破房数量有增无减。另外，区内公共设施不完善，无法形成高质量的公共空间，难以合理布局公共设施，基础设施普遍老化并且超负荷运行。总的来说，荔湾旧城区危破房数量较多，公共设施不完善，为居住在区域内的人们的生活出行带来了一定程度的不便。

3. 综合环境

从整体上来说，由于区域内多危破房，城市空间布局不够完善，导致荔湾许多房屋户型面积较小，加之人口密度大，房屋居住人口较多，采光通风相对较差，居民居住环境拥挤、杂乱，而且旧城道路普遍狭窄，多数道路为单向交通设置，交通节点不畅通，停车场地缺乏，造成各种交通问题。除此之外，区内由于建筑密度过高导致公共活动空间严重缺乏，尽管政府近年来已经逐渐重视这个问题，建设了不少休闲绿化小公园等活动空间，但对于整个区域来说还是不够的。

（二）荔湾旧城改造轨迹

荔湾的旧城更新改造有两个主要目的，一是为了抑制老城区的衰退，复兴旧城；二是充分挖掘存量土地价值，为城市新一轮发展提供物质基础。对于第一个目的，单纯的物质性改造已经被证实是无效的，在物质更新的同时必须配合产业、人口的提升才能真正完成旧城的复兴。对于第二个目的，要最大化土地价值必须引入市场机制，取代之前的计划式的土地开发模式。为了达到城市更新改造的两个目的，实现城市物质空间的更新

第八章 传统、现代、自然有机融合的城市更新

与社会空间的重构,就必须进行相对应的政策调整。

改革开放后,广州被党中央、国务院确定为14个沿海开放港口城市之一,走在我国改革开放的前沿,随着市场体制的逐步转型,社会经济得到很大的发展,旧城更新开始提上议事日程。为了更好地实现荔湾区在广州城市建设中的作用,满足城市发展的功能调整需要,突出营造适宜生活居住的城区环境,荔湾秉持合理布局、配套完善的原则,调优提升规划设计,优化配置土地功能,保护挖掘城市历史文化,从而进一步增强荔湾城市的综合竞争力,把该区改造成环境优美、设施齐全、充分满足居民安置需求和发展建设需要的城市。从20世纪70年代到90年代初,荔湾旧城更新改造可以分为三个阶段:

第一阶段:70年代末至80年代初,地方政府开始有了成片成块改造危破房的设想与初步规划,并在冼家庄等地段摸索试点,建设生活小区给危房住户居住。由于人口增长过快造成用地紧张,房管部门未能按设想实施,后改用加固楼房结构、增加面积的方式,安置了部分住户。此外,这一时期,由于住房短缺,民间自发进行房屋改造,这些改造行为有搭建阁楼、天面加建、在房屋间隙的空地"见缝插针"式地加建房屋等。

第二阶段:80年代开始成片成块改造危旧房。这一时期由政府主导,主要针对政府管理的公房中的危旧房,如荔湾的华业里、恩宁路、长寿路、东风西路等地块的改造。改造方式是将集中地段的危房全部拆除重建,改造后厨厕独立、通风采光较好,居民安置实现全部回迁。除解决原有居民的回迁外,还新增了一些房源,供给周边地区的危房住户搬迁入住。

第三阶段:80年代末至90年代初,广州出现房地产热。当时主要面临几个背景。第一,广州市于1989年开始推行住房制度改革,逐步取消福利分房,转向商品房。政府将城市改造和发展房地产业作为解决住房短缺的主要手段。第二,政府修建地铁等大型基础设施时借鉴了国际上流行的联合开发模式,引入外资筹集建设资金,这些出让的地块中有部分位于危旧房的旧城区。第三,随着投资环境的改善,1991年始,外商投资广州房地产成为热潮。据统计,1991年在广州注册的外资房地产公司比1990

年增长了 6 倍，投资总额增长了 23 倍。在这个时期，开发商主导的房地产开发是旧城更新的主要模式。

然而，1997 年底东南亚金融危机爆发，受此影响，全广州市的房地产开发陷入低迷，项目纷纷停滞，出现了一批烂尾楼，一些前期划拨的用地也开始荒芜。房地产开发模式的危房改造也逐渐进入停滞不前的状态。2000 年以后，随着政府改造思路的转变，荔湾的危破房改造呈现了新的特点，危改主体由房地产开发商变为政府，危改项目资金筹集也由房地产商的直接投资转向市、区政府财政负担。政府负责开展项目的规划、拆迁、建设等各项工作，减少房地产开发商的介入。这一时期，按照"政府主导、统筹计划、抽疏人口、拆违建绿"的原则，采取"危房改造与优化城区环境相结合"、"危房改造与加强社区建设相结合"、"危房改造与保护西关历史文化古迹相结合"的方式，荔湾建设了一批绿色社区，将一些危房拆除后的空地用于建设公共绿地、广场、停车场，并对一些保存较好、富有历史风貌的建筑外立面进行整治，取得了较好的效果。但是，这种类似"城市美化运动"的整治工程也遭到了一些居民的抵制，原因是工程只是对建筑外立面进行"穿衣戴帽"，建筑内部布局、结构并没有改善，甚至有些房屋还因为外墙改造而造成对房屋结构的损伤。

总的来说，这一时期，广州的城市空间发展策略采取"南拓、北优、东进、西联"的八字方针，旧城更新未能给予足够的重视，而新区的开发和拓展程度明显比旧城更新改造更具有政策优势，相比之下旧城更新的发展处于滞后的状态。直到 2006 年，"中调"战略提出后，荔湾作为旧城区的作用被再次重视，而旧城更新也面临着新的发展机遇。

二 荔湾旧城更新改造的特点

自 2005 年并区以来，荔湾区牢牢抓住《珠江三角洲地区改革发展规划纲要（2008—2020 年）》的实施和广州加快建设国家中心城市的契机，积极谋划荔湾城区更新，扎实推进以下几个旧城改造项目：一是建成宝盛新家园安置房 1138 套，安置了宝盛原址、恩宁路和泮溪地块的居民；二是在茶滘城中村改造项目中配建了 910 套旧城改造安置房；三是西湾路项目，先期建设 4848 套安置房；四是荔枝湾沿线的泮溪地块完成危破房改造，建成 330 个地下停车位；五是改造荔枝湾休闲文化区和建设粤剧艺术博物馆；六是推进西关泮塘项目，展示岭南文化、西关文化，该项目主要是推进"一池一庙一庵、五约五秀五馆、七星七园七亭"[①]的建设。同时推进 10% 的旧厂（181 个）地块改造和 20 个城中村改造，荔湾区城区形象和城区可持续发展后劲得到极大改善。从改造的理念、规划、程序、机构、实施、建设、管理等环节来看，荔湾旧城更新呈现以下特点：

（一）专业设置的改造机构

荔湾区高度重视城市更新改造工作的组织实施，将其置于全区发展的重要位置。2009 年 4 月，成立了广州市首个区级改造政府机构——荔湾区政府城市更新改造工作办公室，负责制定全区城市更新改造中、长期建设规划和年度实施计划，开展改造宣传，指导、组织协调项目改造方案的审核和报批，组织实施旧城改造项目的征地、拆迁、安置和建设，指导、组织协调区城市更新改造领导小组各成员单位的工作，研究解决改造实施过程中遇到的问题。[②]

通过区内调配、公开招考等形式，会聚了一批具有丰富基层工作经验或工程建设、规划设计、法律等专业技术的人才。根据城市更新改造项目规划、征拆、建设等工作环环紧扣的特点，设置了相应科室，明确了工作职责，理顺了工作流程。另外，区更新改造办下设一个直属事业单位——

---

① "一池一庙一庵"：荔湾湖、仁威庙、福胜庵。"五约五秀五馆"：泮塘五约，打造"非物质文化遗产创意产业园"；五秀，莲藕、马蹄、菱角、茭笋、茨菇；五馆，海山山馆史料馆、西关非物质文化遗产博物馆、荔湾博物馆、荔园文献馆、西关民俗馆。"七星七园七亭"之七园：桃花园、宛亭园、芳华园、浅水园、藏舟园、五香园、绿荫园。

② 梁海峰：《城市政府在旧城改造中的职能定位——以广州市为例》，中山大学硕士学位论文，2009 年。

荔湾区连片危破房改造项目办公室，负责旧城改造项目征拆、安置、建设的具体实施工作。目前，区更新改造办与区项目办已形成一支人员搭配合理、职责明确、敢想会干的60人左右的工作队伍，成为推进全区城市更新改造的主力军，并于2015年更名为荔湾区城市更新局，步入区政府组成机构序列。

为紧抓政策机遇，全面加快推进城市更新改造的各项工作，荔湾区确立了"统一审批事项、简化审批手续、缩短审批时限、提高审批效率"的城市更新改造项目区内审批事项工作原则，并成立了以区主要领导为组长，涉及改造审批的有关单位为成员的"荔湾城市更新改造项目审批工作领导小组"。以不定期联席会议制度，研究解决项目立项、规划报建、用地手续办理、建设施工阶段审批过程中的具体问题，开辟绿色审批通道，切实提高区内审批效率，共同决策提高改造审批科学性。通过国土、规划、建设、城市更新改造等部门间的资源交流共享，以及互派联络员制度，实现了各审批环节的无缝对接，全区各部门通过此机制平台凝聚了共识、增进了交流互助，形成推进城市更新改造的强大合力。

（二）"两圈"格局的动力机制

荔湾区努力构建"两圈带动"的发展格局，着力打造南片"现代"的白鹅潭经济圈（白鹅潭商业中心）、北片"传统"的十三行商圈两大战略性平台。

1. 白鹅潭经济圈

白鹅潭经济圈以荔湾区三江汇聚的白鹅潭为中心向外辐射，北至大坦沙尾，南至环翠路与环城高速公路以北，东至工业大道中和工业大道南，西至花地河，涉及荔湾区沙面、多宝、昌华、桥中、石围塘、花地、冲口、白鹤洞、东漖、茶滘、东沙共11个行政街道、12个城中村（经济联社）以及海珠区的5个行政街道、2个城中村。（见图8-2）

规划总用地面积为35.16平方公里，现有居住人口约46万人，荔湾区辖内面积28平方公里，具有"一江两岸"天然滨水环境，交通可达性高，

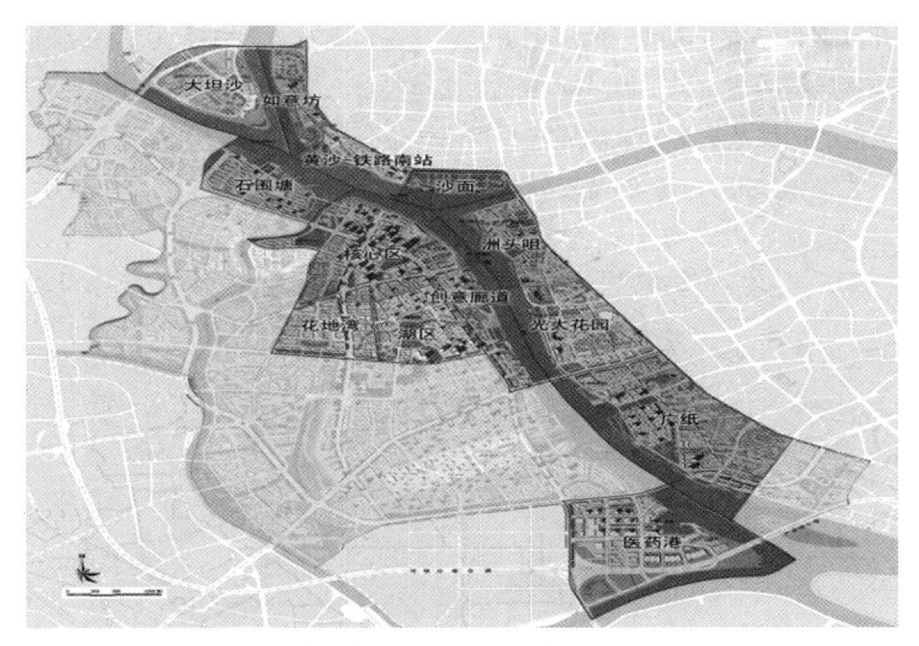

第八章　传统、现代、自然有机融合的城市更新　　·177·

图8-2　白鹅潭经济圈

商贸业发达，有利于发展现代服务业、新型工业和总部经济，是广州市重点推进的功能区之一，是广州市实施"中调"、"西联"的战略要地。随着广佛都市圈经济发展的进一步融合，白鹅潭以建设"广佛之心、国际商业中心、水秀花香宜居城区"为目标，已进入规划实施阶段，将成为广州市城市发展的新引擎，岭南文化的新天地。

2. 十三行商圈

以十三行商圈规划统领荔湾旧城改造，规划范围覆盖了荔湾旧城片区，以改善民生、文化引领、产业升级为目标，依托商贸及西关风情历史文化底蕴，通过功能置换、优化结构、提升环境、抽疏人口、文化保护等措施，推动旧城更新改造。（见图 8-3）

一是整体打造现代化的国际商贸地区——大十三行，与珠三角产业布局相结合实施产业转型升级，注入现代商贸元素，提升改造鞋业、服装、茶叶、中药材、水晶、玉器等 10 个龙头产业二百多个传统专业市场，打造全球商品采购中心。二是坚持文化引领，保护培育历史文化街区，整合提升以十三行遗址为核心的历史文化支撑区，保育承载岭南文化精髓、展现西关风情的建筑、街巷、非物质文化遗产等。三是对人居环境差、历史价值低的旧城危破房片区实施连片拆除改造，改善居民居住生活条件，完善公共资源配置，拓展旧城发展空间，提升旧城发展后劲和综合竞争力。

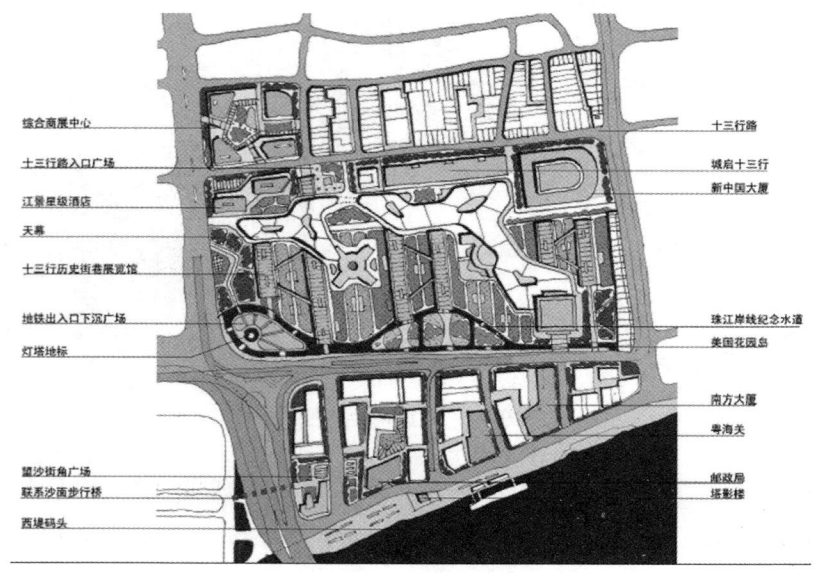

图8-3 十三行商圈

（三）"多方共赢"的创新模式

无论采取何种模式进行旧城更新改造，政府从中所扮演的角色是十分重要的。政府在政策制定、规划引导、拆迁安置、指导建设、组织运营等方面都起到了主导作用。从2006年起，广州市提出了"政府统筹、居民参与、拆旧建新、改善环境"的危改新模式，在这种模式指导下，荔湾结合了历年危改工作经验和自身特色，提出了"全面摸查、全面规划、连片开发、政策引导、区街联动、修缮保护与改造重建相结合"的政府统筹改造模式。在政府主导统筹的前提下，让社会参与其中，并结合街区进行综合改造。荔湾采取了政府主导与社会参与、市场化运作相结合，成片改造与零散改造同步推进，坚持危破房改造与旧城改造，"退二进三"、改善居

第八章　传统、现代、自然有机融合的城市更新

住条件，加强城市管理以及历史文物保护相结合，建立属地为主、区街联动的改造机制。①

这种模式以"三个突破、三个进一步"为主线，即"由零散改造向连片改造的突破，进一步提高了危破房改造的整体效果"、"由单纯的危破房改造向综合整治、综合开发的突破，进一步提升了危破房改造的综合效益"、"由建筑原状修复向完善住宅功能配套的突破，进一步改善了群众的居住条件"，同时注重"旧城更新改造与改善群众生活环境相结合"、"旧城更新改造与城市景观建设相结合"、"旧城更新改造与发展经济相结合"、"旧城更新改造与城中村改造相结合"、"旧城更新改造与综合治理相结合"以及"旧城更新改造与城区生态治理相结合"，通过旧城更新改造，建设和谐的居住氛围，改善生态环境，营造宜商环境，加快城市化进程。②

案例1

为配合广州"中调"战略构想的顺利实施，本着"文化引领"的发展战略，荔湾政府对旧城提出了"五区一街"为核心，整合西关文化资源，实现文化建设、旧城改造、宜居城市建设与经济发展有机结合的目标，希望以此增强文化软实力，促进区域经济的发展，而荔枝湾一带也被纳入"荔枝湾风情区"规划中。

荔枝湾是广州市历史悠久的风景名胜，素有"小秦淮"之称，被列为羊城八景之一。但是随着广州城区的扩展，城市人口逐渐增加，建筑物也逐渐增多，导致荔枝湾岸边街道空间尺度变得狭窄，造成区内交通堵塞，道路和停车场等配套设施极为紧缺。拥挤和使用不当也给荔枝湾的古建筑带来了极大的损害，而且整体布局较为凌乱，荔枝湾排水雨污合流，造成水质受到严重污染，给居民的生活环境带来了极大的危害。

---

① 张睿等：《广州市危房改造经历过的三种模式》，《南方日报》2006年6月6日。
② 舒侃：《浅谈我国城市更新存在的问题及建议》，《城市建设理论研究》2011年第34期。

为了恢复荔枝湾的美名，1999年，荔湾区政府提出了关于"复建荔枝湾故道"的提案。为了迎接广州亚运会，打造亚运景观，荔枝湾改造工程在2009年开始实施。而到现在，荔枝湾已经成为广州亚运的"代表作"。

荔湾在进行荔枝湾改造时，以"古为今用，推陈出新"为设计理念，对荔枝湾现状进行梳理，因地制宜地进行治理。作为"荔枝湾风情区"的重点规划对象，为了重塑荔枝湾的景观风貌，荔湾政府首先对荔枝湾的自然形态进行调研和考察，对原址上的荔枝湾水系进行恢复性改造。为了改造荔枝湾的生态环境，荔湾对旧城的水道设施进行了综合治理，如防洪排涝、污水截污、水质及生态修复等等。其次，为了更好地开发荔枝湾的价值，荔湾政府对荔枝湾周边地区的建筑、功能景观、公共空间、设施等进行了整合，赋予荔枝湾及两岸的公共空间以旅游、观光功能，让荔枝湾的历史价值和人文价值相结合，塑造一个明晰的荔枝湾形象。最后，荔湾政府本着"以人为本"的原则，对周边的环境空间进行了综合改造，增加了供市民娱乐的休闲广场和景观小品，创造出既有传统韵味，又兼具现代开放式城市公共空间的新岭南文化景观。通过对荔枝湾的更新改造，不仅重现了荔枝湾的昔日辉煌与美景，也让居民在这种环境中舒适生活。

（四）"以民为本"的改造理念

为了更好地传承西关特色文化和岭南传统风情，改善城区风貌，确保居民有一个良好的居住环境和条件，荔湾不断探索、开展多种形式的危破房改造工作，在注重城区文化内涵的同时，将危破房改造与保护历史文化街区和西关居民民俗风情相结合。

首先，在整个改造过程中荔湾实现了政府主导，市场运作。荔湾政府按照"经营城市"的理念，对荔湾区的危破房改造坚持政府全面掌控，遵循"统一规划、连片改造、多轮驱动、利益共享"的原则，严格执行"三条线"的控制要求，充分调动了市区两级政府、被拆迁户以及社会力量的

第八章 传统、现代、自然有机融合的城市更新

积极性,从而变被动拆迁为主动拆迁。

其次,实施依法拆迁,改变拆迁安置政策,阳光操作。在荔湾危破房改造过程中,为了更有效地化解拆迁与被拆迁、损失与补偿、搬迁与安置等矛盾,荔湾政府部门严格执行国家的相关法律法规,妥善完善相关政策,实行依法拆迁,文明拆迁。

再次,荔湾政府自始至终坚持着"以人为本、贴心服务"的政策理念,注重改善民生。在对危破房进行改造时,荔湾切实维护了被拆迁户以及弱势群众的切身利益。一是坚持以房屋安置为主、货币补偿为辅原则。一方面当前广州市房价一路走高,而荔湾则通过经济适用房建设和廉租住房租金补贴政策等措施,有效地降低拆迁成本。另一方面在荔湾,许多危破房的改造地块涉及的被拆迁户很多是生活困难户,他们在原住宅被拆迁后无力购买商品房。因此,政府坚持以房屋安置为主、货币补偿为辅原则更加符合被拆迁户的实际情况和切身利益。二是提高货币补偿标准。由于房屋市场价格与政府货币补偿标准差距较大,导致拆迁安置工作的难度加大。因此,为了保障拆迁安置工作的顺利推进,政府参照了目前房屋市场价格,适当提高货币补偿标准。三是减免税费,简化手续。政府加强了与财政、税收、国土房管等部门的协调,被拆迁户无论选择货币补偿还是产权调换方式,均可以适当减免税费,简化手续。四是适当地留住原住民,并且充分尊重原住民的风俗习惯。荔湾集西关特色文化和岭南传统风情于一体,具有浓郁的西关特色,许多原住民几代都在这里繁衍生息,西关情结深厚。因此,在荔湾危破房改造过程中,政府让适当原住民留居下来,理解和尊重他们的生活习惯和风俗习惯。[①] 而且原住民居住条件和居住环境也得到了极大改善,使荔湾区危破房的改造工程真正成为一项"民心工程"。

---

① 吴凯:《中心城区危破房连片综合改造问题研究——以广州市荔湾区恩宁路危破房改造为例》,《理论界》2008年第8期。

（五）传统现代兼容的改造设计

在旧城更新改造上，荔湾政府充分考虑到城市改造中最为棘手的问题就是征地拆迁问题。对于老城区的老居民来说，他们不是不想对危旧破房进行改造，他们也很希望得到政府的帮助，改善居住环境，所以对于很多的老城区居民拆迁安置更是需要慎重考虑，多从他们的需求入手，尤其是在等价交换和住房保障等方面进行充分的考虑。

在进行迁拆安置环节，荔湾采取的相关政策有两个目的，一是保证安置房源充足，二是确保不同收入群体多得匹配的安置住房。安置房一部分需要靠房地产市场供给，对象是老城区高收入阶层；而另一部分需要靠政府供给，对象是中、低收入阶层，其带有明显的福利性质。在"保护房屋产权人利益、兼顾承租人利益"的思想指导下，荔湾政府立足旧城现状，采用了就近安置的模式，并按照居民的收入水平和居住现状，提供三个层级的安置住房，达到资金平衡与居民居住环境改善的双重目标。在条件允许的情况下，政府也考虑到了部分居民回迁安置的情况，在改造条件相当困难的情况下，也采取异地安置的规划。

对于荔湾高收入阶层来说，完成货币补偿以后，允许其购买至多一套限价房作为安置住房，除此之外政府不再补贴，完全由房地产市场解决其居住问题。但是对于那些中、低收入阶层来说，政府同意建设经济适用房、廉租房进行安置，纳入保障性住房体系。安置完成后，由住改办统一管理。另外，对于有资格享受廉租房、经济适用房的旧城居民，如果补偿金额不足以购买经济适用房或交纳房租，可申请安置救济，由政府进行补贴，而补贴的方式为贴息贷款、政府直接补贴、减免租金等。这一方面也给中、低收入阶层的人带来了一定的居住保障。

案例2

宝盛沙地位于广州市荔湾区逢源路地段，毗邻羊城新八景荔枝湾涌，交通便利，是一块名副其实的"风水宝地"。但是在2009年之前，

第八章 传统、现代、自然有机融合的城市更新

宝盛沙地还只是连片低矮的旧房,老屋内通风采光不佳,消防隐患严重,雨天水浸街道的现象频频出现,居住环境相对落后。2009年,荔湾区政府决定对宝盛沙地实施连片改造,作为荔湾区政府统筹实施的首个安置房改造地区,在拆除旧建筑的基础上,荔湾规划新建了宜居住宅社区并回迁安置居民,以彻底改善人居环境。

荔湾在对宝盛沙地进行拆迁时,实施的是"阳光拆迁"机制,拆迁政策实现公开公正、拆迁流程透明化、监督渠道畅通。在进行规划建设的过程中,不仅仅把补偿安置方案、规划情况等重要信息一律进行现场公示,还设置了信息化管理平台联网操作补偿签约工作,使各户的补偿标准、回迁房源选购、助困补困措施等信息透明化,居民群众可随时进行监督。

考虑到宝盛沙地作为"西关古城"的一部分,有一定的历史文化背景,在进行旧城改造时,为了把这种遗留的西关的人文精髓、生活习俗传承下来,营造出一种西关人所适应的现代生活居住氛围和环境,荔湾以"西关文化"为出发点,从居住建筑到地面铺装,都融入了相应的文化元素,着重塑造西关人的文化生活场地,继承并发展了岭南精巧的庭院式园林风格,讲求了人与自然、建筑与景观、生活与生态之间相互和谐的效果。为了结合当地的文化理念和环境背景,在改造中将整体性与地方性相结合、时代性与自然及生态性相结合的规划特点,在设计时充分考虑到了当地地理、风俗、文化和个性特色等因素,在建筑造型上不仅仅反映了宝盛沙地的历史文化特征和精神面貌,还体现了"以人为本"的原则。

在建设和规划安置房的区域时,首先是强化整体的形象,对话城市景观。荔湾在规划中将新区的框架明理化,合理地规划了新区街道与建筑的布局,促进了人流的集散、导向,加强了整体的建筑形象。其次,强调人与自然的和谐,构建绿色核心。无论是地势、位置、交通,还是环境方面,荔湾都从内部空间环境出发,整合空间结构与自然环境及地域文化特征的关系,从而达到了人与自然的和谐,改善了

新区的环境，美化了城市景观，成为具有绿色生态特色的理想家园。最后是以人的活动作为居住区和街道系统发展的基础，关注人的活动空间，强调与城市交通的便捷联系，从而更好地促进整体上的统一性与协调性。

（六）特色有序的产业格局

荔湾在合理优化空间格局、进行空间布局时，采用建设特色街和小尺度街区，延续荔湾成行成市的产业特色传统，与城市的空间格局匹配，避免了大型百货、购物中心等巨型体量的建筑物对城市肌理的破坏。荔湾在结合了交通方式转变和产业内在组织关系之后，合理组织和配置各类产业布局，形成了有序的西关文化体系。

一方面，荔湾维系并增强以上下九步行街为核心的东西向商业旅游带，重点提升上下九商业步行街的档次，使步行街从沿线一层皮向两侧街区纵深发展，形成商业带。而为满足荔湾区庞大的商贸旅游人群对酒店的巨大需求，结合恩宁路地块的改造，在南侧开辟了休闲酒店区，并成为连接东侧商业步行街和西侧传统西关风情旅游区这一动一静两大功能区的结合点，成为连接荔湾的地方化和国际化的媒介。同时，将逢源北街的西关大屋历史文化街区整体功能与荔湾湖公园相结合发展成为娱乐休闲区，带动了荔湾风情旅游的发展。

另一方面，通过拓展南北向商贸休闲带，丰富了荔湾的功能格局，利用地铁带来的交通改善契机，把商贸、高档零售功能往长寿西路一带拓展开来；并且利用已有的氛围，再结合周边的特色街区，打造出了荔湾休闲区，开设特色小吃街、咖啡西餐馆等项目，为上下九步行街的游客提供了休憩的好场所，并且带动了整个区域的经济发展与特色文化发展。

（七）新旧协调的融合改造

从总体上，荔湾的旧城更新把握住了传统的风貌特征，同时对已确定的历史文化遗存明确了具体的保护范围、保护要求、保护内容、保护目标

第八章　传统、现代、自然有机融合的城市更新

等，制定了对周围环境景观的控制和管理要求，对城市发展的历史延续性也进行了完整的保护。不仅如此，还从内容上分层次、分体系确定保护规划，从而达到了保护整体传统风貌的目的。在对城市进行更新改造的过程中，充分考虑到了对传统文化复兴的重要性，寻找出历史文化遗存延续与现代生活衔接的切入点，并在全面保护的基础上，实质性地探讨其合理的复兴方法和继承方向。在此基础上，荔湾的旧城更新改造以保护历史风情为主，在保护的基础上更进一步合理调整了城市发展和旧城改造的关系，协调、融合了现代化的特征，使传统建筑和传统街区重放光彩。另外，在保护的基础上也适当发掘了其作为旅游资源、环境资源等资源的利用价值，做到了积极保护更新城市的合理利用。并且，结合实际发展对荔湾的历史文化遗存进行了充分和详细的调查分析和评价，明确了保护的内容、特色和价值，为规划、管理提供了完整的基础资料。这些措施都对复兴传统风貌特色构成要素提供了有力的基础保障。[①]

规划过程中，城市更新的背景正随着经济市场化、社会主体多元化、治理现代化而变得日益复杂，旧城规划所面对的问题已从过去单一物质空间改造扩展到了一个庞大而纷繁的体系，涉及经济、社会、环境、历史文化保护和开发等方面。保障旧城更新规划本身的合理性以及规划的实时性、可操作性，成了规划不断寻求突破的方向，同时也是政府及规划管理部门关注的焦点。广州市荔湾旧城更新改造规划提出了荔湾整体策略和未来更新发展的框架性方案，强化了城市更新规划的系统性，以其作为指导下一阶段具体的规划和出台相应配套政策的基础。

在改造过程中，荔湾不仅仅重视历史景观环境保护与现代景观环境创造之间的联系，还寻找到了将反映历史演变阶段的环境融入当代生活环境的有效途径。通过对历史环境的保护和修葺，从而有效改造改善现有的居住环境，重现现代城市景观创造的历史文脉，使传统遗产重新大放光彩。[②]

[①] 吴敏：《广州旧城更新与保护研究——西关传统街区与荔湾风情保护》，同济大学硕士学位论文，2008年。

[②] 《关于开展西关传统街区和荔湾风情保护规划任务书》，穗规划城乡字[2000]124号。

案例 3

对于华林寺及周边地区的改造既体现了对传统文化的保护，又满足了现代产业发展的需要。该地块毗邻荔湾广场地铁站出口，交通条件十分优越；并且地处荔湾城市核心地区，历史文化资源丰富，商贸风味浓厚，营商位势良好；周边地区以商贸、旅游经济为特色，尤以玉器批发、商业步行街、特色小吃等闻名，行业特色明显。不仅如此，该街区还受到周边商圈的辐射作用，商贸零售业也有所发展。总体上本区的经济特征与荔湾城市历史文化内涵相吻合，但是由于整体环境不佳和观光气氛不浓，导致了旅游商业难以形成规模。

所以根据地块的特点及发展潜力，采取了分区分地的指导、整治与保护相结合的思路进行更新，更新模式分为三块：现代建筑区、历史文化街区以及更新改造区。在现代建筑区这一块，主要位于文昌路及康王路沿线，以保留为主，不作为更新改造的对象；历史文化街区是对那些已列入或建议列入的文化古迹进行管理，使其相对集中、完整地展现城市历史发展脉络且具有较高的文化保护价值。例如华林寺就是以保护文物古迹、恢复风貌、延续宗教文化为更新目的，以佛教协会为改造主体，寺庙保留建筑采用整体修缮的模式进行改造，拓展部分进行拆除重建改造。而对于更新改造区来说，整体街区风貌较好，具有一定规模的集中连片特色建筑，以整建延续街区风貌和格局为主，提升或更新片区功能。例如茂林街地块就是以延续街区风貌、修缮历史建筑、改善营商环境、维护街区多样性活力为更新目的，采用整体修缮的方式，以政府主导、规划先行控制、开发商为主体的模式进行更新利用，拆迁安置和更新资金采用市场运作的方式。这个更新改造模式不仅在以前的改造基础之上增添了对这片区域的整体上的规划，而且从建筑整治、肌理与尺度以及公共服务设施方面都进行了加强与完善，更好地促进地区的更新与发展。①

---

① 冯萱：《广州市荔湾区旧城更新规划——面向实施的多目标策略体系》，《城市建设理论研究》2012 年第 5 期。

三 荔湾旧城更新改造镜鉴

旧城更新改造是一个长远的工程，是一本经济账，也是一项事关民生的公共服务。着眼当下和长远，荔湾旧城更新改造还有很长的一段路要走，需要认识到目前的不足和改善的方向。

（一）完善城市更新法律法规

20世纪90年代中期以后，广州加强了对旧城保护与改造的考虑，从总体规划上提出了一系列指导原则，如维持历史街道格局和尺度，严格控制大规模改造，保护区内风貌的整体性；疏导控制区内的交通，严禁扩宽历史道路；在保护街巷肌理格局的基础上，拆除少量质量与风貌较差的建筑，增设小型绿化开放空间。但是，这些指导原则没有深化落实为具体的建设标准。在《广州市城市规划条例》颁布之后，市规划局在此基础上制定了一系列的规划建设技术标准与准则，用于控制、指导大规模的开发行为，但无法指导小规模的更新，而且在这个条例中，相关旧城更新的法律法规也不太完善，无法为旧城改造提供良好的法律平台，从而使政府管理部门在进行实际规划时，依据不足，难以有所作为。为了进一步规范相关法律法规，广州市结合国务院颁布的《历史文化名城名镇名村保护条例》，出台了《广州市历史建筑和历史风貌区保护办法》，对历史建筑和历史风貌区的保护工作遵循保护为主、抢救第一、合理利用、加强管理的原则，并对其保护措施、方法，职能主体的设定、职责、运作方式等全方面进行了明确的说明。

而就荔湾旧城更新改造来说，荔湾区已在2007年初步完成了《荔湾区旧城更新规划》，针对旧城区核心区提出了整体的规划，但是在整体的实施中却存在着一些问题。首先该计划不是按片区制定的修建性详细计划，在实际改造过程中，难以作为规划去指引。其次，相关规划都是偏向于控制，或者只是控制而没有改造，缺乏从全区的整体上统一考虑，导致改造难度较大。另外，已经征用地块的改造范围和用途等都受到了严格的控制，地块用途的变更难度极大，使得部分建筑的改造利润不大，导致改造动力不足。最后，容积率的限定缺乏弹性，使部分区位较好、改造效益高的项目受限制，降低了项目的经济收益，从而难以吸引社会资金和产权人出资改造。总的来说，要进一步完善旧城更新改造的相关法律法规，促使旧城改造的工作更有法可依，更科学有序地进行。

（二）创新本土化改造模式

旧城更新改造，在学术上解释为对城市原有房屋的物质环境不适应经济、社会发展需要的部分进行改造，从而使城市旧城区的整体功能得以改善和提高。在国内外旧城更新改造的进程中，有许多成功改造的案例，例如日本东京的改造采用不断翻建的形式，维护古建筑的形态；新加坡凸显社会力量的策略性引导，以公私合作来进行更新；中国香港通过"收购物业政策"和"编配安置及特惠金发放政策"收回修葺，合理安置居民。但我们目前仍然普遍存在走"大拆大建"的路子，对于不需要改造的部分也一并改造。广州旧城曾在改造中由于实施大规划拆建模式，对广州的历史建筑破坏非常严重。荔湾区地处广州市旧城区，拥有数量颇多的历史文化街区以及历史风俗风情等非物质文化遗产，同时也存在较多的名人故居或具有较高历史价值的文物建筑，是广州城市格局保持最为完整、最具岭南特色和最能代表广州历史文化名城空间格局的地区。所以对于荔湾的旧城改造，如何在进行城市现代化发展的同时兼顾历史文化的保护是荔湾更新改造的重点。

为了更好地传承历史文化、保护旧城风貌，荔湾大力创新改造模式，在坚持本土化原则的基础之上，按照综合整治、连片更新、合理利用的方式将整个区域划分为三个部分，实施连片保护性改造。首先是整体重建型，对建筑质量差、历史遗存少、商业价值低的区域进行整体风貌恢复重建，并从发展商业、平衡地区经济等角度进行特色区域建设。其次是历史保护型，对建筑保存较好、历史遗存多的生活片区进行保护性修缮和整治改造。最后是商业街区保护型，对商业发达、历史遗存多的片区，以重在保护、弱化居住为基准，合理改动、疏解居住人口，结合商业功能进行保护性整治更新。

案例4 保护型更新改造

在更新改造过程中，荔湾区立足文化优势，在"历史文化、休闲文化、生态文化"等方面认真探索了保护型更新改造模式。

（1）弘扬历史文化。传承岭南建筑风貌，建筑整治和修复做到"整旧如旧"、"以存其真"；以推进粤剧艺术博物馆、十三行博物馆等代表的历史文化记忆的打造，延续西关城市记忆，新旧建筑做到风貌相互协调，并注重弘扬粤剧粤曲、中医武术等岭南文化；以华林寺保护、仁威庙扩建及福盛庵复建等历史文化精品的打造，突显宗教文化魅力。

（2）注重休闲文化。以推进西关泮塘为代表的广场休闲文化建设，建成硬地广场、水面、古村落、古建筑和小河涌等元素，把岭南文化、广府文化的重要元素都浓缩于其中，在建设过程中保护好历史街区的原风貌，保全好历史街区的原功能，保留部分原居民让西关生活的真实性继续延续；以推进西郊泳场建设等体育休闲文化建设，建成具有"亲水、亲民、多功能"的人工沙滩泳场，建设生态"水城"，打造滨江黄金岸线景观。

（3）营造生态文化。以推进荔枝湾涌整治，荔湾湖公园扩建为主线的城市生态文化建设，通过沙基涌连通珠江，使整个水系形成活水系，恢复原有河涌的面貌，通过"创造性保护"和"生态恢复"开发水景观、水文化等综合功能，改善民生，营造绿化景观休闲带和景观节点，再现"西关"古朴遗韵和水乡风情，打造珠江夜游、广州深度游的新亮点。

案例5　开发型更新改造

（1）连片集约式改造。作为广州首个探索连片集约改造的试点大坦沙岛，探索开发型更新改造的模式，以荔湾区政府为主导、三条村为主体，打破村界，统一土地整理储备，统一规划，统一公共基础设施配套，统一城市管理，成为"三旧改造"集约利用土地的典范。大坦沙的连片集约型改造引入新加坡先进的花园城市建设、环境保护、社区发展、医疗、教育等经验，使新加坡模式从简单的"移植"、"引进"到深度"融入"、"融合"转变，通过荔湾区政府、村经济联社的沟通，初步达成了将村集体物业交由凯德集团统一承租经营，实现"村"的面貌改造和"民"的素质提升双赢等目标。大坦沙岛规划总建筑面积604.84平方米，其中村民安置房建设面积72.43万平方米、村集体物业建设面积162.24万平方米，融资开发建设面积191.07万平方米，规划整岛毛容积率为1.7，改造总投资额超过300亿元人民币。

（2）连片整体式规划。一是创新改造模式，采取先行收储旧厂房用地建设周转房的策略，实现8条城中村连片改造的有序滚动推进，打造城市连片更新改造的试验区；二是创新运营模式，积极探索产城园一体化推进"三归合一"的先行区。其中，花地生态城中广钢片区整体按"一轴四片区"设计，一轴是指"广钢之路"中央文化休闲轴，四片区分别是创意文化商业片区、商务办公生活片区、绿色居住片区、水景居住片区。

案例6　整理型更新改造

（1）社区微改造。坚持走新型城市化发展道路，本着保护城区特色、尊重居民意愿、避免大拆大建的原则，按照"政府支持、社会参与、群众出力"相结合的思路，在旧城微改造方面进行大胆探索。选取荔枝湾片区（逢庆、昌华社区）和兴贤社区为试点，整体改造水路电气信等基础设施，把城市形态改造放在更加突出的位置，以整饰改造为主，不进行大拆大建，注重城市文化的传承，对没有保存价值、严重制约城市功能的堵点进行拆除，确保西关特色文化元素得到有序的传承和有效开发，优化提升城区配套服务功能。

（2）旧厂微改造。前身为原华南区最大的化工基地会珠江双氧水厂的1850创意园，占地面积达5万平方米，总建筑面积3万多平方米，由76栋经过改造和二次开发、错落有致的车间厂房组成。1850通过利用和改造旧厂房车间，打造艺术创作、设计、时尚展览、文化交流、办公生活的空间。沉淀的工业历史文化配以后现代艺术文化的熏陶，形成一个创意氛围浓郁、配套完善的新型创意产业基地，是集文化、商业、展览、旅游、教育为一体的复合型大型文化社区。

——案例4、案例5、案例6来自林虹《城市更新改造治理与荔湾优化提升》（《荔湾学刊》2014年第2期）

（三）引导公众积极参与

改革开放以来，我国城市建设得到迅猛推进。作为城市发展的必然要求，旧城改造历来是一项涉及面最广、最为复杂的社会工程，是对公众影响广泛和深远的公共政策，其决策和实施不应该将受其影响的公众排除在外。与此同时，公众参与热潮也逐渐在我国城市规划、环境保护等领域掀起，公众的参与权、知情权及决策权等日益受到社会各阶层重视。因此，在旧城改造中引入公众参与机制是实现和谐旧城改造的基本途径。旧城改造与公众利益息息相关，引导公众参与，不只是宣传张贴等被动式参与，而是赋予公众更多的权利，有效参与旧城改造政策的编制、审查、实施整个过程，保障公众的利益，有利于协调各利益群体关系，有利于确定最优方案，有利于提高旧城改造的工作效率。[①]

相对于国外的旧城改造与规划，我国的城市规划公众参与仍然处于较低水平，主要是规划成果宣传等被动参与方式。我国现行的规划主要涉及

---

① 朱喜钢、金俭：《物权法氛围中的城市规划》，《城市规划》2008年第1期。

三类利益主体：地方政府、开发商和社会公众。目前，在城市规划中产生的一些旧城改建的问题，实质上体现了上述三方的利益冲突。公众作为城市改造最主要的利益相关人，其改造主体权利缺乏有效伸张途径。在拆迁安置方面，市场主导模式下的居民是被安置的对象，在改造中处于弱势地位。开发商处于强势地位，而公众只能在动迁时点、安置方式、补偿标准的谈判中尽量争取自身的利益。但是往往由于两者的社会经济地位的差距，从而发生了许多开发商损害公众利益的案例。在自主建设权方面，政府主导模式下的公众主体地位仍然没有重视，公众缺乏有保障的自主建设权。一方面物权法没有涉及房屋的改造权，另一方面地方法规也未做出规定，造成规划管理部门难以作为。按照现行的建设规范，公众只能对房屋进行原状修复，难以从根本上去解决房屋的危破问题，而且由于缺少激励机制，公众更不愿意对旧城老房屋进行投资改造，造成房屋衰败。

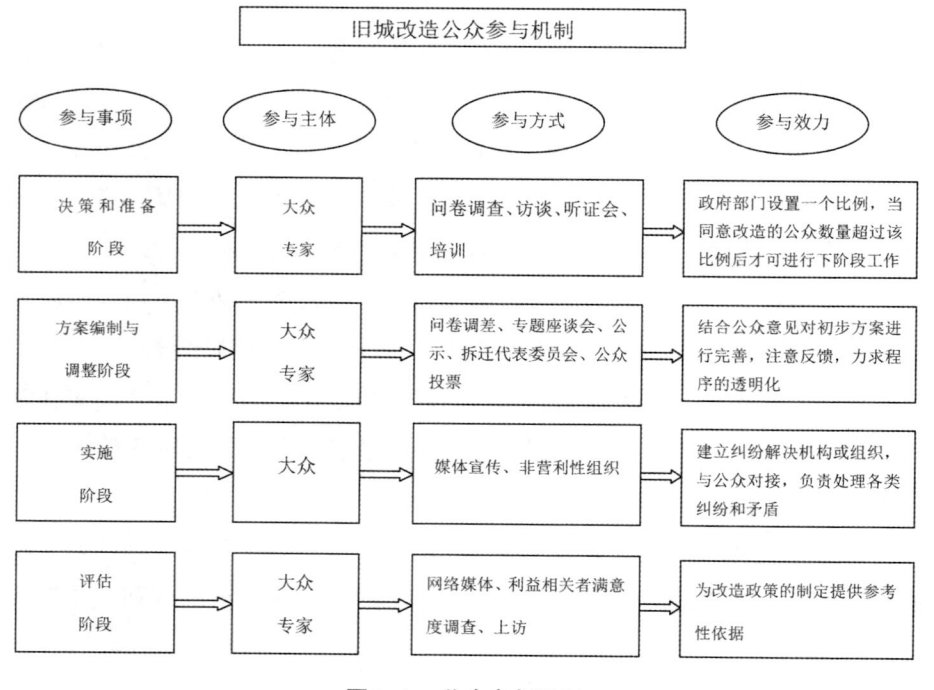

参与事项	参与主体	参与方式	参与效力
决策和准备阶段	大众、专家	问卷调查、访谈、听证会、培训	政府部门设置一个比例，当同意改造的公众数量超过该比例后才可进行下阶段工作
方案编制与调整阶段	大众、专家	问卷调查、专题座谈会、公示、拆迁代表委员会、公众投票	结合公众意见对初步方案进行完善，注意反馈，力求程序的透明化
实施阶段	大众	媒体宣传、非营利性组织	建立纠纷解决机构或组织，与公众对接，负责处理各类纠纷和矛盾
评估阶段	大众、专家	网络媒体、利益相关者满意度调查、上访	为改造政策的制定提供参考性依据

图8-4 公众参与机制

第八章　传统、现代、自然有机融合的城市更新

荔湾区意识到旧城改造全过程需要建立公众参与机制，建立介于地方政府、开发商以及受旧城改造影响的公众的三方利益相关者之间的平等的信息披露与沟通平台，从而使各方利益达到均衡，缓解各方利益冲突，确保旧城改造的顺利实施。根据相关的研究和有关成功案例的启示，初步设想是在旧城改造决策和准备过程中，各参与主体通过问卷调查、访谈、听证会、培训等方式参与进来。（见图 8-4）在旧城改造方案编制与调整阶段，为公众提供更多的参与形式，通过问卷调查、召开公众讨论会、专题座谈会或者社区代表大会等形式让公众对方案提出观点和意见。而在旧城改造实施阶段，通过传单、广播、电视、网络等媒介向公众进行有关拆迁的政策法规以及安置方案的宣传和培训、有关实施进展信息的告知，确保公众与开发商之间的信息对称。在最后旧城改造评估阶段，通过网络媒介公开相关信息、利益相关者满意度调查等形式邀请公众参与对改造项目的现状和实施过程的全面评估，并作为制定改造政策的参考性依据。

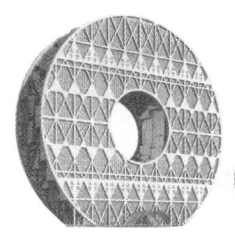

第九章
无声变革下的垃圾分类治理

随着我国城市化进程的加快，城市规模扩大，人口日益增多，加上居民生活水平的提高，垃圾产量不断增长，很多城市面临"垃圾围城"之困。自2000年，原建设部将北京、上海、广州等8个城市确定为垃圾分类收集试点城市以来，各个城市一直在探索垃圾分类之路，但举步维艰，成效甚微。然而，广州市荔湾区西村街"不崇外"、"不唯书"，"只唯实"，找准垃圾分类的突破点，抓住薄弱环节，理顺垃圾分类管理流程，整合资源，积极推动长效机制建设，以其低调、务实、创新的姿态，走出了一条垃圾治理本土化、市场化和专业化的路子。西村街，这块位于广州西郊的老城社区，曾经承载着理念冲突、利益调整、创新驱动多重压力的垃圾分类"试验田"，正在述说着一个基层治理转型、垃圾分类政企合作的新故事。

第九章　无声变革下的垃圾分类治理

一　即将开启的帷幕：西村垃圾分类背景

面对日益增长的垃圾量以及生态环境的恶化，通过垃圾分类减少垃圾处理量，最大限度地实现资源化利用，改善生存环境和质量，是当今城市面临的迫切问题之一。

（一）"垃圾围城"的生态危机

随着城市规模的扩大和人们生活水平的提高，城市生活垃圾数量也在快速增长，"垃圾围城"的形势日趋严峻。据统计，全国约 2/3 的城市处于垃圾包围之中，其中 1/4 已无填埋堆放场地。全国城市垃圾堆存累计侵占土地超过 5 亿平方米，每年经济损失高达 300 亿元，而且全国垃圾产量将以每年 8%—10% 的速度增长，预计到 2015 年、2020 年城市垃圾产量分别达 2.6 亿吨和 3.23 亿吨[①]。当前，我国城市采用混合收集运输方式，即各种城市生活垃圾不经过任何处理，混杂在一起收集。[②]这种"前期收集不分类，后期处理'大锅烩'"的收集、运输和处理方式，虽然不限倾倒时间，容易集中，不需分拣、方便垃圾的产出者，但增加了垃圾处理的难度，浪费了垃圾中的有用资源，造成了环境的污染。如废电池等有害垃圾混入其他垃圾填埋后，电池中的金属汞、镉等有毒物质，会对土壤和人类产生严重的危害；又如废塑料填埋到土壤中，不易降解，造成土壤板结，导致农作物减产，如果焚烧则会腐蚀锅炉，产生二噁英等有害物质，污染环境。因此，源头减量、无害化处理和资源的再利用成为破解"垃圾围城"难题的必然选择，而垃圾分类则是这一流程的首要和重要环节，没有科学的分类收集，减量、无害化处理和再利用只能是空中楼阁。所谓垃圾分类，即

[①] 李佳霖：《用环保新技术破解"垃圾围城"》，《经济日报》2014 年 12 月 16 日。
[②] 孙晓杰等：《我国城市生活垃圾收集和分类方式探讨》，《环境科学与技术》2009 年第 10 期。

根据垃圾的不同成分、属性和利用价值以及对环境的影响等将垃圾分为不同的类别,并分类收集、分类运输、分类处理。垃圾分类既可提高垃圾资源化利用水平,又可减少垃圾处置量,减少有害垃圾的污染,这是垃圾进行处置前的重要环节,是实现垃圾减量化和资源化的重要途径和手段,也是解决"垃圾围城"生态危机必须攻克的难题。

(二)广州市"垃圾分类"的艰难探索

广州市拥有 1600 多万人口,每天需要处理生活垃圾约 2.26 万吨①,任务艰巨,能力不足,垃圾治理攻坚战迫在眉睫。

2009 年,面对番禺生活垃圾焚烧发电厂建设引发选址地周围居民抗争与抵制的"番禺风波",广州市城管委出台《关于全面推广生活垃圾分类处理工作的意见》,全面推广生活垃圾分类。2011 年 1 月 14 日,广州市政府讨论通过《广州市城市生活垃圾分类管理暂行规定》(广州市人民政府令第 53 号),这也是全国首部垃圾分类管理地方法规。2012 年 4 月 5 日,广州市关于落实《广州市第十四届人民代表大会第一次会议关于罗家海等 20 名代表联名提出的〈关于推进城市废弃物处置利用,发展循环经济的议案〉的决议》的实施方案,以垃圾分类为核心,系统规划如何推进城市废弃物处置和发展循环经济。2012 年 5 月,广州市市长陈建华提出广州垃圾分类工作的宣传"口号",即"能卖拿去卖、有害单独放、干湿要分开",进一步明确了广州垃圾处理"先分类、回收、减量,后无害化焚烧、填埋、生化处理"的技术路线,增强了广州垃圾处理工作的信心和决心。2012 年 7 月 10 日,广州市委、市人大、市政府和市政协联合召开 3000 余人参会的"广州市生活垃圾分类处理部署动员大会",总结垃圾分类试点过程涌现出来的"东湖模式"、"广卫模式"、"南华西模式"和"万科模式"。2012 年"7·10"大会前后,广州媒体积极参与,分别推出了"新快样本"、"广州范本"、"南都模式"等试点,并在万科金色家园启动"按

---

① 郑佳欣:《广州创新治理破解"垃圾围城"》,《南方日报》2015 年 7 月 13 日。

袋计量收费"试点，在猎德街凯旋新世界花园启动"专袋投放"试点。虽然，各区街垃圾分类试点精彩纷呈，创造出许多可供借鉴和示范的区域经验。但这些试点均为物业管理完善的现代化成熟社区，居民同质强，以政府的资金扶持为前提，可复制性和推广性不强。垃圾治理变革特别是老城区的垃圾分类呼唤基层创新，需要更多的社区探索因地制宜、长效治理的新路子，需要扎扎实实的行动。

二 挖掘城市矿产：西村垃圾分类实践

据说，清朝初期，广东沿海等地的疍民迁徙聚居在广州的西郊，渐渐发展成为一个村庄，故名西村。新中国成立后，便以"西村"命名所属街道。现在的西村街位于荔湾区北部，东至广三铁路，与站前街、越秀区矿泉街为邻，西至增埗河，经桃园大桥与白云区松洲街相接，经彭城路、东风西路与南源街接壤，北至同德涌，与白云区同德街相望。西村属于老城区里的老社区，内辖西湾、大岗元、长乐、西湾东、广雅、环市西苑、增埗、协和等8个社区，面积约1.4平方公里，常住人口约6万人。西村社区类型复杂，人口密度较大，人口构成多样，辖区内机关团体、商户林立，无疑增加了垃圾分类工作的难度。但勇于探索的西村人在广州拉开垃圾分类治理大幕之时，开始积极思考和行动，在老城区写下新故事。

垃圾分类治理是一个系统工程，它由垃圾分类投放、垃圾分类收集、垃圾分类运输和垃圾分类处理等环节构成。街道、社区、居民处于垃圾分类治理的最前端，承担着垃圾分类投放、收集的任务。同时，垃圾又具有双重属性：一方面，垃圾容易腐烂、有臭味，对环境有污染，具有危害性；另一方面，垃圾又是城市矿产资源，具有再利用价值，对其循环利用又具有经济属性。因此，处于垃圾分类治理前端的社区，要根据垃圾的不同属性和利用价值进行分类收集，既要把有害的垃圾收集起来，以便进行无害化处理，又要将城市的矿产资源挖掘出来，实现资源的再利用。西村清晰地认识到自己在城市垃圾分类治理中的职责和任务，2013年8月，基于"政府主导、企业主体、街道组织、群众参与"的理念，西村街与分类得公司合作，成立了街道垃圾分类促进中心，建立垃圾数据库，指导并促进垃圾分类收集，为后续的分类处理和资源再利用打下良好的基础。

（一）建立数据库，让数字说话

数据是决策和管理的基础。让数据说话，让垃圾云数据指挥大脑，数据成为西村制定工作方案的重要依据。为此，西村街道垃圾分类促进中心为每一个垃圾产出点建立信息档案和基础数据库，绘制出一张全街垃圾产出点数据地图，据此有针对性地开展垃圾分类工作。

首先，垃圾分类促进中心对西村街辖内垃圾的来源与构成进行了详细摸查，建立起数据库，并以此确立垃圾分类的重点和突破点。根据2015年1月至6月的数据统计，西村全街每天平均产生61.66吨生活垃圾，其中居民生活垃圾37.49吨、机团单位生活垃圾18.49吨、马路垃圾1.94吨、低值可回收物2.37吨、高值可回收物0.61吨、有害垃圾4.6斤。（见图9-1）

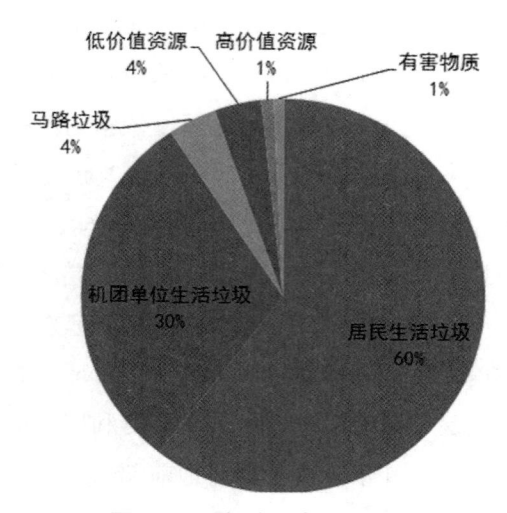

图9-1 西村垃圾来源和构成

资料来源：西村街垃圾分类促进中心、西村街环卫站。

从垃圾来源上看，西村街每天的生活垃圾中，居民生活垃圾占60%，机团单位生活垃圾占30%。为此，西村改变过去仅针对居民垃圾进行分类而忽视非居民区的垃圾分类工作的误区，加强了机团单位生活垃圾的分类和管理工作。垃圾分类促进中心对西村街全部8个社区所有路面商铺、机团单位的基本情况和生活废弃物排放种类、数量等数据进行调查，为730个商铺和机团单位建立数据档案，并定期复查，逐步厘清各单位各类型垃圾的实际产出情况和流向，将商铺、机团单位根据行业分类为生活服务、专业服务、餐饮、果蔬生鲜、医疗医药等14个类别，并根据单位垃圾产生情况分为学校、生鲜和餐饮、医疗和医药3类特别监管单位（见表9-1），奠定了垃圾产出点数据库动态管理基础。

（二）在宣传中行动，在行动中宣传

公众是垃圾的制造者，也是垃圾资源化利用产品的使用者。垃圾分类是实现城市垃圾减量化、资源化的关键环节，需要公众的广泛参与和积极支持。从2011年《广州市城市生活垃圾分类管理暂行规定》颁布至今，对于广州的居民来说，垃圾分类已脱离了"不知"阶段，但知易行难，大家都知道垃圾应该分类，也深知垃圾分类的好处，但却难以落实到行动上，如何让居民"愿意分类"、"正确分类"，如何将宣传落实为行动，成为当前垃圾分类宣传工作的重点。为此，西村街依托垃圾分类促进中心，遵循"有害警醒、利益驱动、道德弘扬"的路线，一方面增强居民对垃圾分类的认识，从意识上接受垃圾分类，从节约、利己利民等美德的角度倡导居民进行垃圾分类；另一方面，通过利益诱导和危害压力正反两方面引导居民进行垃圾分类，不仅让居民认识到垃圾"应该分类"，而且让居民意识到垃圾"不能不分"，从而转化为自愿分类的行动。在具体的宣传形式上，西村除了张贴宣传海报、单张等常规行动外，通过各种便民回收活动，增强了宣传的针对性、互动性，以宣传推动行动，在回收服务行动中展开宣传，将知行在宣传活动中统一起来。

表9-1　西村街垃圾产出点类型汇总表

生活服务 141		各类机构 60		培训机构 14	
快递	6	电子通信	9	幼儿园	7	机关单位	5	培训中心	3	补习社	5

生活服务 141				各类机构 60				培训机构 14			
快递	6	电子通信	9	幼儿园	7	机关单位	5	培训中心	3	补习社	5
书店	1	美容美发	44	小学	4	居委会	8	驾校	6		
加油站	1	住宿服务	11	中学	5	民营单位	23	建材店	8	五金建材	34
理发店	2	专业服务	11	服务机构	1			五金店	17	装修店	9
银行金融	5	专业零售	36	福利机构	6	轻工食品	34			其他机团	18
中介服务	15			事业单位	1			仓库	17	科技园	1
专业服务 45				餐饮食肆 114				待营业或招租 84			
保健	16	印刷照相	3	快餐排档	74	凉茶铺	3				
广告设计	8	中介服务	2	小食档	25	牛奶店	7				
车票服务	1	专业维修	7	酒楼饭店	15	面包点心	24				
汽车服务	6	自行车店	2	生蔬生鲜 19							
零售百货 94				肉菜市场	2	鲜花盆栽	8				
杂货店	74	便利店	6	水果蔬菜	9						
烟酒	3	超市	10	休闲娱乐 9							
文具	1			网吧	3	体育馆	1				
商业销售 48				棋牌娱乐	5						
服饰鞋包	40	粮油杂货	7	医疗医药 14							
元宝香烛	1			药房药店	9	医院门诊	5			合共730家	

资料来源：西村街垃圾分类促进中心。

走进西村，几乎随处可见《垃圾分类便民服务指南》等宣传品，其中最惹眼的是15个红顶白壁、贴有绿色垃圾分类宣传标语的"环保小屋"，这些漂亮的"环保小屋"作为"垃圾分类便民回收服务点"，不仅解决了可回收物的临时存放问题，也改变了可回收物堆放地"脏乱"的形象，已成为垃圾分类宣传的载体和"标志性建筑"。

西村垃圾分类宣传最有特色的应该是垃圾专项回收与宣教活动。从2013年9月开始，促进中心逢周六和周日在不同社区定期开展有害物质、玻璃、大宗家具、废旧木头、废旧纺织物等低价值资源回收与宣传活动，通过回收服务向社区居民宣传垃圾分类知识和技能。通过这些专项活动，让居民对垃圾有了更清晰的认识，并逐步养成分类投放、定期回收的习惯。有的居民说"以前不知道玻璃也可以回收"；有的居民说"再不用愁换掉的家具丢哪里了？"2015年1月至6月，西村垃圾分类促进中心共组织垃圾分类宣传指导或游园式专项资源回收活动81次，其中校园宣传1场次、社区居民讲座7场次、机团单位培训2场次、周六日专项活动71场次，覆盖社区8个，通过系列活动带动低值资源回收服务，累计回收3000多斤低值可回收物。

无处无时不在、多层次、多途径的宣传活动，起到润物细无声的效果，有效促进了居民的参与，提高了垃圾分类成效。居住在西村街富力环市西苑的居民老贾称："自己做垃圾分类已经两年了。自从小区搞了垃圾分类，干净了许多。不仅环境变好了，我的生活也变好了。"①

（三）建立有害垃圾回收体系，减少环境危害

有害垃圾对环境的污染最为严重，过去，每个家庭将灯管、过期药品、废旧电池等有害垃圾与其他垃圾一起投放，增加了垃圾处理的难度，也给环保带来极大压力。由此，西村街首先将有害垃圾作为垃圾分类的重中之重。自2014年6月起，西村街设置居民有害物质收集点169处，促

---

① 梁怿韬：《分类扔垃圾"扔"出甜头来》，《羊城晚报》2014年12月24日。

进中心工作人员每隔一周对有害物质回收桶进行一次巡查，每周统一进行一次回收登记。2015 年 1 月至 6 月，共回收 7523 节各类电池、712 件过期药品、928 根废灯管以及 345 件电子废弃物等其他有害物质，总量 794.4 斤。（见表 9-2）此外，促进中心还与 7 家中小学签订《有害物质回收协议》，指导全街 18 家五金、医药商铺协同开展有害物质回收活动，在五金、医药商铺设立有害垃圾回收点。2014 年 10 月起，促进中心还与辖内机团单位建立有害垃圾电召回收服务，辖区内的机团单位，只需一个电话，就有专业回收人员上门收取有害垃圾。2015 年 1 月至 6 月，共回收辖区内机团单位各类废旧灯管 912 根、废旧灯泡 175 个、电池及其他化学品共计 23 斤。①

表9-2　2015年1—6月西村街家庭有害垃圾回收统计表（单位：斤）

	1月	2月	3月	4月	5月	6月	累计
广雅	30.4	30.6	17.9	21.4	31.8	23.9	156
协和	17.7	15.7	23.7	25.7	18.3	24.8	125.9
西湾	13.2	7.9	10.2	18	18.6	19.2	87.1
增埗	8.8	27.5	19.4	20.9	21.8	24.5	122.9
长乐	3.1	5.5	18.1	4.8	6.4	7.9	45.8
西湾东	7.1	10	11.2	10.9	10.4	11	60.6
大岗元	14.6	14.7	18.1	18.8	22.5	33.3	122
西苑	8.4	29.3	8.7	11.7	8.5	8.1	74.7
合计	103.3	141.2	127.3	132.2	138.3	152.7	795

资料来源：西村街垃圾分类促进中心。

（四）抓住灰色地带，通过低值资源回收实现减量

当前，广州生活垃圾分为四类：可回收物、餐厨垃圾、有害垃圾、其他垃圾。垃圾分类有一句简单易记的口号："能卖拿去卖，有害单独放，干湿要分开。"西村街垃圾分类数据图显示，在"能卖拿去卖"的可回收

---

① 数据来源：广州西村街垃圾分类促进中心。

物这块存在一个灰色地带。一般来说，家庭和机团单位产生的可回收物，由"收买佬"分类回收后，进入市场进行物质再利用。但西村垃圾分类促进中心调查发现，"收买佬"并不能回收所有的可回收物，他们主要回收纸张、金属等高值可回收物，而其他如木材、家具、玻璃制品、衣服等可回收物，由于经济价值低，回收和利用率低，一般"收买佬"不回收，因而被居民随意丢弃，成为垃圾分类中的巨大灰色地带，而这些低值可回收物的产生量约为高值可回收物的4倍。因此，西村街按照市场法则，又将可回收物分为高值可回收物、低值可回收物，在低值可回收物这个灰色地带做文章，通过低值可回收物的回收利用，实现生活垃圾减量和资源再利用。

2013年10月，西村设立"玻璃和木材便民回收点"，向居民、机团单位、商铺、收买佬和环卫工人等提供现场或预约上门回收服务，有偿购买他们分类出来的废旧木材与玻璃。为规范操作和方便数据整理，促进中心制定了低值资源（木材、玻璃）便民回收服务点业务流程。（见图9-2）

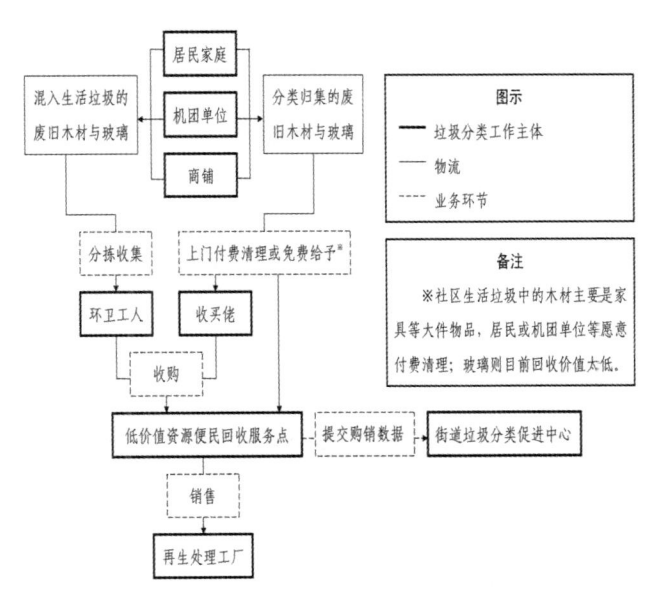

图9-2 低值资源（木材、玻璃）便民回收服务点业务流程图

资料来源：广州市分类得环境管理有限公司。

促进中心在居民楼及街道人流密集区域，均安装有标注服务热线电话号码的垃圾分类指南，通过拨打服务热线，群众可以很方便地进行电话预约上门回收；预约成功后，促进中心环境服务员将在预约时间内上门回收，按照当天市场价格购买废旧木材与玻璃，并登记数量、来源等情况。完成上门回收后，环境服务员会把可回收物运回服务点，对所回收到的废旧木材与玻璃再进一步细分，最后把细分后的各类资源分流运输，销售给不同的再生处理单位。此外，促进中心还利用每周六、周日，开展低值可回收物专项宣传和回收工作。据统计，2014年，西村街共回收旧木制品约422吨、废玻璃约120吨。2015年1—6月，共回收木材340.32吨、玻璃68.95吨，平均每个月约回收木材56.72吨、玻璃11.49吨。（见表9-3）

表9-3　　2015年1—6月西村街低值可回收物回收统计表（计量单位：吨）

月份\类型	废旧木制品			废旧玻璃		
	环卫工人	收废品人员	合计	环卫工人	收废品人员	合计
1月	12.00	61.92	73.32	6.19	7.70	13.89
2月	8.12	10.17	18.29	2.86	1.57	4.43
3月	4.51	40.35	44.85	8.54	3.83	12.37
4月	13.69	45.26	58.95	6.70	7.60	14.31
5月	9.67	48.60	58.28	9.28	4.13	13.41
6月	25.87	61.07	86.63	6.73	3.82	10.54
小计	73.85	267.36	340.32	40.29	28.65	68.95

资料来源：西村街垃圾分类促进中心。

（五）由易到难，开展餐厨垃圾分类试点

餐厨垃圾的回收一直是垃圾分类中的难点，对于西村这样的老城区来说，如果一刀切地实行厨余垃圾的分类回收，难度较大，而且投入较大。在多次商讨研究的基础上，西村将物业管理较成熟的岭南湾畔小区、环市西苑小区、西村街肉菜市场和广雅中学等4个单位作为试点。

随后，西村在对垃圾来源摸查的基础上，发现产生餐厨垃圾的单位还有肉菜市场、花店、水果店、机关单位、餐饮食肆等，其种类包含泔水、绿化枝叶、市场厨余、生蔬生鲜剩料等，这些低燃值有机物占西村街总垃圾量的12%—16%，都可通过集中收运，送往生化厂进行处理。以此推算，荔湾区每天产生的1600多吨生活垃圾中有256吨的低燃值有机物，如果进行分类，可减少填埋与焚烧垃圾量的16%。2015年4月，促进中心又针对西村街167家饮食店进行深度调查，通过走访发现，目前仅有139家还在正常营业，平均每天产生的厨余垃圾总量约为7258升，并开始以"定时定点"的方式对辖内餐饮食肆进行泔水统一收运。截至2015年6月，已开展食肆泔水回收登记单位共17间，共计回收32144升泔水，平均每天回收353升①，初步建立起餐厨垃圾回收体系。

三　早立的"蜻蜓"：西村垃圾分类的启示

西村街在市、区城管部门指导下，于2012年开始垃圾分类治理的探索和改革，采取引进企业参与垃圾分类的做法，走出了一条垃圾分类第三方服务的新路子。西村垃圾分类之所以能够取得成效并成为样板，是西村人从本地实际出发，扎扎实实、稳步推进的结果；是西村人遵循市场规范，公私合作的成功实践；也是在服务型政府理念指导下，政府职能转变，专业化和精细化管理的成功典范。

（一）因地制宜，坚持本土化探索

在垃圾分类方面，发达国家具有较为成熟的经验和做法，如美国的垃圾收费制度，日本稳固健全的垃圾回收产业体系，德国健全的法律体系，法国公民积极参与的态度。2012年，广州开展了垃圾分类的试点工作，也

---

① 资料来源：西村街垃圾分类促进中心。

打造了"广州样本"、"南都样本"、"新快样本"等。这些经验固然具有一定的参考价值，但西村是一个人员构成复杂的老城社区，既有老广州人，也在大量外来人口，既有成熟型的社区，也有管理松散型社区以及没有物业管理的自发型社区（见表9-4），既有居民区，还有诸多的学校、商铺等经济社会活动单位。国内外经验是否适用于西村、哪些可以适用于西村，需要探讨。

表9-4　　　　　　　　　西村街社区类型及分布

要素＼类型	基本定义	地理分布	人口规模
成熟型社区	有成熟物业管理的封闭型小区	岭南湾畔社区、环市西苑社区等	约4000户
松散型社区	有物业管理，但比较松散	南京路小区、广雅前小区等	约2000户
自发型社区	没有物业管理的社区	长乐、大岗元等其他社区	约14000户

资料来源：广州市荔湾区西村街道办事处。

在我国垃圾分类法律体系不健全，垃圾分类运输和处理设施不完备，垃圾回收产业尚未完善，居民素质参差不齐的情况下，面对国内外垃圾分类的经验，西村在学习的同时，不是拿来主义的照搬照抄与"一刀切"的推广，更多的是思考，是从实际出发确定自己的垃圾分类思路，寻找垃圾分类的突破口和推进路线。

在广州推进垃圾分类之初，许多试点社区都将焦点放在了厨余垃圾上。虽然厨余垃圾是整个垃圾分类工作中的重点，但也是垃圾分类的难点。如果直接将厨余垃圾作为主攻方向，固然有其道理，但也有一定风险。因为其难度大，很容易出现举步维艰，甚至半途而废的情况，从而影响整个垃圾分类工作的推进。因此，西村采取"先急后缓"的策略，先把生活垃圾中的有害垃圾作为迫切需要收集与处理的对象，优先开展工作。

垃圾分类的重点在社区，但社区之间又千差万别，社区与社区之间的人口结构、经济、文化基础也不相同。西村街有近两万户居民分布在不同类型的社区中。既有老广州居民为主的社区，又有外来流动人口为主的社区；既有中高档社区，又有垃圾费都难以收齐的低收入群体社区。在这种情况下，西村面临一个现实问题：在这些硬件和软件设施等各方面差异较大的社区中，垃圾分类是"一刀切"还是差异化推广？如果"一刀切"，不仅投入的物力、人力、财力较大，而且会面临更多的阻碍，反而难以集中精力重点突破。因此，西村街从社区实际出发，坚持"先易后难"的原则，集中有限的力量优先在比较容易接受，又比较容易执行的群体中开展垃圾分类的实施工作。譬如具有成熟物业管理的封闭社区，具有常态化管理的肉菜市场、水果蔬菜批发市场以及学校、政府部门等机关企事业单位。

垃圾分类离不开每位居民的参与，如何让居民将分类变为自觉的行动，一直是垃圾分类工作的难点。西村将垃圾分类宣传工作作为一项长期工程，常抓不懈，尤其重视辖区内学校的宣传工作，以持续的宣传工作，逐步推动辖区所有居民慢慢地接受垃圾分类理念，增强垃圾分类意识，"攻心为上"。

垃圾分类的主要目标是通过分类，减少垃圾的产出和处理量，减少垃圾处理的压力，并实现资源化再利用，因此，西村将"减量为主"作为垃圾分类的主要目标，让可回收物尽量被回收，厨余垃圾尽量被分拣处理，尽量减少拿去填埋或者焚烧的其他垃圾数量。在垃圾减量方面，西村除分流厨余垃圾外，还抓住了其他地区忽视的垃圾分类的灰色地带，即低值可回收垃圾，通过低值垃圾的回收，实现垃圾总量的减少。

由此，西村街在借鉴别人经验、深入分析西村实际的基础上，形成简单明了并具有西村特色的思路："先易后难，攻心为上"，"先急后缓，减量为主"。

（二）公私合作，走市场化之路

在垃圾分类处理的全流程中，街道处于流程的最前端，主要负责源头减量与排放控制、收集与转运工作，涉及面广，工作量大。为更好地做好垃圾减量和分类收运工作，西村在垃圾分类治理中采用"双轨制"，即能够市场化的，积极借助市场力量，并逐步完善市场力量参与垃圾分类的长效机制；不能市场化的，街道主导推动，特别是加大有害垃圾和餐厨垃圾分类工作力度。垃圾分类的最终目标是实现环境治理和社会建设，即借助市场的力量，通过城市管理体系，在互联网时代，将垃圾变成新的生产资料和生产力，创造出新业态和新生活。西村街遵循市场规律，通过补贴和产业化运作，解决低值可回收物的循环问题，通过经济杠杆较好地解决了源头减量和分类收运工作。

鉴于西村人力财力有限，西村街及时调整战略思路，正确定位街道办事处在垃圾治理中的角色和职能，从垃圾分类的宣传、分拣等具体事务中抽身出来，着力于垃圾治理的规划、协调、监督，通过公私合作，走出一条垃圾分类市场化的路子，不仅解决了垃圾分类人手少、资金短缺等现实问题，而且形成了垃圾分类共治局面。（见图9-3）2013年8月，基于"政府主导、企业主体、街道组织、群众参与"的理念，西村街与广州分类得环境管理有限公司合作，通过向企业购买服务的方式，成立由街道主导、企业具体运作的西村街道垃圾分类促进中心，并明确街道办事处和公司在垃圾分类中的职责和权利，本着"依法依规、便民高效、密切合作、开拓创新、互利共赢"的原则，共同做好西村街垃圾分类处理工作。

西村街街道办事处重点发挥政府优势，负责垃圾分类工作的规划和监督，把工作重心放在宣传和餐厨垃圾处理上，着重于居民垃圾分类意识的增强和习惯的养成。为此，街道办事处指派一名工作人员指导促进中心的工作；负责指导便民服务点、有害物质回收箱、低值可回收物及有害物质临时存放点的选址工作；协助开展辖区居民群众垃圾分类宣传咨询活动以及建立垃圾分类数据库过程中的沟通协调工作。在经费方面，街道办事处每年给予分类得公司开展垃圾分类宣传活动补贴经费5万元，有害物质回收工作补贴经费3万元，低值可回收物减量补贴每吨50元。

广州分类得环境管理有限公司则重点发挥市场和渠道优势，把工作重心放在有害垃圾和低值可回收物回收方面，着重于垃圾回收处理网络和渠道的搭建。(1) 负责在西村辖内建立街道垃圾分类促进中心，组建促进中心管理团队，确保促进中心日常工作的正常开展；(2) 负责全面摸查西村辖内生活垃圾的产出及类型情况并建立数据库；(3) 负责落实西村辖内社区的垃圾分类宣传咨询活动，活动类型以与辖内社区居民、单位员工、校内学生互动为主；(4) 负责有害物质回收箱及临时存放点的设置及日常运作并做好数据登记；(5) 负责便民服务点及低值可回收物临时存放点的设置及日常运作并做好数据登记；(6) 负责承担在西村辖内从事垃圾分类工作产生的债权债务、盈亏风险及法律责任。分类得环境管理有限公司负责促进中心工作人员的工资及办公费用、便民回收点及居民楼有害物质回收箱的设施建设费用、低值可回收物和有害物质临时存放点的硬件建设费用、社区专项回收箱设施建设费用、开展宣传咨询活动所需相关经费以及经营街道垃圾促进中心的其他相关费用。同时，分类得公司拥有以下权利：(1) 出资购买在西村辖区内便民回收服务点的设施和工具，并拥有便民回收服务点的设施和工具等物品的所有权；(2) 拥有摸查所获信息及所制成纸质档案与数据库的所有权；(3) 拥有在西村辖区内便民回收服务点的所得物资的处置权。(见图9-3)

西村垃圾分类第三方企业化服务模式运行一年以来，显示出强盛的生命力，具有可复制性和可持续性。首先，解决了源头分类督导的人力问题。广州以前主要依靠政府及其公共事业机构人员督促公众分类，行政主管部门公务员甚至派驻街道蹲点指导。但事实证明，这种模式难以持久，且督导效果不佳。西村按企业化运作方式提供垃圾分类第三方服务，引导与督促公众自觉分类，保障了督导人力的持久性。其次，解决了源头分类服务的财力问题。垃圾分类的目的就是分类处理、物尽其用。垃圾分类第三方服务模式将分类服务与后续分类处理捆绑，并根据回收利用的废物量给予补贴，形成了分类垃圾逆向物流，让物流成为一种生产力，保证了分类垃圾得到分类处理，完善了垃圾处理方式方法和垃圾处理产业体系。西村街引入企业创新垃圾分类前端作业机制，通过明确区分街道办与企业的责权利关系，让企业具体运作街道垃圾分类促进中心，可以把非街道力所

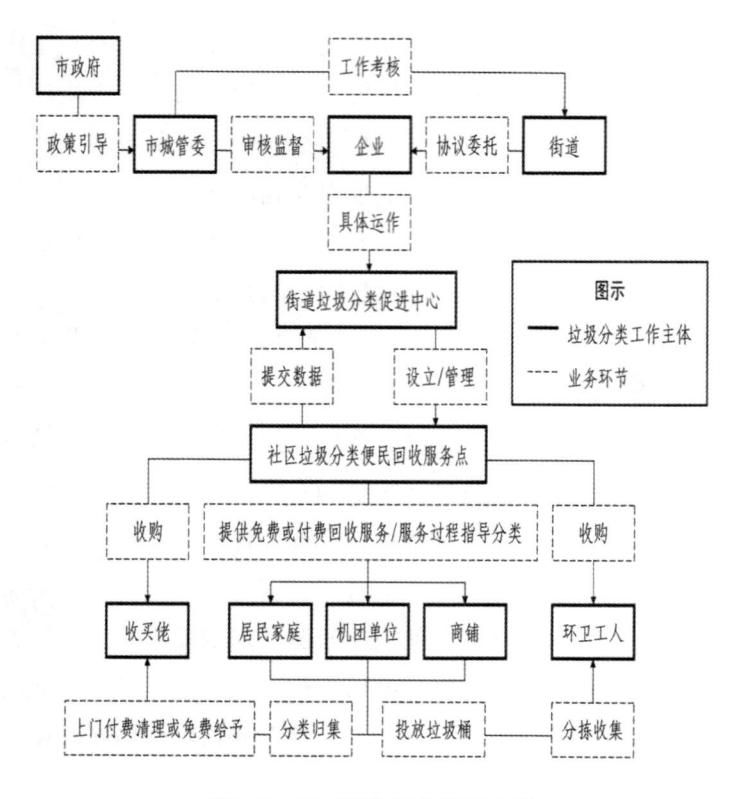

图9-3 西村街垃圾分类模式图

资料来源：西村街垃圾分类促进中心。

能及的垃圾分类服务的任务剥离出来，交给有能力、有意愿的企业操作，从而更好落实垃圾分类推广工作。

（三）服务引领，在"专业化"中追求"精细化"

垃圾分类看似简单的工作，却是城市经济发展和社会管理的重要组成部分，必须有专业化的队伍负责和指导垃圾分类工作。同时，西村街认识到，要想居民垃圾分类到位，必须"服务到位"，垃圾分类管理必须寓服务于管理之中，通过周到细致的服务，为居民提供分类的条件。只有用专业引导居民，用细节潜移默化地"征服"居民，才能真正让分类成为居民自觉的行动。

第九章　无声变革下的垃圾分类治理

垃圾分类回收是个费力活，面对每天产生的各种各样的垃圾，要实现正确分类、准确回收，离不开居民的参与，更需要专业人员的加盟。由于不同的垃圾成分不同，价值不同，居民往往难以掌握这些细节。比如，玻璃瓶子分为四类，衣服也根据材料的不同又分为多个类别，这些工作需要专业人员才能完成。因此，西村街垃圾分类促进中心成立后，促进中心一方面招聘了 5 名本地应、往届大学毕业生，通过一定的知识和技能培训使其担任促进中心的环境管理员。由他们负责环境调查监督、试行管理机制和搭建运作架构，并根据群众需求开发垃圾分类便民服务并对各垃圾分类便民回收点开展日常管理。由于这些人熟悉自己周边的生活环境，工作内容又与自己的生活环境密切相关，所以生活和工作的安排都非常便利，而且具有非常强的工作责任感和成就感。另一方面，促进中心通过与资源回收从业人员、游荡或蹲点的拾荒者洽谈开展各类专项回收活动等方式，吸纳了四十多名流动收购人员（其中，固定蹲点回收的有 18 名，流动回收的有二十多名），通过培训，规范服务项目、标准，并统一着装提供垃圾分类指导服务和便民回收服务，担任社区垃圾分类服务员。这样，不但解决了垃圾回收的人手不足和人员经费问题，还将过去收废品的"散兵游勇"变成了西村垃圾分类循环体系中的"生力军"，"收买佬"的形象大为改观，收入也不断增加。收购人员杨姨说："我们以前是'游兵散将'，但现在都收归街道委托的分类得公司管理，收入提高了，工作也更加顺心了。以前一些废玻璃等低值资源因为价值不大，居民没有意识到要回收，'收买佬'也不会回收，但现在由于形成了回收体系，回收价值提高了，即使废玻璃也能卖个好价钱，大家的积极性都提高了。"①

垃圾分类不仅具有专业性，而且是个细致活。西村街垃圾分类促进中心注重动态数据的统计和分析，并根据数据的变动及时调整垃圾分类工作。例如，2014 年统计，西苑社区累计仅回收有害物质 49 斤，而协和社区累计回收有害垃圾 235.1 斤。这两组相差甚远的数据，让西村街垃圾分

---

① 梁怿韬：《分类扔垃圾"扔"出甜头来》，《羊城晚报》2014 年 12 月 24 日。

类管理人员看到了问题:作为垃圾分类试点的西苑社区,群众基础比较好,而有害垃圾的回收数据却最低,哪里出了问题?随后,街道领导与垃圾分类指导员分别与居民和物业管理部门进行了交流,发现问题出在有害物质回收箱的设置上。原来,有害垃圾回收桶挂在小区的出口处,不显眼,不利于居民投放。因此,经协商,将社区内的有害垃圾回收桶挂在了大堂里,容易让居民看到。而且每个回收点不仅悬挂有1个有害物质收集箱,还张贴一张宣传指引,哪些是有害垃圾让居民一目了然。(见图9-4)有害垃圾回收桶的位置调整后,2015年该社区前4个月的回收量已超过去年7个月的回收量。

图9-4 西村街有害物质回收箱

资料来源:梁怿韬《分类扔垃圾"扔"出甜头来》,《羊城晚报》2014年12月24日。

再如,在厨余垃圾分类试点中,虽然为每户居民发放了免费的厨余垃圾桶,但推动了半年,岭南湾畔小区居民的垃圾分类准确率仍达不到40%。街道领导和促进中心专业人员与物业管理服务公司共同查找原因。经走访居民发现,虽然居民在厨房放了厨余垃圾桶,但因为只有一个垃圾桶，居民将厨房产生的所有垃圾都扔进了厨余垃圾桶，而大家习惯上认为，将厨余垃圾放进厨房的专用垃圾桶，将其他垃圾放到客厅的其他垃圾桶相对比较麻烦，难以执行。为此，西村街办事处针对这个情况设计了厨余垃圾桶和其他垃圾桶联体并排的垃圾桶，专门派发给居民安放在厨房使用，这样一来方便了居民分类投放垃圾。同时，西村按照"取之于民，用之于民"的思路，将环市西苑厨余垃圾生产的有机肥料作为小区绿化植被的肥料，并将肥料用小袋子封装，作为宣传品赠送给广大居民。正是这些细致周到的服务，让居民不仅认识并享受到垃圾分类的好处，更认可了垃圾分类的做法，从而提高了参与垃圾分类的积极性和主动性。

垃圾分类是一项需全民参与的系统工程，西村街道敢于突破垃圾分类面临的种种困难和瓶颈，大胆引进企业提供第三方服务，克服自身人手少、经费不足、运营管理手段不够、发动居民参与成本高等一系列难题，从建立垃圾分类促进中心，利用大数据提供决策支撑，到开展居民喜闻乐见的经常性宣传活动，建设可回收物回收利用便民体系，实现有害垃圾和可回收垃圾全覆盖，整合一系列沉淀在街道社区各个层面的资源，完善垃圾分类的相关配套设施，极大地激发了企业、居民参与分类的积极性，尤其是利用政府购买服务的经济杠杆，结合大数据和废旧资源逆向物流体系建设，为垃圾分类管理体系建设注入了新鲜动力，实现了以街道为单位的垃圾分类的可持续发展，为城市垃圾分类提供了一条可借鉴、可复制的模式。

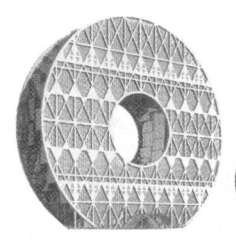

第十章
左右"逢源"的城市社区养老

21世纪是"长寿时代"、"老龄化时代"。据联合国统计,到2050年,全球老年人将超过20亿。《中国人口老龄化发展趋势预测研究报告》指出,到2050年,我国老年人口数量将增加到4亿,老龄化水平达到30%,进入重度老龄化社会。[①]在21世纪上半叶,中国将一直是世界上老年人口最多的国家,占世界老年人口总量的五分之一。中国应对老龄化可能是全世界人数规模最大、最复杂,也是最难的命题。[②]养老问题成为我国当前面临的重大社会工程之一。广州,2013年60岁以上的户籍老年人已经超过133万,占户籍人口的16.03%。其中,越秀、海珠、荔湾三个老城区,老龄化已超20%,广州市初步进入中度老龄化社会。[③]

广州市荔湾区逢源街位于广州市老西关,东起康王路,西至龙津西路,北至中山八路、龙津中路,南接长寿西路、宝源路,面积0.78平方公里,是广州典型的老城区,也是典型的老龄化社区。社区常住人口6万多人,60岁以上老人约1.3万人,约占总人口的21%,其中孤寡老人300多人,独居老人400多人。[④]面对严峻的老龄化趋势,逢源街道开辟了社区养老新模式:即以"政府出资购买、社会组织

[①] 全国老龄工作委员会办公室:《中国人口老龄化发展趋势预测研究报告》,2007年。
[②] 胡鞍钢:《应建立老年健康友好型社会 促进老年人幸福》,人民网,http://society.people.com.cn/n/2012/0701/c86800-18418331.html。
[③] 谭秋明:《广州已进入中度老龄化社会》,《广州日报》2014年10月26日。
[④] 李强、胡良光:《引进港式服务 解开社区"老"症结》,《南方日报》2011年6月24日。

承办、全程跟踪评估"为运作方式,整合利用社会资源,逐步形成了健康长者服务、居家养老服务、日间护理服务和院舍服务的"四位一体"的社区养老服务体系。经过近二十年的发展,逢源社区养老服务从硬件到软件都发生了质的飞跃,多次在广州市社区居家养老评估中名列前茅,先后被评为全国社区服务示范社区、全国敬老模范社区、全国社区养老服务示范单位、广东省"星光老年之家"先进单位、老龄工作先进单位等,为城市社区养老服务提供了可供借鉴的经验。

一 逢源社区养老服务图景

社区养老指通过政府扶持、社会参与、市场运作等方式建立的以家庭为核心，社区为依托，专业化服务为手段，向社区内老人提供生活照料、医疗保健、精神慰藉、文化娱乐等内容的养老服务模式。社区养老"既能让老人生活在自己熟悉的家庭环境里满足情感归属需求，又能享受到来自社区提供的专业化服务"[①]，能有效整合家庭与社会资源，成为城市新型养老方式。针对社区老龄人口众多这一实际，从1998年开始，逢源街道办事处联合香港邻舍辅导会，先后成立了康龄社区服务中心、康龄社区大学、邻舍长者日间护理中心等一批各具特色、各具功能的社区养老机构，创新了社区养老形式，建立了较为完整的养老服务体系。从1998年至今，逢源社区养老服务已走过了18个年头，纵观逢源社区养老服务的发展，可以分为两个阶段。

（一）1998—2007年，初创探索阶段

1998年5月，逢源街和香港邻舍辅导会合作，成立了文昌邻舍康龄社区服务中心，为社区内60岁以上的长者提供服务。至此，逢源街拉开了社区养老服务的序幕。服务中心在吸收香港社区长者服务经验的基础上，在香港资深社会工作专业人员的督导下，针对社区内长者的不同需求，为社区长者提供社交及康乐服务、社区教育、长者支援服务，并推广敬老爱老的精神，推展义工服务。具体服务内容包括：（1）社交与康乐服务：中心定期举办生日会、节日庆祝、嘉年华、旅行、参观等大型活动以及具有社交性、兴趣性、教育性、发展性及义务性的班组活动，通过多元

---

① 刘晓静、徐宏波：《社区养老服务产业化发展路径研究——基于福利多元主义理论视角》，《河北师范大学学报》2013年第9期。

化的活动，让长者参与群体生活及社区事务，以加强他们与社区和社会的联系，让他们"老有所乐"。（2）长者支援服务：服务包括上门探访及电话联络、情绪支援、介绍社区资源及简单家务的个人协助等，同时鼓励义工定期探访区内孤老，以实现和长者的"定期接触"，为有需要照顾的长者提供社区网络和外展服务。（3）社区教育：中心通过讲座、展览、嘉年华会、出版刊物及制作资料等形式的教育活动，协助长者建立积极的人生观，加强社区对长者的认识和关注，培养敬老精神，营造"关怀与爱"的氛围。（4）长者义工发展：康龄中心本着"老有所为"、"服务社群"的服务目标，鼓励长者及社区人士积极参与义务工作，发挥所长，为社区长者服务。（见表10-1）2002年11月21日逢源街成立了广州市首支长者义工队伍，现有队员300多人，年龄最大的93岁。中心根据老人的特长和意愿，建立了12个义工组。2008年，逢源街长者义工联队被评为广州市志愿服务十佳团队，被朱小丹省长誉为"不老常青树"，多位长者义工被省市乃至全国评为优秀志愿者，优秀义工之星陈杰禹还被评为第五届广州市"助人为乐"道德模范。

表10-1　　　　　　　　　康龄社区服务中心义工组

名称	组成人员	服务内容
爱心大使	长幼义工	服务区内孤老及残疾人士
亲善大使	长者会员	探访患病或家庭发生突变的会员朋友
关怀义工组	长者会员	策划及排练各项文娱节目，包括唱歌、跳舞、话剧等，在不同场合中表演，将欢笑带给有需要的人
康龄探射灯	长者会员	担当义务记者，参加中心各项活动，撰写文章，并刊于中心的每月通讯
园丁组	长者会员　社会义工	担当各班组的义务导师，负责编订课程及教材，将知识及技能传授给其他会员，如太极班、书法班、交谊舞、识字班等
万能组	长者会员	负责量血压、维修、中心布置等
健康大使	长者会员　社会义工	为中心的长者会员提供健康咨询及日常饮食保健，如贴穴位膏布、饮食疗法等
微笑大使	长者会员	负责中心的日常接待及提供相关的咨询服务

续表

名称	组成人员	服务内容
社会义工组	广州市志愿服务社区的人士	协助中心推展活动及后勤支援
家庭义工组	社区家庭	协助中心推展活动
小义工组	长者的儿孙	探访长者及协助中心活动

资料来源：根据逢源人家服务中心资料整理。

1999年，逢源街依托星光老年之家，在街道慈善会的资助下建成了社区迷你型的养老院——能享老人院。老人院面积约400平方米，院内有活动大厅及小型休憩场所，配备了按摩椅、沙滩椅、空调、电视音响、健骑机等设备。房间分为3人房和4人房，可供30位老人入住。老人院配备专业社工、护士、护工及膳食工作人员为长者提供全天候的照顾及护理服务。老人院的社工经常会组织辖区内中小学生到养老院探访；每季度还会和长者们共庆生辰；在春秋两季的时候，义工团队会和长者们一起走出社区，去广州周边参观等，丰富老人的生活。迷你社区养老院与大型的公办养老院相比，更加灵活和方便，大家同在一个社区，彼此熟悉，感觉亲切，而且离家不远，方便子女探视，老人也可以随时回家，能够同时满足老人照顾和情感等需求。

（二）2008年至今：转型提升阶段

2008年，逢源街被确立为广州市社会管理服务体制改革首批试点单位，以此为契机，逢源街成立了逢源人家服务中心这一非营利性社会组织，中心下设顾问委员会、服务指导委员会和理事会，负责承接街道社区服务工作。逢源人家服务中心的成立，转变了社区服务的运作方式，整合了社区资源，拓展了社区服务的对象和内容，先后开设了康龄社区大学、长者日间护理中心等特色服务项目，提升了社区养老服务水平。

康龄社区大学成立于2008年12月，主要为社区内55岁以上社区人士提供教育服务，目的是激发长者学习动机，面对生活挑战；提倡终生学习，善用余暇，发展心智；促进平等学习的机会。康龄社区大学分为5个学院：文学院（中文识字、普通话班等）、体艺学院（唱歌、书法、舞蹈及手工艺班等)、社会服务及社会科学学院(义工训练、退休生活教育、人际关系等)、信息及科技学院(计算机、上网、中文输入班)、医疗保健学院(食疗、营养与按摩班等)。

康龄社区大学实行学分制,没有修读年期限制,获取学分不需要考试,只需每堂课准时到场便有一个学分。修满50分者可获修业证书,80分可获高级证书,110分可获文凭,140分可获高级文凭(最少修毕5科,同一学系修满80学分,才可获取该学系的证书),200分可获大学学位(最少修毕5科,同一学系要修满120学分,才可获取该学系的大学学位)。社区大学的老师均为长者义工或社会义工,社区大学经常开展师生交流活动,每两年举行一次毕业典礼。毕业典礼时,学校给每人派发一套学士服,颁发证书,拍个人照和集体照,个人照还会封存在课室的橱窗内,以嘉许其个人学习的动机和能力。(见图10-1)提起毕业典礼,彭顺泉老人说:"那是很风光的事,我们这些老人家以前也没上过大学,难得晚年有一次机会,肯定要尝试一下。"[①]

图10-1 康龄社区大学第二届毕业礼集体照

图片来源:逢源人家服务中心。

[①] 何伟杰:《逢源街老人"左右逢源" 每十人中有一个是义工》,《羊城晚报》2012年4月10日。

第十章　左右"逢源"的城市社区养老

为满足不同年龄及身体状况较弱的长者不断增长的照顾需要，逢源街在市福利彩票公益金的大力支持下，于2010年成立了逢源邻舍长者日间护理中心。中心坚持以尊重、平等和共融的理念，以"打造社区长者温馨家园"为目标，为在日间缺乏照顾的体弱长者提供全面而优质的生活照顾、护理服务、康复服务、社交及发展性活动等，使长者保持身心健康，能够在社区里享受具有尊严和快乐的晚年。同时，中心还为照顾者提供暂托、转介服务以及照顾技巧培训、护理咨询等支援服务，提高照顾者的能力和技巧，纾缓照顾者所面对的压力。

长者日间护理中心主要服务对象是60岁以上居住在逢源社区体弱但健康情况稳定、非长期卧床、无急性病和传染病、无暴力倾向且日间缺乏照顾的老人，户籍与非户籍人口均可申请。目前，中心现有工作人员6人，中心社工负责管理、协调中心工作，评估、制定和推行中心活动；护士负责评估、制定和推行护理工作；康复治疗师负责评估、制定和推行康复治疗运动；社工助理负责制定和推行中心康乐和社交活动，协助文书和接待工作；两名护理工作员协助护士推行护理工作，负责中心清洁。日间中心以西关文化为主调，安装了防滑地板、防游走门铃、高背座椅等设施，设有畅谈室、护士当值室、自由活动区、康复室、多感官治疗室等人性化、专业化的功能活动室，为长者营造一个既舒适又安全的"温馨家园"。中心的日常工作包括：老人基本健康检查、个人护理、康复治疗运动等医疗护理保健，还有健身操、益智训练、唱歌、击鼓传花等文体活动。日间中心不仅为子女免除了白天上班老人没人照顾的后顾之忧，又可以让老人晚上回家享受天伦之乐，深受社区居民的欢迎。日间护理中心会员陈树棠老人谈起日间护理中心连连说好："中心的环境好，伙食好，活动好。这里有很多不同的活动，生日会、下象棋等。这里的康复也很好，我参加了踩单车训练、跑步机训练。老友间也很好，大家和睦相处。工作人员，很细心照顾我们，与我们谈心。"[①]

---

① 参考《上善逢源——广州市荔湾区逢源街社区服务工作十五周年纪念册》，2012年版，第69页。

二　逢源社区养老服务逻辑

逢源社区养老服务起步早、理念新、专业强，为城市社区养老探索了一条可供借鉴的新路子。国家民政部原部长李学举曾动情地说："逢源街在社区养老服务方面，为老人想得最多、干得最多、做得最好，社工和义工互动进社区开展养老服务是今后我国社区养老发展的方向。"①

（一）"助人自助"的服务理念

社会工作是一项助人的服务于他人的事业，"社会工作是以利他主义为指导，以科学的知识为基础，运用科学的方法进行的助人服务活动。这一定义指出社会工作的本质是一种助人活动，其特征是提供服务"②。但养老服务等社区工作又不是单方面的助人活动，它不同于普通的行善，而是一种科学的助人工作。社会工作的哲学理念源于三个假设：对人的尊重；相信人有独特的个性；坚守人有自我改变、成长和不断进步的能力。③社会工作者在服务过程中要尊敬他人，将每个人看作是独特的个体，并相信他们的改进能力。因此，逢源街社区服务一直坚持"助人自助"的基本理念，不是单纯"授人以鱼"，而是"授人以渔"，形成了"社工带动义工，社工义工联动"的工作模式。④逢源社区长者服务由5名社工、4名社工助理、2名护士、1名康复训练师、6名护理员以及康龄老人义工、康龄社会义工共同提供，另外香港邻舍辅导会和香港国际社会服务无偿提供3名督导服务。逢源社区每月的《活动通讯》上都会发布义工招募令，招募"助残出

---

① 逢源人家服务中心，http://www.fengyuanrenjia.org/HZJGC.HTML。
② 王思斌：《社会工作概论》，高等教育出版社2006年版，第12页。
③ Butrym.Z.T. *The Nature of Social Work*. London: Mcmillan,1976.
④ 参考《上善逢源——广州市荔湾区逢源街社区服务工作十五周年纪念册》，2012年，第68页。

行"、"爱心晚餐服务"、电脑班授课等活动义工。逢源街还与广州市义务工作者联合会社区大学建立了社区义工培训基地,提供持续的专业培训,每月开展一次义工培训活动,培训内容涉及家居安全知识、健康知识、情绪管理等各个方面。康龄义工联会每月召开一次义工代表会议,各义工小组也会不定期召开沟通交流会。义工培训基地扶持和鼓励社区义工组织立足社区、服务社群,推动广大社区居民持续参与义务工作,推动"社工义工联动机制"和社区助老义工服务发展。

在养老服务过程中,逢源街注重社区老人的独特性,注重激发老人的主体价值和能力,注重提高老人的自我服务能力,让社区老人在接受服务的同时,成为服务的提供者,在老人服务的过程中,给予和接受爱,获得尊重,提升能力,体现自身价值,收获友谊和信赖,享受人生的乐趣。参加康龄中心8年活动的杨阿婆说:

> 中心像一个大家庭,会员之间互相关心,互相帮助。在中心职责带动下,我参加了"乐善组"、"老友记俱乐部"、"粤曲乐韵"、"英文初级班"等活动。我本是一个独居老人,能够加入中心,真是老有所为、老有所托、老有所学。①

黄阿伯将在康龄中心的退休生活看作人生的第二次"成长":

> 加入康龄中心后,在中心职员的谆谆教导下,我学会了唱歌、跳舞;在各个班组的导师辅导下,我学会了工艺、表演、书画、编写剧目等。中心丰富多彩的活动,会员间的沟通,活跃了我的身心,促进了我的思维。我意识到,人类社会的延续,不是"个体的单细胞",而是"集体的大家庭",大家共同开心,自己才会更加快乐。随着义

---

① 参考《上善逢源——广州市荔湾区逢源街社区服务工作十五周年纪念册》,2012年,第67—68页。

工的发展，我成为义工组织的一员。经过多次的义工培训、学习、训练活动，我更深刻地理解到：人类的进步是构筑在"和谐"、"关爱"、"团结"、"互助"、"文明"的基础上，因而我积极参加了探访、慰问宣传、服务等多项活动。通过接触、沟通、体会，感悟了很多东西，这些都是我过去无法理解和无法学到的，这也是构成我第二次"老年成长"的重要课程。

（二）现代化的服务运作方式和完善的组织制度建设

在社会生活和需求多元化的今天，养老服务不仅仅要满足老年人生活、医疗等基本需求，更要满足老人的精神、自我价值实现等高层次的需求，提高服务效能，增强老人的幸福感，正如有学者指出："人类幸福是一个动态过程，它必须具备使能条件（社会使个人具备了提升和发挥能力的条件）、心理健康的资源（通过社会功能正常发挥和满足人类需要），从而实现幸福的目标"[①]。逢源社区长者服务通过社工带动义工的模式，透过社区养老、日间护理、居家养老、院舍养老等多元化的服务形式，使社区长者老有所养、老有所依；鼓励社区长者善用余暇，发挥潜能，以增加自信；促进社区长者与他人的沟通、对群体生活及社区事务的参与，加强其与社会的联系，使他们能在一个"爱与关怀"的社区内安享晚年。逢源社区的养老服务不满足于给予长者基本的生活保障，更关注长者的发展和幸福，走了一条积极健康的养老服务之路。

2008 年，逢源街以社会管理体制改革试点为契机，率先打破政府包揽社区服务的格局，"政府出资购买、社会组织承办、全程跟踪评估"的社区服务运作新模式。政府购买社会服务是指政府根据社区服务需求，通过竞争和监督机制，以合同的方式向具备相应资质的社会工作服务机构购买相应的社会服务的行为。这种运作方式，政府从服务的直接提供者转化为服务的引导者、出资者和评估监督者，极大地释放了社会力量，逢源街社

---

① 彭华民：《中国组合式普惠型社会福利制度的构建》，《学术月刊》2011 年第 10 期。

区养老服务实现了从传统到现代的转型。（见表10-2）

表10-2　　　　　　　　逢源社区养老模式传统与现代的对比

	传统模式	现代模式
服务提供者	政府	社会组织
服务对象	困难长者	社区全体长者
服务时机	应对危机和困难时	早期预防，常态跟踪
服务内容	无差别的一揽子服务	有针对性的服务
服务对象角色	被动的服务接受者	主动的服务接受者和服务的提供者
服务提供者与社区关系	上下级关系	合作伙伴关系
服务资金来源	政府补贴	政府购买、慈善捐款、项目收费

组织和制度建设是社区服务得以规范运行的基础。在1997年香港回归的大背景下，在人们对社区服务这一工作还很陌生的年代，逢源街率先与社区服务经验丰富的香港国际社会服务社、香港邻舍辅导会合作，先后成立了穗港及海外婚姻家庭辅导服务中心、文昌邻舍康龄中心、文昌邻舍展能中心、穗港青少年服务中心、穗港综合家庭服务中心、逢源街家庭综合服务中心、逢源邻舍长者日间护理中心等社区服务机构，形成了多层次、多方位、多元化的社区服务体系。（见图10-2）就社区养老服务而言，逢源街组织建构齐全，制度和服务体系完善。

为规范社区养老服务的发展，逢源社区还制定《逢源街托老中心护理员工作职责》、《逢源邻舍长者日常护理中心员工守则》、《逢源街"星光老年之家"管理人员工作职责》、《逢源街"星光老年之家"管理制度》、《逢源街居家养老申请流程》、《逢源街居家养老服务部处理投诉流程》等规章制度。这些制度对服务人员的工作职责、工作标准、禁止行为和工作流程等做了明确的规定，实现了养老服务的规范化，有效地保障了养老服务的质量和老人的合法权益。

```
┌─────────────┐      ┌─────────────┐      ┌─────────────────┐
│ 逢源街道办事处 │      │  逢源人家    │      │ 香港国际社会服务社 │
│  (行政督导)  │──────│  服务中心    │──────│ 香港邻舍辅导会    │
│             │      │             │      │   (服务督导)     │
└─────────────┘      └──────┬──────┘      └─────────────────┘
                            │
                    ┌───────┴────────┐
                    │ 逢源街家庭综合服务中心 │
                    └───────┬────────┘
        ┌──────────┬────────┼────────┬──────────┐
   ┌────┴────┐ ┌──┴──┐ ┌───┴───┐ ┌──┴──┐ ┌────┴────┐
   │居家养老服 │ │康龄 │ │长者日间│ │康龄 │ │ 能享    │
   │务及长者呼 │ │中心 │ │护理中心│ │社区 │ │ 老人院  │
   │援平台    │ │     │ │       │ │大学 │ │         │
   └─────────┘ └─────┘ └───────┘ └─────┘ └─────────┘
```

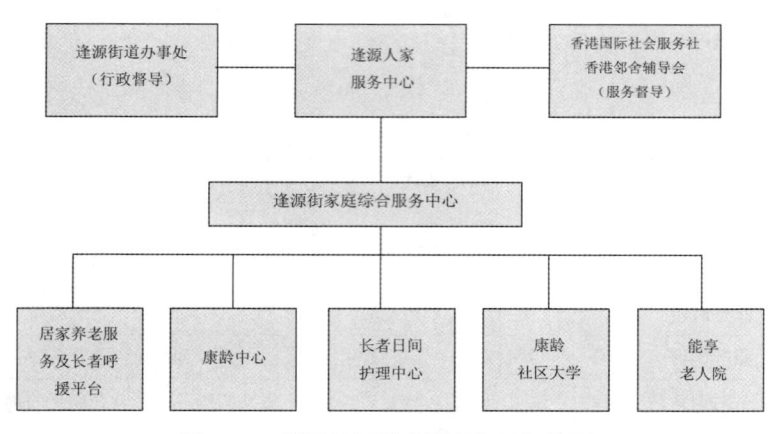

图10-2　逢源社区养老服务组织架构图

（三）"四位一体"的无缝隙服务体系

经过近二十年的发展，逢源街建立了居家养老服务、社区养老服务、日间护理服务、院舍养老服务"四位一体"综合养老服务平台。居家养老服务主要针对喜欢居家养老的长者，社区为其提供"连心线"呼援服务、送餐送汤服务、个人护理、家居清洁、洗衣服务、保健咨询、购物送递、关怀探访、健康档案跟踪等服务。健康长者服务主要针对社区健康长者，为他们提供社区大学、文化中心、长者义工等平台，发挥他们的余热，丰富他们的精神生活。日间护理服务主要针对日间缺乏照料并有康复需求的长者，通过专业人员，利用生活及康复设备，为他们提供支援服务。院舍养老服务主要针对体弱、生活可以自理愿意接受院舍服务的长者，提供全天候照料服务。在逢源社区，喜欢居家养老的老人，在家享受居家养老服务，能自理、喜欢参与各项活动和学习的老人可以去康龄中心、康龄社区大学，白天需要照顾的老人可以去日间护理中心——"托老所"，昼夜都需要照顾的老人去社区迷你养老院，形成了环环相扣的链条式服务。服务内容包括护理、康复、社交、教育、义工发展等各个层面。逢源家庭综合服务中心每月会出一期《活动通讯》，具体安排每天的活动内容和时间。活动内容更是丰富多彩，如闲话易经、书法、舞蹈、英语和日语学习、电脑学习、戏曲、棋艺、手工、义工活动等（见图10-3），社区长者可根据

中心6月会员通讯

星期一	星期二	星期三	星期四	星期五	星期六	星期日
6月1日 *闲话易经（9:00） 同事会议（14:30）	6月2日 ※关怀义工组（9:00） *草书笔法（9:00） ◎爱心大使（14:30） *电脑班（14:30） &沟通无界限（14:30）	6月3日 ※逢源街长者义工队长会议（9:00） *英语提高班（9:00） #月会（14:30） ～健康检查站（15:30）	6月4日 *齐齐来跳舞1班（8:30） ～康乐晨操（8:30） ※乐善组（9:00） *齐齐来跳舞2班（10:00） #月会（14:30） ～健康检查站（15:30） ※康龄探射灯（15:30）	6月5日 *英语基础班（8:45） *齐齐松一松（10:15） ~康龄棋艺社（14:30） ◎微笑大使会议（14:30）	6月6日 休息	6月7日 休息
6月8日 *闲话易经（9:00） 同事会议（9:30） ※康龄义工代表联会（9:00） ※乐善大使会议（14:30） ~体感与运动（14:30）	6月9日 ※关怀义工组（9:00） *草书笔法（9:00） ◎爱心大使（14:30） *电脑班（14:30） &沟通无界限（14:30）	6月10日 *康龄电影院（9:00） *英语提高班（9:00） *跟我学日语（14:30）	6月11日 *齐齐来跳舞1班（8:30） ～康乐晨操（8:30） ※乐善组（9:00） *齐齐来跳舞2班（10:00） ~粤韵悠扬（14:30） ※康龄探射灯（15:30）	6月12日 *英语基础班（8:45） *齐齐松一松（10:15） ~康龄棋艺社（14:30）	6月13日 慈慧爱心行（9:00）	6月14日 休息
6月15日 *闲话易经（9:00） 同事会议（9:30） ※米善普大使会议（14:30） ~体感与运动（14:30）	6月16日 ※关怀义工组（9:00） *草书笔法（9:00） ◎爱心大使（14:30） *电脑班（14:30） &沟通无界限（14:30）	6月17日 #道德讲堂（9:00） *英语提高班（9:00） *跟我学日语（14:30）	6月18日 *齐齐来跳舞1班（8:30） ～康乐晨操（8:30） ※乐善组（9:00） ※夏日洋洋贺端午（9:00） *齐齐来跳舞2班（10:00） ~粤韵悠扬（14:30）	6月19日 *英语基础班（8:45） *齐齐松一松（10:15） ~康龄棋艺社（14:30）	6月20日 休息	6月21日 休息
6月22日 休息	6月23日 ※关怀义工组（9:00） *草书笔法（9:00） ◎爱心大使（14:30） *电脑班（14:30） &沟通无界限（14:30）	6月24日 *康龄电影院（9:00） *英语提高班（9:00） *跟我学日语（14:30）	6月25日 *齐齐来跳舞1班（8:30） ～康乐晨操（8:30） ※乐善组（9:00） *齐齐来跳舞2班（10:00） ~粤韵悠扬（14:30） ～健康检查站（15:30） ※康龄探射灯（15:30）	6月26日 *英语基础班（8:45） *齐齐松一松（10:15） ~康龄棋艺社（14:30）	6月27日 休息	6月28日 休息
6月29日 *闲话易经（9:00） 同事会议（9:30） ~体感与运动（14:30） ※康龄义工机构会议（14:30）	6月30日 #七一喜庆迎生辰（9:00） *电脑班（14:30） &沟通无界限（14:30）	7月1日 ※逢源街长者义工队长会议（9:00） *英语提高班（9:00） #月会（14:30） ～健康检查站（15:30）	7月2日 *齐齐来跳舞1班（8:30） ～康乐晨操（8:30） ※乐善组（9:00） *齐齐来跳舞2班（10:00） #月会（14:30） ～健康检查站（15:30） ※康龄探射灯（15:30）	7月3日 *英语基础班（8:45） *齐齐松一松（10:15） ~康龄棋艺社（14:30）	7月4日 休息	7月5日 休息

图10-3 2015年6月逢源社区长者服务安排表

#大型活动 *康龄大学课程 &社工小组 ※长者支援服务 ※义工活动 ◎各项会议 ～各项服务

负责社工：文昌北路耀华大街12号 邮箱：wchklnaac@126.com
联系电话：8182 5012
注意：1.康龄大学课程仅限康龄会员参与，如您足55岁以上，对课程感兴趣，可致电020-8182 5012咨询。
2.本版其余活动仅限康龄会员参与，如您足60岁以上，对活动感兴趣，可致电020-8182 5012咨询。

资料来源：逢源街家庭综合服务中心《活动通讯》2015年6月刊。

自己的兴趣选择参加。多层次、全方位的服务体系和项目，加上丰富多彩的活动内容，逢源老人可谓"左右逢源"，真正实现了有所养、有所乐、有所为。

（四）无偿、低偿、有偿服务相结合的服务付费方式

养老服务费用是制约老人享受服务的重要因素之一，有些老人不愿掏钱买服务，有些高额的费用让老人望尘莫及，直接影响了老人的生活质量。而逢源社区通过融合社区资源，为老人提供无偿和低偿服务，让每位老人都能"消费得起"、"享受得到"。逢源社区开展养老服务所需要的物业场所都由民政部门和逢源街道办事处无偿或低价提供，同时社区养老服务所需资金主要由政府财政资金和福利资金资助。康龄社区服务中心提供的所有服务基本上都是无偿的，老人参加社区活动和学习老龄社区大学课程都是免费的。在居家养老服务方面，"三无"孤寡老人可享受每月400元的免费服务；最低生活保障家庭、低收入困难家庭、重点优抚对象中生活不能自理的长者以及曾获市级以上劳动模范荣誉称号且生活不能自理的长者和80岁以上独居或仅与重度残疾子女共同居住的长者可享受每月300元的免费服务；最低生活保障家庭、低收入困难家庭、重点优抚对象中生活独居或仅与重度残疾子女共同居住的长者以及100周岁以上的老人可享受每月200元的免费服务。社区日托中心属于半公益性质，只收取伙食费和基本的护理费，运营的主要费用来自广州市福利彩票公益金的支持。逢源街的老人只需要交纳每月200元的基本护理费和10元/餐的午餐费，全部加起来一个月只需要400元左右。逢源街以外其他老人也只需要500元左右就够了，即交纳每月300元的基本护理费和10元/餐的午餐费。老人入住能享养老院，一次性购置费用是1万元，如果是属于逢源街户口的老人，则只需要6000元。每个月的费用是1240元，包括一日三餐、护理、照料、医疗等费用。社区中不符合享受免费居家养老服务但有意申请服务的长者，社区可以提供自费服务，每小时21元。

（五）专业化和现代化的服务手段

养老服务的专业化指由具有专业养老服务资格的人员提供的科学的养老服务。养老服务是一项专门的职业，必须由经过专业培训并有专业资质的人员来提供。逢源社区养老服务在香港邻舍辅导会和香港国际社会服务社的帮助下，从一开始就注重服务的专业化建设。

香港邻舍辅导会创立于1968年，其秉承"助邻扶老，服务社群"的精神，为各阶层年龄居民及最不能自助的社群提供最适切的服务，致力于建立一个互相关怀、尊重及分享的社会。香港邻舍辅导会有康龄社区服务中心、邻里康龄中心、康龄中心、综合家居照顾服务、支援长者离院综合服务家居支援队、日间护理服务、护理安老院、综合康复服务中心、日间社区康复中心、严重残疾人士家居照顾服务、弱能人士地区支援中心、综合职业康复服务中心、康龄社区大学等九十多个服务单位。香港国际社会服务社是国际社会服务社的分社之一，从1958年开始在香港提供服务，服务范围包括家庭服务、儿童及青少年服务、移居人士服务、就业服务、长者服务等。在这两个组织的帮助下，逢源街在社工和义工培育上做了许多有益的尝试，通过组织社工到香港、新加坡、台湾、北京等地参观学习、培训等方式，着力培养本土专业社工。社工人员在养老服务过程中，充分运用专业知识，将老年社区工作、小组工作、个案工作等专业手法充分运用了逢源养老服务中去。

现代科学技术的迅速发展特别是信息技术的发展，为社区养老提供了新的发展平台和机遇。逢源人家服务中心利用现代网络和信息技术，建立了自己的网站和微博、微信公众号等及时发布各项服务信息，方便群众查询，同时也扩大了社区服务组织的影响力。逢源社区还及时将新的科学技术运用于养老服务中，设立了"连心线"呼援平台、"码"上回家等具有科技含量的特色老人服务项目。2008年，逢源街家庭综合服务中心专门针对辖区内240多名孤老、独居长者建立"连心线"呼援平台系统，提供24小时全天候紧急呼援服务，工作人员还每天定时与长者电话聊天谈心，并及时应急处理长者的紧急求助。同时，该系统还有安防报警和智能化服务功能。"连心线"呼援系统，使用方便，老人在身体不适急需帮助时可按"红键"求救，系统工作人员在接到老人家按"红键"求救后，会立刻打电话回访老人，并将老人情况告诉其家人。如果老人的电话没人接，他们则马上派工作人员上门，并在紧急情况下打120电话求助。老人家们在家孤独时还可按"绿键"找专人陪着聊天，既贴心又安全。随着微信的普及，针对社区的失智老人，逢源社区又开设了"'码'上回家——逢源街关爱失智老人项目"，该项目将惠及街辖内80%以上的失智长者家庭。项目为每位失智老人建立具有识别个人信息功能的二维码，然后将二维码缝制在老人的衣物上，当失智老人意外走失忘记回家的路或者连自己基本信息都忘记了时候，发现老人的人士能凭借二维码的功能扫扫搜索到失智长者的个人信息及联系人信息，以便及时通过各种渠道将长者送回家，避免家人的担忧和家庭的破碎。在逢源邻舍长者日间中心，不仅有各种康复设备，还有一间让人耳目一新的多感官治疗室，该治疗室通过视听互动训练、动感彩轮、幻彩光纤、泡泡管等刺激长者的感官神经系统，活化老人日益退化的感官功能，以缓减老人们日益退化的生活功能。

三　逢源社区养老服务的未来

虽然逢源社区目前已建立起一批较完善的具有特色的社区养老机构并取得了明显成效，但面对老人越来越多多样化的需求，"逢源"社区养老模式也面临着一些问题，未来的发展需要建立更开放的体系和提供更精细的服务。

（一）建立多元化的社区养老服务供给体系

分权化、民营化、市场化是现代福利供给的发展趋势。《第二届世界老龄大会政治宣言》（2002）专门谈到老龄工作中政府和社会的责任，指出:"政府的首要责任在于考虑老年人的特殊需求,促进提供和确保老年人能够获得基本的社会服务。为此,需要与地方政府和包括非政府组织、私人机构、志愿者和志愿者组织、老年人和老年人协会等在内的民间组织以及家庭和社会进行合作……除了政府为老年人提供服务外,家庭、志愿者、社区、老年人组织以及其他社区为基础的组织在为老年人提供支持和非政府照顾方面起着重要的作用。"在福利多元主义下,老龄服务供给主体也应多元化,各个主体的职能定位也需重新明确。

最早提出福利多元化观点的是1978年英国的《沃尔芬德的志愿组织的未来报告》,报告主张让志愿者组织参与社会福利的供给工作。1986年,罗斯在《相同的目标、不同的角色——国家对福利多元组合的贡献》一文中,对福利多元主义进行了明确的论述,并提出社会总福利公式:TWS=H+M+S。TWS指社会总福利,H是家庭提供的福利,M是通过市场提供福利,S是国家提供的福利。1988年,伊瓦思在罗斯研究的基础上,将国家、市场和家庭放在文化、经济和政治的背景下,展现他们之间的互动关系以及与行动者之间的关系,形成了福利三角范式。随后,伊瓦思注意到了民间社会对社会福利的特殊作用,于1996年对自己的福利三角范式进行了修正,形成了四分法的分析模式,认为福利的来源应该有四个:国家、市场、社区和民间社会。结合我国实际,我国养老服务的供给主体应由政府、家庭、社区、非营利组织、营利性组织五个部门构成,相互补充、相互支持。(见表10-3)

表10-3 不同供给主体的主要优点与缺点比较

服务供给主体	主要优点	主要缺点
家庭	及时、弹性、情感为主、无耻辱感	照顾局限、照顾者的援助
社区	及时、弹性、方便、合作、心理归属	范围、资源局限、能力限制
非营利性组织	及时、弹性、创新、专业	人财物、持久性与规模化限制
营利性组织	自由、效率、独立、无耻辱感	不平等、选择生
政府	资源多、保障、稳定、覆盖面大	官僚、无效率、缺乏弹性、浪费

资料来源:参照刘继同《欧美人类需求理论与社会福利运行机制研究》,《北京科技大学学报》2004年第3期。

当前，从资金来源看，逢源社区养老服务资金主要由政府购买服务资金和对特殊长者的民政福利资金构成，另外加上少量的项目收费。总体来看，资金来源较为单一，政府扶持补贴方式也比较单一。从服务的直接提供者来看，逢源的养老服务主要由社区和非营利组织来提供，服务人员主要由社工和义工构成，营利性组织的功能未能发挥，家庭的养老服务功能弱化。

社区福利的供给主体是政府，政府的财政收入以及对社区养老投入多少决定了社区养老服务发展的速度与质量。政府不仅要出资购买服务，还可以出台优惠的土地出让政策鼓励房地产公司在建设商品房的同时配套建设社区养老院，或者拿出一部分企业利润直接投资社区养老机构的建设，也可以捐出一定比例的企业利润给慈善基金会或其他非营利组织开展社区养老服务。政府要引导并促进房地产开发商与专业机构合作，引导地产资本进入专业服务领域，同时采取会籍制等新的商业运作模式，鼓励企业通过科技投入提高社区养老能力，解决养老服务资金的筹措问题，实现企业和民众的"双赢"。

调查显示，目前老人对有偿服务的接受程度较高，也说明老年人通过购买服务提高生活质量的要求比较迫切，可以将社区养老服务作为一类产业来经营和发展，通过市场化机制，实现养老服务产品的系列化和规模化。目前，老年人用品市场十分广阔，企业可以多研发生产为老年人服务的产品，向产业化方向发展。通过产业化方式以吸收更多的资本参与社区养老服务，并提高资本运作的效率，改善服务质量，促进社区养老服务的可持续发展。但对于那些应由政府负责的养老保障项目和公益性、福利性色彩比较浓厚的服务项目，应通过社区服务发展基金或慈善基金会，向市场化经营的老人公寓发放补贴或由街道购买老年服务等方式解决。

自古以来，家庭就具有满足人类基本需求的功能，可以为老人提供经济生活与情感的依附，一直是老人最渴望的养老场所，也是中国孝道文化下最理想的养老之地。虽然，在社会转型的今天，家庭的养老功能有所弱化，但养老社会化的目的并不是削弱家庭的职责，而是支持家庭更好地履行养老之职责。"通过家庭养老，可以满足老年人的多样需求，尤其是对感情慰藉方面的需求；可以借助帮助与被帮助，促进代际关系和谐，体现均衡互惠和代际传递原则。"①

因此，今后逢源街的养老服务在政府主导、非营利组织提供的基础上，应当引进营利性组织的力量，并建立更加完善的家庭养老支援体系，强化家庭养老的功能；而且社区养老的供给主体要通力合作，形成多元化福利供给的局面，以提升养老服务水平，满足老人多元化、多层次的服务需求。

（二）以"用户自我管理"为中心，提供整合服务

全国老龄办发布的《城市居家养老服务研究》报告显示："我国城市中有48.5%的老年人有各种现实的服务需求，其中需要家政服务的占25.22%，需要护理服务的占18.04%，需要托老所服务的占18.9%，需要保健指导的占36.8%，需要聊天解闷的占13.79%。"② 社区服务有四种运作模式：以行政者为中心、以专家为中心、以一线照顾者为中心、以用户为中心。当前，我国的养老服务多以"行政和一线照顾者为中心"，即为哪类老人提供什么样的服务多由政府和一线服务人员来决定，在养老服务管理中"用户"的参与不足，一方面因为老人的权利意识不足，将政府提供的养老服务当作一种恩赐，一般不主动参与，多被动接受。另一方面，由于一线服务人员工作量大，难以细化服务需求，"私人定制"服务内容。而且，由于服务资源整合不足，养老服务内容呈现碎片化。据了解，逢源社区在养老服务方面也存在以上问题，没有细分不同性别、不同年龄段、不同教育程度、不同收入长者的不同需求，养老空间资源不足，其他资源也需要进一步融合。

因此，提高养老服务质量必须在细化社区养老服务内容上下功夫，要以"用户自我管理"为中心，提供整合服务。（见图10-4）以"用户自我管理"为中心，就是以社区为主体，鼓励整合照料中的"被照料者参与"，以实现自我管理的目标。所谓整合服务就是将基本服务、社区服务和社

---

① 杨宜勇、杨亚哲：《论我国居家养老服务体系的发展》，《中共中央党校学报》2011年第5期。
② 全国老龄工作委员会办公室，http://www.cnca.org.cn/de-fault/index.html。

会服务以"用户"为中心统和起来，提供不间断的、高质量的照料，这需要整合不同的服务资源以及福利提供机构的协调和配合。总而言之，社区养老要形成老年生活照料服务、老年医疗保健康复服务、老年精神文化服务、老年志愿者服务和老年教育服务五大体系，让社会资源在社区中得以整合，并通过社区向老人提供"量身定制"的整合服务，提高资源使用的效率和服务的针对性，使社区老人真正做到"有所养、有所医、有所学、有所为、有所乐"。

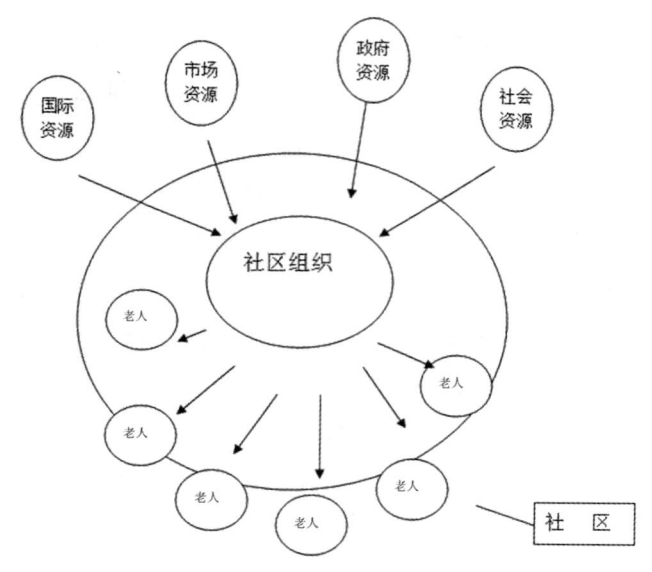

图10-4 社区养老整合服务

（三）培育专业化稳定的养老社会工作人员队伍

实现社区养老，除了有完善的硬件设施外，还必须建设一支专业、高效的社区服务队伍。这支队伍应该由专职社工人员、护理人员以及志愿者三部分组成，其中专业社工人才是核心。①但受社区服务报酬偏低和"养老

---

① 杨发祥：《社区福利建构的理念与实践——基于广州市的实证分析》，《社会主义研究》2010年第6期。

服务就是伺候人"等观念的影响，社区养老服务队伍中社工专业人才相对不足。《广东社会工作发展现状调研报告》显示，各地社工处于高紧缺和高流动状态。2011 年深圳市社会工作者协会调查数据显示，深圳市在职社会工作者跳槽率约 30%，平均在岗任期年限仅为 1.7 年。2011 年，深圳社工流失率为 17.6%，2012 年达到 18.1%。据调查，这些社工 90% 以上为 80 后的本科学历，平均从业时间为 2—4 年，深圳等一些地方社工工作年限不足 3 年的占总数的 93.3%。虽然社工的缺口很大，但是"新生力量"从事社工的意愿却不高。广东开设社工专业的本科类院校有 15 所，其中主要的广东工业大学、华南农业大学、广州大学等 7 所高校每年毕业生不足 1000 人。有调查显示，社工专业仅五成学生有明确的做社工意愿。[①]

在逢源社区养老机构的工作人员中，社会工作和老人护理"科班"出身的工作人员较少，社工人员流动性较强，而且逢源社区养老服务工作人员总量不足。据了解，逢源社区共有社工、助理社工、护士、护理员等 18 名养老服务人员，经常忙得焦头烂额，遇到穗港交流会或节日联欢会等活动，更是需要加班加点，难以保证服务质量。社区养老院仅有 3 名工作人员，24 小时内照顾十多名全托老人，时间精力难以满足老人的需求。

当前，社区养老服务志愿者主要包括高校志愿者、街道社区志愿者、企事业单位志愿者和社会志愿者四大类。据逢源社区工作人员介绍，附近小学不定期会组织小学生进行社区志愿服务，广州大学城的高校也会定期组织大学生深入社区服务，但不会在定点社区内登记注册，因此时间和人数都不固定。另外，有近 80% 的大学生参与社区志愿服务是由学校团委、学生会或社团组织的，不足 25% 的大学生是自发参与社区服务或在社会志愿服务机构组织下参与的，可见学生志愿者参与社区服务渠道较单一。由于缺乏专业知识技能的培训和组织制度不够完善，一定程度上也影响了志愿者的服务热情。总体来说，社区志愿者服务人数和质量都相对不足，参与程度较低。

---

① 陈红：《解读〈广东社会工作发展现状调研报告〉》，《社会与公益》2014 年第 2 期。

养老服务社工缺乏，专业素质需要进一步提升是当前社区养老服务面临的重要问题。这一方面因为当前养老服务人才的培养不足，另一方面也因为养老服务人员工作呈现出"三低二重一长"状况，即"工资水平低、工作满意度低、社会认可度低；工作任务重、承担的责任重；工作时间长，付出与收入不成正比"[①]，导致养老服务行业难以吸引和留住高素质的人才。目前，逢源社区由香港督导对本土专职社工进行不定期的培训，培训内容主要是老年人照顾和服务，包括医疗护理知识和技能、心理疏导沟通方式等。但从目前来看，专职人员的专业技能都有待进一步提高。另一方面，要加强社区护理人员的培训。从国家层面来看，可以推行养老护理员职业资格考试认证制度，利用高校资源，开设养老服务专业课程，分批选送护理员到各职业院校或培训机构受训，从老人的服务管理、营养调配、护理康复、心理疏导、医疗保健等方面入手，全面实现持证上岗。大力发展志愿者队伍也是各地社区养老的共识，值得注意的是要增强志愿者的专业性和稳定性。一方面，要在街道社区范围内推广完善登记注册制度，保证志愿者的相对固定性和稳定性。另一方面，要加强对志愿者专业知识和技能的培训，使其更好地发挥作用。

在养老服务成为政府和社会关注并急需解决的民生工程的今天，社区养老作为当前最受老人欢迎的可行养老模式，需要系统深入研究。广州市逢源街社区养老服务模式具有重要的借鉴价值，但社区养老任重道远。只有积极整合社会各方面的力量和资源，发挥多元主体的功能，以老人自我管理为导向，整合服务内容，打造专业性的服务队伍，提高服务品质，才能满足当前老年人多元化的需求，提升老人的幸福感，创造"尊严、安全、快乐、不分年龄、人人共享"的社会。

---

① 肖云、杨光辉：《我国社区居家养老服务人员队伍结构优化研究——以564名社区居家养老服务人员为例》，《西北人口》2013年第6期。

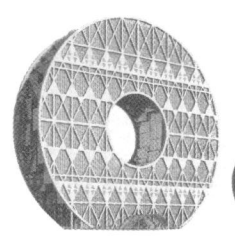

第十一章
整合性治理下的基层医疗改革

医疗改革是一个世界性难题。近年来,在总结过云经验的基础上,政府推出新一轮的医改,基层医疗卫生机构综合改革成为其中的主要内容。党的十八届三中全会决定明确提出,要"充分利用信息化手段,促进优质医疗资源纵向流动",同时"加强区域公共卫生服务资源整合"。由此可见,公共卫生服务资源的整合与管理成为基层医疗卫生机构综合改革的一个突破口。

第十一章　整合性治理下的基层医疗改革

一　医疗改革的国内外生态

在中国，公立医疗机构作为医疗卫生资源供给的主体，其规划与设置仍沿用 1994 年由国务院颁布的《医疗机构管理条例》与《医疗机构设置规划》所制定的方法与标准，因而出现了不少的问题。首先，公立医疗服务公平缺失。由于其机械式的"配给方法"，加上社会变迁使规划实用性下降，导致公立医疗服务，特别是基层医疗服务的公平性缺失。其次，医疗资源配置效率低下。公立医疗机构根据其隶属部门与地方层次不同而自成体系，资源配置实行"地方为主，条块结合"的模式；而规划管理也采取多龙治水、分头审理的方式，导致医疗资源配置效率不佳。最后，医疗条件差距不断扩大。由于医疗服务需求缺乏有效管理与合理引导，患者的合理流动受到极大影响，过度需求与不必要需求表现越发明显，名医名院情结、新药及高新医疗手段依赖现象越趋明显。同时，基层医疗机构卫生人力资源的配备起步较低，功能与定位不明确而且相应补偿政策也不明晰，导致马太效应的出现，"强者更强，弱者更弱"。

纵观国际，世界各国政府均致力于改革医疗服务体系，不断提高医疗服务体系资源整合的能力。有学者认为，疾病诊疗是一个复杂的过程，是一个需要连续提供服务的过程，它涉及预防、治疗、康复等各个环节和步骤。[①]因此这种连续性的、整体的医疗服务无法通过个体层面的医院提供。同时，很多国家的卫生体制改革实践也充分表明，单纯的"个体层面"的竞争，容易导致不同层级医疗机构之间服务连续性的断裂，不利于实现医疗服务的连续、完整提供。因此，需要针对不同层次的医疗机构实行纵向整合，形成整合型的医疗服务体系。

---

① Enthoven, AC.*Theory and Practice of Managed Competition in Health Care Finance.*North Holland Press, 2014.

基于此，国务院及卫生部在《关于公立医院改革试点的指导意见》中指出，当前公立医疗机构改革的核心任务之一就是进行医疗资源的合理分配和整合，提高医疗服务效能。但是由于各地区在医疗水平发展、制度起点、旧有模式上存在差异，因此各地在探索时必然要根据自身的发展状况制定合乎逻辑且较易推广的方案。广州市荔湾区对于基层医疗改革和资源整合进行了富有借鉴意义的尝试和创新，为解决"看病难"、"看病贵"问题做出了积极努力。

二 城市医疗改革的荔湾样本

荔湾区在进行基层医疗改革时，面临着三大矛盾。一是编制不足与工作量逐渐增长的矛盾。要进行改革，首先要确保从事社区卫生服务工作人员的编制。但是改革后拟核定编制比原有的工作人员数量要少（改革核定后为662名编制，改革前有818名工作人员）。在改革后公共卫生服务的要求不断提高以及门诊量不断上升的情况下，如何协调人员编制不足与工作量增长的矛盾关系到基层医疗改革的深度和成效。二是收支两条线与社区卫生工作人员工作积极性的矛盾。荔湾区探索社区卫生服务中心实行收支两条线，实现"财政兜底"使得医疗卫生人员获得体面稳定的收入，但可能衍生出调动工作积极性的问题。三是历史问题与新机构管理体制对接的矛盾。这个矛盾普遍困扰基层政府的所有改革范畴。基层医疗改革工作涉及面广，对于旧思想、旧体制、旧人员身份、旧机构体制多样、旧利益分配方式等如何进行切割，如何针对性"识别"新老，存在相当大的困难。针对以上难题，荔湾区委、区政府为了全面推进医疗基层改革，确保改革顺利进行，在医疗机构改革和保障机制、"医疗联合体"的组建与资源整合、医疗服务与管理机制以及医患调处与风险转移机制等方面做出了一些有意义的尝试和创新。

（一）医疗机构改革和保障机制的确立

1. 明确"公益一类"定位

社区卫生服务中心作为基层医疗服务的核心主体之一，其"身份"问题以及衍生出的管理责任从属问题一直是医疗改革的"老大难"问题。荔湾区按照事业单位分类改革要求，将原来的合办、托办、管办的社区卫生服务中心全部剥离，重新核定21个社区卫生服务中心并确定为公益一类事业单位，这有效解决了社区卫生服务机构的地位从属和管理缺位的问题，使得原本机构由"多种体制"组合整体回归到"公益一类"。

2. 保障财政支持

首先，落实资金保障。荔湾区财政按照"有的放矢、重点打造"的理念，逐步加大对基层医疗卫生机构的投入，落实政府对基层医疗卫生机构经常性收支差额补助，将实现"财政兜底"作为确保基层社区卫生服务中心正常运转的有力保障。同时，按照医院派出专家坐诊、指导次数给予专项经费，并将医联体专家经费纳入基层医疗卫生机构经常性收支差额补助，确保财政支持长效稳定。其次，从2011年起将政府设立的区卫生服务机构全部纳入公益一类编制管理，并且落实每万人口8人编制，核定编制总数753个，全面实施"收支两条线"管理，有效解决了社区卫生服务中心创收生存压力和非营利性公共服务之间的矛盾。同时，荔湾区财政率先在2011年财政预算预留3500万元医改经费，建立900万元基本药物采购周转金，确保全区基本公共卫生服务、卫生服务中心基本运作、基药零差补助、绩效工资、分流人员经费补充等均及时落实到位。据相关统计，医改三年（2011—2013年）累计支出约8.5亿元。通过落实相关责任，使基层医疗卫生机构公益性定位更加明确，最大限度地实现了基本医疗卫生服务的公平性和可及性。[①]最后，实施财务集中管理。荔湾区成立"荔湾社区卫生服务管理中心"，负责对全区社区业务进行统一集中管理，改革后的社区卫生服务中心的资产属于国有资产，为了加强财务管理，对区办的

---

① 荔湾区卫计局提供。

社区卫生服务中心实行集中财务管理和结算。

3. 创新人事管理

第一，实行全员聘用、合同管理、全员参保的人事管理制度，实现从"身份管理"到"岗位管理"的转变，坚持逢进必考，完成两个层面的四次竞争上岗，竞选出中心正副主任 37 名，工作人员 365 名。另外，为了解决竞争上岗后空缺岗位与实际用人的矛盾，同时为公立医院改革预留空间，荔湾区除了以公招形式招聘部分重要岗位技术人员以外，其余岗位则采用人才租赁的方式，租赁人员与机构占编人员"同工同酬"，统一与有资质的劳务派遣公司签订劳动合同，社区卫生服务中心则与劳务派遣公司签订劳务派遣合同。第二，推行"绩效考核"机制。区卫计局指导各区社区卫生服务中心制定考核方案，落实中心主任"末位淘汰"制度和工作人员"以岗定薪、同岗同酬、岗变薪变"的岗位绩效工资制度，实行以服务数量、质量、效果和居民满意度为核心的考核机制。在相关的绩效考核制度实施后，医务人员年均工资增幅达 66%，有效调动了医务人员的工作积极性。第三，推行外聘专家制度。为了改善改革后社区卫生服务机构"人手缺、人才更缺"的实际情况，专门制定了专家管理办法和中医专家进入社区的工作方案，鼓励各社区卫生服务中心根据自身需要聘请专家，其费用纳入正常业务支出。各社区卫生服务中心至少有两名专家定期上门指导，一名中医专家上门坐诊并且带徒，大大提升基层医疗业务水平。第四，运用人员社会化管理机制。为了将有限的编制用到技术岗位上，将清洁、保安、收费等岗位后勤保障人员实行社会化管理。在退休问题方面，对于改革前的原社区卫生服务退休人员，可自愿选择原有的退休管理模式或者新管理模式（即由区退管办管理，参照新的生活补贴标准享受待遇，实行社会化管理）；对于新社区卫生服务机构的退休人员，一律实行社会化管理，减轻管理负担，从而"轻装"发展。

4. 保障场所用地

早在 2007 年，荔湾区就实现"一街一中心"的独立场地建设，并把所有的公共卫生服务职能从医院剥离到社区卫生服务中心。改革后，荔湾区加大社区业务用房建设的资金投入，拨付 3500 万元用于落实 21 所社区卫生服务中心业务用房，总面积有 28000 多平方米，现有全区社区卫生服务场地每万人人均使用面积为 412 平方米。同时，为了让将夹的改革有更多的发展空间，荔湾区在白鹅潭经济圈和城中村改造规划中预留了 9 个中心和 5 个站的公建配套，面积超过 20000 平方米，确保社区卫生服务业务场地全部达到市的统一标准。

（二）荔湾"医疗联合体"的组建与资源整合的探索

在城市基层医疗改革和资源整合方面，医疗联合体（下称"医联体"）成为学界和业界关注的焦点。为了合理分配医疗资源，提高服务效能，医联体在构建"小病在社区、大病在医院、康复回社区"的分级诊疗模式上十分有效。国家卫生行政部门在不同场合予以强调和推广，卫生部《关于印发 2013 年全国卫生工作会议文件的通知》中提出鼓励"医联体"形式，要求以大型公立医院的技术力量带动基层医疗卫生机构能力提升和共同发展，推动分级诊疗格局形成。对于中国今后的医改来说，构建"医联体"可以促进医疗资源的合理配置、提高利用效率、规范就诊制序、避免医院盲目扩张。[1]

荔湾区组建具有特色的医联体为突破口以加强区域医疗资源整合，从 2013 年 6 月起，先行先试组建了由 5 间三级医院、7 间二级医院和 21 个社区卫生服务中心组成的覆盖全区的医联体。按照业务发展、专科特色、地域接近，以 6—8 个社区卫生服务中心为基础，联合 3—6 间二级、三级医院和专科医院，组建 3 个医联体子网络。（见图 11-1）按照广州市委、市政府《关于进一步加强和改进基层医疗卫生工作的意见》的"1+3"文件要求，荔湾区作为组建医联体的试点区，高度重视该项工作，将医联体工作纳入全区深化医药卫生体制改革的重要内容，采取有力措施全力推进，确保医联体组建工作取得实效。

---

[1] 马长娥、彭明强：《医联体之中国式探索与发展》，《中日友好医院学报》2015 年第 2 期。

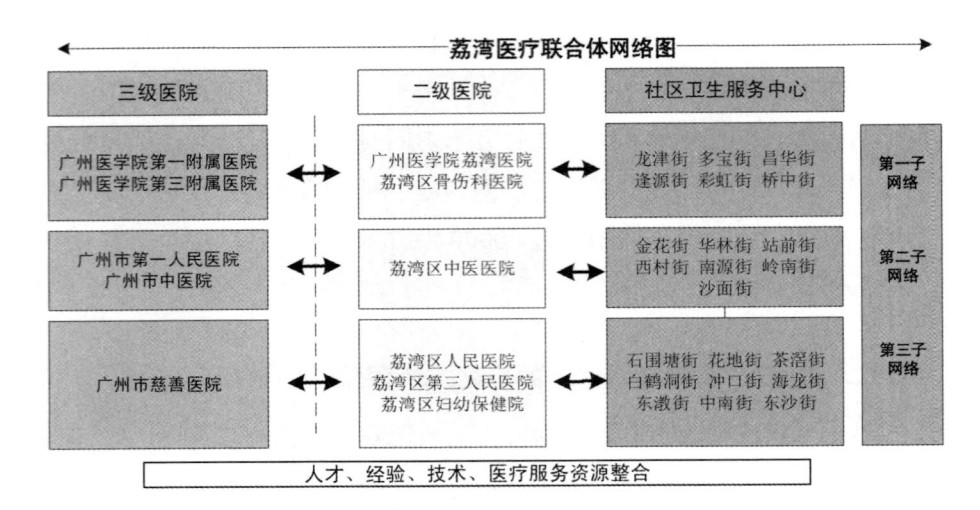

图11-1　荔湾区医联体网络图（不包括与伊丽莎白医院的医疗联合）

1. 创新"合作型"医联体，提升社区服务能力

与武汉的"直管型"医联体和上海的"松散型"医联体的模式不一样，荔湾区探寻"合作型"医联体的道路。首先，开展医联体责任单位共管模式。在维持社区卫生服务中心公益一类管理体制、运行机制以及政府财政投入不变的前提下，以成立医联体责任单位为抓手，推动医联体网络医院全面参与社区卫生服务中心运营管理工作。区内的二级和三级医院与区卫计局签订《荔湾区医联体责任单位目标管理责任书》，局党委统一任命挂职干部到社区卫生服务中心任副主任，责任单位共管职责纳入局属医疗卫生机构年度考核奖励办法，医联体责任单位重点加强联系社区卫生服务中心行政管理、医疗服务质量管理和人才队伍建设等，切实提升社区卫生服务中心的运营管理效率和持续发展能力，控制和降低社区卫生服务中心的医疗安全风险，为居民提供更优质的基本医疗服务。其次，探索医联体合作主体向民营医院延伸。为鼓励和扶持民营医疗机构的健康有序发展，以医联体为依托，组建广州医科大学附属第三医院和伊丽莎白妇产医院的二级联合子网络，以全程医疗服务质量控制为基础，切实提高医疗服务质量和水平。

2. 建立医院对社区医疗服务能力支持机制，为"社区首诊"奠定基础

第一，建立健全基层人才培训机制。定期安排社区卫生服务中心医护人员轮流到医联体医院（二级、三级医院）进行临床培训，提高基层医护人员业务水平和服务质量，其中初级职称人员至少完成40学时，中级至少完成30学时，副高及以上至少完成20学时。目前为止，共有21个社区卫生服务中心医疗人员参加短期进修、教学查房、跟师随诊、学术讲座等培训，提高基层医护人员业务水平和服务质量。第二，建立健全指导交流机制。医联体医院派遣专家组指导社区卫生服务中心完善各项管理制度和医疗服务质量控制，每月至少派出3名专家到社区卫生服务中心坐诊带徒，每月不少于4次。据了解，通过医联体网络医院专家下社区坐诊，让辖区居民在家门口就可以享受到优质的专家服务，尤其是一些较偏远的社区卫生服务中心，医院专家在社区坐诊深受居民青睐。医联体运行至今，社区坐诊专家共有7027人次，专家坐诊看病约11.12万人次，会诊327人次，家庭病床巡诊227人次，在社区举办知识讲座46次、临床培训约1700人次。[①]

3. 开通"双向转诊"绿色通道，保证无缝对接

社区能及时将急、危、重、疑病人转诊到医院，方便医院为转诊病人"量身定治"；上级医院及时将治疗情况反馈到社区，方便社区后续健康管理服务，实现了医疗服务的优先快捷。荔湾区的医疗机构，有的属于卫生部管理，有的属于省管、部队管，荔湾医联体建立，也是为了进行资源的合理利用。患者到大医院挂不到号，通过社区医院就走绿色通道，让大医院为重症患者加筹。患者凭在社区医院开的盖有医联体印章的检验单，到大医院可优先检查，免收挂号费和诊金。医联体搭建起了社区卫生服务中心与二、三级医院的绿色转诊平台，让就诊居民可以享受到连续、畅通的医疗协同服务。运行至今，医联体内从社区上转医院510人次，从医院下转到社区约130人次，社区为其提供康复治疗或建立家庭病床，大幅度减

---

① 荔湾区卫计局提供。

轻了居民康复治疗住院费用负担。

4. 规范医药价格，降低患者医疗费用

第一，社区医院全部配备使用基本药物并实行零差率销售，药价也比大医院便宜，同时荔湾区政府将社区卫生服务机构的医务人员统一纳入政府事业单位管理范畴，人员工资待遇统一由区财政核拨。医务人员工资待遇不与药品销售挂钩，绩效工资将综合其治愈患者数量、医院考核、群众口碑等核定，杜绝居民看病担心医生乱开药方、药非所用、药费太高的问题。第二，通过政府投入，让百姓只需花几元钱就可以在社区看病就医。目前，荔湾区政府筹办的社区卫生服务机构全部实行统一诊疗费。据了解，医联体运行至今，门诊费用总额为781万元，与二、三级医院门诊费用相比，降低40%以上，大幅度减轻了居民看病就医的费用负担。

5. 探索家庭医生式服务模式，实现零距离服务

荔湾区作为全省家庭医生式服务试点单位，以低收入居民、老年人、慢性病患者、残疾人、儿童、孕产妇等为重点，全面推进家庭医生式服务。2014年第二季度已累计签订家庭服务协议9000户，签约居民2.4万人，建立家庭病床120张，提供上门出诊约900人次，家庭健康咨询指导9000人次，保健服务约2.3万人次。

（三）医疗服务与管理的创新探索

医联体的组建有效地整合了区内的医疗资源，但是如何使其持续有效充分发挥有限资源的服务效率，实行从"大包大揽，包干不管"向"购买服务，管质管量"转变，荔湾区在医疗服务与管理制度上进行了探索。另外，为了解决社区卫生服务中心在设施设备等硬件和管理、技术和服务等软件上较为薄弱的问题，荔湾区在管理规范化和信息化、医疗服务社会化以及服务便民的均等化方面也进行了探索。

1. 管理规范标准化

首先，全区的社区卫生服务中心全部落实"四个独立"，实现"八个

统一"（即统一标识、统一布置、统一服装、统一设备配备、统一服务要求、统一工作流程、统一技术指导、统一惠民政策），机构服务环境全面升级，工作理念明显提高。其次，组织人员培训，提升人员素质。全区组织中心正（副）主任"周末封闭"培训班，组织到广州市、东莞市各区参观学习，并制定落实《社区卫生服务工作人员培训计划》，按需培训和计划培训相结合，组织参加人事管理培训、财务培训、绩效培训、公共卫生专项工作培训等八十多次。

2. 药房管理社会化

为解决门诊量大的社区卫生服务站药剂人员紧缺问题，在实行基药集中采购、集中配送，确保药物质优价廉的基础上，积极探索药房管理社会化。目前，8 个社区卫生服务中心委托"采芝林"、"广州医药"等央企国企老字号医药公司管理药房，托管后的药房严格执行基本药物制度并实行零差率销售，既保障了机构药事服务的运转，又提高了药品管理水平。

3. 检验检测技术合作化

为了弥补基层社区服务中心检验设备和技术的不足，荔湾区卫计局与达安健康产业集团签订《基层全覆盖远程医疗服务应用示范》合同，集团将处理 18 个区办社区卫生服务中心无法承担的检验项目，居民只需支付社区卫生服务机构检验费用便可享受高质量的医学诊断服务，诊断资料与信息化管理无缝对接。同时，没有条件进行空气检测、物表检测、医护人员手细菌检测等工作的社区卫生服务中心，均委托该集团完成，确保医疗安全。

4. 社区卫生服务参与主体多元化

昌华、西村和东沙街 3 个社区卫生服务中心分别委托广州医学院羊城医院和广船医院承办，政府按照辖区服务人口分别给予人员补助经费和公共卫生服务经费。

5. 后勤保障人员管理社会化

为了将有限的编制用到技术岗位上，将清洁、保安、收费等岗位后勤保障人员实行社会化管理。社区卫生服务中心根据基础工作量核定服务人数，与劳务代理公司签订后勤服务社会化协议，费用纳入正常业务支出。此举既实现了后勤服务的规范统一，同时又节省了服务成本，后勤服务和保障水平不断提升。

6. 信息智能互通化与居民服务便民均等化

首先，全区 21 个社区卫生服务中心全部使用"荔湾区社区卫生服务管理信息系统"，实现居民健康档案的动态管理，目前为止已经建立居民个人健康电子档案近 60 万份。同时，医生通过网络可查询居民病史、过往就诊记录和用药情况，提高诊疗常见病和慢性病的效率。其次，实行"网格化管理"，组建 85 个社区责任医师服务团队上门巡诊，确保社区居民健康管理"无死角"；组织社区医生上门巡诊，提供常见病诊疗、医疗保健等医疗服务。为社区内有慢性病的"老病号"居民提供上门跟踪诊治服务，定期送医送药。为行动不便的社区居民提供"家庭病床"服务，每周至少上门服务一次。最后，保障困难群体就医。全区合法低保特困人员医疗门诊优惠证超过 1.3 万个，特困人群就诊免挂号费和诊金，6 项常规检查费用优惠 50%。

（四）医患调处与风险转移机制的创新

医患关系紧张是基层医疗改革迫切需要解决的问题。虽然荔湾医联体的组建可以达到医疗资源的整合和优化的目的，但同时意味着基层医疗机构要面对更多患者。如何面对由持续不断增长的应诊市民所带来的医患关系紧张和医疗机构经营风险逐渐突出的问题，荔湾区进行了相应的探索。

1. 建立和完善医疗纠纷调处体系，加强部门联动

荔湾区成立了区维稳、卫生、公安、信访、司法、宣传、民政等相关部门及街道组成的专项工作组，建立工作联席会议制度；区综治委制定了《荔湾区诉前联调机制》；区社工委制定了《建立医疗纠纷联合调解工作联动机制》；区卫计局重订《荔湾区处理医患纠纷工作方案》；加大医调委、各行政部门、街道的沟通与协作力度；加强人民调解与行政调解、法院诉讼的衔接配合，形成多元化的解决机制，确保纠纷处置及时、有力、有效。

2. 引入第三方机构，及时缓解矛盾

荔湾区卫计局主动与广东省医调委沟通，积极推进区内医院参加省医调委的医疗责任保险的签订，通过多次与省医调委的保险经纪公司商谈，达成一致意见，由省医调委负责荔湾区医疗纠纷调处工作。按照《广东省医疗纠纷预防与处理办法》，在发生医患纠纷时，目前解决途径主要有医患双方协商、卫生行政部门调解、医疗事故鉴定和司法诉讼等方式。医调委作为中立、独立的第三方调解机构，为医患纠纷的解决多提供了一条有效途径。发生重大医患纠纷时，医调委将第一时间反应并赶赴现场，引导患方院外沟通，避免重大社会不稳定因素出现。

3. 统一购买医疗责任险，转移医疗风险

为最大限度保障医患双方权益，降低医疗机构经营风险，辖区内医疗机构统一购买医疗责任险，加快了理赔速度。通过有关单位的共同努力，到目前为止，局属单位和广医大附三院、广钢医院、广医荔湾医院、女子医院等11间医院和21间社区卫生服务中心已入保，入保金额275万。荔湾区也促进区内社会医疗机构购买医疗责任险，目前荔湾区社会医疗机构协会正与省医调委沟通，考虑将荔湾区民营医疗机构统一打包购买医疗责任险。

4. 加强医疗质量管理，减少纠纷发生

结合医疗质量万里行、创建平安荔湾、平安医院等活动，定期对医务人员进行相关法律知识和医患纠纷处理的培训。同时，进一步规范医务人员行为，加强"医德医风"教育，排查整改薄弱环节，堵塞漏洞，提高医疗质量，保障医疗安全，减少医疗纠纷的发生。

三 城市基层医疗改革的荔湾选择

基层医疗改革和资源整合是朝着无缝隙的健康管理流程及体制化的方向，根据"基层首诊、分级诊疗、上下联动、急慢分治、防治结合"的目

的来制定。荔湾区通过医疗卫生资源的纵向整合,为各级医疗卫生机构搭建起有效的沟通交流平台,促使各层级医疗机构在功能定位、优势发展等方面进行主动思考,探索医患调解机制,为进一步建立"合作型"医联体模式,推进社区首诊、双向转诊的分级诊疗模式进行了有益探索。在进一步的改革过程中,应该朝着以下方面发展:

(一)完善"双向转诊"制度,改变就医习惯

荔湾基层医疗改革和资源整合有效地把部分优质医疗资源和人才下沉到基层,但在现阶段的实施过程中,往往会出现很多"转上容易转下难"的情况。构建医联体提高基层医疗机构服务能力是一个循序渐进的过程,依靠专家下派社区和医师再培训对一个地区的整体基层医疗水平的提升较为缓慢。同时,居民在社区首诊的时候会担心因为误诊而耽误治疗,认为社区的康复治疗不如大医院的好。即使医疗资源下沉,基层服务的能力提升以及市民就医习惯的改变也是一个漫长的过程。[1]再者,大医院缺乏把病人下转到社区卫生机构的积极性,因为患者数量代表着医院利润。[2]而各级医疗机构之间的患者报销比例有梯度限制,不同层级的医疗机构的住院统筹机制不同,患者每转诊一次就要交一次医保起付费,影响了患者下转的积极性,对双向转诊构成了障碍。[3]因此,要建立分级诊疗管理机制,有效引导市民养成分层就医的习惯。

(二)推动技术合作和信息化建设,简化服务流程

虽然荔湾区在基层医疗改革中实现了相当的社会化管理,例如集中委托专业服务机构对18个区办社区卫生服务中心的检验项目进行处理,但

---

[1] 郑大喜:《新医改背景下构建公立医院与基层医疗机构分工协作机制探讨》,《医学与社会》2011年第8期。

[2] 王隽:《城市医院双向转诊的现状和对策》,《医学与社会》2008年第2期。

[3] 方鹏骞、姚瑶、周尚成:《新医改形势下的区域卫生规划政策解读和展望》,《医学与社会》2010年第1期。

是现有的医联体分级之间医疗设备检查结果互认与共享机制依然空白。建议建立上下级医院间医学检验、放射检查结果互认体系，选择稳定性好、质量比较容易控制和费用较低的检查项目，这样可以降低患者就医费用，简化患者就医环节。

此外，信息畅通对医联体的发展具有重要战略意义。医联体内的医疗机构可尝试充分利用现代网络和通信技术，建立信息沟通的平台，实现信息对接，简化转诊病人的就诊程序，同时方便医生对患者的跟踪随访。再者，医联体内部可尝试建立"信息化委员会"，负责整个医联体内部的信息化建设。在未来的建设中可以重点推进移动建档、PACS 系统、医联体双向转诊等模块建设，并列入市信息系统建设试点内容。接入市卫生信息化平台后，居民健康信息可在二、三级医院与社区卫生服务机构之间快速共享。

（三）完善医疗保险制度，引导患者分流

目前荔湾区医联体是自下而上组建起来的，旨在提升社区卫生服务中心能力，医院主要出于行政管理和社会责任的考量参与医联体。从长远持久的发展机制来讲，建议由医保部门负责，以经济手段为引导，如作为费用支付方，应结合区域人口结构和服务需求，分区域分层次合理制定医保统筹定额，保障提供服务和费用支付公正平衡。荔湾区属于老城区，人口结构"三多一少"，在医保统筹定额方面应该给予区别对待。作为服务购买方，应分项目分人群给予统筹保障。医疗保险制度的改革也许不是区级政府可以完全控制，但是从长远发展而言，我国医疗保险制度的设计可遵循保障市民公平就医、兼顾医疗资源效率化的原则。首先，可尝试逐步打通各类医疗保险，逐步提高医保基金统筹的层次；其次，可以通过适当改革支付方式，合理约束作为服务提供方的医疗机构出现趋利行为，最终实现医疗服务体系的资源整合。医保支付方式改革是个复杂系统，涉及卫生系统方方面面的利益调整和就医行为模式的转变，需要多种配套制度改革。

（四）建立激励制度，增强"造血"能力

基层医疗资源的优化整合最为重要的部分就是人才的培养和引进，但是基层医疗工作人员的薪酬普遍不高，影响了基层医疗岗位对于优质人才的吸引力。要持续不断吸引优秀人才到基层服务，必须有合理的人才激励措施。首先，上级医疗机构可以组织中层管理人员到基层，就行政管理、业务管理等方面进行集中传授与交流，或者直接下派1—2名管理人员到基层工作，加强下级医疗机构的管理能力。其次，可以将医务人员下基层服务与工作成绩和晋升职称相结合，如上级医疗机构可选派具备晋升职称资格的医务人员以脱产形式到下级医疗机构提供会诊、手术等医疗卫生服务，服务时间至少6个月。再次，可以通过上级医疗机构的人才招聘平台面向社会统一招收人员，再结合医院人力状况进行统筹调剂，将学历高、素质好、适合下级医疗机构工作的人才输送到基层，人员的基本待遇可由医院承担，政府每年提供一定的专项资金给予补贴作为保障，绩效工资则由社区按照激励机制发放，解决"招不到、留不住、不安心"的人才困境。

（五）完善考核机制，改善医联体服务

在荔湾前期的探索中，以"医联体"为平台的基层医疗改革与资源整合处于建设阶段，在下一步的工作中，应建立考核机制。如医联体考核评估和竞争机制，从组织管理、双向转诊、服务满意度等方面制定考核标准，同时可以委托第三方进行客观的评估，促进医联体各成员单位的沟通协作，改善服务效率和水平。此外，需建立医联体考核竞争机制，探索将评估结果与财政支持、医保支付挂钩，引导参与单位的积极性，进一步提高医联体的运行效率。

（六）大力推行全科医生制度

在全科医生的培养上，不缺乏国家高层政策的支持，相关的医学毕业

生也陆续进入医疗市场。要使得荔湾基层医疗改革真正落实到位，切实推进全科医生发展是必要的一步。对于荔湾而言，提高全科医生的服务能力及待遇非常关键。"趋高性"是人才流动的基本规律，要留住人才，必须有相应的待遇配套，编制和财政投入的增加是基本的保障。在人才考核激励方面，必须建立起与全科医师工作相适应的激励机制，不能简单地把门诊次数、操作次数作为考核指标，而应该把实际的工作量和服务区内居民的健康状况相结合，实行科学评价、优绩优酬，不断地提高基层全科医生的收入和待遇。在人才培养方面，除了招聘医学院毕业的全科医学生以外，还可以通过转岗培训、与国内外医学院校进行定期培训等方式，启动包括住院医生规范化培训全科医生培训计划。但同时要注意全科医生与其他基层医务人员、行政管理人员的关系，避免与所在单位其他医务人员产生矛盾，给基层工作带来困难。

（七）试行企业化"管办分离"

在荔湾基层医疗改革与资源整合过程中，无论是保障体系的推出还是医联体的组建，政府主导角色十分鲜明，即使在医疗服务和管理进行了社会化的探索，但相关探索的推进主动权依然在政府手上，社会化依然带有"政府主导"的角色。政府以行政管理的方式管理医院和医疗机构，院长（主任）由政府任命，医院（卫生机构）的重大事项要向卫生主管部门报告，公立医院一直具有事业单位的属性，实行"管办合一"模式管理，这无疑潜在地导致了公立医疗机构效益低下。再者，由于管办不分开，区卫计行政部门往往负责"办"的职能，而本身又是法律法规的执行主体，使得对公立医疗机构以"办"为先以"管"为后，存在监督机制失衡的问题。因此，积极探索"管办分离"应该是未来医疗机构改革的目标。

荔湾作为广州市基层医疗改革和资源整合的试点，其改革顺应新医改的形势，与新医改的精神与要求高度一致，为广州市甚至广东省的医疗体制改革和资源整合提供了宝贵的经验，对开展社区医疗卫生体系研究具有重要的现实价值和理论意义。城市基层医疗卫生体系是一个系统性的工程，不仅包括以医联体为平台的管理体制、运行体制、人才激励机制、信息化系统的打造、监督考核机制的确立、财政投入保障、社会化管理与建设以及上层建筑的法制建设等，最为重要的是探索基层医疗体制"管办分离"的模式，政府逐步弱化"办医院"的角色，从医院所有者的角色中部分地解脱出来，并做好医疗服务筹资者和监管者的角色，从"治病"逐渐走向区域范围内的整体健康服务工作，才能更好构建城市基层医疗卫生健康体系。

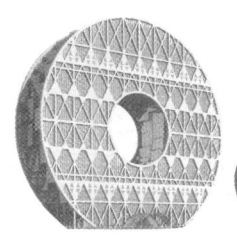

第十二章
顾客导向下的公共部门绩效管理

绩效管理是提高公共部门正确履职能力和效率、提升公共服务品质、强化对公共权力制约和监督、改进公众与公共部门之间信任关系的一种行之有效的管理工具，对建设效能型、服务型、责任型、法治型和廉洁型公共部门具有非常重要的意义。

第十二章　顾客导向下的公共部门绩效管理　　　　　　　　　　·259·

一　荔湾公共部门绩效管理溯源

荔湾推行绩效管理（包括党委部门、政府部门、街道等），既是从中央到地方的"自上而下"政府绩效管理试点的"试验田"，又是建设"幸福荔湾"和"效能荔湾"的内在需求。

（一）"自上而下"政府绩效管理试点的"试验田"

20世纪70年代以来，政府绩效管理成为西方发达国家"新公共管理运动"中逐步发展起来的一种新型的政府治理方式。[1]我国地方政府从20世纪80年代也开始进行政府绩效管理的实践探索，据原国家人事部统计资料显示，截至2007年，全国已有1/3的省（区、市）不同程度地探索政府绩效评估工作。[2]但是，这种"遍地开花"的政府绩效管理探索是压力型体制下地方政府的政绩追求、政绩饥渴与政绩冲动使然，[3]基本上处于自发和分散状态，其典型性和可推广性值得商榷。如何使这种"运动式"的政府绩效管理常态化和规范化，从根本上改变"诸侯割据"的政府绩效管理状态，形成试点经验后在全国推广，这就需要中央政府对各地政府绩效评估价值取向、评估制度和环境建设等进行总体把握和设计。[4]国家监察部于2011年先后印发了《关于开展政府绩效管理试点工作的意见》（监发〔2011〕6号）和《关于印发2011年政府绩效管理工作要点的通知》（监办发〔2011〕14号），决定在北京市、吉林省、福建省、广西壮族自治区、四川省、新疆维吾尔自治区、杭州市、深圳市等8个地区进行地方

---

[1]　蔡立辉：《政府绩效评估的理念与方法分析》，《中国人民大学学报》2002年第5期。
[2]　徐民强：《全国1/3省区市开展政府绩效评估》，《中国人事报》2007年5月25日。
[3]　倪星：《反思中国政府绩效评估实践》，《中山大学学报》（社会科学版）2008年第3期。
[4]　陈强：《改革开放30年来我国地方政府绩效评估的回顾与思考》，《经济社会体制比较》（双月刊）2008年第6期。

政府及其部门绩效管理试点,国土资源部、农业部、质检总局进行国务院机构绩效管理试点,发展改革委、环境保护部进行节能减排专项工作绩效管理试点,财政部进行财政预算资金绩效管理试点。2012年,广东省人民政府办公厅发布了《关于开展政府绩效管理试点工作的通知》(粤办函[2012]7号),决定在广州市荔湾区、佛山市、中山市、江门鹤山市和云浮市开展政府绩效管理试点,在省国土资源厅和地税局开展部门绩效管理试点。同年,广州市监察局印发了《广州市政府绩效管理试点工作实施方案》(穗监字[2012]2号)明确在荔湾区、萝岗区和从化市开展政府绩效管理试点。因此,荔湾推进绩效管理是中央"自上而下"政府绩效管理试点的"试验田",是"中国式"绩效管理的先行者和探路兵。

(二)建设"幸福荔湾"和"效能荔湾"的内在需求

党的十八大和十八届三中、四中、五中全会及中央经济工作会议指出必须坚持以提高经济发展质量和效益为中心,主动适应经济发展新常态,保持经济平稳增长。荔湾区委十一届六次全会对贯彻落实党的十八大和十八届三中、四中、五中全会及中央经济工作会议精神,深入学习贯彻习近平总书记系列重要讲话精神,认识新常态,适应新常态,引领新常态,调结构稳增长、求创新促改革、惠民生保稳定,建设"传统、现代、自然"相结合的生态幸福荔湾进行了具体部署。荔湾区作为中心老城区,一直受土地、资源、人口、环境等问题的困扰和制约,经济增长内生动力不足,经济总量偏低,总体经济实力不强,发展"包袱"比较沉重;同时,在国内经济下行压力持续加大的情况下,荔湾也面临着经济下行的境地,体现为产业结构不够完善、经济增长动能不足,优质经济载体较少、发展缺乏多极支撑,产业发展不平衡和优势产业辐射面不宽等。荔湾区现在正处在"加快转型升级,建设幸福荔湾"的关键时期,但在一些政府部门和单位,有的干部仍然存在庸懒散奢现象,有的对群众提出的诉求敷衍了事或久拖不办,有的甚至以权谋私、损害群众利益,严重危害党群干群关系。荔湾区公共部门的管理水平和服务质量、荔湾区经济社会发展水平与荔湾老百姓的需求间存在着较大差距，如何提升工作效能和建设幸福荔湾就摆上荔湾的政策日程。党的十八大报告要求"创新行政管理方式，提高政府公信力和执行力，推进政府绩效管理"。绩效管理作为一种新型的行政管理模式，主要通过建立科学合理的指标体系和评估机制，对政府及其工作人员履行职责、完成工作任务以及实现经济社会发展目标的过程、实绩和效果实行综合考核评价，并根据考评结果改进政府工作，降低行政成本，提高行政效能。因此，荔湾以"绩效管理"为治理工具来创新基层政府管理方式、营造良好服务环境和提升基层政府治理能力现代化，这是建立"幸福荔湾"和"效能荔湾"的内在需求。

二 荔湾公共部门绩效管理观察

荔湾区作为广东省和广州市政府绩效管理试点单位，于2012年制定了《荔湾区政府绩效管理试点工作方案》①，明确围绕"加快转型升级、建设幸福荔湾"核心任务，以"规范管理、立足实际、突出重点、客观公正、社会参与、简便易行"为原则，以效能监察促进效能建设和绩效管理工作的落实，实现效能建设和公共部门绩效管理工作的有机结合。荔湾公共部门绩效管理的内容主要包括以下几个方面。

（一）绩效管理制度体系

2012年，广东省和广州市先后发布了《关于开展政府绩效管理试点工作的通知》（粤办函[2012]7号）和《广州市政府绩效管理试点工作实施方案》（穗监字[2012]2号），明确在荔湾区推行政府绩效管理试点。荔

---

① 广州市荔湾区人民政府办公室：《荔湾区政府绩效管理试点工作方案》（荔府办[2012]9号），2012年2月28日。

湾基于"加快转型升级、建设幸福荔湾"的核心任务，在深入调研、广泛听取意见的基础上，制定了《荔湾区政府绩效管理试点工作方案》（荔府办［2012］9号）、《关于加强政府绩效管理工作的意见》[1]、《荔湾区绩效考评实施办法》、《荔湾区绩效考评实施细则》[2]和《荔湾区绩效管理察访核验暂行办法》[3]等绩效管理评估制度。其中，《荔湾区政府绩效管理试点工作方案》（荔府办［2012］9号）、《关于加强政府绩效管理工作的意见》（荔字［2012］7号）、《荔湾区绩效考评实施办法》和《荔湾区绩效考评实施细则》（荔字［2013］4号）明确了荔湾区政府绩效管理工作的指导思想、工作目标、基本原则和工作对象、内容、方法、要求等，确保绩效管理工作按步骤、依程序推进。同时，为确保绩效考评结果客观、公正、公平，防止弄虚作假行为，制定了《荔湾区绩效管理察访核验暂行办法》（荔纪办［2014］4号），该办法明确察访核验是在区绩效管理工作领导小组的领导下，由区绩效办[4]组成察访核验组负责实施，采取不定期明察暗访和立项调查的方法进行。

（二）绩效管理组织体制

为了有序地推进荔湾区绩效评估，使之既能在统一的领导下进行，又能灵活地协调各方面关系高效运作，荔湾成立了党委领导下的区绩效管理工作领导小组和区绩效管理办公室。荔湾区绩效管理机构职责清晰、分工明确。（见图12-1）其中：（1）党委领导下的绩效管理工作领导小组是绩效管理的领导机构，主要负责绩效管理的决策、指导和监督工作，对全区各部门（单位）和街道履行职能和工作业绩情况进行考评与统筹

---

[1] 中共广州市荔湾区委、广州市荔湾区人民政府：《关于加强政府绩效管理工作的意见》（荔字［2012］7号），2012年4月20日。

[2] 中共广州市荔湾区委、广州市荔湾区人民政府：《印发荔湾区绩效考评实施办法、荔湾区绩效考评实施细则的通知》（荔字［2013］4号），2013年3月1日。

[3] 中共广州市荔湾区纪委办公室：《荔湾区绩效管理察访核验暂行办法》（荔纪办［2014］4号），2014年1月24日。

[4] 荔湾区绩效办成立之初设在区纪委监察局，目前调整设在区机构编制委员会办公室。

协调工作。由区委书记任组长，区委副书记、区长任常务副组长，成员单位由区委办、区政府办、区纪委监察局、区委组织部、区委宣传部、区直属机关党工委、区编办、区发改局、区科技信息局、区财政局、区人力社保局、区审计局、区统计局、区法制办等部门组成①；（2）设在区纪委监察局②的领导小组办公室是绩效管理的日常实施机构，牵头组织并督促各单位抓好绩效管理工作的落实，负责指导评估主体开展绩效管理工作。③

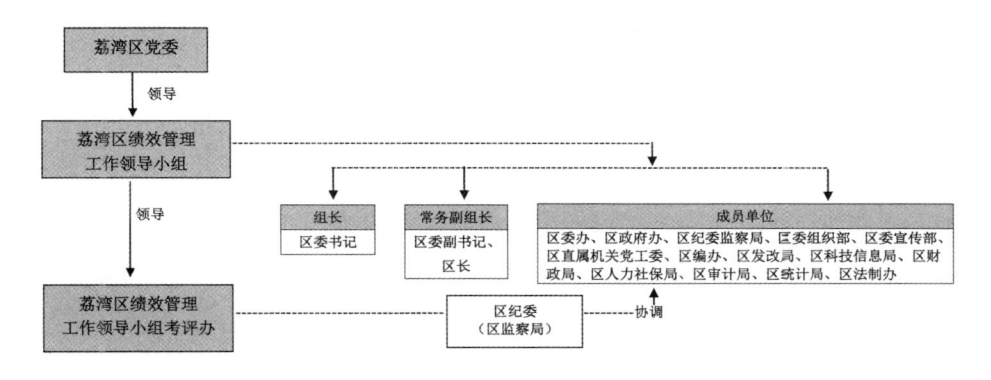

图12-1　荔湾区公共部门绩效管理组织体制

（三）绩效管理实施方案

公共部门绩效管理是一项系统的工作，完整的绩效管理实施方案涵盖从绩效目标的设立、评估主体的选择、评估对象的确定、评估指标的设计与遴选、指标完成过程的监控、绩效等级划分、评估结果的运用、绩效反馈和评估周期等多环节、多工序的有序流程。任何环节的缺失和偏差都有可能导致绩效管理误差，甚至出现失真与失败。④因此，加强绩效管理方

---

① 根据荔湾区绩效管理工作领导小组办公室 2015 年 12 月 25 日《关于调整区绩效管理工作领导小组成员的通知》，组长调整为区委副书记、区长，成员单位也相应作了调整。
② 目前荔湾区绩效办设在区机构编制委员会办公室。
③ 《关于加强政府绩效管理工作的意见》（荔字[2012]7号）。
④ 倪星：《中国地方政府治理绩效评估研究的发展方向》，《政治学研究》2007 年第 4 期。

案设计是开展绩效评估的基础性工作,可以有效地避免过去绩效管理无法发挥实际效用,甚至将绩效评估引向走过场、图形式,丧失其学术创新和服务实践的价值的困境。具体而言,荔湾公共部门绩效管理的实施方案包括:

1. 绩效目标

紧紧围绕深入贯彻落实科学发展观、加快转型升级和幸福荔湾建设选题立项,把中央、省、市重大决策部署落实情况,区委、区政府重点工作任务完成情况,社会关注热点问题处理情况以及服务社会、改善民生工作情况作为考评重点。弱化对经济增长速度的评价考核,强化对结构优化、民生改善、资源节约、环境保护、基本公共服务、依法行政和社会管理等方面工作情况的综合评价考核。

2. 评估主体

全区绩效考评工作在区委、区政府和区绩效管理工作领导小组的统一领导下,由区绩效办负责统筹协调各考评单位组织实施。

3. 评估对象

分为区委序列包括区委具体工作部门、区人大常委会机关、区政协机关、区法院、区检察院和区人民团体;区政府序列包括区政府部门、直属单位和国有企业;街道三个序列,具体部门分类名单见表12-1[①]。

表12-1　　　　　　　　　荔湾区绩效评估对象

评估对象	部门名称
区委序列 (24个)	区委办(区委保密办、区委机要局、区国家保密局)、区人大常委会机关、区政协机关、区纪委(区监察局)、区委组织部、区委宣传部、区委统战部(区台办、区民宗局)、区委政法委(区委维稳办、区综治办、区防范办、区社工委)、区法院、区检察院、区委老干局、区编办、区直属机关党工委、区信访局、区工商联、区总工会、团区委、区妇联、区侨联、区文联、区科协、区残联、区贸促会、区委党校(区行政学校)

---

① 据中共广州市荔湾区委、广州市荔湾区人民政府:《印发荔湾区绩效考评实施办法、荔湾区绩效考评实施细则的通知》(荔字[2013]4号)之《荔湾区绩效考评实施细则》制作。

第十二章 顾客导向下的公共部门绩效管理

续表

评估对象	部门名称
政府序列（38个）	区政府办（区法制办）、区发改局（区物价局、区粮食局）、区经贸局（区外经贸局、区交通局）、区教育局、区科技信息局（区知识产权局）、区民政局、区司法局、区财政局、区人力社保局、区环保局、区更新改造办、区建设园林局、区水务农业局（区委农办、区畜牧兽医局）、区文化广电局（区版权局、区旅游局）、区卫生局、区人口计生局、区审计局、区城市管理局、区侨务外事办、区统计局、区国资监管局、区食品药品监管局、区安监局、区综合行政执法局、区公安分局、区国土房管分局、区政务办（区政务服务中心、区企业服务中心）、区民防办（区人防办）、区体育发展中心（区体育局）、区档案局、区机关事务管理局、区供销社、区协作办、区景区管理中心、广州文化公园、区白鹅潭管委会、荔源国资公司、区地志办
街道（22个）	金花街、西村街、南源街、逢源街、多宝街、龙津街、昌华街、岭南街、华林街、沙面街、站前街、彩虹街、桥中街、石围塘街、花地街、茶滘街、冲口街、东漖街、白鹤洞街、东沙街、中南街、海龙街

4. 评估指标

按区委部门（单位）、区政府部门（单位）和街道三大序列设定考评内容，考评内容主要有通用指标、业绩指标、加权指标和评议指标四个方面的内容①。（见图12-2）区委部门（单位）绩效考评内容主要考评区委部门（单位）通用指标、业绩指标、加权指标的完成情况和公众评议情况；区政府部门（单位）绩效考评内容主要考评区政府部门（单位）通用指标、业绩指标、加权指标的完成情况和公众评议情况；街道绩效考评内容主要考评各街道通用指标、业绩指标、加权指标的完成情况和公众评议情况。

其中，通用指标是各部门（单位）、街道的共性工作，以综合评估为主。区委部门（单位）的通用指标包括高效务实、党的建设、宣传文化、廉洁荔湾、平安建设5个二级指标19个三级指标；政府部门（单位）和街道的通用指标包括高效政府、法治政府、廉洁政府、综治维稳4个二级指标13个三级指标。业绩指标是根据部门（单位）各自的主要职责而设定的，一般在7个左右，但不超过10个。各街道因为职责基本相同，其业绩指标包括经济发展、公共服务、社会管理3个一级指标，下设8个二

---

① 中共广州市荔湾区委、广州市荔湾区人民政府：《印发荔湾区绩效考评实施办法、荔湾区绩效考评实施细则的通知》（荔字〔2013〕4号）之《荔湾区绩效考评实施办法》。

级指标19个三级指标。加权指标主要是考核区委、区政府分解的重点工作和各单位的特色工作，包括工作加权、奖励加权和惩处扣分3个一级指标，下设8个二级指标13个三级指标。设立加权指标主要是为了解决贡献大小一个样、干多干少一个样等不公平问题。评议指标就是让知情人评知情事、知情单位，包括内部评议和外部评议2个一级指标，下设9个二级指标10个三级指标。

5. 计分方法

考评采用百分制计算方法，总分为100分，其中通用指标权重为20分，业绩指标权重为30分，加权指标权重为20分，公众评议权重为30分；考评总分＝通用指标得分＋业绩指标得分＋加权指标得分＋评议指标得分－一票否决、察访核验扣分。①

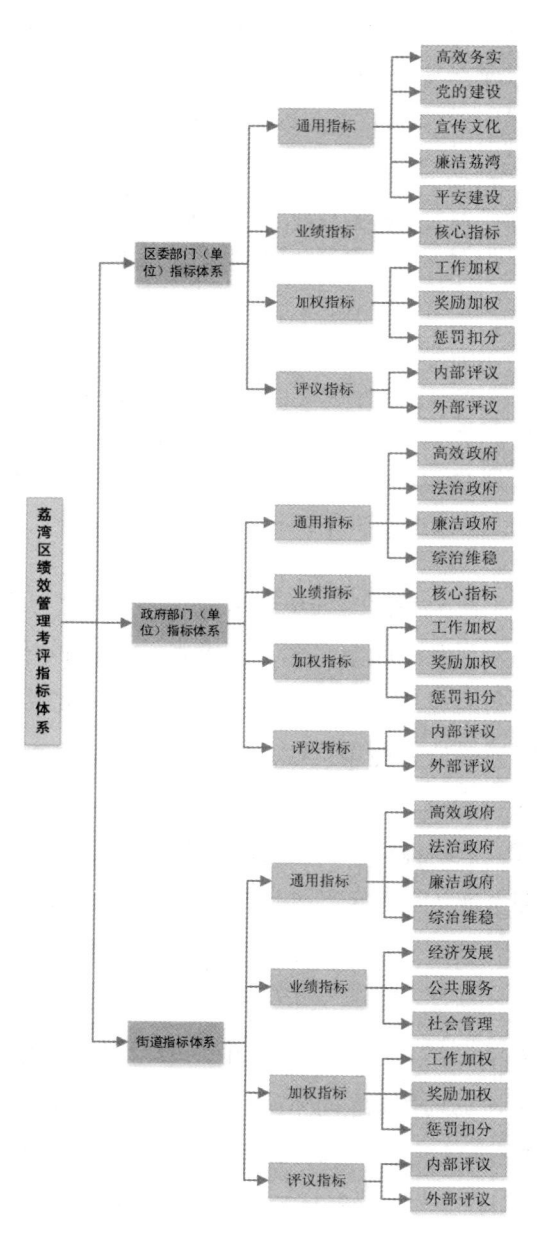

图12-2　荔湾区绩效管理考评指标体系框架结构图

---

① 中共广州市荔湾区委、广州市荔湾区人民政府：《印发荔湾区绩效考评实施办法、荔湾区绩效考评实施细则的通知》（荔字［2013］4号）之《荔湾区绩效考评实施办法》。

6. 绩效等级

单位绩效考评结果（X）分为优秀（90 ≤ X）、良好（80 ≤ X < 90）、一般（60 ≤ X < 80）、较差（X < 60）四个等次。（见图 12-3）

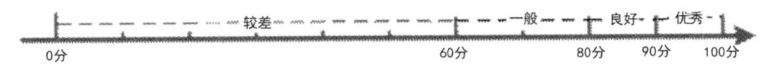

图12-3　绩效评估结果绩效等级

7. 评估沟通与反馈

绩效考评结果由区绩效办负责反馈，考评工作结束后的 10 个工作日内反馈到各部门（单位）和街道。对考评结果有异议的，可按照有关规定提出申诉，受理部门必须在规定时间内作出书面答复和处理。

8. 评估结果的公示

绩效评估结果的公布就是评估者通过制作评估书或评估报告，客观地再现整个评估过程、再现被评估者的绩效等级，根据评估的任务与要求得出结论。绩效评估结果的公布对公共部门具有重大的激励和监督作用。荔湾于 2014 年、2015 年连续两年公布了 2013 年和 2014 年的绩效考评报告《关于 2013 年度荔湾区绩效管理考评工作情况的通报》[①] 和《关于 2014 年度荔湾区绩效管理考评工作情况的通报》[②]，对绩效考评的基本情况、遇到问题和考评结果进行了公示。

9. 评估结果的运用

荔湾区按照"奖优、治庸、罚劣"的总体要求，考评结果分优秀、良好、一般、较差四个等次，作为"四个重要依据"：一是作为评价各部门（单位）工作实绩的重要依据；二是作为各部门（单位）改进工作，加强管理的重要依据；三是作为领导班子和领导干部考核、干部选拔任用的重

[①] 中共广州市荔湾区纪律检查委员会：《关于 2013 年度荔湾区绩效管理考评工作情况的通报》（荔纪 [2014] 20 号），2014 年 5 月 5 日。

[②] 荔湾区绩效管理工作领导小组办公室：《关于 2014 年度荔湾区绩效管理考评工作情况的通报》（荔绩办 [2015] 2 号），2015 年 4 月 21 日。

要依据，绩效考评结果按照30%的权重纳入领导班子考核，为干部晋升、调整、交流提供参考；四是作为党政领导干部问责的重要依据，凡年度绩效考评被评为较差的单位，对党政主要领导予以效能告诫，存在行政不作为或乱作为，或庸懒散奢、形式主义、官僚主义、享乐主义、奢靡之风等不良作风，或出现重大决策失误、发生重大责任事故、造成严重社会影响的，按有关规定进行问责。

10. 评估周期

区的评估工作每半年进行一次，年终进行总的考评。各部门（单位）、街道的评估工作每季度进行一次，有利于过程监控，掌握进度情况，及时调整纠偏，确保各项指标的完成。①

（四）绩效管理评估系统

绩效信息的真实性和及时性直接影响到绩效评估结果的科学性和公平性。为了及时有效收集公共部门绩效评估指标信息，荔湾以新信息技术利用来推进公共部门绩效管理，建立了"资源共享、科学监管、量化考核、客观公正"的公共部门绩效评估系统。（见图12-4）以荔湾区绩效管理与考评系统来管理和实施绩效考评，避免了重复考核、多头考核等问题；同时，将绩效管理评估系统与各业务部门管理系统互联互通，实现了日常管理的数字化动态跟踪管理，保证数据的真实性和有效性。

"绩效管理与考评系统"主要设置指标调整、指标监控、绩效考评、大屏展示四个功能模块。其中：（1）指标调整模块具有添加、修改、删除和申请变更功能，可以任意配置绩效指标的名称、权重、计算公式等18项内容。（2）指标监控模块是绩效管理的重点，也是确保指标落实的关键。按照经济指标、行政审批、重点工作、重点项目、专项工作及其他6种类型，采取"区分指标、分类监控，掌握情况、合理监控，针对

---

① 中共广州市荔湾区委、广州市荔湾区人民政府：《印发荔湾区绩效考评实施办法、荔湾区绩效考评实施细则的通知》（荔字〔2013〕4号）之《荔湾区绩效考评实施办法》。

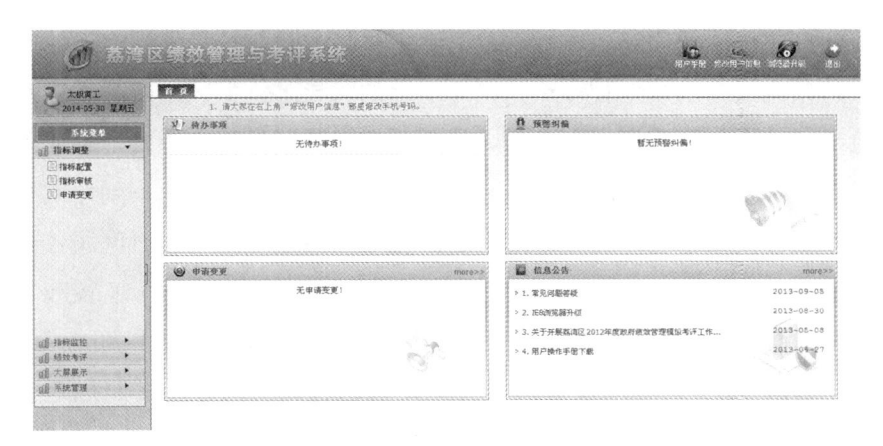

第十二章 顾客导向下的公共部门绩效管理 ·269·

图12-4 荔湾区绩效管理与考评系统的截图

问题、重点监控，预警纠错、随时监控"的方法建立工作台账，采用绿、蓝、黄、红四色等级预警方法，通过短信及时提醒有关单位或责任人调整纠偏，有效地促进各项指标任务按时保质完成。（3）绩效考评模块分半年评估和年终考评两个部分，半年评估是按照"时间过半任务过半"的要求，对上半年各类指标完成情况的初步摸查。年终考评是对所有的绩效指标进行全面考核和评估。整个考评操作全程在"荔湾区绩效管理与考评系统"上进行，实行网上打分、网上评议、网上反馈一体化。对考评结果存疑的，可以提出申诉，区绩效办须在规定时间内作出处理。在考评过程中若发现假数据、假证件、假资料等11种情形之一的，区绩效办将组织察访核验组，进行调查核实、扣分问责。（4）大屏展示模块主要包括考评结果、过程监控、个性定制三个部分，通过电子大屏幕，直观地演示各单位总得分、单位之间的横向比较和纵向比较、各类指标任务的推进情况等，区领导还可以根据需要，对分管部门完成指标的情况和考评情况进行有选择性的查看，以便督促指导工作。

（五）绩效察访核验机制

为确保绩效考评结果客观、公正、公平，防止弄虚作假行为，荔湾区制定了《荔湾区绩效管理察访核验暂行办法》（荔纪办［2014］4号），明确绩效察访核验的内涵、原则、范围、主体、方式等。具体而言，荔湾绩效察访核验是在区绩效管理工作领导小组的领导下，由区绩效办组成察访核验组负责实施，遵循实事求是、客观公正、公开透明的原则，采取不定期明察暗访和立项调查的方法，对落实绩效管理与考评工作不到位或存在弄虚作假行为而影响绩效考评结果的调查处理活动；适用于对区属各部门（单位）、街道的察访核验；其线索主要来源于投诉举报、指标监控和日常工作中暴露的问题；察访核验实行扣分制，从绩效考评总分中扣除，最高扣分不超过10分。在绩效察访核验中，发现有以下问题，按照规定进行扣分：（1）考评工作中提供假情况、假证件、假数据等弄虚作假行为的，每宗扣5分；（2）对要求上报的材料，不报、漏报、迟报的，每宗扣0.2分；（3）因绩效问题被媒体曝光并查证属实的，每宗扣0.5分；（4）对察访核验中提出的建议、意见，未落实整改的，每宗扣0.5分；（5）其他影响绩效管理与考评工作开展的行为，视情节轻重予以扣分。

三　荔湾公共部门绩效管理借鉴

公共部门绩效管理是在西方"新公共管理运动"中孕育和发展起来的一种新的公共管理方法和新的公共责任实现机制，是一项公共管理改革的根本性措施。作为公共管理的一种新方法，绩效管理的特别之处在于它对目标、任务的定位和对结果的测量已经推动了公共部门用一种新的眼光去思考对管理计划或具体目标完成情况的判定。公共部门绩效评估被视为一种新的具有市场属性的责任机制，是公共部门职能的具体化和政务信息交流与沟通的工具。习近平总书记在十八届中央政治局第十五次学习时强调："在市场作用和政府作用的问题上，要讲辩证法、两点论，看不见的手和看得见的手都要用好，努力形成市场作用和政府作用有机统一、相互补充、相互协调、相互促进的格局，推动经济社会持续健康发展。"公共部门绩效管理成为提升政府治理绩效和实现治理能力现代化的手段，是我国公共管理改革的新工具。

2012年，荔湾区被选定为广东省、广州市政府绩效管理试点地区，经过三年摸索，荔湾区公共部门绩效管理取得了不错成效。一是绩效管理实现全覆盖。荔湾区绩效管理，不仅在政府部门实施，还将党委部门、人大和政协机关、司法机关、群团以及体制内的企事业单位一并纳入，在荔湾区实现全覆盖、无死角，全面提升了公共部门效能导向，有助于解决公共部门不作为、乱作为、慢作为问题。二是绩效意识明显增强。通过绩效评估的宣传和开展，荔湾区干部职工的绩效意识明显增强，有的部门积极主动地开展本单位的绩效管理探索，如区公安分局被省公安厅选定为广东省公安系统绩效管理试点单位，区国土房管分局被广州市国土房管局确定为绩效管理试点单位。三是经济增长提质增效。荔湾区把经济发展指标作为指标监控的重点，要求各街道每月一报，确保指标任务按时完成，对未完成的经济指标及时进行督办跟踪。2014年，全年完成地区生产总值940.33亿元，增速由一季度的4.8%提升至全年的6.8%，总体经济实现平稳较快发展，经济运行主动适应新常态。四是公务人员的工作作风明显好转。作风建设是绩效管理的目标之一。2014年，明察暗访98次，发现作风问题455个，制作展板12期，曝光典型问题172个，约谈处级领导干部48人，问责642名责任人，问题整改落实率达到100%，在广州市整治"四风"排行榜（区、县级市）中排名第一，有效地促进了工作作风的明显好转。五是工作效率明显提高。运用"荔湾区绩效管理与考评系统"，对1760宗执法行为开展在线监察12746次，异常纠错198处；实时监控行政审批4621宗，提前办结4606宗，提前办结率达99.7%，暂无出现超时办结事项。六是群众满意度明显提升。2014年，9种评议方式抽取样本47695个，满意度均在93%以上，进驻政务大厅的行政审批单位服务评价满意率达100%。

荔湾区通过绩效管理试点，以绩效治理作为工具提升了部门行政效率、改善了政务服务环境和提高了公众满意度。那么，是什么因素使得绩效管理成为荔湾有效治理的工具，其绩效改革背后的"荔湾经验"有哪些? 研究者通过对荔湾绩效改革实践的研究发现,荔湾区在公共部门绩效管理实践中重视制度、组织、理论和技术的作用,形成了"制度+评估"、"组织+评估"、"科学+评估"、"技术+评估"的"荔湾经验"。

(一)"制度+评估",制度化推进绩效管理试点

制度化、法制化和规范化地推动公共部门绩效管理是西方发达国家政府绩效管理发展的新趋势,也是反思我国过去"自发式、分散式、运动式"开展地方公共部门绩效管理实践的经验总结。[①]荔湾作为绩效管理试点在自国家层面从上而下推动绩效管理试点制度环境中,形成了本土化的绩效管理制度。其制度化体现在以下两个方面:

一方面,荔湾区公共部门绩效管理是在"自上而下"制度化环境中进行的。2011年国家监察部印发了《关于开展政府绩效管理试点工作的意见》(监发〔2011〕6号),首次从中央层面着手绩效管理的顶层设计。同年,国家监察部印发了《2011年政府绩效管理工作要点》(监办发〔2011〕14号)。2012年,广东省、广州市和荔湾区先后分别发布了《关于开展政府绩效管理试点工作的通知》(粤办函〔2012〕7号)、《广州市政府绩效管理试点工作实施方案》(穗监字〔2012〕2号)和《荔湾区政府绩效管理试点工作方案》(荔府办〔2012〕9号)。这就形成了从中央到地方完整的公共部门绩效管理政策体系。(见图12-5)

另一方面,荔湾区公共部门绩效管理自身形成了本土化、完整的绩效管理制度。荔湾在自上而下构建的公共部门绩效管理政策体系下,基于荔湾"加快转型升级、建设幸福荔湾"的核心任务,制定了《荔湾区政府绩效管理试点工作方案》、《关于加强政府绩效管理工作的意见》、《荔湾区绩效考评实施办法》和《荔湾区绩效考评实施细则》等绩效管理评估制度,明确了绩效评估的指导思想、工作目标、基本原则、工作对象、内容、方

---

① 刘晓洋:《政府部门绩效管理指标体系科学化问题研究》,《广州大学学报》(社会科学版)2015年第4期。

```
                    ┌─ 《关于开展政府绩效管理试点工作的意见》（监发[2011]6号）
┌──────┐  ┌────────┤
│中央政府├──┤国家监察部├─ 《关于印发2011年政府绩效管理工作要点的通知》（监发[2011]14号）
└──┬───┘  └────────┤
   │自              └─ 《关于印发2012年政府绩效管理工作要点的通知》（监发[2012]6号）
   │上
   │而              ┌─《关于开展政府绩效管理试点工作的通知》（粤办函[2012]7号）
   │下   ┌────────┤
   ▼   ┌─┤广东省政府办公厅│
┌──────┐│ └────────┘
│地方政府├┤┌────────┐
└──────┘├┤广州市监察局├─《广州市政府绩效管理试点工作实施方案》（穗监字[2012]2号）
         │└────────┘
         │┌────────┐
         └┤荔湾区政府├─《荔湾区政府绩效管理试点工作方案》（荔府办[2012]9号）
          └────────┘
```

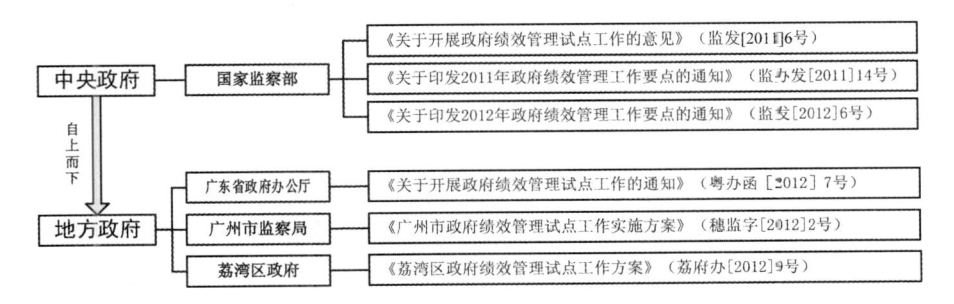

图12-5 公共部门绩效管理工作推进的政策体系

法、要求和结果运用等，确保绩效管理工作按步骤、依程序推进。同时，荔湾率先在地方基层政府层面制定了《荔湾区绩效管理察访核验暂行办法》（荔纪办〔2014〕4号），加强对落实绩效管理与考评工作不到位或存在弄虚作假行为而影响绩效考评结果的调查处理，这种以制度来约束被评估主体的部门理性行为具有创新性，确保了绩效考评结果客观、公正和公平。

（二）"组织+评估"，强化绩效评估的组织体制

公共部门绩效管理是一项复杂的系统工程，涉及多元利益主体，具有很大的利益相关性；其能否顺利达到预期的效果，在很大程度上取决于绩效管理的组织和筹划。为确保客观、公正和科学开展绩效管理工作，树立绩效管理和评估的权威性和严肃性，需要在整个绩效管理和评估开始之前建立一个绩效管理机构。[①] 荔湾区建立了党委机构、政府部门和社会学术机构相结合的组织体制。（见图12-6）具体而言：一是地方党委、政府领导下的绩效管理试点工作领导小组，是荔湾区绩效管理工作的领导决策机构，区委、区政府的高度重视是绩效评估得以落实的根本。荔湾区多次召开区委常委会、区政府常务会议审议绩效管理工作方案、工作意见、指标体系等，抓好绩效管理顶层设计。区委书记、区绩效管理工作领导小组组长多次听取汇报，研究部署绩效管理工作；区委副书记、区长、区纪委书记多次参加绩效管理工作会议，指导推进绩效管理工作。区委办、区政府

---

① 蔡立辉：《政府绩效评估》，中国人民大学出版社2012年版，第99页。

办、区委组织部、区委宣传部、区直属机关党工委、区编办、区发改局、区科技信息局、区监察局、区财政局、区人力社保局、区审计局、区统计局、区法制办等相关部门是主要成员。二是公共部门绩效管理工作领导小组办公室（即绩效办），具体负责绩效管理日常工作，该机构设在区机构编制委员会办公室。三是绩效管理专家咨询委员会或第三方评估机构，荔湾区聘请厦门大学卓越教授指导绩效评估。这样基本形成了党委政府统一领导，绩效办组织协调，社会机构参与评估，内部评估与外部评估相结合、上下联动、协调配合、整体推进的绩效管理领导体制、工作机制和组织体系。

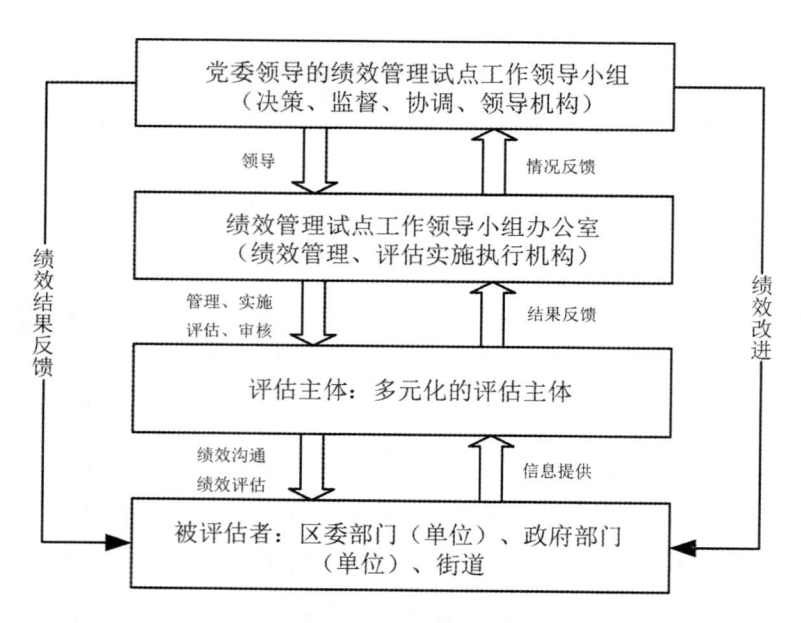

图12-6 荔湾公共部门绩效管理组织体系

（三）"科学+评估"，科学地设计绩效指标体系

荔湾区为科学、精确地测量被评估部门的真实绩效，按照公共部门绩效评估的基本理论，科学设计了绩效评估指标体系，具体表现在以下几个方面：

第一，坚持"稳定＋动态"原则，确保绩效指标有序发展。公共部门的职能在一定时期内是固定的，当然也会随着经济和社会环境的变化而有所调整。公共部门的职能是评估指标设计的重要依据，这就要求绩效评估指标要保持"稳定性"和"动态性"。同时，国内外绩效管理实践表明，一级指标一般在较长时间内要保持稳定不变，而二级指标和三级指标就需要随着管理实践的变化而有所调整，保证其"动态性"。当然，公共部门管理实践的变化不仅意味着需要对绩效指标进行修正调整，还需要对其权重安排进行及时调整。[①]荔湾区2012年编制的政府部门（单位）、街道绩效指标264项；2013年绩效管理延伸到党群部门（单位），编制指标205项；2014年编制指标469项，在区属所有的84个单位中实行了绩效管理全覆盖。同时，2012—2014年绩效评估的一级指标都是围绕通用指标、业绩指标、加权指标和评议指标等四个方面内容开展，二级指标围绕一级指标开展，均为宏观指标，保持相对稳定；而三级指标是微观指标，每年度根据上级部门、本级党委和政府重点工作以及被考评单位职能的变化进行适当调整。

第二，坚持"硬性＋软性"原则，确保绩效指标可量度性。绩效评估指标要做到定性与定量并重，定量指标优先。[②]对于定性指标可以探索具有可操作化的量化方法，做到精确测量。其中，定性指标"量"化技术有两种，一是对定性指标进行量化分解，二是在定性分析基础上，以打分等方式作出定量评估，从而使其结果具有数理统计特性。[③]荔湾区公共部门绩效评估指标以"量化、细化、实化"为原则来设计指标，如按照KPI原则设计考核区人力资源和社会保障部门的定量指标有"城镇登记失业人员就业率"、"培训就业率"、"劳动合同签订率"、"2A级以上和谐企业创建数"等7个定量指标。

---

① 薄贵利：《推进政府绩效评估亟待解决的主要问题》，《国家行政学院学报》2008年第1期。
② 中国行政管理学会课题组：《政府部门绩效评估研究报告》，《中国行政管理》2006年第5期。
③ 徐绍刚：《建立健全政府绩效评价体系的构想》，《政治学研究》2004年第3期。

第三，坚持"奖励+惩罚"原则，强化绩效指标的导向性。坚持基本分和加减分相结合的原则。绩效评估指标的设计既要有基本评估事项与基本分，还要科学设定加分和减分的评估事项。必要时还要科学设定"一票否决"的特殊评估事项。①如荔湾区设计了获得国家、省部级和市厅级表彰，特色创新工作等加分项，也设置了社会治安综合治理、重大责任事故等"一票否决"指标，还设置了"察访核验"等处罚扣分指标。

第四，推行"政府+专家"模式，引入多元主体参与指标设计。绩效指标设计是一个层层深入的过程，一级指标应坚持依据部门职能和岗位职责的原则，而二级指标作为一级指标的细化则需要改变过去单一依靠部门填报指标的方法，应积极引入多元主体参与指标设计，包括政府内部主体（上级、下级、同级）与政府外部主体（公众、专家学者）。②（见图12-7）围绕评估对象构建的"上下内外"多层次的多元主体来设计绩效指标兼具"民主"和"效率"要求。荔湾区公共部门绩效评估指标设计中充分考虑公共部门内部上下级协同，还考虑了公共部门内外协同，通过上下内外协同来科学设计绩效考核指标。一方面，公共部门内部的上级评估主体（绩效评估领导小组及绩效办）对下级（被考核党委部门、政府部门和街道）的工作任务和完成情况比较清晰，掌握下级更多的绩效信息，从而确保领导权和监督权的施行；同时，上下级政府协商沟通，能改变过去绩效评估指标设计中"上级主导控制、下级被动适应"的局面，这种"上下"共同设计绩效评估指标的模式既能体现上级政府的权威，又能激发下级部门的积极性；使得绩效评估指标既能反映全国共性特征，又能反映地方的个性特色。另一方面，由厦门大学卓越教授团队组成的外部主体参与指标设计是民主政治的本质要求，强化了外部监督，符合公众参与公共部门绩效管理发展趋势，它有效弥补了依靠单一政府内部主体公共责任缺失和自我监

---

① 蔡立辉：《科学实施政府绩效评估的难点问题分析及其解决》，《社会科学战线》2011年第4期。
② 刘晓洋、于刚强：《政府部门绩效管理试点工作的评价研究——A省国土部门的样本分析》，《四川行政学院学报》2014年第2期。

督不足的问题（拟定指标过程是区绩效办、被考评单位、专家团队三方面对面会审、反复研究、多次征求意见确定）。

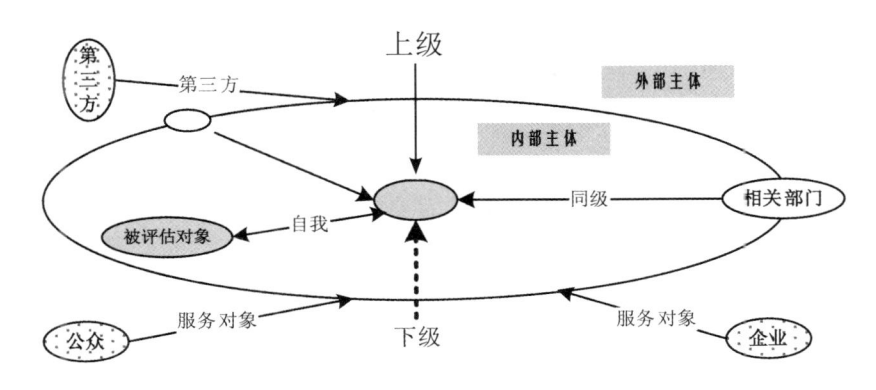

图12-7 评估指标的多元化和多层次设计主体

第五，遵循"共性+个性"逻辑，以分类评估来科学设计指标。从横向内部机构设置角度看，公共部门绩效评估既要综合考虑公共服务领域和服务对象的共性设计指标，还需要比较其治理能力、内设机构性质、岗位职责的差异性来设计个性指标。按照个性指标设计逻辑，荔湾区按照绩效评估单位性质将指标分为区委部门（单位）、政府部门（单位）、街道三类，按照指标属性分为通用指标、业绩指标、加权指标、评议指标四种类型；按照共性指标设计逻辑，荔湾区公共部门绩效评估中的"通用指标"就是共性指标，是各部门（单位）、街道的共性工作，以综合评估为主。

（四）"技术+评估"，以信息技术的利用来推进评估

绩效信息是划分绩效等级的依据，绩效信息的真实性、全面性以及信息本身与评价内容之间的内在关联性，是影响绩效评估结果的重要因素。采集全面、真实、准确的绩效信息，是消除信息不对称和确保绩效评估结果准确、客观、公正的关键。利用信息技术来构建公共部门绩效管理系统可以有利于降低绩效评估过程中绩效信息的采集成本，有利于确保绩效

信息的真实性、准确性，从而使评估结果能真实反映被评估对象的绩效状况。

荔湾区公共部门绩效管理系统实现了网上输入、网上评分、网上监督、网上评估和网上反馈一体化，不仅可以通过与各业务部门管理系统对接实现绩效信息的自动化采集，还能自动化处理信息。通过归类与整理信息，对不够或没有采集到的绩效信息，将补充采集；对存有疑问的绩效信息，将跟踪采集或进行鉴定与测验。这是一个去伪存真、去粗取精的加工制作过程。目的是要使采集到的、反映政府及部门和所属公务人员的绩效信息全面、真实、客观和准确。同时，荔湾区绩效管理与考评系统不仅有效确保绩效评估结果的精确性和公正性，还能监督被评估对象，倒逼被评估对象改善管理，提高服务水平和质量。如上文所述，荔湾区绩效管理与考评系统纠错 198 处执法行为，提升审批效率、提前办结 4606 宗，提前办结率达 99.7%。

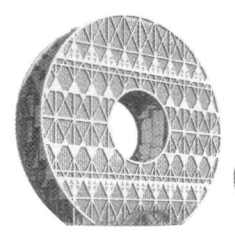

第十三章
全面从严治党下的经济联社党组织建设调查

2002年,荔湾区全部完成"村改居"工作,从体制上完成了"农转居"的转变。撤村改居同时,成立了经济联社,负责原村委会"三资"管理和运营,并且逐步探索现代公司化经营管理模式,从原行政村村"两委"的治理体制向经济联社党组织、村民自治组织、集体经济组织(含所管理的企业组织)的三元治理体制转变。目前,荔湾区共有21个经济联社,分属11个街道,全部完成股份制改革,联社及其下属经济社和集体经济组织共182个。现行的经济联社党组织与带有经济功能的村民自治组织即经济联社及其下属发展公司(企业)构成了现有的城中村村改居社区公共治理中最基层的组织末梢。在这样的组织体系中,全面从严抓好基层党组织建设,是加强党领导城中村经济社会发展工作体制机制、促进基层治理体系完善的关键。

第十三章　全面从严治党下的经济联社党组织建设调查

一　全面从严治党下的基层党组织建设背景

党的十八大以来，从中央到地方，对基层党组织建设作出了一系列部署，重点是从严加强基层党组织建设。

党的十八大报告提出，"党的基层组织是团结带领群众贯彻党理论和路线方针政策、落实党的任务的战斗堡垒"。十八届三中全会通过的《中共中央关于全面深化改革若干重大问题的决定》提出，"创新基层党建工作，健全党的基层组织体系，充分发挥基层党组织的战斗堡垒作用"。2013 年 12 月 23 日，习近平总书记在中央农村工作会议上指出，"农村党支部在农村各项工作中居于领导核心地位"。2015 年 6 月，中共中央政治局常委、中央书记处书记刘云山出席全国农村基层党建工作座谈会时强调，"做好'三农'工作关键在农村基层党组织，要深入贯彻习近平总书记重要指示精神，围绕发挥党组织战斗堡垒作用和党员先锋模范作用，强化问题导向、抓好责任落实、加大保障力度，全面提升农村基层党建水平，为促进农村改革发展稳定、协调推进'四个全面'战略布局提供坚强保证"。

近年来，广东省各级党委每年都召开常委会听取各级党委书记抓基层党建工作的述职报告。2015 年 12 月 8 日，中共中央政治局委员、广东省委书记胡春华在市委书记抓基层党建工作述职评议会上指出，要"把基层党组织建成坚强战斗堡垒"，要"加强对基层组织的监督，从实际出发处理好村党组织书记、村委会（居委会）主任'一肩挑'和政经分离的问题，加强对基层组织的指导，确保基层组织健康发展"。2013 年 7 月 25 日，胡春华书记在全省组织工作会议上指出，"农村的村和城市的街道社区尽管不是一级政权，但实际上是国家政权的延伸"。所以基层组织要"配置相应的工作资源，让基层组织有事干、干的成事"，"可以承担一定的行政职能和行政工作"，"利民惠民的好事要让基层组织去干"，这样有利于提高基层组织的影响力,树立起基层组织良好的形象。中共广东省委常委、广州市委书记任学锋指出,"加强基层党的建设是全面从严治党的基础工作。各级党委(党组)要承担起抓基层党建的主体责任,狠抓工作落实,推动基层党建工作干在实处、走在前列"。中共广州市荔湾区委书记唐航浩指出,基层党组织要"宣传党的方针政策,引导党员群众集结在党旗下、团结在党周围,真正发挥党建引领带动作用"。

综上,从中央到地方关于基层党组织建设的有关部署和各级领导的讲话精神来看:一是基层党组织是基层工作的战斗堡垒;二是基层党组织的领导核心地位不能动摇;三是要全面从严治理基层党组织;四是加强民主法治、服务创新、群众路线等保障机制建设。总的来说,基层党组织建设要从严和创新,以增强基层党组织的核心地位和领导作用。

二 全面从严治党下的荔湾区经济联社党组织概况

(一)经济联社党组织建设关乎稳定和发展大局

基础不牢,地动山摇。经济联社作为"城中村"集体经济组织,不仅承担着经济发展和村民(股东)收入增长的任务,还承担着大量社会治理和公共服务职能,已经成为荔湾区经济社会发展的重要组成部分。在经济联社取得长足发展但仍然处在"村不村、城不城、居不居、企不企"的背景下,可以说,经济联社的发展,关乎社会治理优化和社会稳定大局,关乎荔湾土地可持续、产业调整优化等发展大局。而其中的关键在经济联社党组织及其党建引领作用的发挥。

经济联社的发展离不开基层党组织的核心领导作用。按照《中国共产党农村基层组织工作条例》、《广东省农村集体经济组织管理规定》规定,经济联社成立相应的党组织。经济联社党组织是经济联社的领导核心,必须坚持党对经济联社工作的领导。经济联社在党组织的领导下,依法自主决定经营管理的重大事项,接受人民政府和社员的监督。上级党组织依靠经济联社党组织在经济联社开展基层党建工作。

基层党组织是经济联社党建工作的主体。荔湾区一直以来非常重视基层党组织建设,特别是经济联社党建工作。近年来,每年都召开常委会听取街道党工委书记抓基层党建工作的述职报告。各街道也从严治理,创新服务。如东漖街的东漖股份经济联合社制定了本社的"党建工作制度",规范了党总支责任、议事决策、党员管理、党务公开、党费管理等工作细则;海龙街完善了社员入党、民主选举等工作;花地街将党员思想工作放在重要位置;彩虹街西郊、桥中街河沙和坦尾等联社党组织和党员积极参与到大坦沙岛城中村改造等重大事项决策中。

(二)荔湾区经济联社党组织的基本情况

1. 党组织现状

荔湾区现有经济联社党组织21个,其中党委1个,党支部20个。党组织设置基本按照一个联社一个支部的标准建设,由于西郊经济联社物业分散,党员人数多、分布广,按规定成立了党委。

2. 领导班子现状

新一届经济联社领导班子于2014年换届选举产生。(见图13-1)每个联社党支部(或党委)委员基本维持在3—5人。全区21个经济联社党支部(或党委)委员总数为74人,其中,女性委员14人,占总人数的18.9%;35岁以下的委员5人,占总人数的6.8%;具有大专以上学历的委员有53人,占总人数的71.6%。

每个联社领导班子人数基本维持在5—7人,全区21个经济联社领导班子总人数为133人。其中,女性领导班子成员23人,占总人数的17.3%;35岁以下的领导班子成员11人,占总人数的8.3%。具有大专以上学历的领导班子成员有76人,占总人数的57.1%。

其中,书记、主任"一肩挑"的联社有7个,分别是沙洛、南漖、西郊、花地、五眼桥、大花园、海南联社,占联社总数的33.3%。有14个联社班子交叉任职比例达到100%。

图13-1　党支部（该社区党支部指导该联社党建工作）换届选举现场

3.党员队伍现状

荔湾区经济联社现有党员1911人（截止到2014年12月，见表13-1）。其中，35周岁以下党员有588人，占全体党员人数的30.8%；60周岁以上党员有521人，占全体党员人数的27.3%。其中，平均年龄在50周岁以上的联社有6个，分别是坑口、花地、西郊、茶滘、五眼桥、海中，占全区联社总数的28.6%；平均年龄在40—50周岁的联社有13个，分别是海北、海龙、海南、白鹤洞、山村、葵蓬、大花园、东塱、西塱、沙洛、南漖、东漖、河沙，占全区联社总数的61.9%；平均年龄在40周岁以下的联社有2个，分别是坦尾和龙溪，占全区联社总数的9.5%。

女性党员总数为565人，占党员总数的29.6%。初中以下文化程度的党员数为811人，占党员总数的42.4%。本科以上文化程度的党员数为210人，占党员总数的11.0%。担任社员（股东）代表的党员为376人，占党员总数的19.7%。

第十三章　全面从严治党下的经济联社党组织建设调查　　·285·

表13-1　　　　　　　　荔湾区各经济联社党员情况分析

联社名称	党员人数	社员人数	所占比重
坦尾	112	1837	6.10%
鹤洞	53	891	5.90%
茶滘	68	1183	5.70%
山村	56	1010	5.50%
西郊	143	2597	5.50%
花地	57	1031	5.50%
增滘	121	2493	4.90%
大花园	22	503	4.80%
海北	156	3560	4.40%
沙洛	68	1633	4.20%
东塱	108	2800	3.90%
西塱	106	2800	3.80%
海中	96	2507	3.80%
河沙	85	2506	3.40%
南漖	89	2723	3.30%
葵蓬	96	2901	3.30%
海南	122	3792	3.20%
龙溪	135	4415	3.10%
东漖	73	2600	2.80%
坑口	81	3200	2.50%
五眼桥	64	2774	2.30%
总计	1911	49756	3.8%

三　荔湾区经济联社党组织建设现状问卷调查分析与解读

为深入了解荔湾区经济联社党建工作开展情况，荔湾区委党校（区情研究中心）于2015年年初成立课题组，对全区21个经济联社开展"关于荔湾区经济联社党建工作研究"的专题调研。课题组主要采取问卷调查法、资料收集法、访谈法，展开以下工作。

一是通过各街道和相关职能部门提供的有关经济联社党建工作的材料掌握基本情况。二是课题组深入到彩虹街、桥中街、花地街、海龙街、东漖街、东沙街、石围塘街等街道进行座谈会式访谈和个别走访式访谈。三是发放调查问卷。通过区委组织部发文，由相关街道组织，向21个联社的党员和社员发放问卷。调查内容包括样本的基本信息、对经济联社党建工作开展的主要意见和建议等，实现调查对象全覆盖、调查组织严谨有序。四是认真分析问卷。党员社员（以下简称党员）版问卷共36题，收回问卷1527份；非党员社员（以下简称社员）版问卷18题，收回问卷1321份。问卷统计采用SPSS软件进行统计分析。五是发放经济联社党建工作情况统计表。由各经济联社填写，收集联社党建工作基本信息。

（一）受访者基本情况

1. 受访者性别情况：男性比女性多

受访党员人数占经济联社现有党员人数的80%，其中，男性党员944人，占受访党员人数的62.5%；女性党员567人，占受访党员人数的37.5%。（见图13-2）受访者中，男性党员是女性党员的1.7倍。社员抽样中，男性为777人，占受访社员人数的59.3%；女性为534人，占受访社员人数的40.7%。据此，受访者中男性比女性多。（见图13-3）

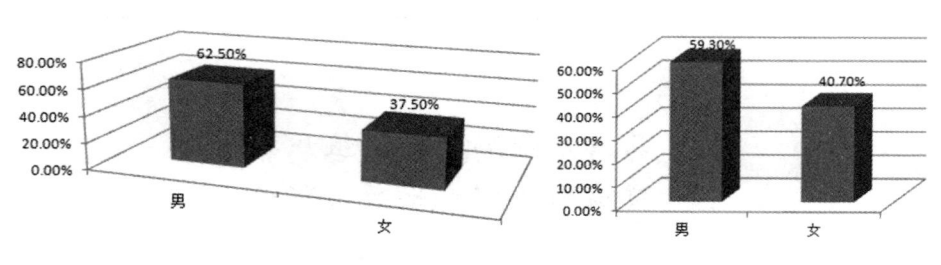

图13-2 受访党员男女比例

图13-3 受访社员男女比例

2. 受访者年龄特点：以中青年为主

在党员抽样中，年龄在 35 岁及以下区间人数最多，共 471 人，占受访党员总数的 32.1%；其次是 36—45 岁区间，共 408 人，占受访党员总数的 27.8%；再次是 46—54 岁区间，共 234 人，占受访党员总数的 15.9%；而 60—69 岁区间的共 187 人，占受访党员总数的 12.7%；70 岁及以上的共 90 人，占受访党员总数的 6.1%；最少的是 55—59 岁区间，共 78 人，占 5.3%。（见表 13-2）

表13-2　　　　　　　　　　　受访党员年龄结构

		频率	百分比	有效百分比	累计百分比
有效	≤35岁	471	30.8%	32.1%	32.1%
	36—45岁	408	26.7%	27.8%	59.9%
	46—54岁	234	15.3%	15.9%	75.8%
	55—59岁	78	5.1%	5.3%	81.1%
	60—69岁	187	12.2%	12.7%	93.9%
	≥70岁	90	5.9%	6.1%	100.0%
	合计	1468	96.1%	100.0%	
缺失	系统	59	3.9		
合计		1527	100.0		

社员抽样中，年龄在 35 岁及以下的人数最多，占受访社员总数的 41.3%，其次是 36—45 岁区间，占受访社员总数 28.0%，再次是 46—54 岁区间，占受访社员总数 18.5%，最少的是 70 岁以上区间，仅占受访社员总数 1.8%。（见表 13-3）

从抽样选取对象的代表性看，本次调查侧重 55 岁以下中青年人群的调查，约占总样本量 70%，而这些群体是联社党组织工作的中坚和后备力量，因此抽样样本具有较强的代表性。

表13-3　　　　　　　　　　　受访社员年龄结构

		频率	百分比	有效百分比	累计百分比
有效	≤35岁	519	39.3%	41.3%	41.3%
	36—45岁	352	26.6%	28.0%	69.3%
	46—54岁	232	17.6%	18.5%	87.7%
	55—59岁	71	5.4%	5.6%	93.4%
	60—69岁	60	4.5%	4.8%	98.2%
	≥70岁	23	1.7%	1.8%	100.0%
	合计	1257	95.2%	100.0%	
缺失	系统	64	4.8%		
合计		1321	100.0%		

3.受访者文化程度：大专以上学历约占四成。

党员样本中，初中及以下学历人数最高，共497人，占有效总量的32.8%；其次是高中（中专）学历人数为432人，占有效总量的28.6%；大专以上学历人数占有效总量的38.6%；最少人数为研究生及以上学历，仅占有效总量的1.7%。（见表13-4）

表13-4　　　　　　　　　　　受访党员文化程度

		频率	百分比	有效百分比	累计百分比
有效	研究生及以上	26	1.7%	1.7%	1.7%
	本科	204	13.4%	13.5%	15.2%
	大专	354	23.2%	23.4%	38.6%
	高中（中专）	432	28.3%	28.6%	67.2%
	初中及以下	497	32.5%	32.8%	100.0%
	合计	1513	99.1%	100.0%	
缺失	系统	14	0.9%		
合计		1527	100.0		

社员样本中，初中及以下学历者最多，占受访总数的32.9%；其次是

高中（中专）学历者，占受访总数的30.6%；再次为大专学历者，占受访总数的23.5%，而本科及以上学历者最少，仅占受访总数的20%。（见表13-5）

表13-5 受访社员文化程度

		频率	百分比	有效百分比	累计百分比
有效	研究生及以上	23	1.7%	1.8%	1.8%
	本科	147	11.1%	11.2%	13.0%
	大专	308	23.3%	23.5%	36.5%
	高中（中专）	400	30.3%	30.6%	67.1%
	初中及以下	431	32.6%	32.9%	100.0%
	合计	1309	99.1%	100.0%	
缺失	系统	12	0.9%		
	合计	1321	100.0%		

调查数据与上文各联社填报数据基本一致，反映出高学历人群比例低的现象。现实中考虑高等教育的普及程度、教育成本投入、经济状况等各种因素，除经济高度发达的一线中心城市人才集聚效应以外，高学历人群在某个区域甚至整个城市的人口比例普遍处于较低比例。教育背景与人们的未来职业有着内在联系。一方面，作为党建工作队伍人力资源开发，党组织需要吸纳优秀的人才焕发组织活力，提供新鲜血液；另一方面，联社的发展需要强大的人力资源后备军，地区的经济发展也需要各方面优秀的人才，而人才的培养离不开教育这一基石。

（二）党组织建设的正面映象

党建工作包括思想、组织、制度、作风、反腐倡廉、纯洁性建设等方面。基层党组织工作的开展，既要以此为"纲"，又要立足实际情况，循序渐进，抓质抓量。根据问卷调查和实地访谈情况，荔湾区联社党建工作开展情况如下：

1. 组织生活：整体良好，严谨有序

党的组织生活是党的生活的重要内容，是党组织对党员进行教育、管理、监督的重要形式，主要形式有党员大会、支部委员会、党小组会、党员领导干部民主生活会以及党课、民主评议党员、评选先进党员和党组织等；狭义上指"三会一课"。据图13-4联社党组织定期开展"三会一课"的占70.5%，不定期召开为23.5%；另外在党员参与组织生活频率调查上（图13-5），"经常参加"的占75.1%，"偶尔参加"的占24%。数据表明经济联社"三会一课"开展情况整体良好，党员参与组织生活的积极性较高，一定程度上反映了党员对组织纪律的遵守和关心重视组织建设的程度。

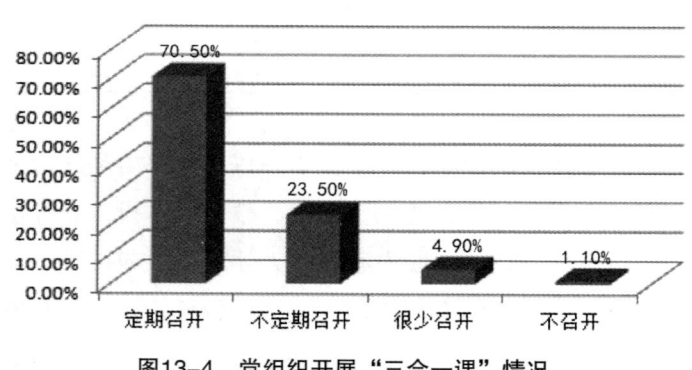

图13-4 党组织开展"三会一课"情况

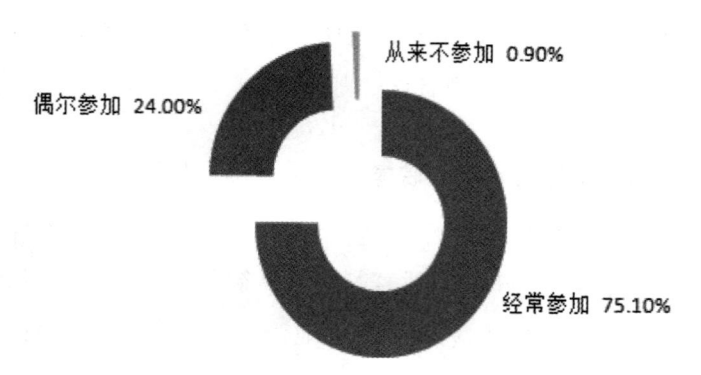

图13-5 党员参与组织生活频率

2. 党务公开：逐步规范，形式多元

推行党务公开，目的是使党员更好地了解和参与党内事务，让群众更好地了解党组织的活动，理解党的决议和精神，推动党的教育和政策开展，同时也是强化外部监督体系的必要举措。当前，经济联社都设置了党务公开栏、电子触摸屏。

通过对各联社党员获取党务信息方式调查，通过"党内会议"途径的最多，达 68.2%；其次是党务公开栏，约 17%；报刊网络等新媒体渠道也占到近一成。（见表 13-6）。

表13-6　　　　　　　　　了解党务信息的主要途径

		频率	百分比	有效百分比	累计百分比
有效	党内会议	1026	67.2%	68.2%	68.2%
	党务公开栏	253	16.6%	16.8%	85.0%
	党组织负责人	87	5.7%	5.8%	90.8%
	报刊和网络	138	9.0%	9.2%	100.0%
	合计	1504	98.5%	100.0%	
缺失	系统	23	1.5%		
	合计	1527	100.0%		

而对党务公开效果情况调查中，63.70% 受访者表示当前基层党组织党务公开"方式灵活，内容丰富"。涉及群众基本权益、村集体"三资"管理和兴办农村公益事业等村级重大事务，都要按章办事，严格落实"五议两公开（"五议"即村"两委"负责人建议、村党支部会提议、村"两委"会商议、党员大会审议、村民代表会议或村民会议决议；"两公开"即决议公开、实施结果公开）"。（见表 13-7）

表13-7　党务公开情况

		频率	百分比	有效百分比	累计百分比
有效	形式灵活，内容详细，效果好	956	62.6%	63.7%	63.7%
	内容不够详细具体	370	24.2%	24.7%	88.4%
	流于形式	161	10.5%	10.7%	99.1%
	没有公开	13	.9%	0.9%	100.0%
	合计	1500	98.2%	100.0	
缺失	系统	27	1.8%		
	合计	1527	100.0%		

3. 干部监督：监督有力，纪律严明

对权力的制约监督、对党员干部纪律的审查一直是党建工作的重要环节，尤其是十八大召开以后，党中央反复强调"反腐倡廉建设"，完善党内党务监督体系，"把权力关进制度的笼子里"。荔湾区经济联社党组织十分重视党内监督机制建设，认真开展"党员监督"、"民主评议"工作，据调查63.6%的受访者表示能够"监督有力、纪律严明"，23%的受访者表示"监督力度与党员群体有关"。（见表13-8）

表13-8　对当前的党员监督问题的评价

		频率	百分比	有效百分比	累计百分比
有效	监督有力、纪律严明	956	62.6%	63.6%	63.6%
	监督不力、纪律松弛	145	9.5%	9.7%	73.3%
	监督力度与党员群体相关，有的监督有力，有的监督不力	346	22.7%	23.0%	96.3%
	有的党员群体难以监督到位，监督乏力	50	3.3%	3.3%	99.7%
	党员监督机制不健全，难以监督到位	5	0.3%	0.3%	100.0%
	合计	1502	98.4%	100.0%	
缺失	系统	25	1.6%		
	合计	1527	100.0%		

4. 民主决策：渠道畅通，主动参与

党组织参与联社重大事项尤其经济利益分配的决策，不仅体现党组织在联社中的直接影响作用，而且是党组织取得并发展良好党群关系的制度基础。93.30%受访党员表示绝大部分联社重大事项通过民主决议解决（见图13-6）；而党员参与联社重大事项民主决议情况调查中，62.10%受访党员表示"每次参加"，而"经常参与"则有30.5%。（见图13-7）数据表明，联社党员参与联社重大事项的民主决议积极性较高。

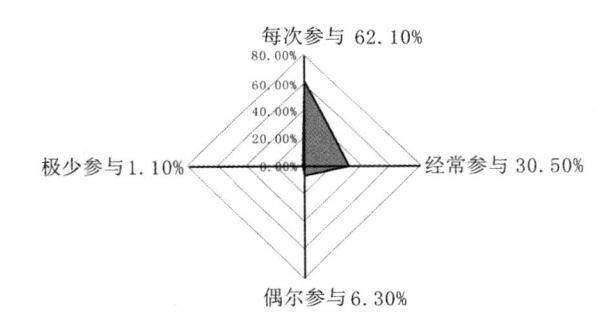

图13-6 重大事项民主决议情况

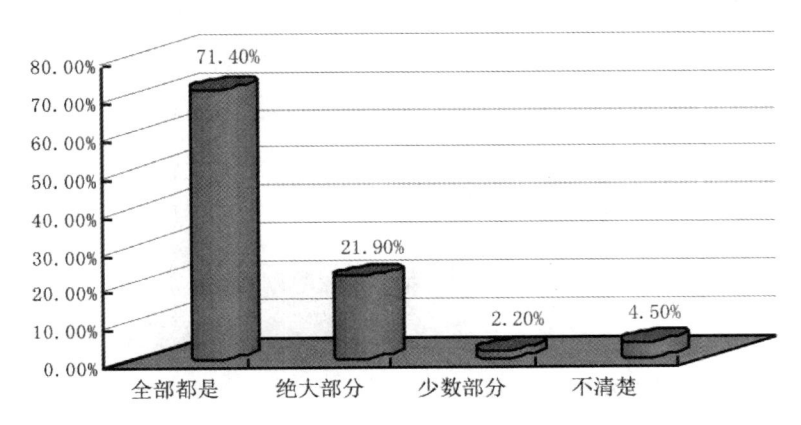

图13-7 党员参与联社重大事项民主决议情况

5. 党社关系：作用积极，助推经济

关于"党组织对经济联社发展的影响力"，调查数据显示，党员表示"影响很大"占52.8%，其次是"影响较大"占33.1%。（见图13-8）党组织对经济联社的影响，实际上反映支部与联社的关系，党组织越是发挥指导和协助联社经济发展，其影响力越大，反之则影响力越小。上述数据总体上反映了联社党组织对联社发展的作用是明显的，表明党组织较充分发挥了领导作用。

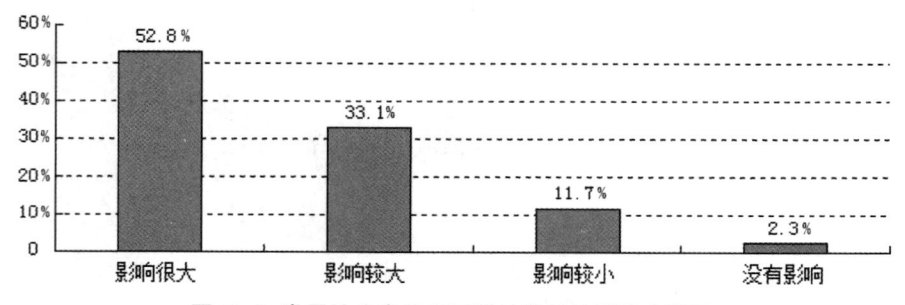

图13-8 党员认为党组织对联社发展的影响力情况

同样针对"党组织对经济联社发展的影响力"的问题，被调查的社员中认为"影响较大"的占44.0%，而认为"影响很大"的占34%。（见图13-9）从调查所得数据显示，近八成的受访社员认为党组织对于联社发展

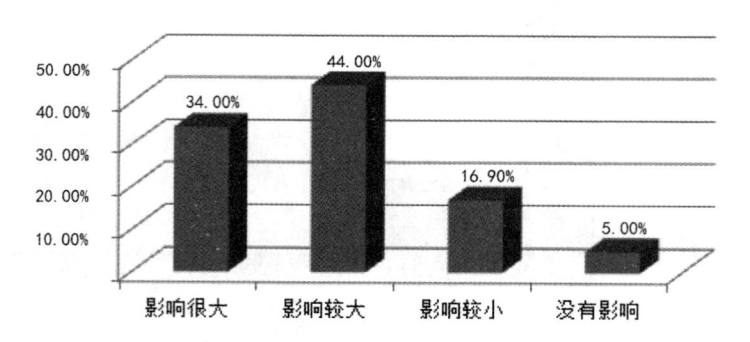

图13-9 社员认为党组织对联社发展的影响力情况

有着"较大影响",持与之相反观点的人只有两成。仅仅看到前者是"盲目的乐观",仅仅关注后者是"过分地消极";我们既要看到多数社员对基层党组织能力的信心和积极评价,也要看到群众对党组织助推经济发展的期望。

6. 党群互动:交流良好,评价较高

在普通党员与社员交流情况的调查中,"经常"交流占 27.7%,47.4%的受访者表示与党员有交流过。从总体上,近八成的普通党员与普通社员积极交流互动。(见图 13-10)党群关系是群众路线的重要内容,加强党员与群众联系,一方面可以增进群众对党组织的理解和支持,有利于党组织活动的开展;另一方面,党群关系好坏制约着党组织的稳定和功能发挥。

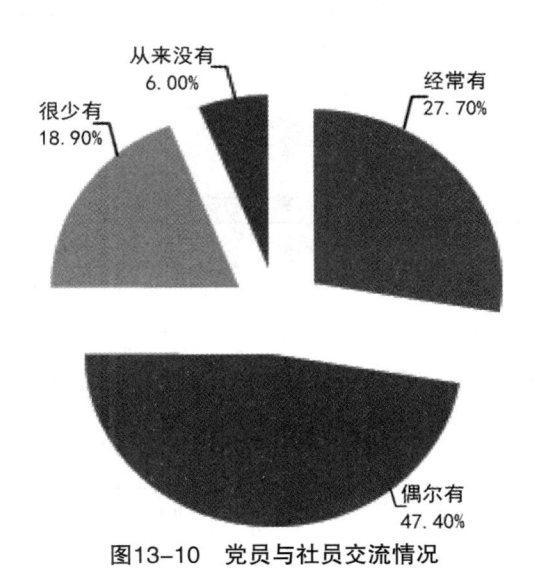

图13-10 党员与社员交流情况

受访社员对基层党员发挥作用的评价中,表示"很好"的占 41.6%,而认为作用"较好"则占 48.9%。从数据角度看,90% 的受访社员对待基层党支部党员发挥作用的评价总体良好。(见表 13-9)

表13-9　社员对基层党支部党员发挥作用的评价

		频率	百分比	有效百分比	累计百分比
有效	很好	529	40.0%	41.6%	41.6%
	较好	623	47.2%	48.9%	90.5%
	差	38	2.9%	3.0%	93.5%
	不清楚	83	6.3%	6.5%	100.0%
	合计	1273	96.4%	100.0%	
缺失	系统	48	3.6%		
合计		1321	100.0%		

7. 思想作风：纯洁先进，立场坚定

入党动机或目的为"认同党的宗旨和纲领"占74.6%，整体上体现了多数党员入党的目的是较为纯正的。（见表13-10）摆在我们面前需要解决的现实问题是，如何让已经入党的成员保持对党的忠诚度，如何让更多的人坚定党的宗旨和信念。

表13-10　入党的动机或目的

		频率	百分比	有效百分比	累计百分比
有效	入党是工作的需要	271	17.7%	17.9%	17.9%
	认同党的纲领和宗旨	1129	73.9%	74.6%	92.5%
	入党是家庭长辈的要求	21	1.4%	1.4%	93.9%
	入党可以参与联社利益的分配	90	5.9%	5.9%	99.9%
	其他	2	0.1%	0.1%	100.0%
	合计	1513	99.1%	100.0%	
缺失	系统	14	0.9%		
合计		1527	100.0%		

党员在社会群体中对自身党员"角色"的价值判定体现出其对于党的性质和宗旨的认可立场和忠诚信仰。在对公开场合表明党员身份的调查发现，78.9%的受访者明确表示"公开场合表明党员身份是光荣的"，

16.20%受访者表示会"视情况而定"。（见图13-11）数据表明大多数党员的思想觉悟高，对党员的身份价值认同较高。

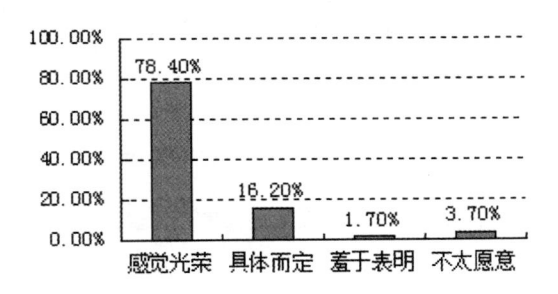

图13-11　公开场合表明党员身份情况

8. 先锋模范：主动服务，是主心骨

群众路线是党的工作线，也是集中体现全心全意为人民服务宗旨的一个根本实践。过去荔湾区积极开展各项惠民便民服务，利用"一基地一中心一家"党内服务体系，探索以"入户谈心"、"民情日记"活动为主要内容的"先锋工程"和创新"经济联社论坛"、"联社学堂"等，有效地宣传党的方针、政策，密切了党群联系，协调利益关系，促进了联社的科学发展和谐稳定。随着惠民便民工程体系不断完善，形式不断更新。

调查数据也证实了上述工作的实绩。社员受访者遇到困难时，获得基层党支部"主动帮助"者占28.5%，在寻求党组织帮助时求得帮助的占56.1%。（见图13-12）由数据可以反映：总体上，基层支部在解决群众困难上表现出较高积极性，在社员需要帮忙的时候能够予以解决。

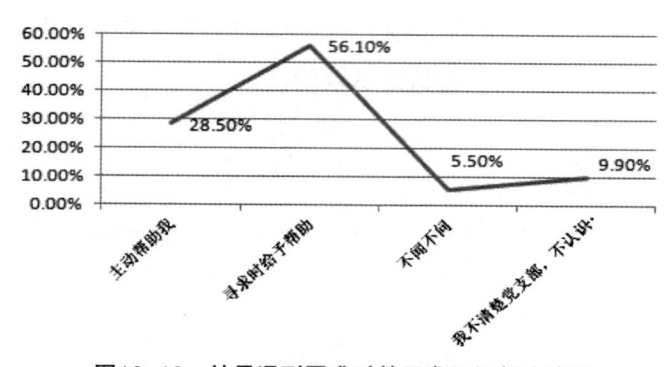

图13-12 社员遇到困难时基层党组织帮助情况

根据受访党员反馈，认为所在支部书记工作"在联社中起到带头和主心骨的作用"的占58.7%，而认为"比较好，建设支部有一定成果"的占26.3%。（见图13-13）由上述数据可以明显反馈，受访者绝大多数对所在支部书记工作持好评态度。

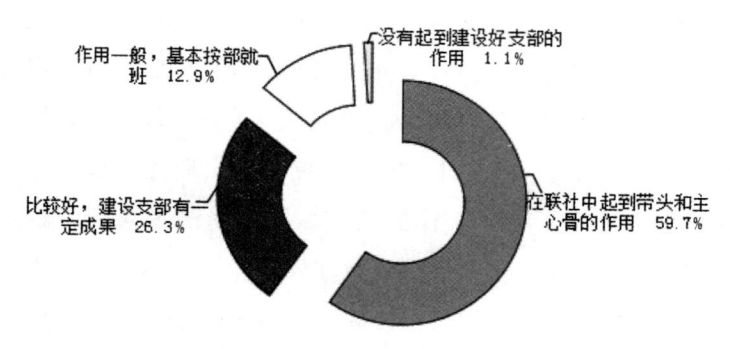

图13-13 支部书记在联社中起到带头和主心骨作用的情况

（三）党组织建设瓶颈

1.组织形式创新不足

新常态下，基层党组织凝聚力、领导力、影响力的增强需要跟上日新月异的经济社会发展，但现实不如人意。如在对党组织生活存在的最突出问题调查中，"内容枯燥、形式呆板、没有新意"占43.1%；除此之外，还存在"组织生活脱离工作和生活实际"问题。(见图13-14)同时,在问及当前"党员教育"存在问题时,反映最为突出的是"教育形式单一,缺乏吸引力",占62.7%;其次"多以教育者为中心,党员被动受教育"占31.5%,与占30.5%的"教育内容陈旧,针对性、时效性不强"反馈基本持平。另外,选择"党员教育及联系群众工作走形式"的有22.2%,选择"现代信息传媒在党员教育中发挥作用不够"的有15.3%,选择"对党员教育缺乏效果评估"的有6.3%。(见表13-11)可见,目前各联社党组织在开展党组织生活形式上主要停留在以传统模式为主,一方面组织生活内容没有与时俱进、贴近生活,缺乏吸引力;另一方面,开展活动的形式按部就班,容易缺乏活力。

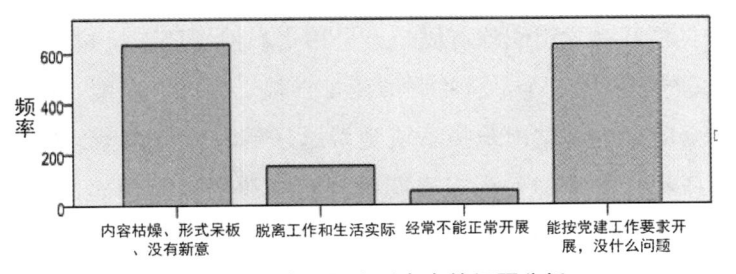

图13-14 党组织生活存在的问题分析

表13-11 目前党员教育存在的问题

		响应		个案百分比
		N	百分比	
有效	教育形式单一,缺乏吸引力	951	37.2%	62.7%
	教育内容陈旧,针对性、时效性不强	462	18.1%	30.5%
	多以教育者为中心,党员被动受教育	477	18.6%	31.5%
	党员教育及联系群众工作走形式	336	13.1%	22.2%
	现代信息传媒在党员教育中发挥作用不够	232	9.1%	15.3%
	对党员教育缺乏效果评估	96	3.8%	6.3%
	其他	5	0.2%	0.3%
	总计	2559	100.0%	168.8%

对于党员教育问题，培训形式化是个亟待解决的老难问题，主要表现为以下几个特点：第一，纪律松散的状态、懈怠心态没有彻底根除，党员培训存在"喝喝茶水，看看电影，读读报纸"的形式主义；第二，培训平台落后，过于依赖会议、讲座等传统形式，忽视新媒体技术的运用，另外"教育者中心本位"单向灌输，学员被动教育缺乏积极性；第三，流动性影响与职务性障碍并存，联社党组织中部分党员是身兼多职，存在多重任务、多重角色冲突，主观上选择时容易产生基于个人利益最大化的短期行为；第四，缺乏评估机制和评价体系，党员培训仅仅当作"一阵风吹过"，缺乏结果反馈，教育效果被忽视。

2. 后勤保障力度不够

21个经济联社党组织均有固定办公用房。但据调查反映，党建经费完全依靠自筹的联社有7个，分别是海南、沙洛、南漖、东塱、山村、增滘、海中；完全依靠上级党组织拨款或党费返还的联社有东漖、鹤洞。可见，目前，经济联社党建经费尚未有明确规定来源渠道及份额比重。以2014年度党建经费数额为例，党建经费支出为零的联社有2个，分别是五眼桥、花地；党建经费支出在一万元以下的联社有8个，分别是东漖、大花园、坑口、海中、增滘、鹤洞、龙溪、南漖；党建经费支出在一万元至两万元之间的联社有6个，分别是葵蓬、沙洛、山村、海北、西郊、坦尾；党建经费支出在两万元以上的联社有5个，分别是河沙、西塱、茶滘、东塱、海南。走访发现，部分联社在召开党支部会议时，向参加党员发放误工补贴，成为党建支出的重要组成部分。另外，以往党支部开展异地党性学习活动是党建经费支出的主要途径，但在"八项规定"出台后，外出学习也受到了限制，在一定程度上减少或终止了这方面的支出。部分联社提出，到红色革命精神地区开展党性教育或经济社会发展先进地区考察学习有其他活动形式不可比拟的优势，可以进一步增强党性、拓宽工作视野。另外，根据需要换一种环境集中学习思考，可以充分调动基层党员同志的学习积极性，提高学习效果。

问卷调查还显示，当前党建工作最薄弱的环节为"党费经费欠缺"的响应率为87.70%，"渠道载体比较少"的响应率为79.10%。（见图13-15）目前基层联社党组织经费来源十分有限，主要是经济联社支持和上级补贴。因为经费没有落实、经费申请审批困难、经费支出范围过大而导致党建工作"半吊子"的事情是常有的。基层党建工作内容涉及广泛，活动开展频繁，服务对象辐射面广，用都市规划比喻党建工作，那么渠道便是实现党建系统工程中每个目标的"高速公路"，经费便是"维护成本"，是党建"高铁"的物质基础。因此，提升后勤保障能力，多渠道开源、严格把关节流，积极开拓活动渠道、媒体渠道、组织渠道、社区渠道等便民服务渠道，是打造服务型基层党组织的必要条件。

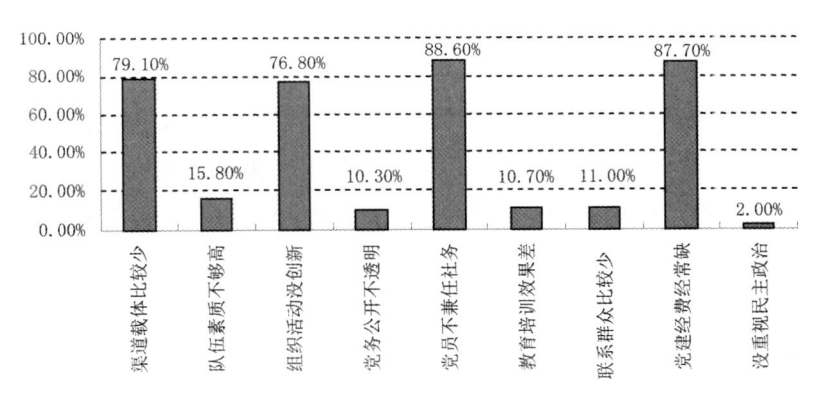

图13-15　当前党建工作最薄弱的环节

3. 体制机制建设不全

关于党组织制度建设情况抽样调查中，受访党员中虽然有64.1%认为目前所在党组织"制度健全，并能够严格执行"，但也有22.5%的受访党员认为"虽然制定了制度，但是得不到很好执行"，即流于形式；有10.9%的受访党员表示"建立了一些制度，但是具体规定都不甚清楚"，即规定不明，缺乏可操作性；另外也有0.7%的受访党员认为"根本没有制定、建立任何制度"。从总体数据反馈结果看，99.7%的受访者明确表示"已经建立或制订了制度",而"严格执行的"仅有65.9%,"制度没有得到贯彻执行,制度停留在纸面上"、"制度规定不明,缺乏可操作性"等原因占了33.4%。(见图13-16)

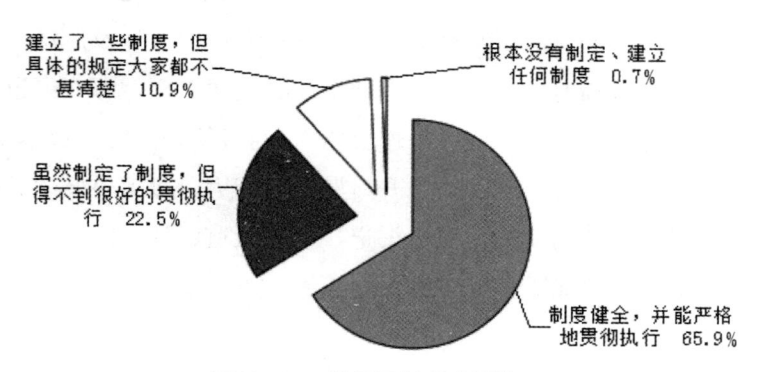

图13-16 党组织制度建设情况

- 建立了一些制度,但具体的规定大家都不甚清楚 10.9%
- 根本没有制定、建立任何制度 0.7%
- 虽然制定了制度,但得不到很好的贯彻执行 22.5%
- 制度健全,并能严格地贯彻执行 65.9%

根据问卷调查结果结合走访的情况来看,荔湾区确实存在没有出台全区统一的联社党建制度规范文本、联社党建工作没有形成一定的制度体系等问题。经济联社党建工作依据不足、借鉴较少、规范欠缺,难以全面规范联社党组织日常管理和活动开展。

除了制度建设,在上下沟通、决策参与、机构运作等方面也存在不足,据调查结果分析,受访者中42.7%的受访党员表示"上级部门重视程度不够",说明基层党组织上下级之间缺乏良好的沟通、上级部门在指导、帮助基层部门建设工作存在疏忽;另外有31.8%的受访者表示"党员不能有效参与重大问题决策",意味着参与重大问题决策渠道还有待改善,组织重大问题决议没有很好实现民主决议;22.4%的受访者担忧"党务干部队伍素质不高,后继无人",这反映了基层党员队伍中个别党员素质"令人担忧",影响了队伍整体优化;最后,35.1%的受访者表示"体质机制不顺",另有18.4%的受访者表示"党务工作机构不健全",党务机构是党务活动开展的载体,机构不健全容易导致职责重叠、权责不清、运作效率低下等弊端。(见图13-17)

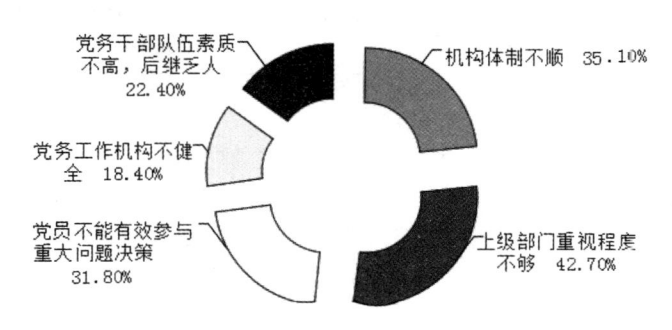

第十三章　全面从严治党下的经济联社党组织建设调查

图13-17　当前联社党建工作最突出的问题

- 机构体制不顺　35.10%
- 上级部门重视程度不够　42.70%
- 党员不能有效参与重大问题决策　31.80%
- 党务工作机构不健全　18.40%
- 党务干部队伍素质不高，后继乏人　22.40%

4. 党员发展步伐缓慢

荔湾区经济联社党员社员占全体社员的比例是3.8%，低于全国6.7%的比例。近年来，由于党组织在发展党员数量上有所控制和减少，落到经济联社的名额更加少，（见表13-12）导致了三个结果：一是联社入党名额竞争激烈；二是大量联社中的优秀社员缺乏机会加入到党组织来；三是主要通过学校、部队等方式入党。党员发展数量较少对发挥联社党组织作用有一定的影响，不利于基层党组织的常态管理和长远发展。

表13-12　近十年各联社党员增加情况分析

联社名称	近十年来党员增加数	占联社全体党员比例
海北	94	60.3%
增滘	63	52.0%
龙溪	63	46.7%
海南	61	50.0%
葵蓬	60	62.5%
西塱	53	50.0%
东塱	53	49.1%
坦尾	52	46.4%
河沙	49	57.6%
沙洛	37	54.4%

续表

联社名称	近十年来党员增加数	占联社全体党员比例
南漖	37	41.6%
海中	36	37.5%
西郊	27	18.9%
五眼桥	25	39.0%
山村	21	37.5%
东漖	21	28.8%
坑口	18	22.2%
鹤洞	11	20.8%
花地	7	12.3%
大花园	4	18.2%
茶滘	4	5.9%

另外，根据社员"入党意愿"的调查，想加入中国共产党的受访者占实际有效样本量的49.4%，而不想加入中国共产党者占15.6%，"没有考虑过"的社员占了35.0%。在对"有入党意愿并提交过入党申请书"的调查中，"没有提交过"入党申请书者占总样本量62.5%，而"想提交但不知道如何提交"的占10.3%，"提交了但还没有消息"占4.8%。（见图13-18）前述数据反映了受访者所在联社党组织发展入党积极分子工作某些环节存在缺陷，在严把入口关的形势下，党员发展细则宣传力度不足导致处理群众入党工作松散、服务怠慢。

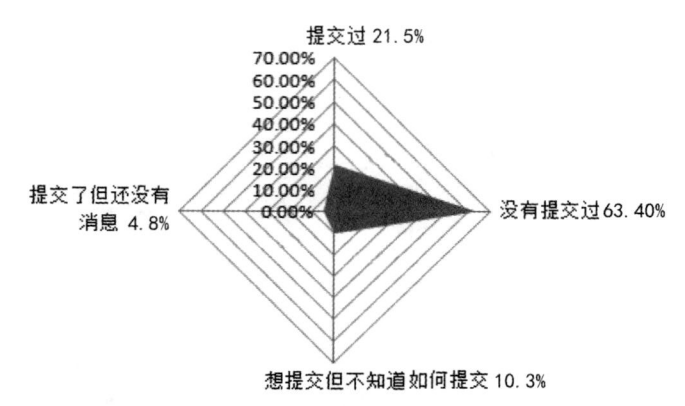

图13-18 有入党意愿并提交过入党申请书的情况

5. 服务体系有待完善

调研中，59.4%的受访社员表示仍然需加强"困难社员帮扶机制"，53.7%的期望"组织党员志愿者队伍"，36.4%要求"设立党员责任区"，28.3%希望获得"党员便民服务联系卡"。（见图13-19）

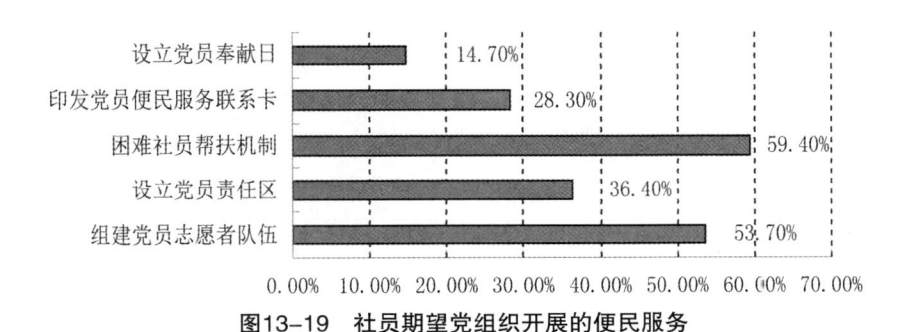

图13-19　社员期望党组织开展的便民服务

- 设立党员奉献日：14.70%
- 印发党员便民服务联系卡：28.30%
- 困难社员帮扶机制：59.40%
- 设立党员责任区：36.40%
- 组建党员志愿者队伍：53.70%

受访党员的评价调查所反映的问题与受访社员期望基本一致。（见图13-20）可知，目前荔湾区党员服务群众的便民服务还存在"距离"，离构建零距离的党群骨肉关系还有差距。

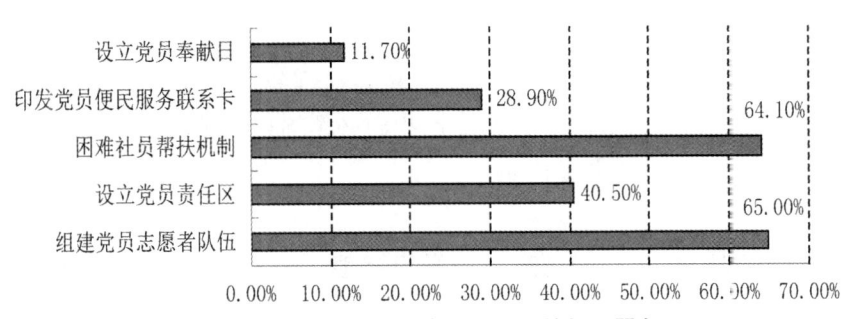

图13-20　党员期望党组织开展的便民服务

- 设立党员奉献日：11.70%
- 印发党员便民服务联系卡：28.90%
- 困难社员帮扶机制：64.10%
- 设立党员责任区：40.50%
- 组建党员志愿者队伍：65.00%

6. 廉洁建设需要加强

关于当前党员队伍建设核心问题，63.3%认为"党员干部应以身作则，树立榜样",与之相近比例的是"清除党内腐败"占 61.3%,而关注队伍中人员选拔,强调"严格把关党员入口,畅通出口"的受访者占 42.5%,"强调党性教育"、"为群众办实事好事"分别占 34.9%、31.3%。(见表 13-13)上述数据总体反映了受访党员自身对于党员队伍建设的忧患意识,以及受访者认为基层组织对作风建设和廉洁从业建设力度仍然不够。

表13-13　　　　　　　　当前党员队伍建设的重要内容

		响应		个案百分比
		N	百分比	
有效	清除党内腐败	915	26.3%	61.3%
	党员领导干部以身作则,树立榜样	945	27.1%	63.3%
	严格把好党员"入口",畅通"出口"	634	18.2%	42.5%
	切实加强对党员的党性教育	521	15.0%	34.9%
	积极组织党员多为群众办好事实事	468	13.4%	31.3%
	总计	3483	100.0%	233.3%

四　从严治理与创新优化经济联社党组织建设

习近平总书记指出,"要建立和完善以基层党组织为核心,村民自治和村务监督为基础,集体经济组织和农民合作为纽带,各种经济社会服务组织为补充的农村组织体系"。因此,我们必须抓好经济联社党组织建设,促进村改居社区治理体系现代化。

(一)理论武装:问题意识与学习完善

问题是事物的矛盾,哪里没有解决的矛盾,哪里就有问题。作为基层党组织、基层党员,不能身子进了新时代,脑袋还停留在过去;要坚持用矛盾分析的方法看待党建过程的一切问题,用终身学习的理念提升解决问题的能力。培养"问题意识",坚持理论学习,是党员不断提高自身素质和解决问题能力的根基和土壤。

首先,完善培训内容,提升学习兴趣。调查显示,受访党员中62.2%的党员对"党风党纪、反腐倡廉"的内容感兴趣,48.7%的党员对"党的基本理论"感兴趣,40.1%的党员对"党的历史知识"感兴趣,对"国内国外时事"、"市场经济改革"、"社会管理治理"、"法治民主建设"的关注度分别为38.6%、37.1%、29.3%、27.9%。数据表明,受访党员中最关注党风党纪和反腐倡廉,而对理论、党史、民主法治等与党建工程息息相关的内容兴趣偏低,对目前最新会议精神的关注度和学习掌握明显不足。所以,群众所想即是党建所虑。群众感兴趣的反腐倡廉问题,一方面反映出群众对党组织的要求以及对自身民主监督权力的渴望;另一方面反映出近年来基层党组织在权力使用方面引起了群众的疑虑甚至不满,需要我们改进。群众对先进理论、党史、民主法治等内容不感冒,说明我们要进一步改善学习形式,引导群众正确认知党史知识、客观规律、业务知识等学习的重要性,才能提升党员学习兴趣和工作能力。

其次,务必从严从实,提升学习效果。一是完善培训制度,利用"强化"的方法约束成员遵守相关规定。二是引入多媒体教学技术丰富手段,教育不能仅仅局限于会议场所,可以拓展户外实地考察学习以丰富教育方式,力求学习务实有用。三是树立优秀党员标杆,鼓励其他党员学习模仿,争当优秀党员,形成竞相学习的良好氛围。四是要注重效果,建立培训评估体系。

(二)组织发展:职能清晰与资源整合

组织设计决定了组织能否正常运作和发展空间大小。党组织设计依据实际的成员规模、党建目标、资源多少而对组织结构层级、幅度进行设计,基层党组织由于职能定位不清、职能错位导致的部门职责重叠,权责不清问题是十分常见的。例如,由于联社部分党员既是董事会的大股东,同时又是党组织核心成员,角色多重,存在冲突可能性,"一肩担"可以增强联社党组织的权威性但也容易造成联社组织与党组织职能混淆不清，经济联社董事会与联社党组织关系的处理便是一个亟待解决的组织设计问题；但又要制定民主议事制度，防止"一肩挑"变成"一言堂"。

其次，联社党组织自身的功能定位，如重大利益矛盾解决、促进联社经济发展、意识形态引导和教育、公共服务和公共物品、党群关系处理等功能在新形势下需要重新认识和定位。基层党组织设计既不能盲目追求"高大上"，也不能为了节省财力过于"精简"，必须有针对性设置部门职能，职能清晰才能运作高效，权责利统一。

最后，要整合资源增强组织活动效果。要解决活动载体缺乏，就要开拓载体，充分利用目前已经拥有的场地资源、网络资源、活动资源；选取载体的过程中要考虑自身能力，可操作性与可控性问题，丰富活动内容，吸纳普通社员参与可增加党群亲密度。要解决资金保障不足，一方面可以向上级部门申请必要补助，另一方面要依靠自身开拓资金渠道。

（三）制度完善：查漏补缺与严格执行

制度的存在是为了约束或激励组织成员的行为，具有协调利益关系调动资源实现组织目标的功能。制度本身具有引导性，"制度漏洞"是客观存在并难以避免的，基于"经济人"假设，当违反规则付出的成本远远低于违反规则所获得的利益，那么制度本身便会产生"诱导越轨效应"，缺乏责任心、自律性较差、党性修养不足的党员便会"铤而走险"，谋取个人私利甚至损害组织和群众利益。

制度的漏缺通常以组织成员的不当行为发生而引起人们的关注，因此透过组织成员的不当行为而反思、查补制度漏洞是制度完善的重要的途径。"有法必依，执法必严，违法必究"社会主义法治的必然要求，同样党组织自身制度也应该具有法治严肃的品质，消除轻视组织制度的"走场子"形式主义，引入第三方监督强化制度落实，完善党内、党外的监督体系。具体来说就是要对制定、细化基层党组织的职责、决策程序和群众工作制度，比如借鉴下围村"民主议事、一事一议"制度。

（四）服务创新：传统渠道与微渠道结合

建设服务型党组织是党建工作中锻造服务能力不断深化的必然结果。于基层党组织来说，主要作用就是管好党员、服务好群众，其中"维护公平正义"、"增强创新意识"、"解决利益矛盾"、"提升公共服务"、"增强服务意识"等作用的发挥是党员和群众关注比较多的。调查显示，关于前述作用受访社员的关注频率分别为51.5%、43.4%、36.8%、29.9%、23.7%，（见图13-21）受访党员关注频率分别为57.9%、39.7%、37.6%、30.9%、23.6%。（见图13-22）可见，社员和党员关注的焦点基本上是一致的，就是如何公平公正、带有创新的解决实际问题。

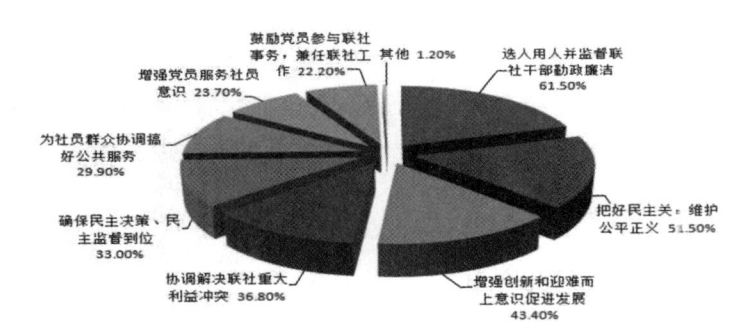

图13-21 受访社员对联社党组织职能作用的期望

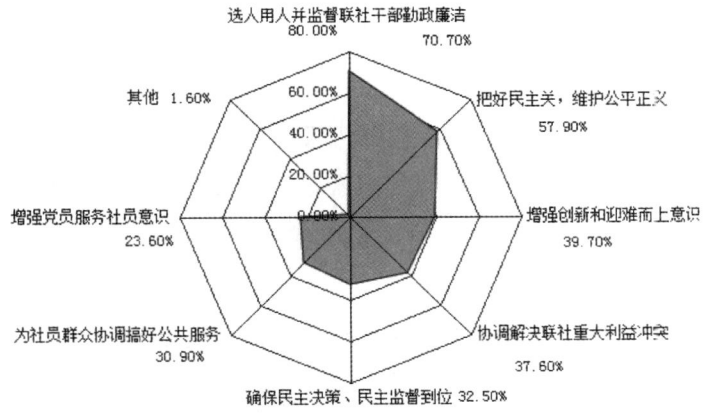

图13-22 受访党员对联社党组织职能的期望

要从服务创新上解决实际问题，有许多可以借鉴的模式，如：党员民情议事会三级联动机制、一站式服务中心、党员示范岗、设立责任区等等。对比目前已有的主流做法，可以归纳其特点：第一，必须发挥党组织引导作用，统筹协调各种资源；第二，必须建设社会工作服务或志愿服务点，作为渗透式服务的必要手段；第三，必须依据现有社区的人口结构、服务人员素质、现在平台资源而设计服务网络点。

然而，注重主渠道服务点的建设并不能解决具体服务不到位的问题，还要依靠微渠道建设，即通过基于网络技术基础而构建的新平台，如"三资监管交易"平台、定期领导网络接待、服务微信公众号、电子服务驿站（邮箱）等。另外，各种各样节日活动也可以利用作为微渠道服务社区，微渠道的建设可以弥补主渠道负担过重力不从心，然而微渠道并不能单独起作用，必须与主渠道结合，形成循环。主渠道与微渠道循环，要重视结果反馈和评估，将微渠道搜集到的群众意见和期待及时反馈到组织，以作为开展服务活动的指导。

（五）监督体系：利益约束与民主管理

权力不受监督必然滋生腐败，这是一条基于经济人假设的定律。目前基层党组织党内监督体系，包括上级对下级的监督、党员监督、专门的机构监督，第三方监督体系如群众监督、群众评议、新闻媒体舆论监督等。在反腐倡廉建设中，把权力关在笼子里是制度监督的刚性约束，纪律严明可以抓早抓小、消除不当行为，但要驱除"利欲熏心"，还要依靠道德责任感和党性修养的软约束和批评与自我批评、公众参与、技术监督等良好的民主机制。至于具体途径，据调查：

首先需要完善基层党组织在选人用人和干部廉洁从业方面的工作机制。关于党组织作用的发挥，受访社员最关注的就是"选人用人并监督联社干部廉洁从业"，响应率为61.5%，而受访党员达到了70.7%，都是关注度最高的。（见图13-21、13-22）中国的事，关键在党，重点在人。作

第十三章　全面从严治党下的经济联社党组织建设调查

为熟人社区的经济联社，作为户籍进出机制比较严格的经济联社，作为涉及利益分红的经济社，社员能否公正、公开、公平的在竞争中获得出彩机会，联社干部能否干净勤政，成为熟人社区最关注的问题，这也关系到社员的宗族利益、家庭利益和个人利益，最终关系到社会和谐稳定大局和基层党建工作的成败。

其次，要完善党建渠道，引领民主选举、民主决策、民主监督、民主管理等工作。在当前联社党建工作需要加强的工作调查中，选择"创新党建工作内容、形式、平台和载体"达59.1%，"提高党务工作者素质"响应率为42.8%，"党务公开"响应率为30.3%，"鼓励党员参与联社事务"响应率为28.6%，最后"提高组织生活质量、党员培训、责任制、工作经费落实"也得到较高响应。其中"确保民主选举、决策、监督、管理到位"响应率为22.0%。（见表13-14）

表13-14　　　　　当前联社党建工作需要加强的工作频率

	内容	响应		个案百分比
		N	百分比	
有效	创新党建工作内容、形式、平台和载体	881	22.1%	59.1%
	提高党务工作者队伍素质	638	16.0%	42.8%
	定期述职，提高组织生活质量	370	9.3%	24.8%
	党务公开工作	452	11.4%	30.3%
	鼓励党员参与联社事务，兼任联社工作	426	10.7%	28.6%
	完善党员教育培训	338	8.5%	22.7%
	落实党建工作与联系群众责任制	283	7.1%	19.0%
	落实党建工作经费	264	6.6%	17.7%
	发挥民主选举、民主监督、民主决策、民主管理作用	328	8.2%	22.0%
	总计	3980	100.0%	266.9%

由数据分析来看，涉及民主建设、反腐倡廉、队伍素质、创新能力培养、党群关系构建、服务体系完善、党组织与联社联合等内容，最为突出

的是"反腐倡廉",这也是十八大以来基层党建工作强调的党建工作最为关注、最需要加强的环节,也是群众最关心的问题。

(六)协同效应:优势互补与协同发展

统一战线,是中国革命、建设和改革的宝贵经验,其精髓在于调动一切积极力量实现共同的目标,新形势下党建工作要吸收其中宝贵经验,深刻认识联社中各个构成因素是密切联系的,不能把联社党组织与联社其他部门、联社党组织与联社成员、不同联社党组织之间关系看作是对立的矛盾关系,摒弃零和思维,通过资源互补努力促进自身发展。

基层党组织工作要想获得源源不断的资源就必须学会整合资源,要用联系和发展的眼光看待当前与未来、优势与不足、局部发展和整体发展,防止"短板效应",追求合作的协同效应。在主体上,联社区域内各组织都以联社发展为共同目标而利益聚合共谋大事;在内容上,联社各方都应该优势互补,取他人之长弥补自身之短;在运作上,要突破传统各部门、组织孤军奋战而力不从心的效率低下局面。具体来说,下级要主动争取上级党组织和政府的支持和资助,建立高效互动机制,增强上下级之间的沟通;基层组织要在原有机构基础上,重新定位部门角色,加强上下左右内外机构的协调。但是,协同并不是没有中心领导的协同,它是以党组织为核心的,促进联社全面发展为主要内容的协同。

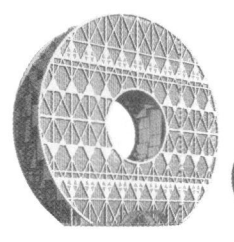

第十四章
凝聚力强化下的地方党委领导方式创新

中国的问题关键在党。中国特色社会主义事业关键在于党的领导。要加强党的领导，必须改善党的领导，创新和完善党的领导方式。改革开放三十多年来，党所处的地位和环境、党所肩负的任务以及党员队伍状况都发生了重大变化，这些变化对党的领导方式特别是地方党委领导方式提出了新的更高的要求。荔湾区党委立足于实际，为了更好地发挥"总揽全局、协调各方"的作用，对党委领导方式的创新进行了积极探索。

一 荔湾区党委创新领导方式的基本原则

正确的原则是党委领导方式创新的方向。荔湾区党委在创新领导方式的探索中，牢牢坚持和把握以下基本原则：

（一）坚持正确指导思想

坚持中国特色社会主义理论体系，以邓小平理论、"三个代表"重要思想和科学发展观为指导，认真学习贯彻习近平总书记系列重要讲话精神，协调推进"四个全面"的战略布局，树立"创新、协调、绿色、开放、共享"发展理念，紧紧围绕加强党的执政能力建设、先进性和纯洁性建设这条主线，以党的创新理论指导地方党委领导方式的实践创新。

（二）坚持民主集中制

民主集中制是党的根本组织原则，既要强化党的领导核心地位，又要强化党内民主，实现民主与集中的有机统一。必须始终坚持党委的核心领导地位不动摇，进一步提高党委总揽全局、协调各方的能力和水平。

（三）坚持依法治理

坚持法治思维，健全党领导依法治国的制度和工作机制，完善地方党委依法治国决策机制，既保证党委的领导核心地位，使党的大政方针能通过法定程序施行下去，又要调动人大、政府、政协、审判机关、检察机关和工会、共青团、妇联等各社会组织的积极性，充分发挥它们的职能和作用，使党委的各项工作始终符合宪法和法律法规的规定。

（四）坚持提高效能

科学配置地方党委工作部门及其职能，明确界定职责定位和工作任务，形成权责统一的体制与机制。减少副书记数量，实行常委负责制。减少党委职责交叉，优化党委决策事项，强化集体领导，建立起重大决策统一、重要职务交叉、具体职能分开的领导体制，实现科学执政、民主执政、依法执政。

（五）坚持循序渐进

创新和完善党委领导方式既要与上级党委改革的总体目标相适应，同时又要坚持稳步推进、分步实施、重点突破、及时反馈的原则，分阶段有步骤地进行。

二 荔湾区党委创新领导方式的实践探索

基层党委担负着对本地区的政治、经济、文化、社会、生态发展全面领导的责任。荔湾区委全面协调推进"四个全面"战略布局，坚持充分发挥领导核心作用，集中精力抓方向、方针、大事，更好地建设幸福荔湾。

（一）夯实党委领导核心作用的组织基础

荔湾区党委全面推进以理想信念为重点的思想建设、以提高执政能力为重点的组织建设、以保持党同人民群众血肉联系为重点的作风建设、以贯彻民主集中制为重点的制度建设、以完善惩治和预防腐败体系为重点的反腐倡廉建设，努力把区各级领导班子建设成为忠诚、干净、担当的坚强领导集体。

1. 坚持理论武装，加强干部队伍思想政治素质建设

第一，依托党委常委会、政府常务会以及各级班子办公会等平台，积极发挥区委中心组学习作用，积极开展读书月学习活动，经常性地宣讲学习交流党的方针政策、上级重要精神以及前沿理论、实践经验等知识。第二，依托"荔湾大讲坛"、荔湾区公务员能力建设大讲堂、公务员网络培

训平台和党员远程教育平台等,学习习近平总书记系列重要讲话精神,学习全面建成小康社会、全面深化改革、全面依法治国、全面从严治党等理论创新的最新成果,加强理想信念教育,确保广大党员领导干部在思想上始终与党中央保持高度一致,不断获取推动区域经济社会向前发展的信心和力量。第三,探索干部教育培训制度改革。根据干部队伍特点,坚持实施分类别、分层次培训。实施干部培训"走出去"战略,先后组织正处级以上领导干部到清华、北大、新加坡南洋理工大学等国内外著名高校参加短期培训班,引导广大干部树立世界眼光,培养战略思维。发挥党校、行政学校作为干部培训的主渠道、主阵地作用,组织领导干部到中央党校、延安、西柏坡、井冈山、兰考和古田等地开展党性学习和党性锻炼,组织领导干部到华东、天津滨海新区等先进地区考察学习。继续加强干部教育培训基地建设,抓好党性教育基地和教学实践基地的建设。努力完善考核挂钩机制、激励示范机制,要求干部在培训时制定培训成果转化计划,有效促进干部培训成果转化,有力推动学习培训工作上水平、见成效。

2. 坚持德才兼备,树立正确的选人用人导向

荔湾区委始终坚持德才兼备、以德为先的用人标准,紧紧围绕信念坚定、为民服务、勤政务实、敢于担当、清正廉洁的好干部标准,进一步突出以德为先、注重实绩、群众公认、重视基层的选人用人导向,注重在完成急难险重任务和多岗锻炼中选拔优秀干部,大力选拔对党忠诚、个人干净、敢于担当的优秀干部,进一步激发干部队伍干事创业的动力与活力。一是树立注重品行的导向。选拔任用干部始终把政治标准放在首位,坚持德才兼备、以德为先,注重选拔政治坚定、原则性强、清正廉洁、道德高尚、情趣健康的干部。二是树立科学发展的导向。选拔任用干部注重选拔自觉贯彻落实科学发展观、工作实绩突出的干部,改变选人用人论资排辈、不看能力看资历、不看政绩看资格的状况,切实做到既重能力更要重品行,不简单地以票取人、以年龄取人、以学历取人。三是树立崇尚实干的导向。选拔任用干部注意干部的实干精神和工作实绩,注重选拔求真务实、埋头苦干、默默奉献、不事张扬的干部,多留意那些不图虚名、踏实

干事的干部，不亏待那些埋头苦干、注重为长远发展打基础、功成不必在我的干部，使想干事的有机会、能干事的有舞台、干成事的有地位。四是树立重视基层的导向。格外关注那些长期在条件艰苦、工作困难的地方工作的干部，坚持在艰苦条件和复杂环境中锻炼提高干部，注重选拔在基层和生产一线的优秀干部，选拔长期在条件艰苦、工作困难的地方努力工作的干部，让基层干部安心、宽心，有盼头、有奔头，充分调动基层干部的积极性。五是树立鼓励创新的导向。结合先进性教育、科学发展观教育实践活动、党的群众路线教育实践活动以及"三严三实"专题教育实践，注重考察干部的理想信念、担当意识、创新能力、廉洁自律，选拔任用信念坚定、作风扎实、敢于担当、勇于创新、清正廉洁的干部，激励广大党员干部不断保持和增强蓬勃向上的朝气、开拓进取的锐气、不畏艰险的勇气。六是树立群众公认的导向。坚持把选人用人满意度作为考核领导班子思想政治建设成效和工作业绩的重要标准，注重考察干部的群众公认度，真正把那些实绩突出、群众公认的优秀干部选拔到领导岗位上来。近年来，通过换届和调整，领导班子结构日趋合理，整体功能和活力得到增强；干部精神面貌得到很大改善，想干事、干实事、德才兼备、以德为先、勇于创新、敢于负责的用人标准已深入人心。

3. 坚持扩大民主，提高选人用人科学化水平

以提高选人用人公信度为目标，坚持把扩大民主、选准用好干部作为干部人事制度改革的基本方向，坚持标准、规范程序，严格把好动议关、干部考察关、酝酿决定关，努力营造民主、公开、竞争、择优的选人用人环境。

一是着力把好动议关，规范干部调整动议权。干部动议是干部调整的"总开关"，是选人用人的"总闸门"。调整动议行为是否规范，直接影响到干部选拔任用工作的基本走向和质量效果，影响到一个地方的用人导向，进而影响到一个地方的政治生态建设。荔湾区委严格执行《党政领导干部选拔任用工作条例》（以下简称《条例》）等文件，第一，明确调整动议时机，解决"何时动议"的问题。根据工作需要和领导班子建设实际，

第十四章　凝聚力强化下的地方党委领导方式创新

规范动议时机。主要分以下几种情况：因换届和其他因素确需动议调整干部时；当二级领导班子人员出现空缺时，主要指班子成员变动、调离、生病不能正常工作、个人申请辞职或受纪检监察机关查处不能继续任职等方面的情况；根据班子结构和建设需要动议调整时，主要包括班子成员的性别、年龄、学历、专业知识等方面内容；根据任期制需动议调整时，主要是指《条例》规定的在同一职位任职10年以上需要交流等情况；因机构改革需动议调整干部时；对二级领导班子及其成员进行日常考核和年度考核经综合分析确需动议调整时。由于明确调整动议时机，避免了临时动议和随意频繁调整干部的现象发生，使动议干部工作更加规范。第二，明确调整动议主体，解决"由谁动议"的问题。荔湾区委根据修改后《条例》，严格执行《条例》的要求，明确按照干部管理权限，干部调整动议的主体为党委（党组）和组织人事部门。为进一步扩大调整动议工作的民主，规定基层党组织可根据本单位班子自身建设实际需要或单位班子建设的实际，以书面形式向组织部门提出建议。明确了动议主体，切实避免了少数人动议的现象。第三，明确调整动议程序，解决"怎样动议"的问题。组织人事部门综合有关方面建议和平时了解掌握的情况，对领导班子进行分析研判，就选拔任用的职位、条件、范围、方式、程序等提出初步建议。随后就初步建议向区委主要领导成员报告后，在一定范围内进行酝酿，形成工作方案，力求在综合分析、全面考核的基础上，提出领导班子调整意向，总体上反映了广大干部群众的真实意愿。

二是着力把好组织考察关，提高考察准确度。坚持差额考察制度和考察对象公示制度，将公示关口前移。坚持在基层一线工作中考核、考察、选拔干部，认真开展实地考察、实绩考察和延伸考察，把平时考核与选拔考察结合起来，提高考察的全面性和广泛性。坚决执行干部考察对象报告个人有关事项办法，进一步拓展干部考察的深度和广度。注重所在单位群众来信来访情况调查核实，确保考察工作全面、客观、公正。注重对领导干部"八小时以外"的延伸考察，全面了解干部的生活和交友圈，全面考察领导干部的德才表现，避免选人用人的失察失误。

三是着力把好酝酿决策关，提高决策民主度。荔湾区委始终坚持民主讨论、集体决策的原则，将扩大民主贯穿于民主推荐、组织考察、酝酿、决策等关键环节中。在讨论决定干部任用前，广泛征求纪检、政法、信访维稳等相关部门和有关领导的意见。对因任职年限、年龄等原因需要征求市委组织部意见的干部，严格按照市委组织部《关于进一步做好我市党政领导干部选拔任用有关事项报告工作的通知》要求，经报市委组织部审批同意后，再提交区委常委会；在研究讨论决定干部任免时，荔湾区委常委会坚持集体决策，以无记名投票表决的方式决定干部的选拔任用。在党政正职人选的提拔决定上，采取书面征求区委委员和候补委员意见的办法，充分发挥了区委全委会在干部选拔任用中的作用。换届时，在区人大和区政协人事安排中，区委根据市委的提名，通过认真讨论研究，严格按有关程序提出了区级班子各项候选人人选和区人大常委会、区政协常委会组成人员候选人人选，并召开由各民主党派、人民团体负责人、无党派代表人士参加的民主协商会，就人事安排的指导思想、基本原则和要求、人选的产生过程，广泛听取党外人士的意见和建议。

四是着力把好公示试用关，提高选任满意度。严格执行干部考察对象公示制和任前公示制，把任前公示与任职谈话制度相结合，对群众反映的一般性问题，在任职谈话时向干部指出，督促整改。对新提拔任用的领导干部实行试用制，检验能岗相适程度。试用期为一年，试用期满后进行全面考核，经考核胜任所试用职务的，报区委决定后办理正式任职手续。

4. 坚持改革创新，不断完善选人用人机制

荔湾区委坚持以健全落实制度为着力点，不断拓展干部选拔任用工作的广度和深度，促进干部选拔任用工作规范化、科学化。

第一，加大干部交流，进一步完善干部交流机制。荔湾区委把干部交流同培养使用结合起来，积极推进干部工作交流，逐步使培养锻炼性交流、回避性交流、任职期满交流规范化、制度化。根据工作和干部成长的需要，重点交流任职时间较长的领导干部，加大南北片街道干部交流的力度。荔湾区结合实际，采取选派干部参加区的重点项目建设、双向交流挂

职、区外挂职、扶贫挂职等形式，有计划安排经历单一、缺乏历练、有培养前途的年轻干部到基层、重点工作和扶贫工作一线挂职锻炼。在干部交流工作和挂职锻炼工作中，注重考虑干部的工作业务能力和专业特长等特征，优化干部资源配置，做到人岗相适、人尽其才，充分发挥干部的特长，进一步激发干部队伍活力。

第二，强化考核的导向作用，深化干部考核评价机制。干部考核工作一直是个难题，荔湾区积极探索，不断完善干部考评体系。2002年荔湾区制定了处级干部量化考核实施方案，在全区范围内推行处级干部量化考核工作。荔湾区委专门制定和实施了《关于对区二级班子领导干部试行量化考核工作的意见》（荔办［2002］72号），文件对量化考核实施的目的、内容和程序进行了明确规定，对量化考核工作的可操作性进行了深入的研究，为区处级干部量化考核工作的顺利推行提供可靠依据。2006年，率先在全市试行处级干部量化考核，研制开发了处级干部指标考核软件系统，该考核系统把工作职能相近、工作关联性较强的单位进行科学分类，分别设定了街道系列、综合管理系列、城建系列、政府系列、党委系列、群团系列、政法系统系列七大类，便于考核的纵向、横向比较，既体现干部岗位的共性，又突出职位的不同特点。该系统被评为2006年度荔湾区科技进步二等奖，并得到国家人事部有关领导的高度评价。该项改革得到了市委、区委领导的高度重视，其他兄弟区组织部门也到荔湾区学习交流。《光明日报》、《南方日报》、《南方》等报刊对荔湾区的量化考核工作进行了报道。2008年荔湾区认真贯彻中央、省、市关于建立促进科学发展的党政领导班子和领导干部考核评价机制的要求，在全市率先出台了《区属党政领导班子和领导干部落实科学发展观评价指标体系年度考核评价试行办法》，从完善考核内容、改进考核方式、扩大考核民主、强化结果运用等方面不断提高干部考核工作水平，有力推动了领导班子建设和干部人事制度改革，为地区科学发展提供了坚实的组织保障。

第三，加强管理监督，完善对领导干部的日常性监督管理机制。区委带头接受监督，不断完善区委议事与决策规则，制定区委全体会议议事与决策规则，区委委员、区纪委委员对常委会工作进行询问、质询制度，区委常委会定期向全委会报告工作并接受监督制度，区委常委会会议决定事项落实情况督查制度，区委常委会向全委会报告干部提拔任用工作并接受民主评议制度等一套制度，使各项工作都有规矩，按制度办事。强化干部日常管理考核，把领导干部个人事项报告的要求延伸到全区的科级干部。探索建立个人报告事项核查机制，加强对领导干部个人事项的总体分析评估，动态掌握处理科级干部的个人重大情况，对苗头性情况及时进行处理。健全干部监督联席会议制度，加强领导干部任期经济责任审计和任中审计，特别是加大新提拔两年左右的区属单位正职领导的任中审计力度，把监督的关口前移。推行"三书预警告诫办法"（即函询通知书、提醒通知书、诫勉通知书），对领导班子和领导干部出现的苗头性、倾向性问题及时提醒教育，督促改正。推行违纪违法干部选拔过程倒查制度，毫不松懈地推进整治用人上不正之风工作，坚决查处违纪违规用人案件，做到有案必查、查实必处、失责必究。

5. 坚持加强基层党组织建设，激发基层党组织活力

第一，积极开展党的群众路线教育实践活动和"三严三实"专题教育实践。认真贯彻中央、省、市关于开展党的群众路线教育实践活动和"三严三实"专题教育实践的部署要求，选派优秀党员干部到区内经济联社兼（挂）任党组织书记（副书记），增强基层党组织服务群众的能力。第二，扎实推进"书记项目"。扎实推进基层党的建设项目化，进一步落实"书记抓、抓书记"基层党建工作责任制，确定基层党组织建设"书记项目"。以服务发展、服务民生、践行群众路线抓调研，凸显选题立项的针对性；以完善激励机制，强化双向沟通，搭建演说平台抓遴选，凸显项目建库的竞争性；以健全责任制度，强化评比考核，区领导联系抓落实，凸显项目推进的规划性。第三，开展党建述评考核。实行街道党工委书记抓基层党建工作述职评议考核制度，强化"第一责任人"意识，进一步增强街道党工委书记抓党建的自觉性。第四，夯实基层各领域党的建设。一是创新社区党组织设置。推动街道社区党组织兼职委员制度建设，建立网格和楼宇

党组织，形成街道—社区—网格—楼宇四级党组织网络，使党务政务事务融入网格化服务管理中。二是深入实施"两新"组织党组织"扩面提质"、"培强扶弱"行动，持续整顿软弱涣散基层党组织。三是以完善经济联社"三资"交易平台建设为抓手，突出以经济联社为重点，切实把加强党的领导贯穿于社务财务管理和城中村改造等重点工作全过程。四是发挥驻区党建联席会议、党建协调委员会等地区党务事务协调机构作用，开展共驻共建活动，实行"双挂双促"制度，推广"党员民情议事会"、"民情茶座"等基层创新做法，创新党代表服务管理机制。

（二）提高党委领导工作的制度化、规范化水平

荔湾区委制定了完善和优化党委领导方式的一系列基本制度，形成了一套完整的优化和完善党委领导方式的制度体系，促使党委决策程序、议事决策程序等得以建立和健全，干部的法治意识明显增强，确保每一重大决策，每一重大项目都有章可循、有据可依，推进荔湾区党委领导工作的制度化、规范化和科学化，提高区党委领导的科学性、权威性和稳定性。

1. 构建完整的内部工作制度，促进工作有章可循、有据可依

在荔湾区原有制度基础上加以完善，总结实践中的做法并借鉴参考外地经验，结合荔湾的工作实际，制定《中国共产党广州市荔湾区委员会全体会议议事与决策规则（试行）》、《中共广州市荔湾区委委员、区纪委委员对常委会工作进行询问、质询制度（试行）》、《中共广州市荔湾区委员会常务委员会议事与决策规则（试行）》、《中共广州市荔湾区委员会关于完善区委常委会集体领导和分工负责制度的意见（试行）》、《中共广州市荔湾区委常委会定期向全委会报告工作并接受监督制度（试行）》、《中共广州市荔湾区委常委会会议决定事项落实情况督查制度（试行）》、《中共广州市荔湾区委常委会向全委会报告干部提拔任用工作并接受民主评议制度（试行）》等制度，基本构建起比较完整的内部工作制度体系。

2. 坚持用制度管权管人管事，强化按章办事、制度管理

第一，按照省委巡视组反馈意见严格整改。荔湾区委针对省委巡视组

提出的 5 方面 11 个问题和 10 个建议以及市指导组的意见，区主要领导亲自抓，各分管领导、各牵头单位按照责任分工，针对 23 项整改工作分别制定部门整改方案。强化落实制度，确保整改工作有督办、交流、落实和评估平台。强化预警防控，研发推出全国首款综合性掌上职务犯罪预防基地 APP（手机应用程序）。第二，优化行政管理体制。结合机构改革，增强法治思维，按有关法规及结合实际科学界定职能部门与街道特别是街道内部职能，进一步明晰职能部门、街道职能定位，重点理顺部门、街道、事业单位、社会组织、居委会等工作平台之间的关系，各司其职。认真研究综合执法改革试点、政务改革的经验，进一步理顺街道与区综合行政执法局、区政务办的权责关系。第三，提升经济社会服务管理水平。重点推进以荔枝湾、粤剧艺术博物馆、十三行博物馆为主要依托的岭南风情区，以白鹅潭商业中心为主要依托的花地生态城，以大坦沙岛为主要代表的城中村改造，以电子商务、烟草、专业市场转型升级等为主要代表的新型经济业态等重点项目建设。积极探索基层医疗服务体制改革、国有资产核查规范管理改革等；督查制度落实，规范临聘人员管理、综合行政执法辅助执法类临聘人员管理；督办审批流程的精简，实行"并联"审批，优化政府职能。第四，实施绩效管理制度。将绩效管理从政府部门（单位）、街道延伸到党群单位，在全省率先实施全部区属单位绩效管理 100% 覆盖。经过实践，建立了具有荔湾特色的政府绩效管理考评指标体系，为经济社会发展提供了强有力的抓手，受到了省、市领导和主流媒体的高度赞扬和肯定。

（三）健全和完善党委的整合统领机制

1. 规范常委会职责分工

荔湾区委常委会坚持民主集中制，按照"集体领导、民主集中、个别酝酿、会议决定"的原则，实行集体领导和个人分工负责相结合的制度，根据不同事项分别作出不同的职责分工。第一，重大事项一般由区委常委会决定，区委常委会集体讨论予以决定，任何个人或少数人无权决定重大问题。第二，在具体事项上区委常委分工负责，分工而不交叉，没有兼任区政府职务的常委不分管政府具体工作，提高领导干部的工作积极性和工作效率。第三，维护区委常委班子的团结，支持区委书记的工作。区委书记充分发扬民主，不搞"一言堂"，自觉接受其他常委的监督；区委常委也进一步增强大局意识，支持书记的工作，自觉维护常委班子的团结统一。

2. 理顺常委会和全委会权力职能关系

第一，荔湾区委全委会和常委会是领导与被领导的关系，全委会集体讨论作出决定全区经济建设、政治建设、文化建设、社会建设、生态文明建设和党的建设及其他涉及全局性的重大问题，以及重要干部的推荐、任免和奖惩，常委会对全委会的决定必须坚决执行。第二，荔湾区委全委会每年至少召开两次，遇有重要情况可随时召开。在全委会闭会期间，由常委会代行全委会职责，向全委会负责并报告工作，对由区委全委会决定的事项事先向全委会委员送达审议并由其提出意见。特别在重大人事任免上，常委会决定前当征求全委会成员的意见。第三，区委常委结合年度述职，每年向区委全委会书面报告一次工作，遇有重要情况随时向全委会委员通告。

（四）建立科学的党委议事决策机制

科学的议事规则、决策程序、决策方式是保证地方党委决策科学性的关键环节。党委议事决策机制的程序化、规范化程度是衡量党内民主质量的一个重要标准。荔湾区党委议事决策机制在制度化的保障下日趋完善，形成规范的议事决策新格局。

1. 明确议事决策范围

荔湾区委制定施行《中国共产党广州市荔湾区委员会全体会议议事与决策规则（试行）》、《中共广州市荔湾区委员、区纪委委员对常委会工作进行询问、质询制度（试行）》、《中共广州市荔湾区委员会常务委员会议事与决策规则（试行）》、《中共广州市荔湾区委员会关于完善区委常会集体领导和分工负责制度的意见（试行）》、《中共广州市荔湾区委常委会定期向全委会报告工作并接受监督制度（试行）》、《中共广州市荔湾区委常委会会议决定事项落实情况督查制度（试行）》、《中共广州市荔湾区委常委会向全委会报告干部提拔任用工作并接受民主评议制度（试行）》、《中共广州市荔湾区委关于"三重一大"事项集体决策制度的意见》等制度，明确议事与决策规则、报告工作并接受监督制度，规定重大决策、重要干部任免、奖励、重大项目安排、大额度资金使用要实行集体决策，为议事决策事项的内容和程序作出具体规定，精简领导班子决策范围，提高领导班子决策效率，防止领导陷入繁多的工作事务之中，为领导班子抓方向、方针、政策提供了具体指导。

2.规范议事决策程序，广泛运用票决制等形式，提高党委决策的民主化水平

第一，会议议题确定前，征询多方意见。荔湾区委规定对"三重一大"事项决策前，进行广泛深入的调查研究，充分听取各方面意见。专业性、技术性较强的事项，进行专家推荐、技术咨询、决策评估；涉及面广可能影响社会稳定的事项，还事先进行社会稳定风险评估；与群众密切相关的决策事项，通过举行座谈会、听证会、论证会听取意见，也可通过新闻、网络等向社会广泛征求意见，扩大人民群众参与度；选拔任用重要干部，要事先征求同级纪检组织的意见；按照有关规定需听取人大、政协、民主党派、人民团体等的意见和建议，事先履行民主决策程序，再进行议题讨论。第二，规范党委会议事和决策程序，扩大列席会议人员和票决制的决策范围。荔湾区委党委会召开必须有三分之二以上委员到会才能举行，以赞成票超过到会人数的半数为通过，特别是在讨论决定"三重一大"事项，必须实行票决制。另外，审议讨论"三重一大"事项，可根据工作需要和讨论内容，组织有关部门和机构人员、党代表、人大代表、政协委员或服务对象等列席会议，列席人员可就讨论的议题发表意见和建议。第三，会议结果分级予以通报，尽量做到结果向公众公开，积极接受反馈意见。常委会作出的决议和决定，一般要向下属党组织、区党代表和

党员通报，根据实际情况，还可以适当方式向社会公开。总之，荔湾区党委在会议召开前、召开中和召开后，争取真正做到规范化、制度化、程序化，从而能够保证决策过程的科学民主和结果的公正合理。

3. 完善党委决策执行情况的监督、检查与反馈渠道

第一，强化责任落实，严格追究责任。荔湾区党委在决策后及时传达到相关部门，由区委办公室负责检查督办贯彻落实情况，加强督促检查和信息反馈，并及时向区委常委或向全委会成员报告，对区委全委会作出的决策做出重大调整或变更，提交区委全委会讨论决定。对落实不力的责任单位及主要领导针对不同情况分别处以诫勉谈话、责令书面检讨、通报批评、取消个人评优评先资格、年终干部考核定为不称职甚至给予党纪政纪处分等处罚。第二，重点监督指导决策执行过程。责任单位要密切关注决策执行过程进展，及时发现和研究、解决过程中遇到的问题。各单位要各司其职，各负其责，加强协调配合，共同推进各项工作取得成效。第三，积极开展监督检查工作。通过采取多种形式监督检查，加强指导和督办。

（五）规范和健全地方党委与其他力量的良性互动机制

1. 规范地方党委和人大、政府、政协、审判机关与检察机关的职责关系

荔湾区加强和完善"一个核心"、"五个党组"的组织结构。"一个核心"，即荔湾区党委在同级党组织中处于领导核心的地位。"五个党组"，即在人大、政府、政协、法院和检察院中分别建立健全党组，人大、政府、政协、审判机关、检察机关的党组织和党员干部坚决贯彻党的理论和路线方针政策，贯彻党委决策部署。荔湾区委加强对全面推进依法治国统一领导、统一部署、统筹协调。完善党委依法决策机制，发挥政策和法律的各自优势，促进党的政策和国家法律互联互动。荔湾区委定期听取政法机关工作汇报，做促进公正司法、维护法律权威的表率。转变政法委员会的职能，把工作着力点放在把握政治方向、协调各方职能、统筹政法工

作、建设政法队伍、督促依法履职、创造公正司法环境上，带头依法办事，保障宪法法律正确统一实施，牢固树立主动、依法、科学的理念，注重首责治理、源头治理、依法治理、多元治理并举，扎实推进本地区维护稳定主动治理工作并取得了较好的成效。地方人大、政府、政协、审判机关和检察机关工作中凡需提交地方党委研究决策的事项，由党组向党委报告。

2. 健全党委与区人大、政协的良性互动机制，充分发挥人大、政协及其常委会的作用

第一，健全区人大与党委的良性互动机制。荔湾区委常委会每年至少要听取一次区人大常委会党组工作汇报，每届以区委名义召开一次区人大工作会议，专题研究人大工作，解决重要事项。凡涉及荔湾区全局性的工作会议和重大活动以及有关领导干部的民主推荐和测评，安排区人大常委会有关领导、工委会负责人参加；对区委重大决策和重要的工作部署，及时向区人大常委会党组通报；对涉及区人大及其常委会职权范围内的工作，事先通过区人大常委会党组向常委会组成人员通报，协调一致地做好工作。第二，健全区政协与党委的良性互动机制。提升人民政协履行职能的科学化水平，充分发挥人民政协联系群众的独特优势。认真贯彻落实协商民主制度。凡需经过协商的重要议题，在提交区委、区政府决策讨论时应当附上区政协的协商意见；凡是规定协商的事项未经协商的，不上会、不讨论、不决策。提高人民政协参政议政的实效。荔湾区党委和区政府制定并组织实施年度工作计划，就一些重要决策听取政协意见。拓展人民政协开展群众工作的新领域和新途径。以完善社会和群众利益表达功能作为切入点，把政协界别打造成为公民有序政治参与的平台、社会各界理性表达建议的平台、不同利益群体平等沟通和协商的平台。运用互联网突破政协履职的时空局限，加强政协与公众的沟通互动，切实做到人民政协为人民。第三，加强街道人大、政协工作机构建设。为切实加强党对人大、政协工作的领导，坚持和完善人民代表大会制度与健全社会主义民主协商制度，在全区22条街道设立人大工作委员会和政协工作委员会，作为区人

大常委会和政协常委会的派出机构。人大街道工作委员会主任由街道党工委书记兼任，配备1名专职副主任，其级别为街道副职，并适当配备专职或兼职工作人员负责具体工作；政协街道工作委员会主任由街道党工委副书记兼任，负责具体工作。人大街道工作委员会主任、副主任人选由区人大常委会任命，工作经费列入区财政预算；街道政协工作委员会主任由政协常委会任命。区人大常委会和区政协常委会负责做好对人大街道工作委员会和街道政协工作委员会的工作领导和业务指导。第四，积极发挥人大代表和政协委员与基层互动机制。荔湾区在社区设立了人大、政协工作站，便于人大代表和政协委员与人民群众面对面交流，密切与群众联系，为以后的工作打下良好的群众基础，而且还可以充分履行代表和委员的职责为社区工作建言献策，零距离、点对点地对党和政府的工作进行有效的监督，同时更好地在群众中贯彻党的方针政策，及时和群众沟通，倾听民意，全心全意为人民服务，共同创建和谐社区。

3. 健全区五办一局的良性互动机制，增强五办一局工作的系统性和协同性，提高五办一局的工作合力

五办一局（区委办公室、区人大办公室、区政府办公室、区政协办公室、区纪委办公室和区机关事务管理局）是党委和政府的"坚强前哨"和"巩固后院"，在保障区委各项决策落实、服务党委各项工作，完善和改进党委领导方式方面发挥着重要作用。第一，加强综合辅政。五办一局认真落实中央、省、市党委秘书长、办公室（厅）主任会议精神，不断提高信息沟通、信息储备和信息处理能力，注重工作调研和理论创新，不断提高参谋议政能力。第二，加强沟通协调。有效整合资源，定期召开联席工作会议，各办公室之间协同作战，形成工作合力，围绕区的中心工作，共同谋划涉及全局性的工作思路、举措，推动区委、区政府各项工作落实。第三，加强制度建设。进一步完善各项工作制度，规范工作举措，细化工作流程，把制度文件转化为工作指引，确保各项工作依法依规有效运转。第四，加强队伍建设。加强学习，不断提高人员素质，提高工作效率，转变服务理念，全面提升辅助决策的能力。第五，加强纪律要求。严格办事程

序和必要的规章制度，遵守各项法律法规和规章制度，强化工作纪律要求，切实增强保密意识，充分发挥办公室的职能作用，努力推进各项工作顺利开展。

4. 密切联系基层群众，健全党委与社会组织的沟通协调机制

第一，加强对人民团体的领导。荔湾区党委领导和支持工会、共青团、妇联等人民团体和社会组织的工作，发挥工会、共青团、妇联在联系群众、发动群众、服务群众的积极作用。第二，加强和完善对"两新组织"的领导。成立了荔湾区非公有制经济组织党工委、区社会组织党工委，加强非公有制经济组织、社会组织党建工作。目前，荔湾区有非公有制经济组织3118家（不含个体工商户），建立了党组织150个，其中党委3个，党总支2个，党支部145个，共有非公有制企业党员3966名。通过各级党组织的共同努力，为促进非公有制经济发展发挥了较好的政治保证作用。荔湾区社会组织有513家，其中全区社会组织党组织共有110个党支部，其中79个单独组建，31个联合组建，党员和党组织覆盖率均达95%以上，党组织在社会组织建设的保障和引领作用得到较好发挥，涌现了一批优秀党组织和优秀党员，党建工作受到上级肯定。第三，推行社区网格化服务管理改革。完善社区大党委制，对基层社会管理实行网格化管理，遵循"格"为基础、"网"为主体的思路，将全区划分为2036个网格，建成区级社区网格化服务管理综合信息平台，逐步形成"一个组织架构、一张基础网格、一支网格队伍、一套信息系统、一套管理制度"的网格化服务管理体系。在大党委制的推进下，区委又积极探索"1+3"的社会管理体制，"1"指一个社区，"3"指社区成员代表大会、社区居民委员会、社区监督委员会。社区党组织行使领导权，社区成员代表大会行使决策权，社区居民委员会行使执行权，社区监督委员会行使监督权。四权协调规范运行，形成新的基层管理体制，更好地为人民群众服务。第四，构建党代表中领导干部与基层的密切联系机制，积极践行党的群众路线。荔湾区党代表中的领导干部定期到党代表工作室联系基层开展工作，通过领导组团和驻工作室等方式接待党员群众。作为党代表的领导干部在基层视察调研

工作中携带"荔湾区党代表证"和"党代表工作室联络卡",建立基层党建工作联系点,实行定期开展走访慰问活动,带头开展惠民志愿服务活动。

(六)强化对党委权力运行的监督

1. 强化党委内部监督

认真落实十八届三中全会和四中全会有关精神,改革纪律检查体制,健全反腐败领导体制和工作机制,落实党风廉政建设责任制,落实党委负主体责任和纪委负监督责任。区纪委履行协助党委加强党风建设和组织协调反腐败工作的职责,加强对同级党委特别是常委会成员的监督,更好发挥党内监督专门机关作用。扎实推进区创建加强干部日常管理监督示范点工作,建立健全和落实从严监督干部各项制度,推行"三弓预警告诫办法"(即函询通知书、提醒通知书、诫勉通知书),做到防"病"于未发、治"病"于初起。认真贯彻落实《中共广州市荔湾区委关于进一步加强和改进领导干部谈心谈话工作的意见》(荔字〔2013〕12号),坚持干部任前、任中、离任和日常沟通谈心谈话制度,掌握干部思想动态,及时发现问题,进一步调动干部干事创业积极性。建立干部日常管理监督巡查机制,在每年定期或不定期由纪检监察、组织、人社部门组成巡查组,发现苗头问题及时落实整改,把苗头问题解决在萌芽状态。建立"三位一体"的举报平台,畅通群众举报渠道,健全电话、信访和网络"三位一体"的举报平台,做好来信来访,特别是反映干部有关违纪违法方面的查核督办工作。

2. 强化人大、政协的监督

第一,荔湾区党委支持区人大及其常委会依法履行监督职责。人大及常委会把涉及荔湾科学发展的重大问题和事关群众切身利益、社会普遍关注的问题作为监督重点,积极探索全口径预算决算的审查和监督,加强规范性文件备案审查工作,完善信访督查督办工作机制。人大及常委会每年安排相关专题调研、执法检查均不少于两次,针对代表议案建议办理情况、重要工作进展情况每年开展一次专题询问。区委对区人大及其常委会在履职工作中遇到的困难和问题，要及时帮助并协调解决。第二，进一步加大人民政协民主监督的力度。荔湾区政协向区委和区政府提出提案、建议案和有关报告，以大会发言、社情民意信息、视察、举报及其他形式开展政协特色的民主监督。另外，建立政协组织和委员可以参加区委、区政府及其部门组织的论证会、听证会和专项调查、检查的制度，加大事关民生问题的监督力度。纪检监察部门还向政协通报党风廉政建设和反腐败工作情况，规范政协参加专项检查等监督。

三　进一步改革和完善基层党委领导方式的思考

十八届三中全会指出，"实践发展永无止境，解放思想永无止境，改革创新永无止境"，要"全面深化改革必须加强和改善党的领导，充分发挥党总揽全局、协调各方的领导核心作用，建设学习型、服务型、创新型的马克思主义执政党，提高党的领导水平和执政能力，确保改革取得成功"。2015年12月，中共中央印发《中国共产党地方委员会工作条例》，对加强和改进地方党委工作，提高党的执政能力和领导水平，提出了更进一步的指导性意见。党委领导方式的改革创新是提高国家治理体系和治理能力现代化水平的必然要求，也是中国共产党执政环境变化的客观要求。实践表明，创新党委领导方式，不仅不会削弱党的领导，而是从根本上加强了党的领导。

荔湾区在创新党委领导方式上巩固了党的领导核心地位，取得了不少成绩，积累了不少经验，但随着时代的发展和群众需求的变化，仍存在"内三会"（党代会、全委会和常委会）和"外三会"（党代会、人代会和政协会）相关职能难以发挥、党委会内部职责分工和外部沟通协调与监督机制仍不完善、党委会绩效评估难以量化、党内民主机制常态化和领导方式方法还有待创新等问题。

针对上述问题，在全面深化改革的热潮中，荔湾区要立足荔湾实际，坚持贯彻落实中央决策部署和创造性开展工作相结合，坚持领导经济社会发展和履行全面从严治党政治责任相结合，坚持集体领导和个人分工负责相结合，坚持党委领导和支持保证国家机关依法履行职责相结合，坚持以问题为导向，坚定"三个自信"，在协调推进"四个全面"的战略布局和落实"五大"发展理念中进一步改革和完善地方党委的领导方式。

（一）进一步加强理论学习，积极开展"三严三实"教育实践

加强对"四个全面"战略布局有关论述的学习，深化对"三个规律"的认识，探索地方党委的领导规律，优化地方党委领导体制和议事决策机制，提高地方党委领导水平和决策水平，建设高素质的领导干部队伍，改革和完善区党委对改进党委领导方式的领导，加强和改善党委对协调推进"四个全面"战略布局的领导。

（二）进一步规范地方党委与人大、政府、政协、检察机关、审判机关以及人民团体的关系

坚持人民主体地位，健全人大讨论、决定重大事项制度，加大人大预算决算审查监督，地方政府重大决策前向地方人大报告。推进协商民主广泛多元开展，积极构建制度渠道发挥政协和人民团体的作用。加强和改进党对依法治国的领导，确保司法公正。

（三）进一步加强和改进党的基层组织建设，健全基层选举、议事、开会、述职、问责等机制，充分发挥基层党组织的战斗堡垒作用

积极落实《中国共产党基层组织选举工作暂行条例》，确保选人用人任人的公正公开透明。健全区各级党组织议事机制，建立适合本地区本部门本单位的基层党组织议事规则，并严加执行。主动倾听人大、政协、公民、社会团体意见和建议，以提升议事效果。健全区各级党组织问责机制，创新党员领导干部述职方式，公开述职内容，严格任期考核，严肃党纪党规。

（四）进一步加强人才队伍建设，发挥党组织的领导和把关作用

坚持从严治党、从严管理干部，坚持党管干部原则，坚持好干部标准，积极探索干部成长规律，创新干部选拔任用机制，完善干部教育培训和实践锻炼制度，为地方党委创新领导方式提供人才保证和智力支持。

（五）进一步推进地方党委工作的科学化、民主化、制度化和程序化

深化党委领导方式改革，扎实推进党委职能转变，编制权力清单、责任清单、负面清单，落实党风廉政建设责任制，完善权力运行和监督体系。认真贯彻落实两个责任，进一步完善党内民主监督体系，强化党内监督的作用、效能，充分发挥纪律检查委员会、民主生活会、党员在监督党内权力运行中的重要作用。推进党委工作标准化建设，进一步规范实行民主集中制的具体制度和程序，加强荔湾党委工作制度化和程序化建设。

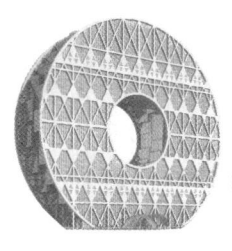

第十五章
走向未来的大都市荔湾治理

从城镇的兴起到大都市的繁荣,伴随着新兴技术、信息化革命与多种族人群的融合,城区建设与治理早已超越了一幢房、一亩地、一口井、一座厂的设计,成为一个关涉政治、经济、文化、社会、生态、军事等多面向事实的系统工程。然而,伴随着经济社会大转型的推进和大数据、风险时代的来临,这种社会稳态正在被打破,受内外环境变迁的冲击,城市治理如何有效回应社会变化与市民需求,广受关注。习近平总书记指出,"发展理念是发展行动的先导,是管全局、管根本、管方向、管长远的东西,是发展思路、发展方向、发展着力点的集中体现"。德国风险社会学家贝克在呐喊"社会风险"的同时,提倡预防,主张"临渊羡鱼,不如退而结网",强调预防在风险治理中的关键作用。从而,"纸上谈兵"正变得越来越受重视,若没有优质的蓝图,城市城区发展可能走弯路;不能依托城区自身特点"高瞻远瞩",老城区改造与老城区建设也不能顺利从管理向治理转变,所以描摹走向未来的荔湾模式是非常有必要且重要的。

就荔湾区来说,虽然在各方治理层面的探索都取得了一定成效,但绝不能止步于此。"荔湾区作为广州市这个国家中心城市的传统老城区和都会区,作为广佛都市圈城市交汇的核心区,经济社会发展水平仍未达到广州市对都会区的要求,部分群众生活依然困难,人民群众关心的教育、就业、社会保障、医疗、住房、市政、生态环境、食品药品安全、安全生产、社会治安、执法司法等问题依然存在,党员、干部的'四风'问题仍待改进。在荔湾区近代经济发展的历史呈现三条脉络：第一条主要在北片老荔湾，从区、街全民'办经济'时代的小工业（小工厂）遍布街巷，到小商品时代的铺位出租，沿街小商铺'一铺难求'，再到目前陆续形成的二百多个专业批发市场。如何实现专业批发市场向商业总部集聚地转变是荔湾区要跨越的第一道坎。第二条主要在南片老芳村，从改革开放初期以家庭种植为主的小农经济时代，到以物业出租、合作经营为主的联社经济时代。如何实现联社集体经济向现代公司法人经济转变，是荔湾要跨越的第二道坎。第三条是大工业、大工厂生产逐步退出，厂房出租，并通过大开发、大建设转向住宅地产、商业地产，实现区域城市功能、面貌的彻底转变。如何实现从大工厂向区域标志性城市综合体转变，是荔湾要跨越的第三道坎。站在历史新起点，荔湾唯有紧紧抓住改革机遇，立足地区实际，积极先行先试，扫清体制机制障碍，才能爬坡越坎，为荔湾优化提升注入强大动力和活力，奋力开创城市化发展的新局面。"①

有鉴于此，"身处"新常态下，站在历史拐点上的荔湾城区治理，必须紧跟时代前沿，牢牢把握党的十八届五中全会提出的"创新、协调、绿色、开放、共享"五大发展理念，结合中央经济工作会议和城市工作会议精神，借助"互联网+"、大数据、"政府2.0"、"创新3.0"、"中国制造2025"等新契机，适应广州作为一个国家中心城市和国际性大都市的定位，以及信息化、智能化、全球化、生态化、参与化视域下的治理体系和治理能力现代化要求，打造"活力、和谐、绿色、共享"小康城区，谋求构建未来城区治理的新模式。

---

① 关于荔湾区改革工作的内容参考唐航浩《抢抓改革新机遇 促进荔湾优化提升——在区委十一届五次全会第一次全体会议上关于全面深化改革专题讲话》（2014年1月28日）。

一 治理现代化：站在历史拐点上的荔湾

1986年，德国社会学家乌尔里希·贝克（Ulrich Beck）出版《风险社会》一书，首次建构了"风险社会"这一概念并宣告风险社会已经来临，呼吁"预防＋治理"的应对之策，从而在很长一段时间内把有关公共管理、城市治理问题的研讨置于风险防治的语境中，城市治理成了一个风险函数。事实上，有关治理与环境问题的探索，生态理论、系统理论等已经给出了经典回应，尤其是伊斯顿系统讨论了政治系统建构与内外环境之间的关系。在他看来，作为一个开放的系统，政治生活应该与环境之间进行互动。换句话说，作为系统正常运行的原料，环境输入必须源源不断，并且系统能够对此作出有效回应，否则系统自身就会"停工"。对此，亨廷顿在讨论制度与社会失序的关系时，进行了最为生动的解答，在他看来，失序源于制度设计已经无法跟上公民参与的需求，从而"在大多数处于现代化之中的国家里，流动机会的缺乏和政治制度化程度的低下导致了社会颓丧和政治动乱二者之间的正相关关系"，即"政治参与／政治制度化＝政治动乱"。①

因此，在考虑城区治理问题时，便也不得不考虑治理体制、工具、手段、主体、文化与环境之间的相互关系。按照生态理论学者们的理解，城区治理作为一个开放的系统，是一个环境函数，无法规避内外部环境变迁所带来的影响，尤其无法维持高水平的治理质量。从而，登哈特夫妇在讨论"服务型政府"并建构指标时，把"回应性"作为关键指标而提出，成为衡量政府服务性、服务水平、服务能力的重要维度。事实上，伴随着改革开放的深入推进，以及社会整体经济、政治、文化水平的攀升，我国城

---

① ［美］塞缪尔·P.亨廷顿：《变化社会中的政治秩序》，王冠华等译，上海人民出版社2008年版，第42页。

镇居民的民主意识、参政议政水平、利益表达需求等有了快速发展，倒逼城区治理体系的革新与变迁。

进入民主化、大数据时代，这种公民需求急剧膨胀，需要寻求一种与之相匹配的城市治理体系与能力建构。城市更新理论就认为，老城区发展到一定阶段如不更新改造必将成为城区继续发展的障碍和瓶颈。以荔湾为例，从人均GDP水平来看已经达到"高收入经济体"的基本标准；从三大产业比重来看，荔湾区经济发展处于"工业化社会"向"后工业化社会"过渡的交叉阶段。[①]从而，较高级的发展形态决定了其不能盲目参照处于其发展下游的老城区改造案例，甚至不能完全复制欧美发达国家的改造经验，要在充分发挥自身特点的基础上，避免重蹈发达国家城市改造失败的覆辙，科学规划，系统设计，综合发展。然而，作为"广佛之心"的荔湾区在享受区位优势带来的经济效益时，也面临着更为复杂、更加严峻的治理格局。

（一）治理理念亟待丰富

理念，即理性化的想法、思维活动模式或者看法和见解，是客观事实的本质性反映和事物内在的外生表征，具有客观性、逻辑性、深刻性和灵活性。作为对客观事实的抽象与超越，理念是观念的最大公约数，是实在行为的前置引导，对政治、经济、社会活动具有导向作用，一定程度上决定了经济行为的发展目标、运行方式、具体逻辑。因此，我国著名经济学家张维迎主张"理念的力量"，认为"人的行为不仅受利益的支配，也受理念的支配"，正确的理念非常重要。在他看来，社会的变革和人类的进步基本上都是在新的理念推动下出现的，没有理念的变化就没有制度和政策的改变，并把中国过去三十多年所取得成就解读为理念变化的结果。[②]也就是说，发展理念的滞后甚或错误，都将严重影响到一国或一个区域政

---

① 《广州市荔湾区国民经济和社会发展第十三个五年规划纲要》（征求意见稿）。
② 张维迎：《理念的力量》，西北大学出版社2014年版。

治、经济、文化、社会、生态、军事等多维度面向的发展。

习近平总书记在解读《十三五规划建议》时也强调,"必须确立新的发展理念,用新的发展理念引领发展行动"。党的十八届三中全会提出了"推进国家治理体系和治理能力现代化"。党的十八届五中全会提出了"创新、协调、绿色、开放、共享"五大发展理念,这是关系我国发展全局的一场深刻变革,攸关"十三五"乃至更长时期我国发展思路、发展方式和发展着力点,是我们党认识把握发展规律的再深化和新飞跃,丰富发展了中国特色社会主义理论宝库,成为全面建成小康社会的行动指南、实现"两个一百年"奋斗目标的思想指引。

之于荔湾,尽管地处改革开放前沿,政府职能转变、思想解放、理念转变也已经取得了长足进步,但依然存在发展理念滞后、发展理念未能随着时代变化持续更新等问题。在当前经济社会发展阶段下,必须认识新常态、适应新常态、引领新常态,根据新的形势,树立新的理念[①]:一是中央的新理念新决策。党的十八届五中全会提出"五大发展理念",为荔湾区"十三五"发展提供思想指引和行动指南;中央经济工作会议提出要在适度扩大总需求的同时,着力加强供给侧结构性改革;中央城市工作会议提出"一尊重五统筹"要求,其中特别提到了要"力争到2020年基本完成现有棚户区、城中村和危房改造"。中央的这些新理念、新决策,将为提升荔湾区全面深化改革和加快城市更新改造找到新的突破点和着力点。二是国家的新战略。中央"十三五"规划建议提出国家网络强国战略、"互联网+"行动计划、"中国制造2025"、加快发展现代服务业行动等重大战略,为荔湾区产业转型发展提供巨大的对接空间。三是省、市的新思路。中共广东省委、广州市委"十三五"规划建议中均明确要"大力推进广佛同城化",广州市提出要"协调推进老城区和新城区联动发展",也为荔湾区进一步把握区位优势指明发展新方向。四是发展的新布局。中共荔湾区委"十三五"规划建议立足广州市"三大战略枢纽(构建国际航运枢纽、

---

① 参考唐航浩在区委十一届八次全会第一次全体会议上的报告(2016年1月21日)。

国际航空枢纽、国际科技创新枢纽)"、"三中心一体系(国际航运中心、物流中心、贸易中心和现代金融服务体系)"功能定位以及"一江两岸三带(优化提升珠江两岸经济带、创新带和景观带)"建设布局,谋划布局"传统、现代、自然"有机融合的生态幸福荔湾,为未来发展提供新的动力源和增长极。

"传统、现代、自然"既有主体功能区的概念,又是治理理念的辩证统一;既是荔湾区区地理由北至南呈现的三大板块特征,也是城区建设形态有机融合发展的基本思路。必须在治理环境上突出空间板块特色,尊重城区发展脉络和文化肌理。在板块的建设中有机融合三种形态,创新治理方式和完善体系:在传统板块中,充分融入现代气息,增设生态景观;在现代板块中,植入传统元素,保护自然风貌;在自然板块中,合理发展现代产业,传承传统文化。必须尊重传统,创新善治,顺应自然,全面深化改革,推动城市经济现代化与社会现代化同步发展,以制度化、规范化、程序化为主要抓手,以民为本、民生优先,充分发挥社会与市场组织的作用,实施人才兴区战略,加强特色智库建设,强化法治政府、服务政府建设和城市公共服务体系,加强改进党的领导,以优化提升治理水平。为落实这些理念,必须按照中央城市工作会议要求,"坚持集约发展,框定总量、限定容量、盘活存量、做优增量、提高质量,立足国情,尊重自然、顺应自然、保护自然,改善城市生态环境,在统筹上下功夫,在重点上求突破,着力提高城市发展持续性、宜居性"。

(二)治理体系亟待完善

《中共中央关于全面深化改革若干重大问题的决定》提出的全面深化改革的总目标,特点和亮点就在于:既简洁鲜明、鼓舞人心,又内涵深刻、层次鲜明。[①]其中,包括两句话的改革目标总概括,就是完善和发展中国特色社会主义制度,推进国家治理体系和治理能力现代化;"三个性"

---

① 施芝鸿:《国家治理体系现代化是"第五个现代化"》,《经济日报》2012年12月2日。

的改革方法论,就是必须更加注重改革的系统性、整体性、办同性;"五位一体"的具体改革目标,就是加快发展社会主义市场经济、民主政治、先进文化、和谐社会、生态文明;"三个让"的改革根本目的,就是让一切劳动、知识、技术、管理、资本的活力竞相迸发,让一切创造社会财富的源泉充分涌流,让发展成果更多更公平惠及全体人民。换句话说,"要实现善治的理想目标,就必须建立与社会经济发展、政治发展和文化发展要求相适应的现代治理体制"①,这是现代化的必然要求,也是城区治理现代化的重要表征。

习近平总书记指出:"国家治理体系和治理能力是一个国家制度和制度执行能力的集中体现。国家治理体系是在党领导下管理国家的制度体系,包括经济、政治、文化、社会、生态文明和党的建设等各领域体制机制、法律法规安排,也就是一整套紧密相连、相互协调的国家制度;国家治理能力则是运用国家制度管理社会各方面事务的能力,包括改革发展稳定、内政外交国防、治党治国治军等各个方面。国家治理体系和治理能力是一个有机整体,相辅相成,有了好的国家治理体系才能提高治理能力,提高国家治理能力才能充分发挥国家治理体系的效能。"根据习近平总书记的论述,"推进国家治理体系和治理能力现代化,就是要适应时代变化,既改革不适应实践发展要求的体制机制、法律法规,又不断构建新的体制机制、法律法规,使各方面制度更加科学、更加完善,实现党、国家、社会各项事务治理制度化、规范化、程序化。要更加注重治理能力建设,增强按制度办事、依法办事意识,善于运用制度和法律治理国家,把各方面制度优势转化为管理国家的效能,提高党科学执政、民主执政、依法执政水平。"所以治理体系的完善,党中央已经指明了方向。

具体到荔湾的治理体系,还有一些滞后于现代化的发展要求。政务服务方面,虽然各街道都有政务服务中心,但街道一级没有相应的编制,现

---

① 俞可平:《推进国家治理体系和治理能力现代化》,人民网,http://thecry.people.com.cn/n/2014/0227/c83859-24485027.html。

有的工作人员多是原社区服务中心聘请人员，少数为街道办工作人员，人员编制不统一，难以管理，街道政务服务中心只是一个平台，街道没有一个内设机构承担管理责任，也没有明确的管理人员，而政务服务设计协调各业务科室，造成现在人人都管但谁也管不到位的情况。综合行政执法方面，职责边界不清晰，重点体现在监管和处罚的边界不清晰，导致行政执法过程中无法无缝隙对接。涉改部门与执法局职能尚未厘清，主要是日常监督检查权，造成综合执法局与涉改部门扯皮较多，增加了行政成本，降低了行政效率，甚至出现以罚代管、日常监管弱化的现象。同时，部分集中处罚权造成新的权力交叉。产业转型升级方面，一直以来，荔湾区主要以第三产业为主导，虽然经济规模和总量不断扩大，但服务业尤其是商贸服务业中量大面广的是传统服务业，高端服务业在服务业中所占的比重还较低；拥有自主知识产权和自有品牌的优势行业和主导产品数量不多；经济发展不是通过科技研发和自主创新能力来实现提升，更多的是倚重于土地、传统产业等物质生产要素的消耗，以及专业市场规模和数量的不断扩张。集体经济发展保障方面，经济联社内部制度不规范、欠完善；经济联社股份制章程滞后、适用不足，亟待修改，由于各级政府部门没有出台指导意见，且面临既得利益者的阻挠，修改难度较大；经济联社组织机构从国家、省、市层面都没有明确定位，各级政府部门在监督、指导上存在一定误区，在衔接管理上存在不少漏洞，因此经济联社在经营管理过程中碰到政策瓶颈；交易规则执行不够灵活，等等。

（三）治理方式亟待更新

2002 年，登哈特夫妇出版《新公共服务：服务，而不是掌舵》一书，强调"服务"，作为对传统管理范式的替代，建构了一种新的治理模式。事实上，早在"新公共服务"之前，行政学范式已经多次更迭，从行政管理到企业家政府再到新公共管理，历次演进总会带来管理方式的变革。在管理时代，政治色彩较浓，行政干预普遍，政府作为"保姆"而存在，主导甚或统治一切。到了治理时代，分权思想蔓延，行政触角收缩，"小政

第十五章 走向未来的大都市荔湾治理

府、大社会"理念深入人心，社会力量广泛参与，政府与企业、志愿者组织平等协商，建立起伙伴关系、合作关系。从而，在治理现代化语境下，公共行政官员要致力于建立集体的、共享的公共利益观念，公务员要帮助公民表达和实现他们的共同利益，公务员还要"回应"公民需求，并建设政府与公民之间、公民与公民之间的信任与合作关系等等。[①]换言之，作为对干预、审批、管制方式的替代，参与、服务、合作、协商应该成为新的公共管理方式和手段。

此外，治理还是一个技术函数，如互联网络的兴起及其在政治行政活动中的适用，催生了电子政务、网络问政、政务微博、官方微信、移动APP等新兴政务类型，进一步提升了行政效率、服务质量和政府回应效果。因此，在互联网、大数据、云计算时代，治理必须同时考虑对新兴技术的应用和嵌入，这是时代发展的必然选择，也是国家治理体系和治理能力现代化的内生要求。

在荔湾，治理方式依然需要持续创新。如信息孤岛现象突出，共享机制不健全，统计显示，目前街道政务服务主要有广州市人力资源和社会保障管理信息系统、广州市流动人员信息系统、广州市房地产租赁管理信息系统、广州市地方税务局辅助征收系统、广东省全员人口信息系统等多个系统，其资源不能实现互通。治理协同有效性不足，在行政执法过程中，由于行政管理活动的复杂性和多面性，各个部门之间，从本位利益出发，普遍存在着一种"不买账"现象；行政管理权和处罚权又多是相互依存、相互促进、相互制约的，而旧的行政管理习惯和行政管事职能的分散性，客观上使相对集中后的行政处罚权和其他行政管理权的协调难的问题显得更加突出，等等。经营理念亟须改变，多数中小企业还滞留在传统的经营模式理念上，对网络经济的理解不够深刻，对电子交易方式的信任度不高，对网络经营管理操作不够熟悉和了解，没有真正地将网络营销与企

---

① [美]罗伯特·B.登哈特、珍妮特·V.登哈特：《新公共服务：服务而非掌舵》，刘俊生译，张庆生校，《中国行政管理》2002年第10期。该书国内译本《新公共服务：服务，而不是掌舵》由中国人民大学出版社2004年出版。

业的整个经营过程结合起来，生产经营管理仍停留在"现金、现场、现货"的交易模式上，以电子商务使企业转型升级的内生动力不足。中小企业这种传统生产经营模式，难以适应新型市场业态发展需要，同时在人力资源、仓储物流、资金日趋紧张的情况下，势必增加了企业的发展成本，使得企业的盈利水平有所降低。

（四）治理环境亟待优化

众所周知，任何组织都是在一定环境中从事活动的；任何管理也都要在一定的环境中进行，这就是管理/治理环境。有关环境与管理之间的关系，伊斯顿在进行政治生活的系统分析时，已经有了详尽论述。在他看来，"系统处于一个环境之中，并且易于受到来自环境的可能影响，这些影响可能要把系统的基本变量逐出其临界范围。系统为了持续下去，必须能够采取一些措施，成功地缓和这样造成的压力，并且对此作出反应"。在这里，环境是一种输入，"要是没有一些要求输入，系统大概就没有原料好加工，也就没有什么转换工作可做。如果没有一些刺激，政治系统就不会运行，别人也就不能以它的名义来处理些什么事务。而在社会生活中，某些人必然要倡导、提议、请求或在公开场合明确关心某些事情，要求并促使当局作出决策或采取行动"。①治理环境的变化要求治理的内容、手段、方式、方法等随之调整，以利用机会，趋利避害，更好地实施管理。尤其对于城区治理来说，环境的影响作用更是不可忽视。

治理环境分为外部环境和内部环境，外部环境一般有政治环境、社会文化环境、经济环境、技术环境和自然环境，内部环境则有人力资源环境、物力资源环境、财力资源环境以及内部文化环境等。政治环境包括一个国家的政治制度、社会制度，政府的方针、政策、法规法令等；文化环境包括一个国家或地区的居民文化水平、宗教信仰、风俗习惯、价值观念

---

① ［美］戴维·伊斯顿：《政治生活的系统分析》，王浦劬等译，华夏出版社1989年版，第36、52页。

第十五章　走向未来的大都市荔湾治理

等；科技环境则反映了组织物质条件的科技水平，除了直接相关的技术手段外，还包括国家对科技开发的投资和支持重点，技术发展动态和研究开发费用等。内部环境是指组织内部的各种影响因素的总和，是随组织产生而产生的，涉及人力资源、物力资源、财力资源、文化内环境等方面，决定了管理活动可选择的方式方法，而且在很大程度上影响到组织管理的成功与失败。

之于城区治理现代化，荔湾作为老城区，发展环境相对落后，人口流动性大，历史遗留问题多，社会利益结构复杂，在新城区新面貌大建设大发展推进过程中，历史遗留问题和社会矛盾不断凸显，综治维稳的任务重、压力大。与此同时，城市改造和环境改善力度与速度都不够理想。以综合行政执法为例，其面临严峻的执法环境问题，既包括外部执法环境主要是媒体的负面报道或者暴力执法（抗法）事件的情绪渲染、不当引导问题，也包括内部执法环境即执法队伍的建设和管理问题。从执法队伍自身来说，一方面，执法队伍主要是由原来的各执法队伍划转过来的，人员素质参差不齐、能力高低不一，存在的问题比较突出。另一方面，干部的积极性难以调动起来，容易产生不作为、慢作为甚至乱作为的现象，队伍管理的压力大，迫切需要一套有利于调动执法人员积极性的人事管理制度。

面对国家给广东的机遇，广州各大区县都有机会，如何抓住这个机遇则是每个区县发展的战略抉择了。荔湾不仅要认识到自身的缺点，更要吸取兄弟区县发展的教训与经验，为不走"岔道"、"弯道超车"做好准备。总体来看，"当前的荔湾，不是全市性基础设施建设的重点，也不是社会投资的热点，更不是特殊优惠政策的制高点，但我区有着深厚的文化底蕴和丰富的社会服务管理经验，因此，我们完全有能力和信心打造出广州市文化建设和社会服务管理的亮点。荔湾不随意攀比定位上的第一，但要追求功能上的协调统一；不简单攀比规模上的第一，但要追求特色上的唯一；不盲目攀比速度上的第一，但要追求品质上的独一，塑造荔湾独有的城区发展核心竞争力"。因此，坚持不懈地促进优化提升是荔湾建设把握历史机遇的"现实要求"，优化提升必须更加注重改革的系统性、整体性、协同性，注重城区发展的科学性和可持续性，营造让荔湾区辖区内一切劳动、知识、技术、管理、资本的活力竞相迸发的优质发展环境，以让一切创造社会财富的源泉充分涌流，让发展成果更多更公平惠及全区人民。

二　未来城区：大都市治理的荔湾抉择

根据中央城市工作会议精神，我国城市发展已经进入新的发展时期。当前和今后一个时期，我国城市工作要贯彻创新、协调、绿色、开放、共享的发展理念，坚持以人为本、科学发展、改革创新、依法治市，转变城市发展方式，完善城市治理体系，提高城市治理能力，着力解决城市病等突出问题，不断提升城市环境质量、人民生活质量、城市竞争力，建设和谐宜居、富有活力、各具特色的现代化城市，提高新型城镇化水平，走出一条中国特色城市发展道路。

从学理来说，广州大学大都市治理研究中心分析的大都市网络化治理模式（见表15-1），为城区治理提供了一些借鉴。

表15-1　　　　　　　大都市网络化治理模式SWOT分析

		机遇（O）	威胁（T）
		新区域主义理论指导和上级重视大都市发展	市场发育不成熟、法律制度不完善、单一制行政体制
优势（S）	改革创新意识较强	SO策略	ST策略
	经济发展水平和市场化程度高	充分发挥大都市优势，吸收先进理论和经验、利用国家政策优势推进大都市治理模式	充分发挥大都市优势，减少外在环境带来的潜在威胁，推进网络化治理模式
	良好信息化发展基础		
劣势（W）	社会组织力量薄弱	WO策略	WT策略
	传统体制的束缚	充分利用国家政策，实施深化改革，创新利益协调和共享等治理机制	推进政治、经济和社会改革，建设完善法规、统一市场经济环境，为大都市治理提供条件
	法治不完善		

第十五章　走向未来的大都市荔湾治理

于荔湾来说,根据中央城市工作会议精神,"一要统筹传统、现代、自然三大特征,尊重城市发展规律。二要统筹空间、规模、产业三大结构,提高城市工作全局性。三要统筹规划、建设、管理三大环节,提高城市工作的系统性。四要统筹改革、科技、文化三大动力,提高城市发展持续性。五要统筹生产、生活、生态三大布局,提高城市发展的宜居性。六要统筹政府、社会、市民三大主体,提高各方推动城市发展的积极性"。同时,做好城市工作,必须加强和改善党的领导。为此,荔湾区"十三五"时期提出:"要高举中国特色社会主义伟大旗帜,全面贯彻党的十八大和十八届三中、四中、五中全会精神,以马克思列宁主义、毛泽东思想、邓小平理论、'三个代表'重要思想、科学发展观为指导,深入贯彻习近平总书记系列重要讲话精神,坚持全面建成小康社会、全面深化改革、全面依法治国、全面从严治党的战略布局,坚持发展是第一要务,坚持以人为本和可持续发展,牢固树立创新、协调、绿色、开放、共享的发展理念,落实省、市部署要求,以创新驱动发展为核心战略,以提质增效升级为发展导向,以区域协调发展为动力源,以白鹅潭经济圈建设为重要增长极,以城市更新为抓手,促进产业转型升级,推进老城新城联动发展,营造市场化国际化法治化营商环境和干净整洁平安有序城市环境,促进投资贸易便利化和生活服务便利化,维护社会稳定,增进民生福祉,建设'传统、现代、自然'有机融合的幸福生态荔湾。"①

(一)推动创新开放,建设活力小康城区

创新是引领发展的第一动力;开放是区域繁荣发展的必由之路。当前,荔湾城区发展已从初级形态的"人口转移型城市化"向高级形态的"结构转移型城市化"转变,必须积极探索走出一条符合荔湾实际、具有

---

① 《中共广州市荔湾区委关于制定国民经济和社会发展第十三个五年规划的建议》(2015年12月)。

荔湾特色的新型城市化发展道路。未来发展必须把握先进城市发展潮流，尽快转改传统城市发展路径，坚定不移坚持创新驱动、开放带动，发展智慧城市，激发发展活力，才能突破瓶颈制约，保持发展势头，推动荔湾不断向发展目标迈进。

1. 坚持创新驱动，以智慧促活力[①]

创新是发展的新引擎，解决经济发展中面临的难题离不开创新。要培育创新土壤。创新能力的培育需要丰富的创新土壤，也就是激励创新的制度、文化和环境。必须要逐步根除那些与创新原则相违背的理念，给市场和社会留足空间。充分运用交通网络发达、生活成本较低等便利条件，大力发展成长型、科技型企业，为"大众创业、万众创新"营造良好环境。要发展创新载体。各类创新载体是实现创新成果孵化、转化和产业化的重要平台，能为全区创新发展提供巨大的推动力。必须以专业批发市场升级改造及城市更新改造为抓手，在北片老城区加快腾挪一批便利化、开放式的创客社区，在南片新城区加快形成一批低成本、大面积的创意小镇，构建"创业苗圃—孵化器—加速器—科技园"全孵化链条，形成门类齐全、产业特色明显、服务功能强大的系列创新载体。要壮大创新主体。创新是经济升级的动力，而创新必须依赖市场主体，企业就是创新决策、研发投入、科研组织和成果应用的主体。鼓励政产学研相结合，全面提升企业创新能力，支持企业对人才、技术、资金、科技成果等各种资源进行整合，加快创新成果的转化。保护和激发企业家精神，建立健康良好的新型政企关系，关心、尊重、爱护企业家，不断壮大企业家队伍，发挥企业家才能，为创新创业保驾护航。加强服务企业工作，主动送政策上门、送服务上门，帮助企业解决实际困难，提振企业投资信心。要聚集优秀人才。人才在发展中具有重要的引领作用，一个人才可以引领一个团队，一群人才可以引领一个行业。抓住传统产业聚集高端人才，构建多层次人才引进和培养平台，为高层次人才干事创业居住、子女就学等提供便利服务。

---

① 本节内容参考唐航浩在区委十一届八次全会第一次全体会议上的报告（2016年1月21日）。

第十五章　走向未来的大都市荔湾治理

要顺应时代发展，把握"政府 2.0"和互联网发展战略大趋势，抢占发展先机，以新一代信息技术与低碳技术引领和驱动经济、社会、文化、环境发展转型升级形成的新兴城市发展理念和发展模式。要综合利用泛在传感网络、高速信息网、信息资源和信息技术，按照数字化、网络化、智能化方向对城市定位、发展、规划、运营、管理、服务进行新的变革和定位，实现绿色、智能和可持续发展。[①]智慧城区是破解现代大都市资源和环境约束，加速城市资源集约化、运营智能化、服务均等化和产业高端化，发展创新驱动的知识型经济，提升城市文明，增强城市国际影响力和国际竞争力的重要战略途径；是实现荔湾城区发展的重要动力。智慧城区建设，目的是催生新型城区发展和市民生活模式，用智慧元素、创新元素、知识元素推动发展城市新形态，打造城市高品质，引领市民新生活，使市民更幸福地享受生活，促进幸福荔湾建设。（见图 15-1）

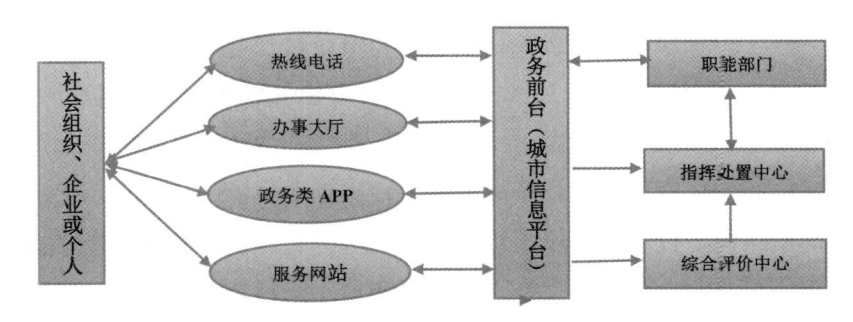

图 15-1　传统服务和数据化服务交叉运行的"智慧荔湾"

要构建虚拟平台，实现信息共享。目前荔湾区开发的信息平台只是在荔湾区各职能部门之间的范围内进行的信息共享，尚未建立与广州市同一部门上下层级之间的信息共享。因此，要想进一步简化办事流程，首要就是广州市率先牵头建立全市的信息共享平台，在全市同一类型的部门内部共享群众办事进度、提交材料情况、在区街一级的审核情况等数据，这将

---

① 谢学宁：《广州智慧城市建设》，广州出版社 2013 年版。

大大节省办事时间，也减少上下层级之间沟通交流的误差，提高行政效率。

2. 坚持改革驱动，以机制促活力

改革管理体制，实现协商合作。以转变治理观念为指导，鼓励社会参与，充分发挥社会组织、企业或个人在城区治理中的作用，构建多中心的治理体制。要进一步深化政府行政体制改革，推进政府职能转变，压缩行政审批事项和程序，减少行政干预。要打造多中心治理平台，在坚持政府主体地位的同时，充分听取社会组织、企业、个人等其他主体力量的意见、建议，协商治理。要充分发挥信息发布平台、信息共享中心的"上传下达"作用，缩小信息与决策者"见面"的时间，增强决策者、执行者、监督者的反应能力、答复效率和纠偏效果。

推进审批改革，提供便利服务。信息大爆炸和互联网普及让人们的生活发生了翻天覆地的变化，"互联网＋"的概念是对智慧服务很好的向导，传统服务乘着互联网的高铁会产生质的飞跃，让居民切实体验到从"跑来跑去"到"一键搞定"的变化。首先，要对各部门政务服务事项进行全面梳理，建立政务信息库。其次，加速手机端和电脑端信息网络等的完善，加快区电子政务云平台和区级政务 APP 建设，健全项目库、税源库、企业库、招商载体库和国有资产库等五个信息资源库，实现部门信息互联互通、共享共用，打造智慧电子政务大平台。再次，健全企业服务动态管理机制，完善导办、协办、代办、联办等措施。最后，推进行政审批网上办理，完善区网上办事大厅，不久的未来荔湾区政府部门行政审批事项网上办理率要超过 90%，社会服务事项网上办理率超过 80%。[①] 此外，还要对接省、市商事登记制度改革，完善商事登记后相关职能部门的有序跟进和服务、监管。要主动为企业提供政策、法律法规、市场信息方面的指导和服务，营造良好的投资发展环境。要创新政务运行机制，以"节约时间、压缩流程、集中办理"为原则，建立决策权、执行权、监督权既相互制约

---

① 《中共广州市荔湾区委 广州市荔湾区人民政府关于全面深化改革促进优化提升的实施意见》（荔字［2014］1号）。

又相互协调的运行机制。要加强区、街两级政务体系建设，推行上下联动、全程服务的机制。要统筹推进企业投资项目用地、规划、环评等制度改革，简化再造企业投资管理流程，压减企业投资审批事项，实施企业投资并联办理，等等。

3. 坚持开放驱动，以合作促活力①

开放融合、合作共赢是区域发展的积极要素。要积极融入区域经济，参与区域间的合作竞争，提高在区域经济中的主导权和话语权。对接国家推进"一带一路"建设，发挥荔湾区作为传统珠江西岸物流中心的区域优势，努力提升开放型经济水平。立足广州深入推进广佛同城化、广清一体化、构建"广佛肇和清远、云浮"大都市圈的战略部署，在与珠三角优势产业的对接中找增长极，进一步加强与泛珠三角腹地城区合作。加大广佛同城化工作力度，以三山—东沙粤港澳高端服务产业合作区和滘口片区为核心，加强与佛山南海在经济、政务服务、基础设施、社会治理等八大领域的对接。要打造中新合作新典范。依托广州陆港空港海港的布局，结合荔湾水陆物流的区域优势，为打造中新合作新典范提供广阔平台，争取成为中新自贸区在中国南方产业聚集的重要载体。借鉴新加坡在更新改造、教育医疗、社区养老、环境治理等方面的先进经验，在大坦沙岛开展全方位的国际交流合作。优化大坦沙整岛开发合作模式，加快推进连片改造步伐。

（二）推动协调发展，建设和谐小康城区

协调是持续健康发展的内在要求。必须突出荔湾城区特点，正确处理好经济发展与文化保护、物质文明与精神文明、经济建设与社会发展、城区南北片协调发展等重大问题的关系。和谐是对居民生活服务的进一步深化和拓展。如何坚持问题导向、法治思维、改革创新，发挥法治的引领和

---

① 《中共广州市荔湾区委关于制定国民经济和社会发展第十三个五年规划的建议》（2015年12月）。

保障作用，完善立体化社会治安防控体系，提高平安建设能力和水平，有效防范化解管控影响社会安定的问题，进一步提升人民群众安全感和满意度，是荔湾经济社会综合竞争力的体现。事实上，推动协调发展，解决发展不平衡、心理不平衡等问题，构建"和谐荔湾"是全面且双赢的决策，市民生活的幸福指数体现在"安全感和满意度"上，将此作为现代化发展的目标之一是时代所趋、民心所向。"和谐"二字不单包含着社会稳定和市民安全，更包含着"民心平，生活安"的广泛含义，涵盖了荔湾的食宿、教育、文化、民主、公共服务、信息透明度等方方面面。

1. 以平衡发展促和谐[①]

结合城区实际，客观借鉴吴良镛教授"再开发改建（redevelopment）、整治（rehabilitation）、保护（conversation）"[②]三个关键词，统筹推进荔湾城区的新陈代谢。要以突出城区更新改造工作在推进南北城区经济发展、环境改造、文化保护、民生事业等方面的牵引作用，促进老城新城资源要素和基本公共服务均衡、联动发展。健全城市更新改造常态化工作机制，有序推进"三旧"区域成片连片更新改造。加强城市更新范围内存量建设用地储备，实现存量用地整备与更新开发联动发展。建立城市更新基础数据常态化管理机制，加强更新片区和项目单元策划，促进城市更新科学决策。创新融资方式，积极引进国家政策性资金和社会资本，统筹平衡城市更新改造项目的经济性和公益性。开展老旧社区"微改造"，完善配套设施，改善人居环境。结合城中村改造工作，进一步加强对经济联社的监督管理，培养一批善于团结群众、能抓经济发展的经济联社班子队伍。完善经济联社廉情预警防控和"三资"监管智能化工作，推进经济联社权力运行公开化、规范化。统筹兼顾各方利益，保障经济联社和社员的合法、合理权益。加快"村改居"社区水、气、电、路网等历史遗留问题的解决，完善"城中村"公共基础设施配套。支持各类传统工业园区升级改造，为

[①] 《中共广州市荔湾区委关于制定国民经济和社会发展第十三个五年规划的建议》（2015年12月）。

[②] 吴良镛：《北京旧城与菊儿胡同》，中国建筑工业出版社1994年版。

特色园区和创新型产业用房建设提供空间。创新土地整理模式，加快推进"城中村"改造，同步引入支柱产业，提升南片城区活力和经济发展潜力。争取省市支持，统筹重大项目建设，打造一批规模化、集约化、创新化以及能够引领全区治理变革、辐射广佛同城甚至华南发展的大项目，提升荔湾核心竞争力。

2. 以文化传承促和谐

不论是可持续发展的城区改造理论还是发达国家成功经验都一再证明，文化软实力已经不是保护"非物质文化遗产"这么简单。美国纽约市苏荷区现在是著名的艺术时尚旅游胜地，其在改造老城区时努力保存自身特点和历史风貌，融合了继承和发扬的独到眼光和创新能力，由此才成就了今日的传奇苏荷区。要充分挖掘自然、历史、人文和产业资源，用传承之精神规范城区建设，用经典之文化丰富人民生活，促使荔湾和谐向上。荔湾在面对自己的文化遗产时，借鉴优秀理论和经验，不仅要保留，更要让文化成为亮点和经济发展点，规划改造遵照"变废为用，变旧为美，从观赏性变功能性，从功能性变驱动性"的思路。现在，荔湾正在打造西关文化新载体，精心打造"西关泮塘"项目，凸显"十里荔枝湾、千年西关情"①；精品建设和经营"粤剧艺术博物馆"②，形成穗港澳与海外华侨华人文化交流合作的重要纽带。推进"十三行博物馆"建设，再现"十三行"历史风貌，打造"十三行"城市文化名片。开发西关名人文化资源，打造名人文化资源的交流平台和宣传窗口。加强非物质文化遗产的挖掘整理和传承弘扬，大力推进老广州民间艺术节系列活动。积极推动粤曲私伙局等群众文化活动蓬勃开展，支持曲艺创作发展，擦亮"中国曲艺之乡"品牌。擦亮西关大屋、骑楼街和"三雕一彩一绣"文化品牌，扶持传统文化名人、艺术大师在荔湾集聚发展。在不破坏传统风貌、尊重历史真实性的基础上对西关建筑进行合理规划开发。举办多种民间文化艺术节等群众性

---

① 《西关泮塘建设》，中国广州政府网，http://www.gz.gov.cn/gzgov/s20584/201408/2711103.shtml。
② "粤剧艺术博物馆项目安全防范系统工程"项目编号：JG2015-3995。

文化活动。着力开发富有历史文化内涵、带有生动传说故事的工艺产品、文化作品。

3. 以民主法治促和谐

推进荔湾民主法治进程，加速市民企业法制素养，不断提高社会透明度。推动职能部门、街道的法律顾问制度建设，落实企事业单位和人民团体法律顾问、咨询专家制度。完善规范性文件、重大决策合法性审查机制。深化法制宣传教育，增强全民法治观念，弘扬社会主义法治精神。完善人民陪审员、人民监督员制度，保障人民群众有序参与司法的渠道。健全法律援助组织网络，加强区、街两级法律援助机构的规范化建设，提高法律援助公众知晓率，降低法律援助门槛，扩大法律援助覆盖面。完善城区矫正工作机制，推进城区矫正社会化。加强对行政执法的监督，强化错案追究制度。完善行政执法程序制度，规范执法自由裁量权。"有法可依，有法必依"是我国法制的基本要求，"法"是人民心里的一杆秤，有了这杆秤人民才会心安，知道自己的权益"有人撑腰不会吃亏"，而如果社会没有了基本法律准则，必将一团混乱。所以，只有不断增加社会民主进程，提高社会透明度才能更好地保障民之权利，同时只有市民知权利懂法律，才能得到最大的心安生活和平安生活。

4. 以社会融合促和谐①

现代社会，善不善于发挥社会各方面积极性，推动形成政府治理和社会自我调节、居民自治良性互动局面，促进社会各方融合，是衡量党委和政府社会治理能力的重要标志。要完善社区多元共治格局，创新社区治理模式，发挥基层党组织在社区共治中的核心作用，健全以社区为平台、社会组织为载体、专业社会工作人才队伍为支撑的社区治理工作机制。完善社区议事平台和协商工作机制。适度培育及规范管理社会组织，创新社会组织党建，激发社会组织活力，构建社会组织长效监管体系。提升社会工

---

① 《中共广州市荔湾区委关于制定国民经济和社会发展第十三个五年规划的建议》（2015年12月）。

作规范化、专业化、职业化水平，完善家庭综合服务质量和项目运营评价标准。大力推进来穗人员实有人口动态管理，全面实现出租屋规范管理。稳步推进基本公共服务常住人口全覆盖和来穗人员市民化。健全公共安全体系。牢固树立安全发展观念，加强全民安全意识教育，引导社会成员共同防控风险。深化平安荔湾建设，完善立体化治安防控机制，突出打击严重影响民生和群众安全的违法犯罪。拓宽引入第三方机构化解社会矛盾机制。开展城区安全风险评估，大力推行重大决策社会稳定风险评估制度。深入推进食品药品监管体制改革，完善食品药品安全风险监测网络，提高食品药品安全检验检测和风险监测能力水平。落实安全生产责任和管理制度，健全居民消防安全防范体系，实行党政同责、一岗双责、失职追责。加强自然灾害等风险监测、预警和应急处置，提高防灾减灾和应对社会风险能力，不断提升人民群众的安全感和满意度。

（三）推动生态治理，建设绿色小康城区

如何最大限度地避免先发展后治理的黑洞是中国一直都在研究的问题。党中央、国务院高度重视生态文明建设，先后出台了一系列重大决策部署，发表了一系列重要讲话，生态文明建设工作也得到了极大推动。中共中央、国务院《关于加快推进生态文明建设的意见》指出，生态文明建设是中国特色社会主义事业的重要内容，关系人民福祉，关乎民族未来，事关"两个一百年"奋斗目标和中华民族伟大复兴中国梦的实现。绿色是永续发展的必要条件和人民对美好生活追求的重要体现。因此必须坚持"传统、现代、自然"有机融合发展思路，坚定走生产发展、生活富裕、生态良好的文明发展道路，促进人与自然和谐发展。

1. 充分发展绿色产业

习近平总书记指出："建设生态文明是关系人民福祉、关系民族未来的大计。中国明确把生态环境保护摆在更加突出的位置。我们既要绿水青山，也要金山银山。宁要绿水青山，不要金山银山，而且绿水青山就是金山银山。"经济发展和环境保护从来不是对立的概念，荔湾建设要加快推

进转变经济发展方式、提高发展质量和效益的内在要求，是经济社会转型的必然选择，也是企业顺应潮流，跟随科技进步科学发展的时代抉择，更是积极应对气候变化、维护居民生存环境、保护生态安全的重大举措。认识到保护环境的必要性和紧迫性是建设"绿色荔湾"的充分条件，只有转变观念，时刻心怀尊重自然、顺应自然、保护自然的理念，全民行动、深入持久地推进生态文明建设，才能加快形成人与自然和谐发展的现代化建设新格局。资源从来不是用而有之的东西，合理区划、集约资源、降低成本、造福于民对于经济发展是双赢之事，一方面可以节约土地资源，有目的针对性地保护环境；另一方面则让企业节约成本、深化合作，便于开发生产，不论是自然资源还是社会资源都得到最大限度使用，创造更多的经济效益，将绿水青山化为金山银山，同时这也符合城区建设"竞争优势理论"，以重点联动带发展，这便是科学生态文明经济发展的优势。

于荔湾来说，要打造好"花地生态城"平台，以广钢新城、白鹅潭商业中心、芳村花地"三大组团"为着力点，分区规划、同步推进，突出区域功能特色，实现功能整合提升。[①]要不断探索"增减挂钩、空间腾挪、化零为整"的土地利用模式，在建设时保证"先安置、后拆迁"、"政府主导、市场运作"的土地储备模式。让环境和资源成为发展的利导因素，以最人性化、最科学化、最自然化的方式发展经济。坚持"重大基础设施先行、公共配套先行、综合服务辐射"原则，不断完善居住、产业、医疗、教育、文化、体育、商业、市政、生态、政务服务九大功能，将环保渗入生活的方方面面，将环境资源普惠到人人户户。

2. 充分打造生态经济

坚持以保护型方式，通过整合生态绿地及大力发展现代花卉产业，强化生态核心区功能，在绿色发展模式中建成宜居宜业生态城区，将"芳村花地"打造为广州西部的绿色门户和"广佛绿芯"。高标准开展珠江沿岸

---

① 葛丹：《推进花地生态城规划建设 做大做强做优白鹅潭商业中心》，《广州日报》2013年4月10日。

整体规划建设，构筑独具特色、国际一流的经济带、创新带和景观带，提升城区功能布局和城区环境品位。推进多规合一，严格规划实施管理，统筹生产、生活、生态布局。加强生态环境建设、修复和综合治理。建立健全环境治理体系，完善污染源全过程监管机制。推进落实"退二进三"政策，坚决退出高耗能污染企业。加强空气污染综合整治，着力抓好细颗粒物、挥发性有机化合物、臭氧污染治理。严格保护耕地。围绕水文化、水安全、水环境等内涵，系统科学建设防洪、排涝、截污及生态景观设施，使治水、管水、用水更加有序科学，形成水体清洁、景观秀丽、堤岸舒适宜人的水系生态环境。全面提升园林绿化景观，整体改善城区绿化水平，打造一批特色绿化路。推进环卫保洁作业规范化，提高机械化作业水平，健全长效保洁管理机制。推进生活垃圾减量化、资源化、无害化，优化垃圾分类处理流程，完善环卫和垃圾分类处置设施建设。加强区域环境共治，加大广佛跨界河涌综合整治力度，推进区域环保数据共享，建立水质、大气共同监测、联合治理模式。

3. 充分发掘绿色商机

当前，以节能减排、低碳生产、低碳交通、低碳消费、低碳生活等为特征的低碳发展成为国家主要的政策导向，"碳汇"也成为全民皆知的热门词汇，国家在宏观发展政策、重大投资安排、重点项目建设等方面将会适度向低碳发展倾斜。"谁污染，谁治理"也是国家对企业的基本要求，企业的碳汇消耗要与碳汇制造持平，因而，在不同行业和领域，将催生出众多与低碳发展密切相关的新领域、新行业和新产业，如污水治理、碳汇补偿、土壤检测等等，这为荔湾促进产业结构优化升级，转变发展方式，抢占低碳产业发展先机，建立现代产业体系提供了良好机遇。而就个人来说，将来肯定会催生出与低碳生活相关的生活服务类行业，这也将成为荔湾建设今后的发展趋势和机遇。

4. 充分体现以人为本

我们常说"地球母亲"，说明自然是人类生活的载体，日常生活的衣食住行统统离不开这个载体。坚持"传统、现代、自然"三大片区空间的科学规划，优化其发展格局，整合平台空间，活化城区资源，实现南北片协调发展，突出人与自然和谐相处。（见图15-2）具体体现在：岭南文化与人居环境相融合，全面加快城区更新改造步伐；以城区规划为引领，尊重居民群众意愿，探索历史名城保护优先的旧城更新模式；推动旧厂区转变土地功能，实现转型升级；坚持安置房建设前置，拓宽安置房使用渠道，让更多居民受惠；推进地下综合管廊建设，保障城市中的能量流、物质流、信息流畅通，促进城市基础设施质的提高；以商业楼宇、轨道交通站点、人防工程等项目建设为契机，合理开发利用地下空间，实现地下与地上的功能互补、整体联动、立体发展；加强城市基础设施日常养护，保持城区持续成长力。

图15-2 荔湾"传统、现代、自然"三大板块规划示意图[①]

---

① 图片来源：《广州市荔湾区国民经济和社会发展第十三个五年规划纲要》。

荔湾区加快转变经济发展方式，产业转型升级取得新突破，大力发展现代服务业和新型工业，现代服务业中高端服务业和新兴商业的比重不断提升。经济发展模式更加集约化、低碳化，资源产出率和综合利用率大幅提高；经济发展达到新水平、实现新跨越，以现代服务业为主体、新型工业为重要支撑的现代产业体系初步形成。

"绿色荔湾"现在已经不是一个口号、一个工程、一个设想，而是政府不言而行的方针原则，是每个公民立于心践于行的日常生活，是我们看得到摸得着的方方面面。绿色荔湾会不断坚持树立经济发展、城市建设与环境保护双赢的发展理念，以环境优化促进经济发展转型升级，增加经济增长的绿色含量，提升经济发展的质量和效益。以环境优化促进城市发展转型，在城区规模扩张、产业空间布局、结构功能优化等方面优先考虑资源环境承载能力，使城市发展与资源环境相协调；以环境优化促进城市健康发展，塑造良好的城区形象，提升环境竞争力，把荔湾区建设成为充满活力、生态乐居的现代化城区。

（四）推动幸福善治，建设共享小康城区

全面建成小康社会是"十三五"时期的奋斗目标。小康社会于GDP，也许是一串冰冷的数字；但于党和政府，是人民的信任和重托；于群众，是不差钱、有时间、不担心的生活工作状态。共享是中国特色社会主义的本质要求。小康是社会阶段性形态，共享是社会主义小康社会的基本特征。共享小康是群众对中国特色社会主义的期待和诉求。必须坚持发展为了人民、发展依靠人民、发展成果由人民共享，努力解决人民群众最关心最直接最现实的利益问题，让人民在共建共享中有更多的获得感。推动小康共享，就要按照人人参与、人人尽力、人人享有的要求，坚守底线、突出重点、完善制度、引导预期，创新公共服务和公共政策供给侧改革，提高基本公共服务效率和优质化、均等化水平，逐步扩大多层次、多样化的公共服务供给，促进人民群众共享改革发展成果。因此，人民生活富足、

幸福不仅是荔湾区建设的最重要的目标，同样是城市建设、国家建设的最终目标。荔湾区通过一系列城市城区建设，已将荔湾打造成文化之基、智慧之地、平安之区、健康之城。于城市建设，这些方面是板块是蓝图；而于人民幸福，这些方面相辅相成，缺一不可。

1. 完善绩效评估，构建共享治理机制

绩效管理由于具有"谋求提高效率和服务质量、改善公众对政府公共部门的信任"的价值而成为各级政府部门提高行政效率和服务公众的理性工具手段。[①]从荔湾来说，绩效管理的价值正在逐步体现，但还有待完善。如城市管理执法的绩效考核往往只重视本部门业务完成情况，忽视城市管理和执法是具有"团队性生产特征"而忽视了整体绩效目标。这种只重视部门目标而忽视整体目标的绩效考评模式，是由于传统科层体制下专业化分工原则以部门责任为导向的责任模式所决定；而协同政府要求打破各政府部门之间的"柏林墙"，以公共事务整体目标的实现为导向。因此，整体性治理理念下绩效评估制度建设要着重注意以下几个方面：第一，从绩效目标设定而言，要改变过去仅仅以部门利益和职能的实现为依据来设置绩效目标；转向以政府部门间合作目标、合作过程和合作结果为导向设置绩效目标。第二，从绩效评估指标而言，要侧重与跨部门合作过程和跨部门合作行为。第三，从绩效评估结果来看，部门绩效考核结果不仅包括本部门绩效考核结果，还包括跨部门合作时的绩效考核结果。总而言之，通过建立以整体目标为导向的绩效考核制度来约束政府部门不愿合作的行为，形成自觉合作意愿，从而在政府部门之间形成良好协商和沟通氛围，推动公共部门间合作和政府效能的提升，有助于提升群众对党和政府的信任。

2. 突出民生发展，提升共享治理品质

民生影响民心，民心维系国运。为广大人民群众谋福祉，保障和改善

---

① 许津荣：《加快改革创新让社会力量成为养老服务业发展主体》，《中国民政》2015年第1期。

民生是我党一贯的执政宗旨。解决民生问题乃最大的政治，持续改善民生是最大的政绩。民生问题首先要满足群众就医有效、教育高质、住房便利、就业实在等问题。要结合城市更新改造，加快推进一批教育、医疗卫生、养老等公共服务基础设施建设。深化教育综合改革，深入实施区域特色发展战略，提高素质教育发展水平。加快推动"区域推进教育现代化实践基地"建设，积极探索学区化、集团化办学等新模式，全面提高义务教育优质均衡发展水平。深化医药卫生体制改革，推进中医药强区和医疗卫生信息化建设，加快推动区中医医院、区儿童医院建设，探索创新"医养结合"服务，提升基层医疗卫生综合服务能力，完善公共卫生管理服务体系。贯彻落实"全面两孩"政策，推进计划生育服务管理改革创新。推动养老服务体系建设，打造荔湾区居家养老指导服务平台，创新为老服务模式。大力推进创业促就业工作，完善就业政策与服务体系。

3. 做好政策托底，建构幸福共享社会

加强社会保障服务，扩大社会保险覆盖面。落实民生福利保障制度，加强低保低收入动态管理工作，加强分类救助，确保应保尽保和救助公平。落实医疗救助政策，保障医疗救助公平、公正。加强政府购买服务，提高社区专业化服务水平。关注民生热点，科学制定和落实"十件民生实事"。发挥荔湾特色优势，整合各方资源力量，精准扶贫，精准脱贫。

在未来荔湾努力下，人人参与，幸福共享。具体到某个行业，如要保证老年人能有所依靠而无所忧，就要规划建设老年公寓、城区医院、保健用品、娱乐场所、咨询部门等，要形成一条龙闭环式服务，不能让老年人的生活和事务办理成为他们的生活负担；把生态养老作为核心理念，优越的生态环境和良好的人文氛围是老年人保持良好心情的良方，这也是"幸福城区"让老年人安享晚年而不仅仅是度过晚年的发展要求。①

---

① 许津荣：《加快改革创新让社会力量成为养老服务业发展主体》，《中国民政》2015 年第 1 期。

三　结　语

建成小康共享社会，打造幸福善治城区，是对"活力、和谐、绿色"城区的全面深化，实力和活力是经济保障，是社会更新的科技条件；和谐是治理方式和体系的完善；绿色是规律，是自然和城区的生态条件。"幸福共享"包含了城区建设的每一个环节，甚至是每一块砖每一片瓦。企业的幸福靠发展，企业的发展要顾及方方面面；市民的幸福靠生活，生活的质量融入点点滴滴。所以，未来的荔湾城区治理必须要依靠党的领导、政府的善治、群众的参与和社会有序、居民乐业、生态优美、创新驱动、文化凝聚。因为，幸福小康正是城区治理优化、城区全面发展的目标和结果。

最后，我们要强调的是，必须加强和完善党的领导，落实全面从严治党、依规治党各项部署，团结凝聚各方力量；更要充分认识城市工作的重要地位和作用，主要领导要亲自抓，建立健全党委统一领导、党政齐抓共管的城市工作格局，为完成"十三五"经济社会发展目标提供坚强有力的政治保证。

附　录

荔湾区基本情况

荔湾区，行政区划上位于广东省广州市西部，东与越秀区相连，北部、西北部与白云区水陆相通，西部与佛山市南海区接壤。地理位置上位于北回归线以南，濒临南海，属亚热带季风气候；地处珠江三角洲平原地区，域内地势平坦，海拔较低；珠江南岸的芳村地区水网密布，纵横交错，土壤肥沃，有大小河涌103条，合计长120多公里，是典型的岭南水乡，享有"千年花乡"之美誉。荔湾区陆地面积59.1平方公里，水陆面积62.4平方公里。常住人口89.15万，下辖22条行政街、186个社区居委会、21个经济联社。

荔湾区历史上地处广州府城西门外，俗称西关（明清时地处南海县管辖的广州城西门外一带地方的统称），因"一湾溪水绿，两岸荔枝红"的美丽景致而得名。1685年，清政府设立粤海关。1757年清政府实施"闭关锁国"，但特许十三行为经营对外贸易的广州商行。1757—1842年，十三行成为清政府唯一合法对外通商口岸，长达85年。新中国成立后，1952年设西区，1960年8月改称荔湾区至今。2002年广州市政府实施行政区划调整，将大坦沙岛划入荔湾区。2005年经国务院批准，将原芳村区的行政区域划归荔湾区管辖。

荔湾拥有禅宗达摩的"西来初地"、千年道教庙宇"仁威祖庙"、明代海外贸易管理机构"怀远驿"、全国重点文物保护单位和岭南建筑艺术宝库"陈家祠"、清代唯一的外贸通商口岸"十三行"、"中国历史文化名街"

和欧陆风情历史建筑群"沙面",岭南一代名园"海山仙馆"、粤剧艺术圣地"八和会馆"、全国最早的丝织行业协会"锦纶会馆"、中国最早的柴油机厂"协同和机械厂"、中国最早最大的百货商店"南方大厦"、新中国第一家中外合作的五星级酒店"白天鹅宾馆"、广州市第一条商业步行街"上下九",古代羊城八景之一"荔湾渔唱"的"荔枝湾"、岭南建筑重要标志"骑楼街"等。已公布非物质文化遗产项目19个;认定申报各级传承人33位;区内共有文物单位326处,其中国家级56处、省级5处,历史文化街区14片。

荔湾区是广州市独具岭南特色的中心老城区、广佛肇一体化的产业聚焦区、广州西联战略的重点区、珠江前后航道商业与生态功能的交汇区。

"十二五"期间,荔湾区坚持结构调整、布局优化、转型升级,实现了辖区经济的平稳健康发展。"传统、现代、自然"三大板块区域格局正式确立,"两圈(白鹅潭经济圈和十三行商圈)、两带(珠江西岸创意产业带、花地河经济带)、三片(东沙现代产业集聚区,大坦沙商务休闲风情岛以及海龙围生态乐居区)"产业发展格局日益完善。烟草制造、医药流通、日用化工等传统行业保持多年高速增长。近年来不断培育新兴产业,花地河电子商务集聚区被纳入国家电子商务示范基地,先后培育出广东塑交所、唯品会等一批全国电商领军企业。广州市3D打印技术产业联盟落户广州工业设计科技园,集聚3D打印企业数超过广州市总数的一半。

2015年,荔湾区完成地区生产总值1010亿元,同比增长7.2%;固定资产投资额按法人在地口径完成335亿元,同比增长63.8%;一般公共预算收入42.2亿元,实绩同比增长7.4%;预计全区税收总额251.3亿元,同比增长10.7%。

后 记

　　生活，因城市更美好；城市，因梦想而伟大。人们终其一生所寻觅的安全感和归属感，是需要在一座发展稳健的城市里获得的。著名经济学家、2001年诺贝尔经济学奖获奖者斯蒂格利茨认为，中国的城市化和以美国为首的新技术革命是影响21世纪人类进程的两大关键性因素。然而，中国的城市化，不仅面临吃穿用行不放心、看病住房就业难等生理需求层次城市病困扰，在产业转型、社会治理、公共服务、公共诚信、环境涵养等更高需求层次方面也还存在巨大的挑战。正如新闻评论员练洪洋所说，城市是一块"洼地"，也是一座"围城"，有的人想进去，有的人想出来；定势思维容易把城市想象成为权利与福利的"福地"，农村相对成为"荒地"，事实并非如此。习近平总书记说："城镇化不是土地城镇化，而是人口城镇化，不要拔苗助长，而要水到渠成，不要急于求成，而要积极稳妥。"可见，中国的城市化，特别是要实现人的城镇化，任重而道远。

　　治理中国城市化进程中的城市病，要改变治理供给落后于治理需求的现状。换而言之，治疗城市病，需要以多元主义的理念、以伙伴关系的思维方式、以参与治理过程的实践活动建构起一种真正的市民主人翁身份认同。也就是说，要在城市造就宜居宜业福地和安全感、归属感，需要城市的建设者、管理者以及生活者，在交通、医疗、教育、住房、能源、污水、垃圾处理等城市生存硬件基础设施上，以及在公共管理、公共服务、公共政策等经济社会发展软件涵养上，与时俱进，协同合作，不断在供给侧、需求侧寻找高效快捷的治理方式。

郡县治，则天下安；县域强，则国家强。习近平总书记指出，"县一级承上启下，要素完整，功能齐备，在我们党执政兴国中具有十分重要的作用，在国家治理中居于重要地位"，"县级政权所承担的责任越来越大，尤其是在全面建成小康社会、全面深化改革、全面依法治国、全面从严治党中起着重要作用。"这些重要论述，深刻阐述了县域治理在国家治理中的重要地位，为区县城区治理指明了方向。荔湾区作为大都市中的老城区，其敢闯会干的奋斗精神和商贸传统仍然发挥着它独特的光芒，从而在治理语境下进行了大胆的探索。近年来，荔湾区问需于民、问政于民、问计于民，打造"干净、整洁、平安、有序"的"传统、现代、自然"相结合的幸福城区，积累了丰富的经验，为大都市治理提供了既具普遍性又具个性的参考样本。

致力于城市化进程中大都市治理理论与具体实践个案的结合，立足于本书研究团队比较了解且具代表性的荔湾区，正是本书的研究意义所在。但一个区县级党校实施这样一个作品，其上下求索的历程是艰辛又极有意义的。2013年下半年，荔湾区情研究中心开始运作，首先完成了《荔湾区党委领导方式创新》等课题。2014年上半年，广州大学大都市治理研究中心学术团队对荔湾区政务改革等城区治理领域展开研究，这与我们正在寻求的"荔湾治理现代化研究"不谋而合。2015年1月中办、国办联合印发《关于加强中国特色新型智库建设的意见》，区一级党校、区情研究中心需要主动出击，担起基层智库使命。从而，我们立足原有基础，研写一部反映大都市治理的样本书籍，从政务服务、综合行政执法、"三资"监管交易、电子商务、西关文化、旧城更新、垃圾分类、社区养老、基层医疗、绩效评估、居民议事会、经济联社党建等案例着手，对荔湾城区治理实践进行研究。本书贯彻了党的十八大及三中、四中、五中全会精神；且在即将完稿之际，"城市工作"时隔37年后再次上升到中央层面进行专门研究部署。中央城市工作会议的"一尊重五统筹"精神，印证了本书的当代价值，对本书编写组既是压力更是鼓舞。

本书得到了广州市人民政府秘书长、中共广州市荔湾区委书记、区人大常委会主任唐航浩同志的高度关注；中共荔湾区委副书记、区委政法委书记毕锐明一直非常关心本书的进展并予以大力支持；中共荔湾区委常委、区委组织部部长、党校校长卞勇在学校调研时进行了指导；区委办、区人大办、区府办、区编办、科技工业商务和信息化局、民政局、城市更新局、水务农业局、文化广电局、卫计局、城市管理局、政务办、综合行政执法局、西村街、逢源街、彩虹街、桥中街、石围塘街、冲口街、东漖街、中南街、海龙街等单位及其有关领导，为本书的调研、资料搜集以及内容的完善提供了大力支持和帮助。在撰写过程中，本书参考吸收了国内外特别是本区各单位在基层一线工作的大量研究资料和成果。在此，对以上单位和有关领导、工作人员给予的支持和帮助深表感谢。同时要感谢中国社会科学出版社以及武云（已调中国戏剧出版社）、李森、郭晓娟等编辑对本书的关爱和帮助。还要特别感谢的是，中国"法治三老"之一、中国社会科学院荣誉学部委员李步云先生拨冗为本书作序，这给本书带来了莫大的激励和荣耀。

本书由中共广州市荔湾区委党校（区行政学校）、区情研究中心（编写组成员有陈剑玲、杨祖定、姚佑銮、李海峰、王智敏、蔡文芬、谢小娜、蔡靖）负责组织实施，与广州大学大都市治理研究中心团队（编写组成员有广州大学陈潭、杨芳、刘晓洋、曾小军、彭铭刚、刘建义、邓求成、冯嘉敏、赵婉君以及南方医科大学刘明珠、广州大学松田学院陈银成）合作编写。分工如下：陈剑玲，本书研究团队的负责人，负责本书课题研究项目的整体策划、管理；杨祖定，协助课题管理，统筹调研、编写工作；陈潭，负责理论辅导和写作指导；李海峰、刘建义负责具体实施。章节分工：

导论：刘建义、李海峰；第一章：曾小军、陈剑玲、李海峰；第二章：冯嘉敏、蔡文芬；第三章：刘明珠、李海峰；第四章：刘晓洋、陈剑玲、姚佑銮；第五章：刘建义、蔡靖；第六章：邓求成、王智敏；第七章：彭铭刚、姚佑銮；第八章：赵婉君、王智敏；第九章：杨芳；第十章：杨芳；第十一章：彭铭刚、蔡靖；第十二章：刘晓洋；第十三章：姚佑銮、李海峰（统稿）、蔡文芬、蔡靖；第十四章：杨祖定、蔡文芬；第十五章：陈银成、刘建义、李海峰。

  初稿完成后，由李海峰、刘建义统稿，杨祖定副校长进行编辑和初审，最后由陈剑玲常务副校长编审、定稿。

  本书对广大城市和城区管理者、研究城市工作的科研人员具有直接的参考与应用价值。中共广东省委党校行政学教研部主任唐晓阳教授、中共广州市委党校《探求》主编李三虎教授、华南理工大学政府绩效评价中心主任郑方辉教授、中共广州市荔湾区委办公室张文秀副主任、荔湾区政府办公室吴凯副主任等专家认为，本书以广州市荔湾区为研究对象，对荔湾在城区治理现代化方面所作出的努力特别是经验进行了总结，指出了存在的问题，提出了相应的对策建议，研究方法得当、内容丰富、资料翔实，该书既有现实针对性，又有理论意义。因此，本书既可以作为各级党校、行政学院（行政学校）及普通高等院校城市管理、公共管理、公共政策等专业的培训教材，也可作为市、区（县）党委、政府决策参考资料，或是对社会科学有兴趣的人员的学习读物。

  本书参考了许多有益的资料，特别是吸收了荔湾区"十三五"规划和历届区委全会、区政府工作报告的相关内容，但限于出版篇幅容量，对参考资料的引用标注如有遗漏请予谅解。加上水平、时间所限，书中所做分析和结论未必科学准确，所提观点、思路和对策有的还需要经过实践的不断检验和完善，恳请读者批评指正。

编者

2016 年 5 月